基本权利保护的中国探索

齐延平　主编

法律出版社 LAW PRESS · CHINA

前　言

一国政治、经济、社会、文化、生态之建设与发展，在以国家—公民二元模式为基本社会结构的时代，在信奉权利本位的知识结构中，均可表述、记载、化约为权利之进步，而其中又以宪法化了的权利——基本权利之保护状态为进步标尺。是故，数年前笔者组织了几位同行和研究生，选定了“基本权利保护的中国探索”这一题目，意图通过对“基本权利保护”观念在中国的生发、演变及制度化、实践化之考察，管窥中国特有之历史文化、命运际遇、政制选择、法律架构与现代化之间的关系，意图在妄自菲薄与狂妄自大之间，持一种不太情绪化的立场，在较为契合本相、真相的基础上，对中国之现代转型与转型中面临的问题做一反思。

对于中国的基本权利保护问题，不应从西方中心主义的立场去理解，而应注意中国宪治理念及其制度在发生上的复杂性，秉持“主体性”立场，将其置于中国政制发展的特定场景中来观察。从全球宪治发展史来看,宪治体系主要包含政体问题和基本权利问题。政体问题直接涉及政府的组织结构,而基本权利问题则从公民角度间接地规定了政府权能与活动的范围。现代政府的职能不是直接介入社会经济生活,而是以保障者的身份来维护社会自主和个体自由,使其潜能得到充分发挥;同时,基本权利保护还涉及中国现代政制的自我结构优化问题,涉及权力与权利的平衡问题。

中国对基本权利保护的历史探索始于救亡图存压力下的现代化转型。从确立"君上神圣尊严不可侵犯"的《钦定宪法大纲》中的"臣民权利"到现行宪法日趋完善的"公民基本权利"体系中可以看出,百余年来的中国不仅历经了多次"治法"转型,而且经历了深刻的"治道"变革。中国基本权利保护制度的发展一直在分享、回应着中国的"根本问题",其并非依照任何预先设定好的路径也不可能是任何个人主观好恶选择的结果,只能是主客观互动的产物,是国人在回应中国的"中国根本问题"过程中,依凭自身智识资源所进行的创造性探索的产物。

在基本权利保护的理论渊源上,从自然—社会人性和发自同理心的共同道德出发,完全可以确立中国人权文化建设的出发点和正当性根基,既无须照搬西方,亦不需要言必称传统,当然更不需要在二者之间进行非此即彼的选择。中国基本权利的概念、理念与原理是在中国传统文化、西方宪法文化和马克思主义理论的相互激荡、交融中逐渐发展的。在当代中国基本权利的演化过程中,马克思主义权利观为其提供了鲜明的立场和坚实的方法。

在基本权利保护的动力机制上,改革开放为当代中国的基本权利保护提供了内生性动力。改革的实质是政治、经济、社会的根本转型,面对经济增速放缓的新常态和新时代人民日益增长的美好生活需要与不平衡不充分的发展之间的矛盾,国家建设迫切需要开拓新的动力源。保障基本权利恰好可以为国家建设提供新的动力机制。伴随政治和经济体制改革的深化,公民逐步从国家中"脱嵌",公民主体性和权利意识不断增强，加之互联网技术蓬勃发展带来的网络公共空间的不断拓展，共同促成了当代中国权利文化的发展，也为当代中国基本权利的保护实践提供了坚实的社会和群众基础。此外，中国的改革开放发生于中国日趋融入世界的过程中，中国正以更开放、更包容的心态参与国际活动，履行包括人权保障在内的国际法义务已成为行动自觉，这构成了当代中国基本权利保护的外生性动力。在分析中国基本权利保护动力机制时，外生性动力同样是不可忽视的因素。当然，所有的外部性动力机制都要通过内化行为才能得以发挥作用。

在经济与社会权利保障的中国探索中，中国坚持经济与社会权利优先发展、其发展又要同国家经济、社会发展相适应等基本原则，推进经济与社会权利的均衡化和普惠化，这一过程是国家不断将具有道德意涵的抽象权利、经济社会领域的诉求不断予以制度化确认和切实保障的过程，体现了鲜明的时代特点和国家特色。

在文化权利保障的中国探索中，基于文化对于提升生存条件、保障人之尊严与促进人格发展之不可或缺性，文化权利已被确立为一项以文化生活为主要规范内涵的基本权利，其兼具消极权利与积极权利复合、个人权利与集体权利并行的双重面相，其保护机制样态呈现出文化体制的国家主义倾向与文化权利功能的“客观法”偏重两大总体特征。

在公民权利与政治权利保障的中国探索中，强调公民权利与政治权利和经济、社会、文化权利之间的相互联系、不可分割性，注重各项基本权利的协调、平衡发展。作为基本权利的重要组成部分，公民权利与政治权利是保护个人免遭公权力侵犯、参与国家政治生活的权利，它事关个人人格完整、完善与实现。基于传统与现实需求的影响，我国公民权利和政治权利的发展体现了鲜明的集体主义倾向和政府主导性。

在言论自由保障的中国探索中，与西方法律形式主义的言论自由保障相比，中国更加注重促进人们对言论自由的实质性享有。对言论自由保障的研究和观察，必须要置于中国对现代生活追求的整体目标下来进行。与西方国家社会发展历程不同,言论自由的保护在中国始于现代政治转型的需要。其在中国社会的确立和完善,既是人民民主的社会主义国家的内在要求,也是尊重和保障人权的内在要求。

在宗教信仰自由保障的中国探索中,中国坚持以马克思主义宗教观为指导,认为宗教信仰自由并不仅仅表现为精神和思想意义上的信仰,还包含行为上对信仰的表达和体现,因此理应接受社会规制。中国坚持宗教信仰自由,坚持政教分离,坚持独立自主自办,依法管理宗教事务,引导宗教与社会主义社会相适应。基于宗教存在的长期性、复杂性和群众性,将之纳入法治轨道无疑是题中之意。

在基本权利司法保障的中国探索中,经过中华人民共和国成立后70年的实践,中国已经初步建立起适合中国国情、具有中国特色的基本权利司法保障制度。与部分西方国家强调权力之间的制约、制衡不同,在人民主权原则基础上建立起来的人权司法保障制度深受历史和现实双重影响,更重视公安司法机关在权力行使目的上的一致性、权力行使过程中的内省性,其与中国政治、社会、文化发展相一致,呈现出渐进式的发展特点,历经了从实体性权利到程序性权利、从个别性权利到整体权利观的转变,公正和高效构成了中国基本权利司法保障的核心价值追求。

作为权利行使主体中的弱势群体,受刑人权利的保障通常是一国权利保护体系中的“木桶短板”,而精神障碍受刑人、未成年受刑人和女性受刑人又处于弱势群体中的底层地位,对其权利的保障水平可以折射出一国权利保障的水平。在我国现行的经济、文化和法律发展水平之下,通过监所基础设置的完善、法律法规的进一步细化,以及整个社会权利意识的提高,特殊受刑人权利的保障正逐步提升。

本书最后一部分讨论了国际人权法与当代中国基本权利保护之间的关系问题。对于国际人权义务的履行,既涉及国际人权法在国际层面的实施问题,又涉及国际人权标准在中国的转化和实施问题。它是中国依法治国和基本权利保护的有机组成部分，既体现了中国对于基本人权保护的态度，也体现了对“条约必须遵守原则”的尊重和落实。我国在履行国际人权法律义务上富有中国特色，在国际上反对将人权议题政治化，重视国内基本人权保护机制体制的基础性作用。

显然，以上各个部分并不是基本权利保护理论与实践体系的全部内容。之所以选取上述问题作为观察中国基本权利保护研究的切入点和线索，不仅是因为在中国学术共同体看来，上述问题中有的是基础性的，有的是典型性的，而有的又是存在较大争议的；更是因为上述问题也是西方学者观察中国时重点关注、迫切希望了解的。本书各位作者基于各自的学术背景、学术兴趣和学术定位的差异，在相应问题的研究上，选取的观察视角、理论工具和方式方法也有所不同，行文风格和观点存在差异在所难免，在研究成果呈现中理论与实践比重也各不相同，编者坚持“不以文害意”原则，把诸部分以拼盘方式聚合起来，以求方家批评与指正。

齐延平

2018 年 12 月 26 日于北理

目录

第一章　中国语境中的基本权利概念

所谓基本权利，从形式上说，就是指"宪法上之权利"或者说"实定宪法上保障的权利"。[①] 从这个意义上说，基本权利也可以称为宪法基本权利或宪法权利。而从基本权利的根本特征来说，其有别于普通权利的关键点在于，它是"人作为构成社会之自律性质的个人，为确保其自由与生存，维护其尊严性，因而作为前提而得到承认的、人为此当然所固有的一定必要之权利"。[②] 在这个意义上，基本权利又可和人权之核心要义通约；甚至可以说，基本权利就是宪法化了的人权。也正是基于基本权利与宪法之间的这种密切关系，要全面认识基本权利

---

① 参见萧淑芬：《基本权利基础理论之继受与展望：台日比较》，台北，元照出版有限公司2005年版，第33~34页。

② ［日］芦部信喜：《宪法》，林来梵、凌维慈、龙绚丽译，北京大学出版社2006年版，第71页。

就必须自觉地将其放入宪治的理论框架内。

从西方宪治发展史来看，基本权利或者说人权的宪法化是比较晚近的事情，一直到美国《1787年宪法》才首次将权利法案加入宪法文本中。① 而对于传统中国来说，宪治理念及其制度实践都是属于西方世界的“他者”。在百余年中国近代史中，宪治理念及其制度实践逐渐渗入中国，成为中国语境下的一种实存物。如何认识中国语境下的宪治，对于中国人来说成了一个必须思考的问题。宪治是“现代化”的一个基本标志。我们要理解中国宪治理念，首先应当把它放在中国“现代化”这一更为宽阔的语境中。

对于中国现代化的认识，域外存在两种比较有代表性却又相互对立的思想路径。一种路径的代表人物如日本的汉学家沟口雄三、②丸山真男③等，这一脉络的思想路径强调中国现代化发生的自主性，他们把中国现代化缘起前推到明朝甚至宋朝；在这样的思想立场中，中国现代化是一个充满“自生自发”（spontaneous）性质的过程，认为近世以来西方对中国文明的入侵、对中国的现代化进程并没有造成特别关键的影响；进而认为在理解和解释现代中国各种现象时，应当秉持一种中华文明主体性或自主性的原则。另外一种路径的代表人物如美国的费正清等。在他的视域中，中国的现代化是一个在西方文明冲击下“被动”反应的过程；据此，中国的现代化历程也就成了一个向西方文明“取经”、隔断和摆脱自身传统的过程。依此路径，中国的现代化就是被动模仿和学习西方文明的产物。

在某种程度上，域外这两种关于中国现代化的思维进路，虽然立场

---

① 参见刘晗：《宪法的全球化：历史起源、当代潮流与理论反思》，载《中国法学》2015年第2期。

② 参见［日］沟口雄三：《作为方法的中国》，孙军悦译，生活·读书·新知三联书店2011年版，第125～133页。

③ 参见［日］丸山真男：《日本政治思想史研究》，王中江译，生活·读书·新知三联书店2000年版，第1～4页。

迥异,但都显得机械、简单,甚至有些偏激。中国现代化历程的发生,对于中国这一主体来说,确确实实是一种“主体性”的“质”的变化。一方面,中国的现代化并不是一种传统思路的简单顺延,而是一种有着“古今之变”的质的转换。另一方面,在这一曲折历程中,尽管充满着迷惘、失落、急躁甚至六神无主,尽管经历了“主体性”内涵的变换,但中国的“主体性”身份(identity)却并没有丧失过。上述第一种关于中国现代化的诠释,忽略了中国现代化在主体内涵方面的“质”的转换,它没有意识到中国现代化是一个在异质文明影响下发生的主体性更新,这种更新主要表现在公共治理结构、社会生活方式和经济运行方式诸方面。第二种诠释虽然普遍流行,甚至成为海外汉学的主导意识形态,然而,它却忽略了现代化历程中中西碰撞过程的复杂性。这个碰撞过程绝对不是所谓“冲击/反应”这一机械力学模式所能解释的。具体来说,中国文明在遭遇近代强势的西方文明过程中,自身并没有逐渐隐退,而是积极地参与创造性的建构与自我更新。

我们或许可以认为,中国的现代化历程,既不是一个传统文明自我顺延的自主、自发过程,也不是一个单纯的“西方冲击—中国反应”的过程,而是一个伽达默尔意义上的诠释学过程。[①] 具体说来,当强势的西方文明在近代闯入中国文明中的时候,中国人对西方文明的理解,是依赖固有的传统语境和文化“前见”的,这就导致西方传来的各种事物意义之发生,必然要依赖中国的传统语境。为此,同一个事物或同一个概念,在西方语境中所呈现的意义,与它在中国语境中所呈现的意义肯定是不一样的;这些事物或概念被中国语境这一场域系统所限定着,它们在内涵方面就具有了“中国性”。

宪治理念及其制度,作为中国现代化历程中的标志性事物,或许也

---

① 参见洪汉鼎:《当代西方哲学两大思潮》,商务印书馆2010年版,第591～602页。

应当在这样的诠释学思路下才能获得准确的理解。这就意味着，一方面，中国语境中的宪治概念和宪治制度不是传统政制的自然延续，例如，“共和”已经不是“周召共和”那个意义上的“共和”了，“宪治”也不可能是儒家思想中占据天理的士大夫“约束”皇帝之意义上的“宪治”了；另一方面，它也不是西方事物在中国的简单移植，例如，中国宪治或许已经不单单是一种以保障自由为价值追求的社会政治体系了，而是同时承担了实现现代化转型和民族复兴等与西方宪治迥然不同的目标。

秉持对中国现代化理解的第一种思路，我们可能就会把中国追求宪治的历程看作一种传统政制的延续，从而忽略宪治中天然具有的那些与中国传统政制不符的要素，如人民主权、人权保护和权力分工制约等要素；秉持第一种进路理解，会导致对百余年来中国现代化经验的无情遮蔽，进而把这一虽然充满痛苦但又极其重要的民族体验漠视掉，最终对自我涅槃这一事实视而不见。或许，我们可以认为，这样的思路是一种保守主义、闭门主义的思路，并且带有些许孤芳自赏的味道。然而，如果秉持第二种思路，我们则可能把中国近代史上的宪治观念和制度看作对西方的一种拙劣模仿，看作“标准宪治”与中国互动而成的一个残次品。这样的理解忽视了中国宪治思想及其制度的严肃性、现实性、特殊性和自我创造性，从而导致我们无法准确把握中国宪治的内在脉络和实质。在某种程度上，这种理路谬误的根源或许在于其机械化思维和宪治教条主义。

对于中国宪治及宪法基本权利问题，既不应该单从传统的保守主义立场去理解，也不应该从西方的教条主义立场去理解，而是应看到中国宪治理念及其制度在发生上的复杂性，秉持“主体性”立场，“同情”地去接近它、把握它。

一、中国语境中的宪治

近代以来，中国的宪法概念是在中西文明碰撞过程中产生的。具体说来，现代中国的宪法概念，既包含古代中国“宪法”这一名词所具有的某些含义,也包含现代西方“constitution”这一名词所具有的某些含义。厘清现代中国宪法概念的内涵,对于我们理解中国宪治理念,尤其是理解中国现行宪法,具有根本性的意义。考察中国宪法,宪法效力问题或许是最为根本的问题。如果把中国宪法仅仅看作政权结构规则和根本性政治纲领,那么,宪法的效力就主要体现在所谓“柔性”地“指导”权力机关立法和政府施政上,它的效力就主要是一种政治性的规划和指导;然而,如果把中国宪法看作关于公共生活的具有最高法律位阶的法律规范,那么宪法的效力就会体现在宪法作为法律的实施上,这将意味着,中国宪法必须要通过宪法保障机关予以实施,无论是司法机关,还是专门的宪法实施机构。

中国宪法概念首先包含中国传统语境中“宪法”词汇所指涉的“根本性”“正当性”体制这一含义。“古代汉语中的‘宪’与‘宪法’在能指(signifier)的面向上有两层含义……其一,‘宪’与‘宪法’指的是‘根本性’。譬如,已形成的王权体制,以及这个体制或体制的最高者确立的规则。这些规则之所以是根本性的,是因为在制定者看来它涉及国际的秩序与和谐。‘根本性’又可以引申出‘权威性’和‘至上性’这样的概念,它是证成人们必须敬畏与尊崇的根据。其二,当《中庸》用‘祖述尧舜、宪章文武’来表达这种根本性时,这里也隐含了我们现代人使用的‘正当性’概念。”①

这就意味着,当我们现代中国人使用宪法这一概念时,会无意识地摄取古代“宪法”这一词汇所含有的“正当性”“根本性”等品格要素。宪法对于近代以来的中国人,不单纯是一种基础规范和制度结构,更是一种凝聚了美好政治期待的事物。

古代汉语中“宪法”词汇给予现代中国宪法概念的内涵要素,主要是内容上的根本性、权威上的至上性。然而,现代中国宪法概念是中西文

① 王人博等:《中国近代宪政史上的关键词》,法律出版社2009年版,第21页。

明“视域交融”的产物，它除了具有古代含义所赋予的内涵性要素外，还具有西方文明所赋予的内涵性要素。作为现代中国宪法概念语素材料的西方宪法概念，主要是指近代以来的西方宪法概念，不包括古典西方——古希腊语和拉丁语中的宪法概念。“宪法”一词的现代意义生成过程有两条线索：一条线索是作为政治术语用以表达政府体制的总体安排；另一条线索是作为法律术语用以表达根本性法律。前者主要是由英国实践的，后者更多是由美国提供的。

在英国语境中，宪法概念主要是指一种维持着权力系统平衡的政治制衡机制。奥斯汀、白芝浩甚至戴雪等，都是在这个意义上来使用“宪法”的。在法理学著作中，奥斯汀区分了法律与宪法的概念，认为法律是由主权者所发布的普遍性命令，而宪法则是对主权者的限制，为此，宪法不属于“法律”范畴；白芝浩的《英国宪法》也基本上是在讨论英国各国家机关之间的政治制衡机制，而且这些机制主要是由政治势力自然均衡所造成的，而非由法律规范所塑造；对于戴雪来说，宪法除了包含那些以法律规则形式所表现出来的“宪法律”，更包含那些无成文形式的“政治惯例”，此处的宪法，也主要是指一种政体机制。

在英国宪治史上，宪法主要是指一种“政府体制的总体安排”。通过对中国近代宪治思想及实践历程的考察，我们发现，当中西文明碰撞时，现代中国宪法概念在西方文明那里所借鉴的，主要还是英国语境中的宪法概念之含义。也就是说，现代中国宪法概念，除了保持着古代汉语中“根本性、至上性政治制度”这一内涵性要素外，另外所包含的主要是英国宪法中“政府体制总体安排”这一内涵性要素。晚清时期的“立宪改制”运动，孙中山先生主导的“临时约法”、缔造共和运动，以及中国共产党领导的制定和修改宪法，都主要是在变更或确立一种根本性政治制度这一意义上使用“宪法”这一概念的。由是，“宪法”也主要是政治性的，它主要指涉“政府体制的总体安排”这一含义。更具体地，中华人民共和国成立以来的几次根本性修宪活动，也主要立足于政治体制改革的考虑,而非宪法作为法律之专业化实施的考虑。厘清这一点,对于我们理解中国的宪法观与宪法的实施,进而对于我们理解中国在基本权利保护领域的探索与创新、经验与教训,具有重要意义。

二、中国语境中的民主与民权

与研究中国语境中基本权利的概念,需从"民权"这一概念在中国的发轫始,而欲了解"民权"之由来和内涵之义,又需要结合"民主"这一概念在中国近代史上的流变来进行。中国近代史上民主问题的讨论,实质上是对所谓"国体"和政体问题的讨论。民主话题指涉构建什么样的政治体,以及如何构建该政治体这一宪法问题。在现代中国话语中,国体是指国家阶级本质、国家性质,而政体是指政府的组织形态;这里的政体概念其实是被狭义化了的。在西方语境中,政体概念大概包含了中国语境下国体和政体两个概念的含义范围,即它包含政治体的性质和组成形态。

在宪法语境中,民主问题虽然都关涉政体问题,然而,对于不同的宪法来说,民主问题具有各不相同的位阶权重。对美国宪法来说,民主问题主要存在于国会这一场域,它承载的只是国家权力里三权中的一权。国会的产生和运行都依赖于民主程序,在这里,民主和作为立法机关的国会相关联。对于英国和第五共和国之前的法国来说,民主问题以"议会主权"的形式支配着整个政府结构,讨论民主问题基本上就是在讨论政府结构问题。另外,对于历史上的巴黎公社式的政体和苏维埃政体来说,民主问题已不仅仅是"市场—政府"("社会—国家")二分这种意义上的政府问题,它已经是全部的政治共同体问题了。在第三种类型中,民主问题的宪法权重最大,包含的问题领域也最宽广。

我们要理解中国宪治理念,以及理解中国宪治理念中的政体问题,就应当把中国近代史上民主概念的讨论看作对政体问题的讨论。而且,经过下文的分析我们会发现,这里的政体是巴黎公社式的政体。民主概念与政体问题相关联,在中国经历了一个比较长的中西文明碰撞与交流过程。在第二次鸦片战争前后，西方传教士用“民主”概念来翻译西方的“president”，渐渐地，随着中西文化交流的深入，“民主”更多地和“republic”对应起来。在中国思想家严复、梁启超等人那里，民主方开始在一种政体意义上确立自己的内涵，它开始指涉希腊城邦时期兴起的“democracy”。梁启超在《饮冰室合集》中写道：“吾侪之倡言民权，十年于兹矣，当道者忧之、嫉之、畏之，如洪水猛兽然，此无怪其然也，盖由不知民权与民主之别，而畏言民权者，必与彼所戴之君主为仇，则其忧之、惧之、畏之也固宜，不知有君主之立宪，有民主之立宪，两者同为民权，而所以训致之途，亦有由焉。凡国之变民主也，必有迫之使不得已者也。”①在这里，梁启超先生已经具有将君主立宪和民主共和立宪相区分的明确意识了。然而，中国的近代历史风云激荡，当晚清立宪改制的道路失败之后，民主概念也突破了所谓资产阶级宪法语境的范畴，即它已不再指一种资产阶级宪治中的民主议会制度。面临亡国灭种危机的中国知识分子，已经把民主概念置入无产阶级革命与政制的语境中去了。

在资产阶级宪治中，民主和议会虽然在宪治体系中发挥着重要作用，但是，在民主议会旁边，还有保守昏庸的君主，还有肮脏自私的政党，还有其他在政治和道德上的旧势力、恶势力。这种政权体系中的民主，是一种善良德性被压制的民主，是一种被囚禁的民主，是一种有待打破牢笼、一飞冲天的民主。背负着对资产阶级立宪民主的失望情绪，“五四”知识分子力图把民主从立宪体系中解救出来。在李大钊先生的意识中，由民主问题所肇发的政体问题思考，已经渐渐由“有限政府”的资产阶级宪治进入共产主义式的无产阶级政权形态里了。民主问题所承担的，已经不再是资产阶级宪法体系中的议会民主，而是无产阶级的政制了。此时，民主概念以“平民主义”的面貌登上了中国思想史和政治史的舞台。“平民主义是一种最先进的政治类型。这种类型内含了完全废除

① 梁启超：《饮冰室合集·专集》（第5册），中华书局1936年版，第4页。

统治—服从关系结构的人民纯粹自我管理的要求。这个制度大致是这样的：它是人民主权基础上的人民自我管理、自我治理；这里的‘治理’是指对国家事务的管理而不是对人的统治。这个制度的新颖之处就在于：它消除了人与人之间的阶级鸿沟。传统的人与人之间的权力隶属关系也随之消解，代之而起的是一种新型的关系结构；无论官员还是普通公民，每个人都是国家事务平等的治理者。平民主义即一种人人为治的制度。”①

在某种程度上，在中国近代史中，当严复、梁启超等人把民主和议会政治关联的时候，他们根本上是在探讨一种所谓资产阶级的宪治法治之政体；而当李大钊、陈独秀把民主和“消除‘统治/服从’关系”“纯粹的人民自我管理、自我治理”相关联时，他们实质上是在探讨一种所谓庶民的、全民的民主政体。

西方的宪治体系主要包含政体问题和基本权利问题。这两个问题从不同的方面对宪治体系进行了界定。大体而言，政体问题直接涉及政府的组织结构，而基本权利问题则从公民权利的角度间接地规定了政府权能与活动范围。我们在考察一部宪法时，往往需要从政体与基本权利两个方面，才能整体地把握住一部宪法的内容。在中国近代史上，如果民主问题直接对应着宪法中的政体问题，那么，民权问题则对应着宪法中的基本权利问题。在思想史上，民主和民权都是被当作独立概念而讨论的，即思想家们直接用这些概念去思考整体的政治体问题；为此，无论是民主还是民权，当我们现在把它放在一般宪法结构内来看待时，都会发现它们是“野蛮生长”起来的。然而，恰恰由于这些概念“野蛮生长”的特性，才使我们今天去反思时能非常清楚地看到这些概念所承载的中国宪治理念的“中国性。”

在西方宪治体系中，基本权利所涉及的，主要是国民在政治体中的

---

① 王人博：《桃李江湖》，中国政法大学出版社2007年版，第161页。

身份问题。对于一部宪法来说,如何设置国民的身份地位,主要就是看基本权利对国民的权利自由是如何规定的。尽管基本权利的哲学基础在于人作为人的独立价值与人所具有的人格尊严,但基本权利本身的功能主要是处理国民与政府的关系。在西方宪治史上,基本权利主要分为三类:第一类是“免于政府干预的权利”(freedom from government),它包括生命和身体权、人身自由权、思想、宗教、良心自由权、财产权等;第二类是“参与政府的权利”(freedom to government),它包括选举权、监督权、罢免权、集会游行示威的权利等;第三类是现代福利国家宪法所规定的权利,即“须得到政府保障的权利”(freedom by government),它包括得到生活救济的权利、免于饥饿的权利、工作的权利、养老金抚恤金权利等。这三种类型的权利系统周密地界定了国民与政府的关系。

通过对比我们发现,中国近代史上的“民权”概念,虽然在思想家们那里承担着更多的政治功能,但其内容和范围,仅仅大体上相当于西方宪法基本权利中第二类基本权利,即“参与政府的权利”(freedom to government)。在中国民权概念里,“免于政府干预的权利”和“须得到政府保障的权利”似乎没有出现。另外,也是相当重要的,中国的民权概念之主体“民”,是一个集合概念、抽象名词,它指的是作为国民的整体;这又和西方宪法体系中基本权利概念之主体为公民个体有着迥然的差异。这些或许意味着,在中国宪治思想中的国民身份的设置与西方宪法里国民身份的设置是不相同的。

民权概念在产生方式上相当晦暗不明。在某种程度上,民权概念是中国传统文明和西方文明在有限的交流碰撞下产生的一个概念;中国思想家在使用民权这个概念时,身处中西两种文明交汇的激流中,既有博采众长之优,也有左右掣肘之惑。大体而言,民权概念有三方面的渊源:一是中国儒学传统中的民本思想,它强调君以民为本,民能载君,亦能覆君;二是西方政治哲学中的契约论思想,它强调国民在政治体建构和运行中的主体性作用;三是西方公法学中的公民民主权利思想,它强调公民对政府的干预。然而,虽然我们可以大体勾勒出民权概念的这三种来源,但这个概念与这三者的关系到底是怎样的,却不易说清。在下文中,我们就绕开这个问题,直接去把握民权概念已经显现出来的含义。

在中国思想家眼里,民权是一个冲击和反对君主专制的概念。在君主专制体系中,作为被统治者的"民"食于"君",作为统治者的"君"食"民";民与君之间的基本关系,主要是一种"供养"关系。现在,民权概念首先就要试图打破这种"民"与"君"之间的"供养"关系,"民权"大体上是与"君权"相抗衡的。梁启超试图用民权来对抗君权,但同时却又承认民权与君权二元共存的局面。某种程度上,梁启超只是在一种相当形而上的层面来认识民权概念的;当把"民"视为一个抽象的、整体性的概念时,"民权/君权"平衡的政治结构如何在制度上落实,恐怕是一个无解的难题。但无论如何,梁启超先生使"民"的地位在政治体系中获得了提升。

如果说梁启超还尚在"君/民"这样的传统架构里界定民权,严复则从民主共和的政体架构来界定民权了。严复提出了"民有权而自为君"这样的颇具自由主义气息的命题,并从这一命题来阐发政治制度。他认为,只有这种民自我做主的政体,才能被称为"仁"的政体。在这里,我们可以看出社会契约论的影子了。在严复的眼中,民权就是一种人民自我创制、自我统治的主动权利。此时的"民",在政治体中,已经具有了主体性地位。

无论是在梁启超的"君/民"体系中,还是在严复的民主共和体系中,民权已经开始表现为一种由国民所享有的政治性主动权利了。延续着梁启超和严复对"民权"的思考进路,孙中山先生从进化论的角度,进一步明确了民权的含义。如果说梁启超、严复在界定民权的过程中,虽然一直避免从个人主义的角度去定义"民",但他们也没有明确地从正面把"民"定义为"有团体、有组织"的形态。孙中山在这里,把梁启超和严复民权概念里隐含着的含义给明确阐释出来了。在这里,民权概念主体的一以贯之的集体性和抽象性,不仅在中国宪治思想中被坚持着,在中国宪治实践中也被贯彻着。在孙中山先生设计的宪法里,宪法表现为双层结构,其中,第一层就集中规定了"民权",即人民的权利,选举权、创制权、监督权和罢免权;第二层才是"五权"鼎力的政体结构。在这种双层五权的宪法体系中,国民身份的设置主要不是以消极自由权的方式进行的,而是以积极参政权的方式进行的;就此而言,它和西方宪法中"参与政府的权利"(freedom to government)相类似;但其核心差别在于,这种宪法权利的主体是以集体的人民为单位的,它是"有团体、有组织"的,但西方宪法权利的主体是公民个体,个体才是"干预政府权利"的享有者和行使者。①

通过反思民权主体的集体性我们或许可以发现,中国宪治思想家和实践家们在建构政治体的过程中,主要是从政治体秩序的角度,也可以说是客观宪法秩序的角度来定位民权主体的,民权主体在这里是宪法秩序的客观要素;而他们的西方同行们,则主要是从个人自由的角度来界定宪法基本权利的,基本权利主体不再是客观的法制要素,而是宪法和政治体的目的。同样是"干预政府的权利",中国民权概念中国民积极参政的目的是构造一种良好的政治秩序,进而使民族摆脱危机、国家实现富强,而西方宪法基本权利概念中公民积极参政的目的则是更好地维护自身自由、落实自身的法律权益。作为中国宪治理念之国民身份设置的"民权",较之于西方宪治理念中的"基本权利",不仅在权能范围上差异巨大,而且在权利主体性质上相差甚大,更重要的是,在权利目的上,同样差异有别。

三、中国当代语境中的基本权利

1949 年中华人民共和国成立之后,在人民民主专政的宪法体制之

---

① 参见《孙中山选集·三民主义》(下册),人民出版社 2011 年版,第 503 ~ 516 页。

下,基本权利在直接意义上,发挥着保障公民自由的功能;同时,也在更广泛的意义上,维持了社会结构的平衡。1982 年《中华人民共和国宪法》(以下简称《宪法》)中列举的诸项基本权利也好,2004 年《中华人民共和国宪法修正案》(以下简称《宪法修正案》)写入的人权原则也罢,都可以从这一角度加以理解。

我们首先来审视中国公民的基本权利内容。从规范的层面的看,公民宪法权利的范围相当广泛,包含了选举权、言论、出版、集会、结社、游行、示威自由、宗教信仰自由、人身自由、人格尊严、通信自由、对国家机关和国家工作人员的批评建议和申诉控告权、获得国家赔偿权、劳动权、休息权、获得物质帮助权、受教育权、妇女儿童和母亲受保护权、华侨利益受保护权。此外,在宪法"总纲"的政策性条文中,也包含着对公民权利和利益的多项确认。中国公民基本权利的广泛性,相当大程度上源于中国的社会主义性质。由于社会主义国家的性质,除了消极权利外,大量的积极的社会经济权利得以载入宪法中。

基本权利不仅仅应当从权利具体内容来看,还应当从整个国家结构来看,才能透视它应有的意义。具体来说,我们除了关注各项权利的具体内涵之外,还可以从社会结构这一视角来理解中国公民基本权利的深刻意涵。

"权力组织"和"民"构成了二元结构性关系,这样的结构性关系一直是政治生活中的关键议题。古代中国有"天生之民而立之君",欧洲洛克、卢梭的社会契约论,都是探究"权力组织与民"关系的经典论述。在实证宪法上,"权力组织与民"关系则体现为权力与权利、秩序与自由;基本权利条款即对民的地位的确认与保障。每个个体都是一种欲望的力量,这些个体之间的欲望会产生矛盾,矛盾进而会激发为纠纷、战争,于是就吁求一种超越的力量来协调个体间的关系,权力和政府就产生了。权力和政府的实质是公共秩序,建立起有效政府、维持基本的公共秩序,是政治生活的首要目标。然而,秩序的类型有多种多样,有的秩序能充分容纳个体自由，有的秩序则注重集体的力量。优良政治的一个标志就是秩序与自由的均衡，既能维持秩序，又能保障自由。回看整个人类政治发展史，几乎就是一部秩序与自由折冲樽俎、寻求均衡的历史。①

传统中国是一种小农社会。在小农社会中，人们的生活主要是和土地打交道，自给自足；故人与人之间，除了自然血亲关系外，缺乏普遍化、开放化的公共生活。这种小农社会关系在中国延续了3000多年，及至近代，西方商业文明入侵中国，小农经济的人际关系显示出极大的缺陷。在工商业社会，分工发达，人与人之间的连带紧密；国民之间通过商业和社会生活，形成一个有机整体；在其基础之上的国家，财政汲取能力、产业开发能力、国土建设能力都非常强大。相比于小农社会，工商业社会的国民是一个有机体，是一股拧成团的绳子，非常有活力、有力量。面对西方工商业文明的压力，中国开始现代化转型。转型的一项内容即改变社会分散状态，建立起有活力的、有凝聚力的现代社会来；然而，对于后发的中国来说，这样的目的，不能等待自然演进，而是需要强力来催化。梁启超在1902年发表的《新民说》，即对这一问题的回应。康有为在1911年之后倡立孔教，期望用宗教的方式来解决中国社会“一盘散沙”的状态。南京国民政府开展的“新生活运动”，期望以半军事化方式将社会组织起来。1949年中华人民共和国建立后，通过农村土地改革、三大产业改造，对社会生活进行深度整合。

然而，问题在于，西方工商业社会中社会连带、社会活力是通过产业发展而自然生发的，那是一个现代产业体系替代小农经济体系的自然演进过程；资本的力量把分散的小农纳入市场中来。在此基础上产生的国家，亦是社会政治自然发展的结果。当代中国建立了现代产业体系，为改革开放后的中国社会政治发展打下基础。但是，这一人为的、政治推

① 黑格尔把中国、印度、伊斯兰、希腊、罗马和近代西欧文明，编制进一个文明进化谱系中，并阐释了各大文明秩序的精神结构。参见[德]黑格尔：《历史哲学》，王造时译，上海书店出版社1999年版，第15～45页。

动的社会连带化过程,是无法持续进展的。回顾历史,我们发现,改革开放以来对公民宪法权利的确认和保障,实质上也是对政治社会的矫正,是"一盘散沙"的中国近现代问题的否定之否定。"一盘散沙—高度整合—释放社会自由",百年中国社会政治历史,在大起大落中开始趋向平和,社会结构开始趋向均衡。在这一过程中,公民基本权利是一股引人注目的力量。

进入20世纪80年代,包含着宪法权利确认的社会经济改革得以展开,国家开始寻求新的生产生活局面,逐步允许个人和社会拥有一定的自主空间。在农村展开的包产到户和在城市展开的服务业、工业产业生产经营改革,其宗旨就是将政府权力逐步撤出社会生产生活领域。对于当代中国来说,社会重建的过程,不仅仅表现为将分散的小农社会塑造成由公共权力管制的计划型社会,更表现为在现代教育、交通、技术等条件下将计划型社会转变为公民权利社会。这种公民权利社会不再是彼此分散的社会、不再是缺乏内部活力的社会,也不是没有共同规范的社会,而是在宪法法律下展开的公平竞争的社会。西方思想家亚当·斯密、休谟、黑格尔都对这一以近现代商品经济为内涵的社会形态有所论述;它的核心在于,有一套成熟的宪法和私法(civil law)规范,社会围绕这套规范自由运转,政府提供基本的公共服务,如维持基本秩序、维护社会风尚、保护生态环境、提供福利体系,并对社会经济的运行展开宏观调控。

在理解国家与社会、权力与公民自由时,有一个问题需要注意。在现代性语境中,国家与社会之间不是一种对立对抗的格局,而是一种分而不隔、彼此协力的过程。在早期工业化国家中,首先发育起来的是现代社会,以工商业为主要产业,围绕商品经济规律和社会规范自由运作;在此基础上逐渐产生现代国家,现代国家反过来为社会提供公共服务,如金融银行体系、自由税收体系、社会保障体系、统一的行政司法体系。社会在国家的保障下依据自身规范运转,国家以社会活力为着眼点展开行政、立法和司法服务。这是来自历史经验的现代社会政治发生学范式。20世纪以来，后发国家推动社会的现代化进程，政府的主导作用更为显著。回顾中国近现代历史，19世纪末的中国社会处于小农经济的形态中，经过洋务运动、南京国民政府时代的社会经济建设，终究没有发生实质变化。1949年之后，国家进行产业改造，实行计划经济。改革开放以来，政府转换自身职能，逐步收缩对社会生产的计划，同时围绕社会经济事务提供一般公共服务和行政管理，重新界定了政府与社会的关系，使社会和个体获得了相当的权利空间。这一曲折过程所包含的社会经济转型，对于整个国家结构的优化来说，在某种程度上是不可或缺的。

现代政治体的一个标志，即社会与国民是动力源头，政府和国家是社会活力的维护者。现代政府的职能不是直接介入社会经济生活，而是以保障者的身份来维护社会自主和个体自由，使它们的潜能得到充分发挥。要深刻理解中国公民基本权利的内涵，应当把它放在中国政制发展的场景中来观察。基本权利固然是公民自由的问题，但如果仅仅只理解到这一步，还是不够的；它涉及的是中国现代政制的自我结构优化问题，涉及权力与权利的平衡问题，这种更为深刻的内涵，正是在中国特色的宪治发展历程中形成的。

第二章　中国对基本权利保护的历史探索

一、清末的探索:1840～1910年

中国对基本权利保护的历史探索始于救亡图存压力下的现代化转型。鉴于西方列强的制度优势以及东邻日本变法后国家实力的增强事实,为变法图强计,鸦片战争后中国开始了艰难的法律近代化进程,试图在不从根基上触动传统政治原则的前提下,单纯通过移植域外的若干治理制度和治理技术达到师夷制夷的目标。这其中,已为西方很多国家所接受和确立的权利观念及其保障制度即成为被移植和效仿的对象之一。由于这种移植的目的性和工具主义色彩很强,并非真的出于对人民基本权利的尊重和保障,也没有从根本上改变传统的政治原则,因此是一种典型的“中学为体、西学为用”的实用主义做法,其收效之甚微也是在意料之中的。下文将主要以《钦定宪法大纲》和清末狱政改革为例加以说明。

（一）《钦定宪法大纲》中的臣民及其权利

在清末的法律现代化进程中，《钦定宪法大纲》的制定可谓浓墨重彩的一笔。从渊源上看，《钦定宪法大纲》是效法日本明治维新的结果，因此与日本明治宪法文本的相似性不言而喻，如两者都坚持"君赋民权"的逻辑，都秉持"臣民"主体观。然而，这两个相似的文本却有着不甚相似的法理。虽然明治宪法和《钦定宪法大纲》的文本中都坚持了"君赋民权"的逻辑，但中日的尊君观念却有着不甚相同的文化语境。中国历代王朝的正统地位都是用"天命"来论证的，所谓"奉天承运"是也。在中国，"天"作为一种抽象的权威，具有高于具体王朝统治的权威性。"以德配天"的政治合法性论证意味着以"天子"自称的皇帝要受制于"天"的道德监督和惩罚威慑。鉴于"替天行道"常常作为历史上改朝换代之际的响亮口号，在中国，"天"作为皇权之上的最高权威始终是一种潜在的社会共识，构成了对王朝政治的非制度性道德压力。在日本万世一系的天皇观念中，找不到如中国的"天"这样更高的权威。所以，正如沟口雄三所言，同样是用"舟水之喻"来言说君民关系，中国人常说"水能载舟亦能覆舟"，日本人则说"天子如若坚固的铁舰，无论波涛如何汹涌，铁舰始终保持在其上，不会破损"。于是，万世一系的天皇观念无法在社会中孕育出对君主的叛乱权。① 而在中国，皇权之上始终高悬着以"天"所代表的根据性和原理性能量铸就的"正义之剑"，时时拷问着政治权力的德性，构成了实质上的皇权制约机制，这为各个历史时期也包括晚清在特定历史条件下臣民自下而上地颠覆皇权，进而废除君主制度提供了可能。由此可见，如果从对无限君权的否定以及与日本明治宪法的文本相似度来看，《钦定宪法大纲》有着明显的法律移植印记，但中日"天—君—民"关系的文化差异却使如此相似的两个文本产生了迥然有别的结局。

---

① 参见［日］沟口雄三：《中国的公与私·公私》，郑静译，生活·读书·新知三联书店2011年版，第159～161页。

一般认为,在中国传统的主流思想中,臣与民都是相对于君的义务主体。《钦定宪法大纲》用“臣民”一词来表述权利主体往往被视为移植日本明治宪法的结果,而臣民在制度层面由单纯的义务主体转变为既负担政治义务又享有政治权利的主体则被视为一种里程碑式的观念变革。就制度的层面而言,将臣民定义为“权利主体”确实是中国历史上一种前无古人的变化,鉴于该文件颁布前清政府派员出洋考察宪治的历史事实,将这一制度上的变化解释为法律移植的结果确实无可厚非,但是就观念和实践层面而言,这一制度上的变化则是在中国本土的逻辑下被理解和应用的,因此其更应被理解为中国自发演进的一环而非里程碑式的突变。这是因为,第一,中国的“臣民”同时也是“天民”,这是中日“臣民”观念的最主要区别。如前所述,由于中国的皇权之上还存在至上的“天之公”,因此民与天的勾连使晚清中国的民权理论具备反抗君权的特质和可能。第二,《钦定宪法大纲》所表述的权利主体观念的中国特质还在于其延续了传统王朝制度为民间力量设定的刚性边界。传统的皇权并不一概反对地方,其不能容忍的是挑战王朝整体利益的地方主义。合作而不竞争、补充而不替代、附属而不僭越是中国传统王朝制度为地方公共空间的成长所设定的刚性边界,《钦定宪法大纲》不过是延续了这种祖宗之法。第三,中国“臣民”的主体性地位自隋唐科举制成熟后不断提升,从朱子学到阳明学,普通的士大夫阶层以及天下的愚夫愚妇们已经在事实上具备了主动承担主流秩序的自觉。晚清朝廷意图将“臣民”主体性行动所蕴含的能量引导到“立国家万年有道之基”的帝国事业中来,①

---

① 慈禧太后在1906年启动立宪过程的上谕中说:“国势不振,实由于上下相睽,内外隔阂,官不知所以保民,民不知所以卫国。而各国之所以富强者,实由于实行宪法,取决公论,军民一体,呼吸相通,博采众长,明定权限,以及筹备财用,经画政务,无不公之于黎庶。又兼各国相师,变通尽利,政通民和,有由来矣。时处今日,惟有及时详晰甄核,仿行宪治,大权统于朝廷,庶政公诸舆论,以立国家万年有道之基。”《宣示预备立宪先行厘定官制谕》,载怀效锋主编:《清末法制变革史料》(上卷),中国政法大学出版社2010年版,第3页。

虽然是更换了具体的主流秩序的部分内容,①但却同时将臣民的这种主体性结构形式制度化。从“臣民”在制度上被设计为皇权的襄助者和国家事业的承担者以及将身家清白作为参政条件②等事实来看,“臣民权利主体”概念显然是中国社会基体上自发演进的产物。

(二)仁政逻辑下的狱政改革

除了颁行《钦定宪法大纲》,晚清政府为了收回治外法权还进行了一系列的狱政改革,借鉴引入了来自外域的监狱、缓刑、假释等制度。当然,这些改革都是在传统的“仁政”逻辑和话语体系下展开的。“刑法之当改重为轻,固今日仁政之要务,而即修订之宗旨也……今世各国咸主持刑罚止及一身之义,与罪人不孥之古训实相符合,洵仁政之所当先也。”③在这个逻辑推理中,域外监狱制度以及缓刑假释制度等在清末中国也发生了意义变迁。

以监狱立法为例,沈家本在谈及狱制改革时曾言:“严刑厉法可惩肃于既往,难望湔祓于将来,故藉监狱之地,施教诲之方,亦即明刑弼教之本义也。”④这是从治国理政和教化万民的高度进行的制度改革,与近代西方着眼于个体价值的改良监狱行动有着迥异的价值追求。再以缓刑和假释制度为例。按照修律大臣在草案中的说明,这两项制度均是仿制西制,顺应世界潮流。从表面看,与西方类似,这也是一种着眼于预防的从“以痛苦惩戒其人”到“使人迁善”的观念革命,但其背后的逻辑却不可同日而语。第一,制度成长的基础不同。西方19世纪的刑罚个人化是对之前新古典学派之个人主义的批判式改良,其社会本位的立法中包

---

① 晚清朝廷认可的主流秩序是二元的,公共领域援用西方价值而私人领域仍坚守儒家伦理。

② 《谘议局章程》中规定身家不清白者不享有选举权和被选举权。

③ 《修订法律大臣奏请变通现行律例内重法数端折》,载怀效锋主编:《清末法制变革史料》(下卷),中国政法大学出版社2010年版,第41页。

④ 怀效锋:《清末法制变革史料》(上卷),中国政法大学出版社2010年版,第393页。

含着对人类理性和自由的充分尊重,是以个人为基础的社会本位。中国晚清刑法中的缓刑和假释制度是在身份法土壤上进行的法律移植。可见,在跳过个人主义的发展阶段直奔社会本位的时候,由于先天不足,个体和个性的地位在法律中注定是要打折扣的。第二,同样是通过“迁善”降低人身危险状态,但所迁之“善”不同。经历了自然法思想的革命洗礼,在西方,具备理性的个人分享了部分的“神”性,其本身就是价值、就是善的内容之一,因此,个人化的刑罚可以被看作对误入歧途的个体的治疗和矫正,其终极目的是使其更好地弘扬个体价值、张扬理性的力量与光芒。在晚清,鉴于清廷和中国知识阶层对中国文明传统的坚定态度,纲常礼教仍然是整个法律制度的价值指向。换句话说,师夷长技的目的是未来有朝一日更好地弘扬中华文明长久以来孜孜以求的价值理想,故而,其所迁之“善”也就自然是与西方个体价值迥然相异的伦理价值和秩序——清廷对纲常礼教的坚定维护为缓刑和假释制度的功能发挥设定了一个刚性的框架和一个反向价值的目的地。可见,晚清的法律变迁不是基于对个体理性的坚定信仰而弘扬个体价值,而是要教化出更多更好的个体以奉献于求富求强的帝国事业。总之,在清末的刑事司法改革中,西方以自由意志为根据的一般预防观念,以及后来以社会责任为根据的特殊预防观念都可以被视为皇帝履行化民之责的结果,因之能够与德主刑辅之仁政理念形成表面的契合而共存。这样的法律即便能够按照立法者的意图被颁布和施行,也终究与尊重个体自由和意志独立的精神实质无涉。

二、民初的探索:1912 ~ 1937 年

清末修律理念及成果尚未全面付诸实践,清王朝的国祚已尽。民国肇建、政体更迭,并没有从根本上改变中国的半殖民地半封建社会属性,独立统一国家之建构、国民意识之启蒙、个人生存发展之保障、司法主权之收回等问题的迫切性依旧,制度转型仍然任重道远。上述这些情况纠结在一起,构成了中国基本权利制度及实践继续发展不可回避的目标矢量。更困难的是，“清末所争议的礼法治身问题，其实并没有因为刑法和民法的制定，就一了百了地解决。随着刑法与民法的实施，它的战场才开始由宫廷与议院延伸到广大的俗众社会”。[①] 最明显的就是传统的乡村秩序受到了颠覆性的影响，传统以差序格局为基础的礼治秩序被一定程度的平权管理形式所取代，于是，在法治秩序尚未确立的情况下，礼治秩序已然倾颓——乡村社会的整合成为整个民国时期国家建设以及国民性改造的难题和关键。在这种时代背景之下，北洋政府、南京国民政府以及中华苏维埃政府开始了各自的探索之路。

（一）“少许有变、总体恶劣”的北洋政府时期

《中华民国临时约法》规定人民有居住、迁徙、财产、营业、言论、著作、出版、集会、结社、通信和信教的自由，以及国民平等原则入宪，都说明个体权利已经开始走上法制化的路径，不再片面从属于皇权、父权、夫权和家长权的垄断——自此，除插曲式的袁氏复辟外，伦常礼教对个体自由的过度束缚开始在制度层面被一一松绑。然而，平等自由价值的深化在实践层面并非是以顺畅无阻的方式在进行。民初虽曾禁止买卖人口的规定，明文要求人们在法律上必须一律被平等相待，无论公权或私权，均应一体享受，不能存在良贱尊卑之分。但《中华民国临时约法》却刻意不将男女平等列入条文之内，而且，民初大理院的司法实践虽有意将自由平等价值纳入既有的制度实践之中，却囿于各种条件限制，对男女平等意图的表达曲折隐晦，甚至是有意克制的。

以私领域的平等继承权为例。传统中国的财产继承是以男性为主的，亲女的财产继承资格受到严苛的限制——仅限于户绝且无同宗应继之人的情形。在一般情况下，女儿仅能从家族财产中取得一定的嫁妆。民初的大理院受到当时社会上的女权运动以及近代西方民法所倡导的

---

① 黄金麟：《历史、身体、国家——近代中国的身体形成（1895—1937）》，新星出版社2006年版，第141页。

人格平等理念的影响,在亲女继承资格问题上的立场有所松动,并有意扩大了亲女继承财产的机会。在大理院三年上字第 669 号判决中,大理院通过对现行律中"义男与女婿可酌分财产"条款的类推适用,确认了"亲女得酌分财产"的规则。在十四年上字第 3447 号判决中,大理院明确将"母亲于自己所继承的份额之内酌给亲女遗产"作为母亲的一项权利,不受嗣子的干涉也不受继子入继或亲女出嫁的时间限制。这一判决意味着亲女可以通过母亲的"酌给"行为,变相继承父亲的遗产,突破了传统上的"户绝且无同宗应继之人"的限制。① 然而,与此同时,从大理院的判决例中我们也可以看到对酌给亲女遗产份额的限制——"少于应分人数均分之额";可以看到大理院对传统财产继承观念的重申:"同宗无应继之人,始得将遗产归亲女承受","出嫁女无当然承继母家遗产之权"。由此可见,大理院对亲女继承权问题的变通虽然给予女性一定范围和程度上的具体权利承诺,但大理院对女性权利的保护并没有也无意突破家族本位的立法框架,女子在私法上的角色仍是依附于家族的。

与私领域略有不同。在公领域,民初的《中华民国临时约法》和《中华民国约法》虽然都刻意略去了男女平等条款,②但是大理院在司法实践中确实重新思考过女性在公领域的角色。在七年上字第 1308 号判决中,大理院指出:"《约法》载'人民有信教之自由'等语。寻绎法意,举凡人民,无论男女及有无完全行为能力,均可自由信教,并不受有何等限制。又查妇人私法上之行为固受夫权之限制,但其宗教上之信仰,自非夫权所能禁止。"③该判决虽然落脚点在于"夫不能禁妻之信教自由",但是其推论的前提却是有意将《中华民国约法》中的"人民"一词作了较之立法时更为宽泛的解释,隐晦地传达了大理院推事一种不便明言的态

---

① 参见黄源盛:《大理院民事判例辑存(1912—1928 承继编)》(下),台北,犁斋社 2012 年版,第 636 ~ 643 页。

② 参见魏云:《民初女子参政失败原因考察》,载《湖南科技学院学报》2009 年第 3 期。

③ 郭卫编:《大理院判决例全书》,中国政法大学出版社 2013 年版,第 188 页。

度——女子也与男子一样具备宪法上的权利主体资格。不过,需要注意的是,这一判决在肯认女子是宪法上宗教信仰自由之主体的同时,也确认了女子之私法人格受夫权限制的儒家伦理立场。

简言之,民初大理院的司法实践在整体上仍然延续了晚清的二元意识形态框架,在司法实践层面,父权和夫权不曾真正低头,清末留下的制度建设难题和社会整合难题并没有得以解决。此外,民初军阀混战,各路军阀与不同列强的相互勾结使国族的生存权及自由权无法在事实上得到改善,国民的生命财产也在这种内忧外患的现实面前惨遭蹂躏。这样的时代背景之下,无论官方制度及司法实践者怀着怎样的善意,官方的基本权利实践效果只能是"少许有变、总体恶劣"。

(二)南京国民政府对基本权利保护的探索

《中华民国临时约法》确立了人民主权原则、国民平等原则以及分权原则等中国近代基本权利保护的基本原则和制度框架。在《建国大纲》中,孙中山对构建国家制度和基本权利保护提出了全面构想,提出了保障生存权、发展权的措施以及民族平等、国家间平等的主张,等等。其对经济社会权利的关注以及对"民族权"的主张,得到了后来的南京国民政府政权和中共政权的坚持。

这一时期南京国民政府主导的立宪因袭了以法律限制权利的传统。例如,在1935年的刑法典和1937年修订的出版法等法律中,1931年《中华民国训政时期约法》第15条所规定的言论及刊行著作之自由受到了极为严格的限制。"这些法律禁止买卖或展览有伤风化的著作或照片,并禁止在报刊和电影中出现违背三民主义原则的思想观点。自20年代后期开始,电影和出版物都要进行事先审查,1937年中日战争开始后这种审查越发严格。"①另外,为了贯彻1924年1月《中国国民党第一次全

---

① Andrew J. Nathan, "Political Rights in Chinese Constitutions", in R. Randle Edwards, Louis Henkin, Andrew J. Nathan, *Human Rights in Contemporary China*, New York: Columbia University Press, 1986, p. 91.

国代表大会宣言》中形成的关于民权主体资格的共识,1929 年 3 月 21 日国民党第三次全国代表大会通过的《确定训政时期党、政府、人民行使政权治权之分际及方略决议案》中,将“服从拥护中国国民党,实行三民主义,接受国权使用之训练,努力地方自治之完成”作为享有中华民国国民权的条件。1931 年《中华民国训政时期约法》还基于“训政”逻辑建立起了制度化机制。该约法第 30 条规定:“训政时期由中国国民党全国代表大会代表国民大会行使中央统治权。中国国民党全国代表大会闭会时,其职权由中国国民党中央执行委员会行使之。”第 85 条则将解释该约法的解释权赋予中国国民党中央执行委员会,于是,原本制定宪法的执政党既可以控制政府又可以解释宪法。不仅如此,国民政府的领导人由执政党的中央执行委员会任命,行政机构和立法机构由执政党主导。可以说,自 1931 年《中华民国训政时期约法》起,中国立宪的主体与政治权威的拥有者之间便具有了高度的重合性。立宪行为和行宪行为更经常地体现为一种“自律行为”而非“规范行为。”

(三)中国共产党早期的基本权利实践

中共二大确立了党的最低纲领和最高纲领,其一方面认为充分实现对个人权利的保障是人权理想的一部分,同时也认为实现这一理想必须以集体权利或者说多数人权利的保障为必由之路。以此为基础,中共开始了对基本权利保护的自主探索。

1. 通过扩大人民主权的群众基础,确立新型权利主体标准。国民党所依靠的阶级力量主要是社会中上层,其人民主权理念仍旧是以传统的精英治理结构来表达;而以马克思主义为指导的新型列宁式政党,则是要打破这种精英治理结构实现广大民众的当家做主。这种理念间的分歧使得中国共产党通过扩大人民主权的群众基础,从而确立了不同于国民党的权利主体标准。

这种新型的主体标准,主要不是政治的而是经济的。与国民党以政治信仰(信奉三民主义)作为权利主体的资格标准不同,《苏维埃暂行选举法》所确定的权利主体的资格标准首先是经济的。这突出表现在四个方面：一是不靠劳动谋生的剥削者及其家属不享有选举权和被选举权；二是一切劳动者和自食其力的人享有选举权；三是原则上享有选举权的人的家属，如果其出身是被剥夺选举权的，则不享有选举权和被选举权；四是以靠传教迷信为职业的人不享有选举权，但其家属如果以自己的劳动为生则享有选举权和被选举权。① 归纳起来就是：凡是以自己劳动为生的个体均享有选举权；凡是以剥削他人劳动为生者均不享有选举权；非自食其力者（指家属）则看其出身——权利主体的资格标准主要是以个体的经济生产生活方式来判断的。

2. 通过新型民主宪治模式的探索，确立新民主主义时期的基本权利制度框架。《中华苏维埃共和国宪法大纲》模仿苏俄立法，其所确立的议行合一的民主集中制集合了议会制的长处和直接民主的优势。其通过对人民监督权的切实保障落实政权的人民性；通过赋予工人农民、红色战士以及一切劳苦民众以广泛的政治经济社会文化权利，并强调国家权力对这些权利的积极保障责任，确立了新民主主义人权保障的基本制度框架，突出了新型政权主导下的基本权利保护制度特色。

3. 通过积极的经济社会权利保障措施，唤醒工农的权利意识。中国共产党在成立之初通过创办《向导》周报和《劳动周刊》等宣传马克思主义，启迪工农权利意识。1925 年第二次全国劳动大会之后，在共产党人的积极推动下，一些省份创办了工人夜校和农运讲习所，组织并号召工农为自身的权利而斗争，不仅提高了工农的权利意识和政治觉悟，而且培养了一批工运农运骨干。

《中华苏维埃共和国宪法大纲》通过赋予工人农民、红色战士以及一切劳苦民众以广泛的经济社会权利，并制定一系列的实质保障规则和措

---

① 参见董云虎、刘武萍：《世界人权约法总览》（续编），四川人民出版社 1993 年版，第 820～821 页。

施，呼应了底层民众对改善自身经济状况和生存状态的强烈内生需求。其模仿苏俄宪法确立了人权保障的实质性原则，与国民党政权以及国外资产阶级政权形成鲜明的对照。

《中华苏维埃共和国宪法大纲》确认了工农劳苦大众从土地革命中获得的实际利益和胜利成果。此外，苏维埃政权在制度建设方面，制定了保障工农劳苦民众经济平等发展权利、保障劳动权和休息权、保障经营管理权和公民财产权等法律法规；在实践中，通过土地分配、创办合作社以及废除苛捐杂税等运动把工农劳苦民众的经济权利落到实处，有效地改善了底层民众的生存状况。虽然由于革命斗争形势的严峻等客观条件限制，苏维埃的制度和实践效果之间不免存在一定的差距，但新旧秩序的强烈对比还是激发了工农民众为捍卫自身权利而斗争的革命热情和积极性。“红军来了晴了天，穷苦人家笑连连。三荒五月有饭吃，十冬腊月有衣穿”①真实地反映了苏维埃政权领导下底层民众生存状态的改善和提高，反映了工农劳苦民众对新政权的拥护。

4. 通过切实保障工农劳苦民众的政治权利，动摇了传统政治的精英治国理念。中国传统政治中，握有权柄的是基于自身德行和受教育程度而享有政治权威的少数精英，“刑不上大夫，礼不下庶人”，治人者与治于人者、官员与平民之间有着泾渭分明的界限。与传统政治实践中的精英理念不同，中国共产党特别突出传统“非精英”的政治权利主体资格；与国民党以群众的民主能力不高为理由悬置宪治理想不同，这一时期中国共产党人不仅将在全国范围内追求人权的斗争与在自身执政范围内保障人权的斗争结合起来，而且特别注重在实践中增强传统政治“失语者”享有政治权利和自由的主体性能力。第一，政治权利主体的阶级性和广泛性，《中华苏维埃共和国宪法大纲》以及《苏维埃暂行选举法》将政治权利主体资格赋予传统政治中的“失语者”，剥夺剥削阶级以及一切反对

① 傅凤翔主编：《江西苏区交通运输史》，人民交通出版社1991年版，第282页。

工农利益的反动分子的政治权利主体资格。第二,注重个体享有政治权利的物质基础,《中华苏维埃共和国宪法大纲》明确规定要为工农劳苦民众享有政治权利和自由提供物质保障。第三,完善制度建设,苏维埃政权通过将选举程序、选举机关、选民成分、选民登记、代表比例等制度化,使基层普选运动的开展有章可循。第四,政权组织和群众组织双管齐下,推动政治权利实践的发展。通过召开选举动员大会和举办选举运动培训班的方式引导选民进行选举;通过群众组织以及形式活泼的宣传工作进行广泛的社会动员,增强工农群众的参政意识。

三、抗战及解放战争时期的探索:1937~1949 年

(一)个体自由与救国目标的权衡

1937 年抗日战争的爆发为国共第二次合作铺平了道路,这种新的形势也带来了暂时相对宽松的政治环境。与上一时期相比,这一时期不同意识形态的人的权利观念变化不大。但是,由于这一时期日本的侵略使民族矛盾上升为主要矛盾,这在一定程度上也影响了中国权利话语的构建。这主要表现在如下几个方面:第一,虽然中国共产党仍然向官方主张思想自由、言论自由、出版自由等公民权利和政治权利,但是在论证这些权利的合法性问题时比前一时期多了一重理由,即给人民更多的自由可以使其为抗日做出更大的贡献。① 可见,民族主义话语仍然是论证权利正当性的有效资源,民族国家在个体解放的进程中仍然不是一个明显的对立面。第二,在权利主体问题上,人们对抗战的态度被纳入进了划分标准之中。这一时期自由杂志的代表《时代批评》的撰稿人大多强调所有人都应当享有人权,不仅是资产阶级,老百姓也应该享有人权。人权属于每个个体,无论其阶级和地位。② 然而,同时,一些学者则主张将

---

① 参见佚名:《团结与民主》,载笑蜀:《历史的先声半个世纪前的庄严承诺》,汕头大学出版社 1999 年版,第 42 页。

② 参见李章达:《人权的释义和今日中国所迫切需要的人权保障》,载周鲸文主编:《时代批评》(第四卷第七十三·四期合刊),1941 年版,第 18 页。

汉奸排除在人权的主体之外,因此是否享有权利取决于人们对战争的态度。① 需要特别指出的是,虽然这一时期共产主义者仍然坚持认为人权的主体是有阶级性的,在陕甘宁边区政治权利和自由仍然是限定在“人民”范围内,但是出于抗日的需要,这一时期“人民”的范围有所扩展,包括工农群众,还包括小资产阶级、一切赞成抗日与民主的地主、富农、资本家及国民党员。陕甘宁边区政权在强调权利主体阶级性的同时,还特别强调边区人民的人身自由不受任何非法限制。第三,这一时期官方的态度呈现出两面性。对内,官方继续之前的主张,并没有停止侵犯人权的行动。对外,中国签署了《联合国宪章》,并积极参与国际人权工作。民国政府在国际人权问题上强烈主张人权的国际保护,甚至主张国际法院的强制性管辖,同时也特别关心民族自决和种族歧视问题。有论者认为,民国政府的这一立场是为了获得西方列强尤其是美国对其执政权的承认和帮助,而刻意一改先前对人权概念的批判态度去迎合列强的需要。但无论如何,从其关注的主要问题和所主张的强制管辖来看,民国政府的这一立场是符合国家利益的。民国政府虽然在名义上是一个统一的政权的代表,但是外国的势力从来没有停止过对中国的控制,因此中国主张人权的国际保护、关注民族自决和种族歧视问题确实是国家利益的客观要求。

尽管在抗战的时代背景下,国内的权利话语有所转变,但是这一时期国共之间的意识形态分歧仍然尖锐:国民党政府认为战争意味着个人权利必须被限制或牺牲,以服务于更伟大的救国目标;共产主义者与之前一样,认为不能在两者之间建立随意的联系,同时认为,将中华民族从日本侵略者手中解放出来,以及将人民从国民党一党专制中解放出来,这两个目标是可以同步实现的。这一分歧在抗战后期以及解放战争期间得

---

① 参见周钢鸣:《中权运动与新文学》,载周鲸文主编:《时代批评》(第四卷第七十三·四期合刊),1941 年版,第 45 ~46 页。

到不断的扩大化。从1939年开始，南京国民政府克减公民自由以及压制政治反对者的行径再次出现；随着1941年太平洋战争的爆发，国内的政治压迫也越发严重。及至解放战争时期，南京国民政府以国家之名克减个人权利、新闻审查、任意非法逮捕政治反对者的行径更是日益猖獗。

(二)国共两党基本权利观之比较

国共两党，在某种程度上其基本权利观念是存在相似性的。例如，两党都将对各自意识形态的认同作为权利主体的资格要件；两党都认为个体权利源自国家；两党都同意民生问题是基本权利的重要内容；两党都用国家富强来论证个体权利的范围和正当性，在各自的权利观念结构中，都隐含着集体主义的价值倾向。然而，历史的事实表明，中国共产党的基本权利观念显然是其更具动员力的意识形态的重要组成部分，其内在的观念结构存在与三民主义不同的要素组合，并由此形成一种比较优势。

就权利来源和权利主体观念而言，虽然两党都承认国赋民权并秉持集体主义的价值倾向，但是在共产党的话语中，个体自由在现阶段服务于集体和国家不仅是个体道德的要求，更是为了最终实现《共产党宣言》所说的“每个人的自由发展是一切人自由发展的条件”这种社会状态，因此共产党在实质上是坚持个体价值与集体价值相统一的原则，个体自由不仅仅具有工具价值，其本身也是马列主义意识形态为之奋斗的目标。宋明理学后中国文化中的道德一直被区分为境界层面和规范层面，共产党也因袭这种文化结构提出了最低纲领和最高纲领。在这种道德结构中，用政治标准来界定权利主体的资格仅仅是一种手段，其正当性是通过最高纲领中权利主体的普遍性目标来论证的，因此权利主体的阶级性与普遍人权的目标也是不矛盾的。可以说，正是对个体价值和个体自由的明确肯定使共产主义意识形态最终既能在中国社会底层产生巨大的社会动员能力，又能与中国的自由主义者达成相当程度的共识，形成强大的社会整合能力。

就权利实践而言,两党都有意触动家族和宗族的权威以改造社会,但执行力判然有别。南京国民政府时期的民法典第一次挑战了传统的宗法制度和家庭制度,确定了男女平等的原则,并意图通过对西方现代民法的全盘移植改造社会。然而,南京国民政府为缩短统一进程而大量吸纳旧军阀和旧官吏的行动,使其很难在实质上触动家庭伦理和宗族权威,个人相对于家庭和宗族的解放很难彻底展开。于是,其意图通过将个体从家庭和宗族中解放出来,以献身国家的目标便很难实现。与国民党不同,共产党的政权基础在农村。为了实现对农村的社会整合,毛泽东首先从理论上改变了马列经典作家对无产阶级与资产阶级的划分标准,用"是否出卖劳动力"替换了"生产方式是否先进",①将农村中那些倾向于社会交往的阶层视为"中国革命的主力军"。② 在实践中,共产党通过思想教育、家庭改造、婚姻自主、离婚自由以及妇女平等的财产权等一系列制度设计和实践行动,使旧社会的边缘群体相信自己是旧制度的受害者,从而冲破原有的伦理观念束缚积极行动起来彻底打破原有的世界。权利主体范围在实践层面的大大扩展,以及贫农和妇女的个体权利在实践层面的落实,使共产党解决了中国社会整合中的人力资源难题,真正拥有了国民党所不具备的基层动员能力和社会整合能力。③

---

① 毛泽东:《中国社会各阶级的分析》,载《毛泽东著作选读》(上册),人民出版社1986年版,第4~10页。

② 同上书,第334~335页。

③ 自晚清废除科举制后,中国农村就因为知识精英的流失而日益失去自我整合的能力。无论是北洋政府还是南京国民政府,都因为无法找到可以管理农村的有效方式而将自身力量深入基层。张厚安和白益华在《中国农村基层建制的历史演变》一书中指出,国民政府要真正深入管理农村需要1118.7万余人,因此干部来源问题是制约国民党实现社会整合的重要因素之一(参见张厚安、白益华主编:《中国农村基层建制的历史演变》,四川人民出版社1992年版,第156页)。在共产党确立农村包围城市的路线之前,其所依赖的工人阶级和知识分子不仅人数有限,而且主要集中在城市。因此,只有当中国共产党通过对农村的社会改造动员起农村规模庞大的旧社会的边缘群体之时,中国社会整合的人力资源难题才算真正得以解决。

由此可见,国共两党虽然在基本权利观念上有诸多的相同之处,但是由于观念结构的差异,中国共产党的权利观念是一种更为自洽的理论体系,其制度实践具备更为强大的社会整合能力。正是这种比较优势奠定了其政权及意识形态的正当性,使其最终获得了人民的支持,建立了新政权,主导了 1949 年之后的中国人权实践。

四、中华人民共和国成立初期的探索:1949～1977 年

从中华人民共和国成立到改革开放之前,中国政府对人民基本权利保护的探索成就与曲折并存:既有权利立法的初步繁荣,也有法律虚无主义;既有成立之初个体经济政治文化权利的历史性提升,也有“文化大革命”期间对个体权利的践踏。在种种共时性与历时性的现象冲突背后,作为中国基本权利发展道路承前启后的重要历史阶段,这一时期中国对基本权利保护的探索呈现如下总体性特征。

第一,在国际环境恶劣复杂的冷战时期,中国社会主义政权捍卫了国家的独立和主权,为中国基本权利的发展创造了必不可少的前提。中国的基本权利事业是在一个压缩的时空结构中展开的,国家的独立统一和生存发展是中国个体权利发展的基础和前提。从 1840 年鸦片战争到中华人民共和国成立,中国历届政府在这个问题上步履维艰,徘徊了百年。只有在中华人民共和国成立后,中国共产党领导的政权才捍卫住了这条底线,为中国基本权利事业的自主发展奠定了稳固的政权基础。

第二,中国社会主义经济基础的巩固为基本权利的发展奠定了坚实的物质基础。中国土地改革以及社会主义改造的完成,使中国的国民经济开始恢复并迅速发展,中国有了改善个体生存发展的物质基础。1952 年年底“全国有 3 亿多无地少地的农民无偿获得了 7 亿亩土地和大量的生产资料,免除了每年向地主交纳约 700 亿斤粮食的沉重地租,大大改善了生存状况,获得了前所未有的经济权利。1952 年同 1949 年比,农民收入增长 30%”。[①] 1965 年年末，中国国有工业固定资产 960 亿元，是 1957 年的 3.5 倍。[②] “在 1957 ~ 1978 年间，国民消费量在人口增长率为 2% 的情况下，以每年年均 4.5% 和人均 2.5% 的比率增长着。年均 2.5% 的增长率，将使中国人民的物质生活水平每 28 年翻上一番；与英美 19 世纪的水准相比，这个成就不可谓不很重大。”[③]当然，必须看到，中国特色社会主义经济发展道路的探索中既有成绩也有挫折，而且在总体的经济发展之下，还隐含着诸多不平衡因素。例如，在以重工业为基础的国家经济发展策略的压力下，中国农村居民的物质生活水平与城市居民的物质生活水平是有差距的，城乡二元的社会结构和权利结构就是在这个时期的经济发展过程中逐步固化的。

第三，虽然阶级语词的政治化造成了权利主体的窄化，但总体而言，无论是从经济层面还是从政治层面看，平等价值在公私两域中更为深入人心。中华人民共和国成立之初，中国的社会主义改造是着眼于从经济基础的角度改造民族资产阶级的。然而，在社会主义改造完成后，主流意识形态话语中“阶级”一词的经济含义逐渐淡化，政治含义日益强化。例如，20 世纪 50 年代后期出版的《国家和法的理论讲义》中，就认为虽然民族资产阶级在总体上被改造为社会主义新人，但是并不影响国家政权对民族资产阶级中反抗和破坏社会主义建设事业的少数分子进行坚决的打击。[④] 到了“反右”运动和“文化大革命”时期，阶级大多是以政治标准而非经济标准来划分的，“阶级”一词被泛化和滥用。如果马克思主义经典作家的“阶级”概念是以客观的经济关系作为基础，那么一旦抽离了这种客观性标准，“阶级”一词就面临着被主观化的危险，而原本被认

---

① 孙力：《人的解放主题的中国化进程》，东方出版中心 2011 年版，第 109 页。

② 参见《中国统计年鉴》，中国统计出版社 1984 年版，第 12 页。

③ [美]R. 麦克法夸尔、费正清编：《剑桥中华人民共和国史》（下卷），俞金尧等译，中国社会科学出版社 1992 年版，第 496 ~ 497 页。

④ 参见中央政法干部学校国家和法的理论教研室：《国家和法的理论讲义》，法律出版社 1957 年版，第 94 页。

为具有阶级属性的一切事物都可能偏离其原初的意义。改革开放前中国人权主体范围的窄化就与“阶级”一词之政治属性和判断标准不断被绝对化和主观化密切相关。然而，这一政治化了的阶级概念颠覆了传统的治人者与传统的被治者之间的关系，是对传统精英治理结构的颠覆。通过这种带有矫枉过正色彩的观念变革和实践，平等价值在公私两域都得到了进一步深化。

第四，执政党社会动员能力和整合能力襄助了国家能力建设，国家在将个体从家庭中解放出来的同时，也使个体别无选择地被嵌入进了国家肌体之中。中华人民共和国成立后，执政党的执政能力直接襄助了中国国家能力的建设。国家不仅可以凭借强大的政权能力和组织能力将个体从家庭中解放出来进而嵌入国家，而且有能力将个体塑造成符合革命和建设需要的螺丝钉。家庭传统权威的衰落和青年、妇女地位的提升并不必然导致个体与家庭的疏离。当家庭仍然是最基本的生产单位并主导着个体的精神结构之时，家庭内部关系的些许变动仍然不足以撼动历经千年所形成的传统。从这个意义上说，个体从家庭的“脱嵌”意味着对传统的最深刻的背离，其只能是通过打击家庭最基本的组织功能和精神慰藉功能方能实现。改革开放前的制度变迁正是通过这样的途径实现了个体从家庭的“脱嵌”和对国家的“再嵌入”过程。

如前所述，在马克思主义经典作家那里，“阶级”一词首先是在经济意义上使用的，又因为经济基础决定上层建筑，因此，阶级的政治意义从属于阶级的经济意义。但是自50年代中期开始，在主流意识形态中，个体的阶级属性乃至经济地位有时甚至不取决于个体的政治态度而是与出身有关。例如，《1956年到1967年全国农业发展纲要（草案）》规定：“地主富农的子女，如果在土地改革的时候，他还是年龄不满18岁的少年儿童和在学校读书的青年学生；或者在土地改革以前，他就参加劳动，并且在家庭中居于被支配的地位，这种人不应当当作地主富农分子看待，而应当允许他们入社，做为社员，称为农民，并且根据他们的条件，分配适当的工作。”一旦家庭不再能够为个体的生活提供正向支持，甚至会阻碍个体价值的实现之时，个体与家庭之间原本牢固的情感纽带便不可避免地松动。主流意识形态对个体与家庭关系的重塑可谓不遗余力。《中国青年》杂志在《正确认识家庭是争取进步的起点》一文中认为，那些对自己的剥削阶级家庭“恨”不起来的青年的问题在于，没有认清自己剥削阶级家庭的丑恶本质，只是从表面上看问题，或者被父母的甜言蜜语所迷惑，所以不能从心里恨自己的家庭，认清家庭对自己的思想影响。出身于地主、富农家庭的青年，应该听党的话，听贫农、下中农群众的话，站到贫下中农的立场上对事对人，彻底背叛自己的家庭。① 改革开放前的意识形态教育不仅涉及青少年，而且将家庭妇女卷入其中。

自20世纪50年代后期起，政治的硝烟日益蔓延至家庭，如果说50年代主流意识形态还是认为个人能力、政治表现、家庭出身是有先后顺序的，那么随着“文化大革命”的开始，这个顺序被彻底颠倒了：家庭出身不好，其政治表现就会被打上问号，而政治表现的重要性远远超过个人能力。当无从改变的出身左右了一个个对未来充满了理想和希望的青年的前途时，背叛家庭几乎是个体唯一的“救命稻草”。然而，“如其不私，则所谓公者，必不出于其心之诚然，不诚则私焉而已矣”。② “文化大革命”中的政治氛围使个体不愿去想自己对家庭的背叛是否出于自私的心理，从心理学的角度讲，他们将自己的行为视为“追求进步”，是一种出于本能的自我保护。如果这种制度和社会氛围所塑造出来的个体，还受制于“公”的“进步”的约束，那么当国家在个体生活中大幅度撤退的时候，留给个体的只剩下那种曾被掩饰却不再受任何约束的“自私”了。改革开放后中国出现的“杀熟”式现象，正是传统“私德”崩溃而“公德”未能及时确立的结果。

---

① 参见李默：《百年家庭变迁》，江苏美术出版社2000年版，第148～149页。

② 程树德：《论语集释》，程俊英、蒋见元点校，中华书局2013年版，第926页。

与这种意识形态相伴而行的,是集体化运动中家庭生产职能的剥离、计划经济体制下国家对部分家庭职能的替代,当然最重要的是从家庭中解放出来的个体对全能型国家的再嵌入。

在中国的农业集体化过程中,第一届全国人大第三次会议上通过的《高级农业生产合作社示范章程》中有"入社自愿""退社自由"以及干部不得强迫命令的规定。但是中华人民共和国成立后的农业集体化政策和行动是指向封建统治经济基础的,即便在制度层面规定了对小农意愿的尊重,但是将小农集体化毕竟是主流意识形态坚定不移的目标。因此,在实践中,是否入社、对国家倡导的社员身份是否持积极态度,往往被上纲上线成走何种道路的问题。近年来,大量社会学和人类学的研究也佐证了这个过程。[①] 最后,在汹涌而至的合作化浪潮压力下,"土地入股,统一经营"的经济形式最终得以确立。1958 年中共中央政治局扩大会议通过了《关于在农村建立人民公社的决议》,该文件指出,在农田基本建设和争取丰收的斗争中,打破社界、乡界、县界的大协作,组织军事化、行动战斗化、生活集体化成为群众性的行动,进一步提高了 5 亿农民的共产主义觉悟;公共食堂、幼儿园、托儿所、缝衣组、理发室、公共浴室、幸福院、农业中学、红专学校等,把农民引向了幸福的集体生活,进一步培养和锻炼着农民群众的集体主义理想。该决议的结果是政社合一的人民公社制度的建立,家庭作为基本生产单位的功能由此彻底消解了。

如果仅仅从文本上看,农业集体化运动并不必然意味着个体对集体和国家的绝对服从,无论是《农业生产合作社示范章程草案》《高级农业生产合作社示范章程》,还是《农村人民公社工作条例修正草案》,其文

---

① 参见于建嵘:《岳村政治:转型期中国乡村政治结构的变迁》,商务印书馆 2001 年版;彭正德:《生存政治:国家整合中的农民认同》,中国社会科学出版社 2010 年版;吴毅:《村治变迁中的权威与秩序》,中国社会科学出版社 2002 年版;张英洪:《农民公民权研究》,九州出版社 2012 年版;阎云翔:《中国社会的个体化》,陆洋等译,上海译文出版社 2012 年版等。

本中都为社员规定了大量的不容侵犯的权利,①此外,按照《农村人民公社工作条例修正草案》的规定,人民公社的各级干部都必须认真执行"党政干部三大纪律、八项注意"。然而,正如分析者所指出的那样,"就大多数生产大队干部而言,其政治身份并没有改变而成为国家干部,生产大队也没有完全纳入到国家的行政机关序列。但是这些不是国家行政机关的组织,又在很大程度被国家权力行政细胞化了。村干部被更多地整合进党的体系中,此时的村干部已不是以前的士绅,他们自主性很小,为了向上流动有时还要牺牲村民的利益"。② 于是,在实践中,组织与个体的支配服从关系得以在传统政治文化的阴影中延续。1962 年刘少奇《在扩大的中央工作会议上的讲话》中就特别提到干部对群众的"专政"问题:"他们常常用专政的手段,用强制和压服的办法,去对待人民群众,去解决人民内部的问题,而不是在人民内部实行民主,用民主和说服的办法,用服从多数的办法,去解决人民内部的问题。他们不只是对人民的敌人实行专政,他们对人民群众有时也实行专政。"③在城市,计划经济体制下单位制度和档案制度的建立将个体固定在一个几乎不变的位置上:除非被国家权力重新安排,否则一旦就业就意味着对单位的"从一而终";计划经济体制下的单位承担了诸多的社会职能,能够为个体提供"从摇篮到坟墓"所需要的一切重要资源与机会,个体对单位,从而对国家的"组织性依附"得以固化。总之,中华人民共和国成立后的社会改造工程成功地使个体从家庭"脱嵌",同时作为新社会的一分子被嵌入另一种类型的集体——国家。正如罗兹曼所言,"在 1949 年以前几十年里,权威体系处于不断变化之中。在很多地区,血亲和大地主拥有很大的控

---

① 参见国家农业委员会办公厅编:《农业集体化重要文件汇编》,中共中央党校出版社 1982 年版。

② 于建嵘:《岳村政治:转型期中国乡村政治结构的变迁》,商务印书馆 2001 年版,第 265 页。

③ 刘少奇:《在扩大的中央中国会议上的讲话》,载《刘少奇选集》(下卷),人民出版社 1985 年版,第 432 ~433 页。

制权，家庭权威也依然没有受到削弱。共产党领导人开始改变权威的砝码：增加国家（和共产党）的直接影响，扫除基于财产和地方积累起来的权力之上的权威，把对血亲的忠诚转向对新发展起来的法人团体即集体的忠诚，同时又抑制正在以现代形式露头的自由放任的个人主义”。①

需要指出的是，在中华人民共和国成立后个体对国家的再嵌入过程中，并非没有冲突和反抗，但是在一次次的博弈之后，个体对国家的依附日益固化。在这方面最为典型的制度变迁就是国家宪法所规定的经济制度的变迁以及二元户籍制度的逐步确立和巩固。

按照 1954 年《宪法》第 5 条的规定，生产资料所有制形式包括全民所有制、集体所有制、个体劳动者所有制以及资本家所有制，这意味着在国家维持的主流制度（全民所有制和集体所有制）之外，个体还拥有一定的选择空间和自由。经过了社会主义改造以及农业集体化、“文化大革命”等诸种运动之后，1975 年《宪法》明确规定生产资料所有制的合法形式只有社会主义全民所有制和社会主义劳动群众集体所有制，至于“非农业的个体劳动者”其选择空间已经被大大压缩了，根据 1975 年《宪法》第 5 条的规定，他们只能被允许“在城镇街道组织、农村人民公社的生产队统一安排下，从事在法律许可范围内的，不剥削他人的个体劳动。同时，要引导他们逐步走上社会主义集体化的道路”。个体在经济领域选择空间的缩减，意味着其即便能够从家庭中解放出来，也很难实现个体独立人格的建构，只能别无选择地嵌入“国家”这个更大的集体之中。

中华人民共和国成立之初，为了肃清反革命和国民党反动派捍卫新生的人民政权，1950 年 8 月公安部制定了《关于特种人口管理的暂行办法（草案）》，3 个月后，第一次全国公安工作会议决定先在城市建立户籍制度，开展户籍管理工作。1951 年 7 月政务院批转公安部颁布实施《城

① ［美］吉尔伯特・罗兹曼：《中国的现代化》，国家社会科学基金“比较现代化”课题组译，江苏人民出版社 2010 年版，第 350 页。

市户口管理暂行条例》出台。在政权尚未稳固的50年代初，人口的流动当然会加大国家的管理和控制难度，为此1953年4月《关于劝阻农民盲目流入城市的指示》发布，自由迁徙到城市的农村人口有了一个统一的称谓“盲流”，自此，农民逐步被固定在农村的集体之中。1956年年底周恩来总理签署和发布了国务院《关于防止农村人口盲目外流的指示》，认为“今年秋季以来，安徽、河南、河北、江苏等省灾区和非灾区的农民、复员军人和乡、社干部盲目外流的现象相当严重”，要求对农民和干部进行思想教育，对盲流进行处理。1957年国务院又相继发布《关于防止农村人口盲目外流的补充指示》《关于防止农民盲目流入城市的通知》，到了1957年年底，中共中央和国务院联合发出了《关于制止农村人口盲目外流的指示》，提出“不能允许农村人口盲目流入城市”，要求“各有关部门要相互配合，组成以民政为主，有公安、铁道、劳动、交通、商业、粮食、监察等部门参加的专门机构负责处理农民进城，共青团、妇联和工会组织也要协助动员盲目流入城市的青年、妇女农民返回原籍”。“劝阻”—“防止”—“制止”，从这些针对同一类事件的规范性文本名称的变化中，我们既可以看出国家对限制个体流动的态度日益强硬，同时也能够想见曾经发生的个体自发的出于生存本能的流动性要求和行动潮流。最终，1958年第一届全国人大常委会第91次会议正式通过了《中华人民共和国户口登记条例》，规定“公民由农村迁往城市，必须持有城市劳动部门的录用证明，学校的录取证明，或者城市户口登记机关准予迁入的证明，向常住地户口登记机关申请办理迁出手续”。自此，国家以法律的形式将农民限制在农村，完成了农民对以农村集体为代表的国家的“嵌入”。

总而言之，全能国家和计划经济模式既是中国能够捍卫主权、打造现代国家的工业化基础和人权发展的经济基础的有力保证，同时也是对权利在个体间的平等享有以及个体自由发展的结构性限制。

第五，中国文化教育医疗卫生等社会事业的发展在总体上增进了个体的可行能力，使个体的生存发展潜力有了强有力的支撑。“经济的繁荣在何种程度上会促进人类生活水平的提高极大地取决于各种社会政策,包括教育设施、医疗、社会保险、社会工作的建设,以及全社会和全世界不同人之间良好社会关系的培养。即使在收入水平较低的情况下,好的社会政策也能让人们的生活更加长久、富裕和充足。另外,如果我们没有对社会发展给予足够的重视,那么极高的经济增长率所达到的效果也是远远不及有针对性的社会政策和实践所能达到的成果。"①中华人民共和国成立前中国的人均寿命仅有40岁,而改革开放前,中国的人均寿命已经接近70岁,尽管中国的经济基础在当时的世界并不算出众,但其在卫生医疗方面的成就已经可以与比中国富裕得多的国家比肩了。此外,虽然这一时期中国的社会主义教育制度处于不断的探索阶段,但1965年,"全国各级各类在校生13138.4万人,比1957年增长83%"。②教育的普及、文盲的减少、劳动力素质的提高,从整体上增强了个体的可行动能力,塑造了个体的生存发展潜力,为日后中国人权发展之经济基础的巩固提供了条件。

五、改革开放以来的探索:1978年至今

中国基本权利保护的探索是一个在时空中逐步展开的事业,改革开放以来中国基本权利保护的探索必须被放在中国宪治发展的整个历史中进行理解,而不能将其与之前的社会主义立宪乃至中国的宪法传统割裂开来。总体而言,在总结之前正反两方面经验教训的基础上,结合新的时代主题和历史任务,这一时期的探索主要呈现如下特征。

(一)基本权利根源观的重塑

"文化大革命"结束后,"人格尊严"一词写入中国宪法。仅仅从文字上看,这的确是中国基本权利制度的里程碑。"人格"一词很容易使人

---

① ［印］阿玛蒂亚·森:《社会发展中的和谐与不和谐:中国与印度的经验比较》,载王新颖主编:《奇迹的建构——海外学者论中国模式》,中央编译出版社2011年版,第295页。

② 董云虎、常健主编:《中国人权建设60年》,江西人民出版社2009年版,第23页。

联想到晚清以来将个体权利立基于“人格”的那段历史,但是这里的人格与中国历史上自由主义者的权利基础观念有着不甚相同的逻辑。“人格尊严”入宪是对“文化大革命”的历史反思,并不具备中国自由主义理论中“人格”一词和传统“天”所内含的那种超越性格。国家要保护个体“人格”,但是国家不仅仅是一个个具体“人格”的简单集合,个体的“人格”还不能简单地成为国家的前提和基石。“人们支持人权,但不要忘记还有一个国权。谈到人格,但不要忘记还有一个国格。特别是像我们这样第三世界的发展中国家,没有民族自尊心,不珍惜自己民族的独立,国家是立不起来的。”①因此,在改革开放后我们同样可以看到新中国宪法所延续的“大我”对“小我”的约束。

这种论证框架的松动似乎可以追溯至20世纪80年代后期中国政府对《世界人权宣言》和人权两公约的积极评价。1986年中国外交部长在联合国大会的一般性辩论发言中说:“两个公约对实现《联合国宪章》关于尊重人权的宗旨和原则有着积极的意义。我国政府一贯支持宪章的这一宗旨和原则。”②1988年中国外交部长在联合国大会发言中对《世界人权宣言》也做出了积极评价,认为该宣言是“第一个系统地提出尊重和保护基本人权具体内容的国际文书。尽管它存在着历史的局限性,但它对战后的国际人权活动的发展产生了深远的影响,起了积极作用”。③根据《世界人权宣言》和人权两公约,个体权利的基础在于“人身的固有尊严”,而非宪法和法律的赋予,这意味着之前通过“强调权利的阶级性和社会主义国家宪法所保障的权利的真实性”来论证“公民的基本权利”这一概念优越于“人权”这一概念的理论基础存在重大缺陷。④然而,上述表述也足够模糊,毕竟积极的评价并不代表完全的接受和认同。

---

① 《邓小平文选》(第3卷),人民出版社1993年版,第331页。

② 中国人权研究会编:《中国人权年鉴》,当代世界出版社2000年版,第723页。

③ 同上。

④ 许崇德:《中国宪法学》,天津人民出版社1986年版,第190~191页。

1991年中国人权白皮书对阶级性的刻意模糊也说明了这一点。[①] 中国在这一问题立场上的明确转变开始于1993年的维也纳世界人权会议。中国以积极的和建设的态度参加了这次会议，该会议最后通过的《维也纳宣言和行动纲领》开篇便指出，与会国“承认并肯定一切人权都源于人与生俱来的尊严和价值，人是人权和基本自由的中心主体，因而应是这些权利和自由的主要受益者”。对这一点的承认意味着不可能再对宪法之外的权利秉持“六合之外圣人存而不论”的态度，在宪法规定的公民基本权利之外，可能存在具有道德基础和正当性个体权利，而“与生俱来的尊严和价值”也为防范“假集体利益之名而行压制个体权利之实”的权力滥用提供了理论和道义上的支持。

1997年“尊重和保障人权”出现在执政党的十五大报告中，此后，这一个体权利正当性的论证方式被不断强化：与张彭春20世纪40年代的工作一样，中国国家领导人诉诸中国文化传统来言说个体权利的这一基础——“人的尊严和价值”。1997年江泽民访美期间，在美中协会等六团体举行的午餐会上发表演讲时就明确指出：“重视人的尊严和价值是中华民族的传统美德。我国古代先哲提出的‘天地之间，莫贵于人’和‘仁者莫大于爱人’的思想，在社会中有着深厚的影响。”1997年和1998年中国先后签署了人权两公约，并于2001年批准了《经济、社会和文化权利国际公约》，这意味着“人身的固有尊严”正式成为官方人权话语中个体权利正当性的新的言说方式和理论基础。这一观念立场在2002年党的十六大报告中再次得以强调和巩固：与十五大的看法一脉相承，“尊重和保障人权”作为执政党坚持和完善社会主义民主制度理论的一部分再次出现。2004年“国家尊重和保障人权”写进宪法，中国宪法权利体系在从封闭走向开放的同时，也将国际人权制度中提出的作为个体权利基础的“人的尊严和价值”内化于宪法基本权利体系之中。

---

① 金同小：《1991：中国人权白皮书那一小步》，载《中国新闻周刊》2012年第2期。

中国个体权利基础的发展并未就此止步。2003 年中国提出以人为本的科学发展观,将实现人的全面发展作为科学发展观的目标,要让发展的成果惠及全体人民。2007 年党的十七大提出坚持以人为本就是尊重人民的主体地位,发挥人民的首创精神,促进人的全面发展,“做到发展为了人民、发展依靠人民、发展成果由人民共享”。2013 年第十二届全国人大第一次会议又提出了中国梦:“中国梦是民族的梦,也是每个中国人的梦。只要我们紧密团结,万众一心,为实现共同梦想而奋斗,实现梦想的力量就无比强大,我们每个人为实现自己梦想的努力就拥有广阔的空间。生活在我们伟大祖国和伟大时代的中国人民,共同享有人生出彩的机会,共同享有梦想成真的机会,共同享有同祖国和时代一起成长与进步的机会。”党的十九大报告更明确指出:“必须坚持以人民为中心的发展思想,不断促进人的全面发展、全体人民共同富裕。”最近十余年间,从强调国家的人权保障义务到强调让发展的成果惠及“全体”人民,国家的梦想与“每个中国人”的梦想更为紧密地统一起来,权利的享有和行使不再仅仅是为了普遍利益,而是同时与每个人的价值密切相关。在主流基本权利话语中,个体尊严和价值的实现已经在理论和实践两个层面更为明确地成为政权合法性的基础。尽管在主流的基本权利话语中,“人民性”(或者说“人民性”所内含的“阶级性”)始终如一,但是在“每个中国人的梦”这一语境下,一度着眼于保障国家安全发展和捍卫社会主义道路的对权利“阶级性”的强调,已经最大可能地淡化了,这是国家发展和国力强盛所带来的道路自信、理论自信和制度自信,更是对社会主义基本权利理论和实践的重要贡献。

从谨慎地区分社会主义人权和资本主义人权,到将“国家尊重和保障人权”写进宪法和执政党党章;从着眼于国家发展,强调个人利益对集体利益的服从,到“以人为本”,强调国家对以人性尊严为基础的个体权利的保护义务,再到让发展的成果惠及“全体”人民,国家的梦想与“每个中国人”的梦想更为紧密地统一起来,中国个体权利之基础和正当性的言说方式在短短20年间已经发生了相当深刻的变化，这一转变是中国主流基本权利观念与国际人权标准逐渐趋同的重要标志之一，也是对传统天观的回归和超越。①

1. 改革开放后中国基本权利根源观对传统的继受

改革开放后的基本权利根源观念继承了传统的天观结构。国家尊重和保障人权写入宪法，意味着中国基本权利根源观的论证中承认国家权力之上有着更高的天道约束。近代以来，民族国家的建构一直是中国基本权利保护道路上不得不正视的目标。在中国主流意识形态中，以传统天观的公私之辨为中介，国逐步取代了传统“天—君—民”关系中的“君”，成为个体权利正当性的重要依据。随着“国”对“民”的控制力以及“民”对“国”的依附性的不断增强，传统“天”观文化中“天”与“民”的关联逐步弱化，至“文化大革命”时期大公无私的群体价值倾向在实践中走向极致，权力也随之失去了传统天观所蕴含的常识道德的约束。改革开放后，尊重和保障人权写入宪法，意味着抽象的国家利益不再是否定具体的个人权利的充分条件，国家权力必须接受人权的道德约束。当个体价值成为约束国家权力的道德力量，传统天观结构中个体的民与天的勾连便重新建立起来了。总之，从着眼于国家发展，强调个人利益对集体利益的服从，到“以人为本”，强调国家对以人性尊严为基础的个体权利的保护义务，意味着个体重新获得了传统天民观念中约束“国家”的资格。近代以来在主流意识形态中逐步被解构的常识理性逐步复归。

改革开放后，中国基本权利根源观念对传统天观结构的复归意味着个体尊严和个体价值对国家权力的约束，因此从个体与国家之间关系发

① 必须要承认的是改革开放后学界对人权根源观念的看法是多元的，如斗争人权说、商赋人权说、国赋人权说、生赋人权说、学赋人权说、契约主义说、预付人权说、良心理论说、人的尊严说、自然法与习俗说，等等。这些多元的人权根源观念是当代研究者从现实主义的视角挑战西方主导理论的一种努力，但任何一种观点都不足以代表中国人权实践的全部逻辑。因此，本书对改革开放后中国人权根源观的讨论主要是以主流意识形态的人权根源观为分析对象。

生变动的角度看，这一变动往往被理解为中国加入联合国后被国际社会“社会化”的结果；①也有学者认为，中国发展经济需要和平稳定的国际环境，因此这是中国面对外部压力的自然反应；②还有学者认为，这是中国国家身份从革命的社会主义国家变为现代的社会主义国家的结果。③

笔者认为，上述观点都触及了产生这些变化的某些方面的动力，但还都是一种片段式的解释。在人权全球化的浪潮中，中国基本权利根源观念的这种变化当然不能排除外部的影响，但中国自晚清起就一直面对着外部世界的压力、面对着一个不同于之前“天下”的世界秩序，从这个角度说，中国百余年来一直被“社会化”，但为何单单这一轮“社会化”的结果能够被中国人认同和内化？在中国近代的历史上，中国一直都在为国家的独立富强而进行着艰苦卓绝的努力，如果仅仅改变官方态度就可以换来和平稳定的国际环境，那么为何直到改革开放之后，中国官方与外部世界之间就基本权利问题的认识分歧才更为明显地缩小？更何况改革开放后在外部压力面前，中国内部也一直存在向左转的声音，鉴于中国之前的“革命”意识形态，单纯的外部压力不能解释中国的这种变化。如果国家的身份变迁真的能够解释基本权利观念的变化，那么为何最接近西方国家身份的民国从未放弃权利主体的政治标准，而是坚持使用“民权”而非“人权”这个概念？可见，中国基本权利观念的变迁远比想象的要复杂。

改革开放后，中国基本权利根源观念对传统的继受与《世界人权宣言》在这一问题上的开放性有关。《世界人权宣言》为了在政治行动中达成更多的共识，将人权根源的论证开放给不同的宗教文化体系。从文

---

① See Ann Kent, *China, the United Nations, and Human Rights: The Limits of Compliance*, Philadelphia: University of Pennsylvania Press, 1999.

② See Thomas Risse et al., eds, *The Power of Human Rights: International Norms and Domestic Change*, New York: Cambridge University Press, 1999, p. 10.

③ See Chen Dingding, "China's Participation in the International Human Rights Regime: A State Identity Perspective", 2 *Chinese Journal of International Politics*, 399 – 419 (2009).

明主体自我认同的需要而言，中国的基本权利根源论证不可能追随西方古典人权文件以自然法、上帝、理性等来说明个体基本权利的正当性。如果基本权利根源的论证就是在追问那个应当的应当之应当，那么“天地之间，莫贵于人”和“仁者莫大于爱人”以及传统的天观结构所确立对政治的道德约束都是更符合中国语境的基本权利论证方式。

中国式基本权利观念的萌生与变迁是在一个压缩的时空中进行的：西方的基本权利是用来防御强大的国家对个人的压制的，但是中国在发展基本权利观念的过程中，却是要在一个悠久的且异质于西方文明的传统进行自由民主宪治的民族国家建设。因此，自1840年起，中国基本权利保护道路一直与民族的生死存亡、国家的富强独立形影相随。这也是为何中国共产党的权利话语一直蕴含在更为宏观的革命事业或国家发展话语之中的缘由。从这个角度看，与其说改革开放后中国基本权利观念的变迁是外部压力、经济因素或国家身份变迁的结果，毋宁说这是中国国家事业在经过了种种失败尝试后依凭自身文化的道德结构和理性结构进行反思后的必然选择。20世纪70年代初中国之所以未发生基本权利立场的转变，是因为主流意识形态中理性结构的惯性尚未消失，用革命的方式建设国家保卫国家的尝试还未结束，主流意识形态自我反思的条件尚不成熟，而当实践证明之前国家发展的方式需要根本转变的时候，基本权利观念变迁的条件也基本成熟了。此时，回归传统天观结构一方面不排斥国对于个体自由和尊严的积极作用，另一方面以个体尊严为国家权力设限又契合了《世界人权宣言》的规范性要求。显然这种回归是一种比较稳妥的选择。

必须指出的是，20世纪70年代末80年代初，中国更为积极主动的基本权利立场仍未脱离中国主流意识形态中的道德结构和理性结构。这不仅表现在之后的社会主义宪法中延续了权利的纲领性，还表现在80年代中国理论界对中国基本权利保护事业曲折发展所作出的理论解释。

2. 改革开放后中国基本权利根源观对传统的超越

改革开放后的中国基本权利根源观也超越了传统的天观。与晚清和民国时期的主流意识形态不同,当代中国个体自由价值不再需要通过“国”来证成自身的正当性,其本身已是新天道的一部分。国家对个体自由的尊重与保护义务与个体捍卫人格尊严的行动都可以被理解为共同践行天道目标的努力,在新的天道之中,道德的含义不再是儒家伦理,而是个体的自由平等以及人性尊严。

或许正是由于改革开放后中国主流意识形态对传统的超越,人们常常将这种变化视为外部影响或应对外来压力的结果。的确,在晚清以迄的主流意识形态及其实践中,将个体的自由平等视为天道的一部分这显然是头一遭,但是对中国人权道路主体性和创造性的考察不能仅仅局限于主流意识形态。从晚清的“人赋说”发展到民国时期自由主义者的基本权利根源观念,个体的价值、人自贵的思想资源在中国的社会和文化中并非没有根基。在中华人民共和国成立之前,中国共产党人对权利根源观念的论证中尽管有的存在唯意志论或机械唯物主义的偏颇,但以李大钊和艾思奇为代表的中国马克思主义者,也从哲学的高度试图冲破中国传统哲学中唯意志论和宿命论的两极对峙,进而为个人的主体价值及和谐的新型群己关系奠定更为稳固的哲学基础。① 而在改革开放前的毛泽东传统中,固然强调共产党人是革命的工具,反对个人主义,但与此同

---

① 艾思奇在文章中曾明确批评斯宾诺莎的机械决定论,并认为“意志的自由也就是改变对象和克服对象的自由。如果仅以顺应必然性为自由,那么未克服的对象对于主观活动的阻碍,也是一种必然,对于这样的一种必然而要讲顺应,这并不是自由,而是屈服。有人说:社会科学预言将来的社会是必然要到来的,既是社会的必然,人何必要为它的到来而多事地努力和争斗呢?其实必然性本身是有矛盾的。社会的进步是必然的,而进步过程中必有保守的阻力,这也是一种内在的必然,进步的必然性不进而克服了这种保守的必然,进步就必不能成为现实性,这里,就说明为什么需要人的努力。于是可以知道,自由不仅是顺应必然性就能成立,而是要依着必然性去克服必然性的体系自身的矛盾,才能显现的”。[参见艾思奇:《艾思奇文集》(第1卷),人民出版社1981年版,第95~96页。]在这段论述中,我们可以清晰地看到其理论中将辩证唯物主义与历史唯物主义统一起来,为人的主体价值和个体自由意志的发挥留出了足够广阔的空间。毛泽东后来也正是在艾思奇理论的基础上提出了“能动的革命的反映论。”

时，个体的个性解放、“每个人的自由发展是一切人自由发展的条件”也是毛泽东传统中矢志不渝的奋斗目标。因此，如果说改革开放前中国的权利根源观念在一定历史时期曾经走向极端，造成了中国人权事业的曲折，是因为中国“落后”的传统所带来的梦魇，那么改革开放后为避免曲折所发生的这种转变与其被视为外部压力的结果，毋宁被视为传统的恩泽，视为文明主体在自我反思后的自我改变和自我创造。简言之，以内部的视角来观察改革开放后中国权利根源观的变化，我们会发现改革开放后所发生的这种对传统的超越并非无源之水、无本之木，与任何外部的权利根源论证相比，其与中国内部的基本权利根源观念存在更多的相似之处和逻辑联系。

（二）基本权利主体观的重塑

在改革开放后主流意识形态的权利话语中，基本权利的主体较之前一阶段有明显变化。一是中国的宪法逐步淡化了基本权利主体的阶级标准，人民的范围不断扩展，基本权利的主体也随之扩展。二是我国人权白皮书明确肯定集体人权和个人人权都是中国政府注重保障的对象，加之“人格尊严”一词入宪，中国主流意识形态认可的基本权利主体不仅包括集体也包括个人。这较之前一阶段的“大公无私”的人民主体观而言显然是重大的转变。基本权利主体范围的这些变化使中国的基本权利主体观逐步接近了国际人权标准，在这一过程中，我们当然不能否认外部的影响，但是改革开放后中国基本权利主体观有着内在的生成脉络，不是为了与国际接轨而发生的改变，而是对之前历史阶段权利主体观的继受与超越。

1. 改革开放后中国基本权利主体观的继受

改革开放后，中国主流权利话语坚持了将人民作为基本权利主体的立足点，但大大扩展了基本权利主体的范围。社会主义自进入中国起就是在“尚多数之公去少数之私”的意义结构中被理解的，改革开放后邓小平对社会主义人权与资本主义人权的区分也是用“多数/少数”作为标准的。他指出：我国社会主义的人权是占人口绝大多数的人民的权利，而非少数人的特权。① 这是中国特色社会主义权利主体观念的阶级实质和价值取向。如果“文化大革命”时期的人民作为一种集体人格被神化了，那么改革开放后中国的权利主体观念只是去掉了神的光环，却坚持了最广大人民在基本权利实践中的主体地位。通过淡化中国社会主义宪法基本权利主体的阶级性，中国宪法中的人民范围呈现不断扩大的趋势。在中国特色社会主义人权理论和实践中，当“一切社会主义的爱国者”“一切拥护祖国统一的爱国者”“致力于中华民族伟大复兴的爱国者”被列入人民的范围；当“国家尊重和保障人权”入宪；当中国梦不仅被解释为民族的梦，还被解释为每个中国人的梦，基本权利主体范围的广泛性已经是中国历史之最——至此，个体的尊严和价值已经在理论和实践两个层面更为明确地成为政权合法性的基础。

改革开放后，中国主流权利话语坚持了人权主体的道德属性。在中国社会主义宪法中，集体主义的价值观教育一直是社会主义精神文明建设的组成部分。这是传统道德的公私观和群己观的延续。中国传统社会和制度中的个体都不是原子式的存在，而是处于社会伦理结构之中，“能群”被认为是人之为人的根本特征。在清末的宪法文本中，臣民权利从属于“立国家万年有道之基”的帝国事业，同时在二元意识形态的框架内，在个体与他人和家庭的关系中，传统的伦理义务与责任也得以维系。中华民国宪法也坚持了个人利益与国家利益一致性的价值预设，个体的宪法权利并不是国家立法的界限而是其规制的对象。自《中华苏维埃共和国宪法大纲》起，中国的社会主义立宪实践延续了这种国家利益与个人利益一致性的价值预设，并保留了国家立法权对公民宪法权利的规制机制。总之，在制度和实践层面，只能在与国家的关系中才能认识个体

---

①　参见孙强：《改革开放以来马克思主义人权理论中国化研究》，中央编译出版社2013年版，第107页。

作为权利主体的资格,作为权利主体的个体不是可以脱离和对抗国家利益的存在,尽管在观念的层面中国社会一直存在个体先于国家和宪法的声音。此外,这种关系结构还表现在主流意识形态所提倡的个体道德中。从清末的在刑事法律中附加的《暂行章程》到北洋政府将孔教确立为国教、南京政府对四维八德的强调,从中华人民共和国成立后集体主义价值观的强势地位到邓小平提出的"国格"与"人格"、"国权"与"人权"再到党的十八大提出的公民层面的社会主义核心价值"爱国、敬业、诚信、友善",所有的这一切都表明作为权利主体的个人是一种关系的存在,同时也是"大我"与"小我"的统一。近代以来,国民性的改造问题在中国知识精英和政治精英的权利话语中一直经久不衰。与此同时,如何理解自由平等并将这些不同于传统道德的新道德植入中国的国民性之中,一直是中国内部各种权利发展方案争论的焦点所在。改革开放前中国基本权利保护事业的曲折发展也是国民性改造的一种探索,改革开放后的基本权利主体观念延续了中国传统道德的公私之辨,也是对这种探索的继续。

改革开放后,中国主流权利话语通过重新区分境界和规范层面的方面协调社会主义制度下的群己关系。如前所述,中国社会主义宪法基本权利主体观念的极端化是在将道德的境界层面和规范层面合一的情况下发生的。改革开放后,中国将自身所处的历史阶段定义为社会主义初级阶段,并认为中国处于并将长期处于社会主义初级阶段。对自身发展阶段的历史定位使"大公无私"的共产主义道德不再是作为主体的人民必须立即实践的道德标准,道德境界和道德规范在中国文化中再次发生分离,社会主义制度下的群己关系也不必再呈现对抗性的状态。"交足国家的,留够集体的,剩下是自己的"既是改革开放后调动个体积极性发展国家经济的口号,也是中国主流意识形态对传统群己观的回归。可以说,改革开放之后,对脑力劳动和技术人员的尊重和鼓励以及贫穷不是社会主义的论断、共同富裕的目标导向,都在一定程度上意味着对传统的回归和对革命价值观的继承,但是与之前政治文化不同的是,主体价值的平等以及个体的自由被同时整合进中国的政治文化和基本权利保护的发展道路之中。

2. 改革开放后中国基本权利主体观的超越

改革开放后,中国基本权利主体观的超越最重要的表现是提高了对人性幽暗面的警惕与防范。对人性幽暗面的意识并非西方社会所独有。但对于人性的幽暗面,“基督教是作正面的透视与直接的彰显,而儒家的主流,除了晚明一段时期外,大致而言是间接的映衬与侧面的影射……基督教,因为相信人之罪恶性是根深蒂固的,因此不认为人有体现至善之可能;而儒家的幽暗意识,在这一点上始终没有淹没它基本的乐观精神。不论成德的过程是多么的艰难,人仍有体现至善,变成完人之可能”。[①] 中西文明的这种差异体现在各自的权利理论中就表现为西方文明对权力的警惕(从而对消极自由)和对法治的重视,而中国文化传统对人性的乐观使中国的基本权利话语中始终弥漫着对权利实现之道德路径的依赖以及对好人政治的情感偏好。中国内部多元的权利理论几乎都赋予权利实践主体以道德的信心。改革开放前作为基本权利实践主体的人民被神化就与此有着密切的关联。鉴于“文化大革命”时期经济的萧条、斗争的惨烈和人性尊严的沦丧,改革开放后中国的基本权利主体观念在坚持人民主体地位的同时也对人性的幽暗面有了更深刻的认知。因为中国社会主义事业(包括基本权利保护事业)曲折发展的历史证明,革命的光环改变不了人性,脱离了法治约束的大民主、缺乏制度和基本权利价值约束的群众运动无法保证国家的繁荣也不能捍卫个体的自由和自主。于是,我们看到:改革开放后的中国重视法律制度的完善,致力于中国特色社会主义法律体系的建设,并将“中华人民共和国公民的人格尊严不受侵犯。禁止用任何方法对公民进行侮辱、诽谤和诬告陷害”写进

---

① 张灏:《幽暗意识与民主传统》,载张灏:《张灏自选集》,上海教育出版社 2002 年版,第 17 页。

1982年《宪法》。从将依法治国作为基本的治国方略,强调“不因领导人的改变而改变,不因领导人看法和注意力的改变而改变”的规则治理,到中国特色社会主义法律体系的形成,再到社会主义法治理念和全面推进依法治国目标的提出,改革开放后中国基本权利理论和实践中对人性幽暗面的警惕和防范在中国的历史上是空前的。

中国对基本权利主体认识的这种变化和应对与中国对人性持乐观态度的主流传统相比的确是一种重大且深刻的变化,然而这种变化同样不能被视为对外部制度经验的单纯模仿或外部压力的结果,而只能被视为对自身传统的创造和超越。理由如下:第一,中国传统是多元的,乐观的人性论的确是中国传统,但对人性之恶的认识也一直或隐或显地存在。例如,荀子的性恶论以及章太炎提出的善与恶“俱分进化”的理论等就代表了中国文化内部对道德理想主义的反思。当曾经展示了巨大号召力和动员力的道德理想主义在中国的基本权利实践中也展现出巨大的破坏力时,对人性幽暗面的警惕、对完美道德产生完美社会的反思都是中国文化发展的一种自然走向。第二,我们当然不能说外部制度经验的示范意义在这个转变过程中没有发生作用,但是以外部视角来诠释中国的这种变化无法说明为什么中国特色社会主义法治将“依法治国与以德治国相结合”作为五大基本原则之一,无法解释中国为何在将依法治国作为基本治国方略的同时并没有放弃开展社会主义道德和社会主义核心价值观的教育,没有放弃以道德手段防范人性的幽暗面。因此,改革开放后中国基本权利主体观念的变化只能被理解为中国主体性的创造。

(三)基本权利的法治化探索

孔子说:“道之以政,齐之以刑,民免而无耻。道之以德,齐之以礼,有耻且格。”①中国传统社会的治理一直是将重心放在德教方面,主张先

---

① 《论语·为政》。

礼后刑、德主刑辅的治国理念。西方刑事立法中以社会责任为根据的危险性观念或特别预防观念在清末和民国的法律变迁中也是在德主刑辅的逻辑中被理解的。在德治的语境之下,上位者的道德以及主流意识形态中的道德都得到了最大限度的彰显和信任,而权力本身的约束则相对弱化得多。王伯琦先生在《近代法律思潮与中国固有文化》一书中将传统人治概括为三种类型:在上者以身作则来使他人感化、由好人来执行好的法律制度、权力主体抛开法的约束而专以道德规范作为权衡人之行为的标准(张耒《悯刑论》所言:"天下之情无穷,而刑之所治有极,使天下之吏操有限之法,以治无穷之情,而不得少议其中,而惟法之知,则下之情无乃一枉于法而失其实欤。是以先王之时,一权诸人,而不任法,是故使法出于人,而使人出于法")。① 前两种类型一直是中华人民共和国成立后中国政治伦理和执政党建设的重要内容,而第三种类型则呈现在"文化大革命"的政治氛围之中。事实上,第三种类型是看到了法律自身的局限性,但却将这种局限性夸大乃至极端化。"如果人都是天使,就不需要任何政府了。如果是天使统治人,就不需要对政府有任何外来的或内在的控制了。"②事实证明,大民主和不受约束的多数人权力尽管在一定意义上意味着对传统剥削制度的颠覆,但是在缺少制度和基本权利价值约束的情况下,仍然无法带来普遍的正义与繁荣,其绝非是通往社会主义乃至共产主义理想的有效方式。基于传统的经验和历史的教训,改革开放后,中国基本权利保护道路中不仅注重执政党自身的建设和领导干部的德性修养以及用说服教育的方式解决人民内部矛盾,同时也不遗余力地加强制度建设,打造中国特色的社会主义法律体系。

改革开放后,中国对规则治理的重新认识是从保障社会主义民主的

---

① 参见王伯琦:《近代法律思潮与中国固有文化》,清华大学出版社 2005 年版,第 22～25 页。

② [美]汉密尔顿、杰伊、麦迪逊:《联邦党人文集》,程逢如、在汉、舒逊译,商务印书馆 1980 年版,第 264 页。

角度出发的。[①] 长期以来，受苏联法律理论以及中国人治传统的影响，在新中国的主流意识形态中，法律一直被视为"阶级统治的工具"。既然是一种"工具"，那么其是否被使用以及如何被使用都不能从这种"工具"本身来寻求正当性证明，其对外在于规则的人格化权威只有使用价值而无约束能力。"文化大革命"使人们首先看到了制度的稳定性、连续性和权威性之于人民主权（多数人权力）和人民民主的重要意义，从而提出了使民主制度化、法律化的途径，即"有法可依，有法必依，执法必严，违法必究"。不过这样的表达方式尽管在主流意识形态中提升了制度的重要性，但是制度之上仍然存在一个目标价值：人民民主。作为民主保障手段的法律，其之于主体的意义仍然是工具性的，其服务对象仍然是多数人，没有从法律的阶级属性中走出来。

改革开放后直到20世纪90年代初，中国意识形态领域关于人治与法治的问题有过长期的争论。在人治与法治关系问题上，中国的转折点出现在1997年，其标志性事件是党的十五大将依法治国作为党领导人民治理国家的基本方略。1999年，"依法治国，建设社会主义法治国家"被写入宪法。由此，规则治理之于中国明确地突破了观念层面的工具属性，进入意识形态的价值领域。在百余年来的中西文化融合之路上，中国主流意识形态第一次将对规则治理的理性认知压倒了自身对道德实践的情感偏好。由于现代社会主要不是靠道德组织起来的，因此这一观念的变迁对于中国法律文化的现代转型而言，其意义无疑是里程碑式的。进入21世纪，中国执政党在总结世界范围内社会主义事业的兴衰成败，特别是中国社会主义民主法制建设的基本经验的基础上，借鉴现代法治理论的合理性要素，提出了中国社会主义法治理念。诚如学者所言，社会主义法治理念的提出意味着一种新的文明秩序在中华大地上的

---

① 党的十一届三中全会提出："为了保障人民民主，必须加强社会主义法制，使民主制度化、法律化，使这种制度和法律具有稳定性、连续性和极大的权威，做到有法可依，有法必依，执法必严，违法必究。"

产生——新中国的“依法治国”不同于旧中国的“以孝治天下”；新中国的“执法为民”不同于旧中国的“固本为君”；新中国强调“公平正义”不同于旧中国“尊卑贵贱”的价值偏好；此外，“服务大局”的新中国不同于“揖让而治”的旧中国；坚持“党的领导”的新中国亦不同于“君子不党”的旧中国。①

21世纪走过第一个10年，中国特色社会主义法律体系宣告形成。与30多年的立法工作相比，法律的实施是一个更为艰巨复杂的系统工程，从法律体系到法治体系，中国的法治之路任重道远。2012年党的十八大明确将自由、平等、公正、法治确定为社会主义核心价值体系的内容，并提出了“科学立法、严格执法、公正司法、全民守法”的新十六字方针。从旧十六字方针到新十六字方针，中国社会主义法治进入了一个新的发展阶段。新十六字方针在立法方面强调内容的科学性和程序的民主性；在执法方面除了严格规范执法的基本要求外，还强调公正文明执法，“主要针对的是在处理涉及社会各阶层公民利益的事务以及利益分配、违法矫正、纠纷处理的过程中的偏私、草率、疏忽、懈怠、粗暴、专断、傲慢、冷漠等行为”；②在司法方面，通过深化司法体制改革和完善司法制度，从而着力提升司法公信力，给社会带来司法公正的确定预期；在守法目标上，从外在规范层面进入个体内在意识层面，强调“尊法”的公民意识以及领导干部在工作中运用法治思维和法治方式的能力。“全面依法治国”在党的十九大报告中上升为新时代的基本方略，做出了“全面依法治国是中国特色社会主义的本质要求和重要保障”的论断。

当自由平等公正法治成为主流意识形态的核心价值观，当社会主义法治理念使“新中国”的文明秩序逐渐清晰饱满，当科学民主立法、公正

① 喻中：《新中国论：社会主义法治理念对“新中国”的诠释》，载《政法论丛》2014年第2期。

② 张伯晋：《新十六字方针：法治建设的基本纲领》，载《检察日报》2012年12月10日，第3版。

文明执法逐步由理论进入实践,当尊法的公民意识和领导干部运用法治思维和法治方式的工作能力成为社会主义法治国家建设的基本要求,规则治理之于中国文化已经进入了应然的价值范畴,社会制度及其实践的正当性不再仅仅立足于历史和道德,还可以从其践行规则治理的能力中去寻找。与此同时,规则之治也不再仅仅是保护模糊的大多数的工具,不幸的少数也可能寻求社会主义法治的庇佑——超越了意识形态的自由、平等、公正价值不仅最大可能地淡化了之前对社会主义法律之阶级性的强调,而且在相当程度上缓解了社会主义基本权利观念中的个体权利和集体权利之间的张力。虽然中国法治之路由于各种因素的影响仍然任重而道远,但是依法治国与人权条款的先后入宪以及执政党对依法执政的一再强调则昭示了从那场浩劫中所汲取的教训不仅铭刻在国家的历史中,而且已经内化为中华文明的一部分——在全面推进依法治国的征程中,2018 年《宪法修正案》将“健全社会主义法制”修改为“健全社会主义法治”,中国基本权利法治化的脚步越来越坚定且有力。

(四)新“群己观”的实践探索

自《钦定宪法大纲》起,中国宪法权利体系的主要价值特征是集体主义。这一特征的发生既为延续数千年的价值传统基因所限制,也被特定时空背景所塑造的时代主题所约束。在这一宪治传统中,如何协调群己关系是基本权利价值体系的核心问题,也一直是“常说常新”的话题。改革开放以来,中国在这个问题上的探索主要表现在如下方面。

1. 改革开放后制度变迁中的个人与家庭

改革开放后的制度延续了之前个体化进程的部分成果。从个人与家庭的关系角度看,改革开放后的制度变迁进一步巩固了之前对等级制家庭结构的改造成果,“婚姻自由”“一夫一妻”“男女平等”等立法原则得到一以贯之的坚持,妇女在政治、经济、社会、文化领域的权利得到了有效的法律保障。

改革开放后个人与家庭关系的改变始于经济制度的变革。农村家庭联产承包责任制确立之后，家庭作为生产单位和消费单位的角色功能再度恢复，家庭对生产资源的控制和个体生活与家庭经济成败的利益攸关，共同促使了家庭自身的凝聚力和个体对家庭的物质与精神双重依赖。当20世纪90年代开始的住房改革、教育改革和医疗改革，使国家摆脱了原有的社会主义福利体系中提供诸多公共产品的责任，作为国家发展战略的一部分，个体从国家脱嵌的过程正式启动了。由于国家并没有为个体提供替代性的保障和支持，于是，个体再次转向家庭寻求物质支持、精神认同与情感慰藉，家庭又一次显现出自身的生存力量和其满足个体需要的能力，大多数个体无可选择地又一次嵌入家庭，回到了其原本"脱嵌"的地方。

在制度层面，出于加强社会稳定性和经济生产力等方面的考虑，国家并不反对这种嵌入，甚至会通过立法强化个体对家庭的责任，这促使家庭再度成为国家治理的合作机构。例如，国家并不再执着地坚持妇女在婚姻关系和家庭作用中的完全平等，在主流的宣传话语中，回归家庭、重视家庭价值的女性形象再次出现；虽然20世纪90年代国家开始实行社会统筹和个人账户相结合的城镇职工养老制度，并且在2004年《宪法修正案》中将"国家建立健全同经济发展水平相适应的社会保障制度"写入宪法，但是在改革开放后的相当长时期内家庭仍然是养老的基本单位，而直到最近几年，农村家庭养老向社会养老转型的制度变迁才刚刚启动，其分步骤的制度实施的时间表一直排到了2020年。再如，2018年修正的《老年人权益保障法》第18条规定："家庭成员应当关心老年人的精神需求，不得忽视、冷落老年人。与老年人分开居住的家庭成员，应当经常看望或者问候老年人。用人单位应当按照国家有关规定保障赡养人探亲休假的权利。"这是用法律的手段来实施原本在传统中已被个体内化的伦理规范，这既表征着对传统的回归，同时似乎也在另一个层面昭示着曾经的个体化过程及新一轮的"脱嵌"行动对个人与家庭关系的打击是多么彻底。需要指出的是，中国改革开放前的制度变迁是家庭改造工程，而非绝对的“反家庭”工程。例如，土地改革中的分配单位仍然是家庭，而且家庭仍然是基本的福利单位，承担着“养老”和“育幼”的基本功能，此外，国家虽然主张婚姻自由，允许离婚，但是绝不鼓励离婚，尽管体制的变迁使为了国家建设的需要造成越来越多的分居状况时也是如此。①

然而，经过几十年经济和社会结构的剧烈变迁，个体已不再可能回归中华人民共和国成立前的“祖荫”之下。② 由于社会主义立法传统中对提升妇女与青年地位的执着追求，市场经济条件下个体独立意识的增强和转型期家庭内部的代际冲突，长期计划生育政策所带来的家庭关系的变迁以及个体对家庭责任的疏离与无奈，现阶段个体与家庭的关系呈现一种复杂的结构面向。一方面，家庭仍然是与国家合作的家庭，发挥着维系社会稳定的重要功能，主流媒体“孝老爱亲”模范的评选、关于幸福和家风问题的讨论，都在表明中国越来越需要传统家庭的价值与功能来维系社会的稳定、国家的发展，或许还有——个体生存意义的锚定；另一方面，根据社会学者和人类学者的研究，“父母/子女”这对原本是家庭中最核心的等级结构已经朝着平权型关系结构的方向走出了很远，“父母在，不别居异财”是中国传统家庭制度的重要特征，但是，中华人民共和国成立后，由于各种各样的原因，这个习惯和家庭特征已经发生了重大的改变，改革开放后的制度变迁更是促使家庭形式以满足个体需要为转移。随着时间的推移，当家庭中的子辈和父辈都习惯了独立居住之

---

① 据一项大规模的城市家庭调查，在1949年，婚后两地分居仅有2.11%，到1958年则有7.23%，而1965年则达22.06%。参见李默：《百年家庭变迁》，江苏美术出版社2000年版，第129页。

② 早在1948年，人类学家许烺光（Francis L. K. Hsu）就提出中国人生长在祖荫下，其具体表现是中国的文化人格受如下五种核心要素的影响：以父子关系为主轴的家庭关系、两性间的紧张关系；大家庭的理想；视儿童为成人的育儿方式；父母的绝对权威和权力。See Francis L. K. Hsu, *Under the Ancestors Shadow: Kinship, Personality & Social Mobility in China*, Stanford: Stanford University Press, 1967.

时,“你是你,我是我”的观念虽称不上共识,但已经受到越来越多的认同。[①] 可以预见,随着社会保障制度的建立与健全,家庭中个体独立性的物质基础将被进一步夯实。但在能够预见的未来,物质因素仍然很难独立摧毁家庭对于中国人的精神意义,中国个体与家庭关系的基因突变也许要比中国经济的基因突变花费更长的时间。

2. 改革开放后制度变迁中的个人与国家

塑造“一公去私”的螺丝钉式个体并将其完全嵌入国家的社会主义道路没有能够为社会主义事业带来繁荣;广泛而深入的阶级斗争教育在带来意识形态纯化的同时,也带来了个体对生存威胁的感知,骨子里受生存理性支配了数千年的个体在总体认同意识形态政治的同时也不可避免地从事一些不满和抗争行动,这反过来又威胁了纯化意识形态的努力和结果。因此,从主体机制上讲,改革开放后的个体化进程是由生存理性支配的个体与存在强烈改革意愿的国家共同努力的结果;从途径上讲,改革开放后的个体化进程是由自发的市场机制和自为的国家权力机制(更为根本的仍是国家,因为是国家开启了市场化的进程)共同塑造的。中国改革的内容不仅包括去掉传统文化中的糟粕,而且包括对那些不适合中国社会主义事业发展的“革命传统”的“去传统”。后一类“去传统”的制度变迁中最为重要的就是宪法中否认阶级斗争是社会的主要矛盾并将国家根本任务转移到经济建设上来以及通过逐步建立以多种所有制为基础的社会主义市场经济制度而改变个体对国家的“组织性依赖。”

(1)个体的“脱嵌”

改革开放后,改变个体与国家关系的制度变迁中最重要的是宪法中基本经济制度的变迁(见表1)。就生产资料所有制而言,从1975年《宪

---

① See Stig Thogersen and Ni Anru, “‘He is He, and I am I’: Individual and Collective among China’s Rural Elderly”, 7(1) *European Journal of East Asian Studies* 11–37(2008).

法》和1978年《宪法》将全民所有制经济和集体所有制经济作为所有制的主要内容，到1982年《宪法》将上述两种所有制作为“基础”，意味着宏观的基本经济制度领域，其他所有制形式有了生存和发展的可能。个体经济和私营经济在宪法中从“社会主义公有制经济的补充”到“社会主义市场经济的重要组成部分”的地位变迁，使个体有机会在国家所控制的主流经济制度之外寻找到一定生存的空间和独立自主的根基。在分配方式上，从“不劳动者不得食”的黯然隐退到在“各尽所能，按劳分配”的原则之外增加“坚持按劳分配为主体、多种分配方式并存的分配制度”，在拥有世界上最广袤内需市场的中国，当传统个体对世俗生活和消费的喜乐被再次激活，经济的复苏乃是逻辑的必然。对国家所有制经济形式从“国营”变为“国有”的规定以及在国家所有制经济内部实行民主管理，这意味着至少从形式上讲民间资本有可能进入国家资本所垄断的行业，随着政府对民间的经济管制的放松，个体的经济活力得到释放，中国的经济才可能实现30多年的持续增长。社会主义劳动群众集体所有制经济从非家庭的“生产队”“生产大队”“人民公社”的三级所有到1982年《宪法》将“农业生产合作社和其他生产、供销、信用、消费等各种形式的合作经济”“城镇中的手工业、工业、建筑业、运输业、商业、服务业等行业的各种形式的合作经济”纳入其中，再到1993年《宪法修正案》肯定“农村中的家庭联产承包为主的责任制”属于社会主义劳动群众集体所有制经济以及1999年《宪法修正案》正式确立“农村集体经济组织实行家庭承包经营为基础、统分结合的双层经营体制”，曾经将一盘散沙的乡村个体整合进国家的经济制度发生了又一次革命的变迁。虽然集体所有制经济仍然不可避免地受到国家的指导，但是1993年《宪法修正案》提出的“集体经济组织在遵守有关法律的前提下，有独立进行经济活动的自主权”，表明国家权力在集体经济领域的主动回缩，处在“集体”形式中的个体已经在实质上大大“脱嵌”了，其选择机会和自主性都得到了大大的提升。此外，在1975年《宪法》中，作为集体成员的个体在符合条件的情况下“可以经营少量的自留地和家庭副业，牧区社员可以有少量的自留畜”，1982 年《宪法》则不仅去掉了限制条件，而且直接规定“参加农村集体经济的劳动者，有权在法律规定的范围内经营自留地、自留山、家庭副业和饲养自留畜”。从“可以”到“有权”我们看到的是制度变迁中一个逐渐站立起来的“主体”形象。

表 1　宪法中基本经济制度的变迁

基本经济制度	生产资料所有制	国家所有制经济	集体所有制经济	其他经济成分	分配原则	国家经济手段
1975 年《宪法》	中华人民共和国的生产资料所有制现阶段主要有两种：社会主义全民所有制和社会主义劳动群众集体所有制	国营经济是国民经济中的领导力量	农村人民公社是政社合一的组织。现阶段农村人民公社的集体所有制经济，一般实行三级所有、队为基础，即以生产队为基本核算单位的公社、生产大队和生产队三级所有	国家允许非农业的个体劳动者在城镇街道组织、农村人民公社的生产队统一安排下，从事在法律许可范围内的，不剥削他人的个体劳动。同时，要引导他们逐步走上社会主义集体化的道路。在保证人民公社集体经济的发展和占绝对优势的条件下，人民公社社员可以经营少量的自留地和家庭副业，牧区社员可以有少量的自留畜	国家实行“不劳动者不得食”“各尽所能、按劳分配”的社会主义原则	国家实行抓革命，促生产，促工作，促备战的方针……促进社会主义经济有计划、按比例地发展
1978 年《宪法》	同上	同上	生产大队在条件成熟的时候，可以向大队为基本核算单位过渡	同上	同上	有计划、按比例、高速度地发展国民经济。在中央统一领导下充分发挥中央和地方两个积极性

续表

基本经济制度	生产资料所有制	国家所有制经济	集体所有制经济	其他经济成分	分配原则	国家经济手段
1982年《宪法》	中华人民共和国的社会主义经济制度的基础是生产资料的社会主义公有制，即全民所有制和劳动群众集体所有制	国营经济是社会主义全民所有制经济，是国民经济中的主导力量。国家保障国营经济的巩固和发展。国营企业在服从国家的统一领导和全面完成国家计划的前提下，在法律规定的范围内，有经营管理的自主权	农村人民公社、农业生产合作社和其他生产、供销、信用、消费等各种形式的合作经济，是社会主义劳动群众集体所有制。城镇中的手工业、工业、建筑业、运输业、商业、服务业等行业的各种形式的合作经济，都是社会主义劳动群众集体所有制经济。国家保护城乡集体经济组织的合法的权利和利益，鼓励、指导和帮助集体经济的发展。集体经济组织在接受国家计划指导和遵守有关法律的前提下，有独立进行经济活动的自主权	在法律规定范围内的城乡劳动者个体经济，是社会主义公有制经济的补充。国家保护个体经济的合法的权利和利益。国家通过行政管理，指导、帮助和监督个体经济。参加农村集体经济的劳动者，有权在法律规定的范围内经营自留地、自留山、家庭副业和饲养自留畜	社会主义公有制消灭人剥削人的制度，实行各尽所能，按劳分配的原则	国家在社会主义公有制基础上实行计划经济。国家通过经济计划的综合平衡和市场调节的辅助作用，保证国民经济按比例地协调发展。禁止任何组织或者个人扰乱社会经济秩序，破坏国家经济计划
1988年《宪法修正案》	—	—	—	国家允许私营经济在法律规定的范围内存在和发展。私营经济是社会主义公有制经济的补充。国家保护私营经济的合法权利和利益，对私营经济实行引导、监督和管理	—	—

续表

基本经济制度	生产资料所有制	国家所有制经济	集体所有制经济	其他经济成分	分配原则	国家经济手段
1993 年《宪法修正案》	—	国有经济，即社会主义全民所有制经济，是国民经济中的主导力量。国家保障国有经济的巩固和发展。国有企业在法律规定的范围内有权自主经营	农村中的家庭联产承包为主的责任制和生产、供销、信用、消费等各种形式的合作经济，是社会主义劳动群众集体所有制经济。集体经济组织在遵守有关法律的前提下，有独立进行经济活动的自主权	—	—	国家实行社会主义市场经济。国家加强经济立法，完善宏观调控。国家依法禁止任何组织或者个人扰乱社会经济秩序
1999 年《宪法修正案》	—	—	农村集体经济组织实行家庭承包经营为基础、统分结合的双层经营体制	在法律规定范围内的个体经济、私营经济等非公有制经济，是社会主义市场经济的重要组成部分。国家保护个体经济、私营经济的合法的权利和利益。国家对个体经济、私营经济实行引导、监督和管理	国家在社会主义初级阶段，坚持公有制为主体、多种所有制经济共同发展的基本经济制度，坚持按劳分配为主体、多种分配方式并存的分配制度	—
2004 年《宪法修正案》	—	—	—	国家保护个体经济、私营经济等非公有制经济的合法的权利和利益。国家鼓励、支持和引导非公有制经济的发展，并对非公有制经济依法实行监督和管理	—	—

与基本经济制度的变迁相伴而行的脱嵌工程,还包括旨在解放生产力、增强个体流动性的一系列制度改革。随着改革开放政策的实行,个体在经济、政治和社会生活的诸多领域的交往活动增多,人民群众的流动性日益增强。1984 年 4 月国务院发布《中华人民共和国居民身份证试行条例》,规定"除未满 16 岁者和现役军人,武装警察,以及正在服刑的犯人和被劳动教养的人员,均应申领居民身份证"。1985 年第六届全国人大常委会第十二次会议通过《中华人民共和国居民身份证条例》(以下简称《居民身份证条例》),2003 年全国人大通过了《中华人民共和国居民身份证法》(以下简称《居民身份证法》),此法第 2 条规定:"居住在中华人民共和国境内的年满十六周岁的中国公民,应当依照本法的规定申请领取居民身份证;未满十六周岁的中国公民,可以依照本法的规定申请领取居民身份证。"这样的制度变迁相当具有中国特色。20 世纪英联邦历史上曾几次发行强制身份证,但又屡次取消,其中一个很重要的原因就是身份证的发放引发社会对国家侵蚀个体自由的争论。例如,1952 年英联邦身份制制度的废除就是由于公众对 Willcock 诉 Muckle 案件的激烈反应。在该案中,Willcock 在违规驾驶被警察拦下后拒绝出示身份证,虽然他最终没有胜诉,但是法院同时认为身份证制度的存在是不适当的。与此不同,在中国,身份证制度事实上代表了"把个人从家庭、社区、工作单位,最终是国家的束缚中解放出来的重要进步",①因此,它不仅没有引起如西方社会那样的争论,同时还是一项符合民意容易施行的制度。这是由于中国这一轮个体化进程的起点与西欧不同,西欧的个体化发生在一个有着浓厚民主文化和个体意识的物质丰裕社会,而中国的个体化背景则是经济的落后和全能国家对个体的控制,因此,同样的制度在不同的时空背景下就出现了截然相反的意义。在中国,身

---

① 阎云翔:《中国社会的个体化》,陆洋等译,上海译文出版社 2012 年版,第 332 页。

份证的发放是为了取代更为严密的作为社会控制手段的户籍制度，因此，其所带来的变化意义也只能从与改革开放前的户籍制度的比较中才能得到更为完整的认识。在改革开放前的户籍制度下，城市居民以家庭为单位只有一个户口本，有的甚至是集体户口，户口本作为个人身份的唯一官方证明，在很大程度上限制着个体的流动；在农村，个人的身份信息被记录在集体的户口簿上，农村家庭甚至没有城市家庭的户口本，其个体的流动性受到更为严格的控制。因此，20 世纪 80 年代《居民身份证条例》的颁布意味着许多个体能够更为方便地离开曾经被固定的空间，其对自身生活轨迹有了更多的自主权和选择余地。

改革开放前国家通过计划经济体制、农业集体化运动、户籍制度等，将个体牢牢固定在一个归属特定集体的位置上，个体的自主性和选择空间被大大压缩。改革开放后国家通过建立多元所有制形式、社会主义市场经济体制以及放松对户籍制度的限制直至 2013 年全国政法工作电视电话会议将户籍制度改革列为年度四项重点工作之一，个体的流动性和自主性空间在中国特色社会主义市场制度之下逐步扩大。与此同时，改革开放后加强社会主义法制建设，从“有法可依、有法必依、执法必严、违法必究”十六字方针的提出，到依法治国、建设社会主义法治国家写进宪法，再到 2010 年中国特色社会主义法制体系形成，改革开放后个体所获得的自由度和自主性被以法律的形式固定下来。

(2) 国家的“脱嵌”

改革开放后个体与国家关系的改变还表现在 20 世纪 90 年代后期开始的原有福利体制的市场化改革。根据经济学者的研究，20 世纪 90 年代中国的经济政策发生了目标性的转移：“前十余年的目标是复苏经济，解决生产能力不足的问题，因此放纵民间，举凡有利于生产力提升的俱得到鼓励，即便突破了法律底线，亦受到容忍；自此之后，改革目标已转移为加强执政集团的领导能力，增强控制力以及在发展中获得更多的利益，于是，中央向地方收权，政府与民间争利，集权主义再度归来。”①1997 年开始的亚洲金融危机和 1998 年的洪水使中国经济又一次陷入了萧条。1998 年国务院作出重大决定，叫停了党政机关持续了 40 多年的福利房分配，推行住房分配货币化，同时中国人民银行颁布《个人住房贷款管理办法》，允许商业银行开展住房按揭贷款的服务，②中国的房地产业由此在“拉动内需”的名义下复苏并茁壮成长。国家发起的这一轮制度改革是国家发展策略的一部分，然而原本牢牢掌控着个体的国家突然大幅度退出个体福利生活，卸载对个体的责任，当然无可避免地使个体不得不内化这种个体化过程所带来的负面影响。在国家经济复苏、物质财富增长、国家能力大幅提升的过程中，基层农民和产业工人在市场化潮流之下不得不担负起更多的个体责任、承担更多的个体风险，同时也付出了个体所能付出的最大代价。“在 1998 年前后，世界银行和国务院体改办课题组分别对社保欠账的数目进行过估算，一个比较接近的数目是 2 万亿元。一些经济学家和官员建议，划拨 2 万亿元国有资产存量‘做实’老职工的社会保障个人账户，以补偿这些下岗工人为改革所付出的代价。2000 年年初，国家体改办拟定了相关计划，最终却遭到国务院的否决，其理由是‘把国有资产变成了职工的私人财产，明摆着是国有资产的流失’。”③当作为国家领导阶级一员的个体以无可选择的低价的（每年工龄折算为 800～2000 元不等）“工龄买断”的方式成功地与国家“脱嵌”，中国的个体化进程又一次显示了自身无出其右的独特性。诚然，共同富裕是社会主义制度坚定不移的理想；诚然，个体利益可以被划分为眼前利益与长远利益；诚然，任何具体的制度都不可能完美无缺。然而，如果以国家利益和长远利益之名剥夺了个体选择机会的脱嵌，所换来的是企业经营层的暴富和普通个体买不起房、上不起学、看不起病、家园被强拆，那么曾经成为举国共识的“让一部分人先富起来”

① 吴晓波：《历代经济变革得失》，浙江大学出版社 2013 年版，第 213 页。
② 同上书，第 218 页。
③ 同上书，第 220 页。

"发展是硬道理"的合理性又在哪里？如果个体利益可以凭借脱离道德和良法约束的面目呈现并生生不息，这样的脱嵌所能塑造的不单单是必须要自我依赖的个体，同时还有可能产生"不负责任"的自反性个体。

计划经济时代，国家通过对家庭的社会改造，不仅确立了对传统亲缘单位的正式权威，而且取代了家庭和家族，成为个体的新归属。1950年《婚姻法》第8条规定，"夫妻有互爱互敬、互相帮助、互相扶养、和睦团结、劳动生产、抚育子女，为家庭幸福和新社会建设而共同奋斗的义务"。在国家"一公去私"的行动中，传统的个体责任没有在个体对家庭的解放过程中而消弭，而是以履行对国家的义务的形式重新呈现，这样的个体化进程避免了西方个体解放过程中曾经出现的极端功利主义倾向。但是改革时代个体对国家的"脱嵌"所产生的负面影响也由此而生：当国家大幅度撤出个体的私人领域之后，过度功利且缺乏责任的个体在中国得以发展。在市场经济制度刚刚起步的时候，自私自利的个体、享乐主义的个体、损人利己式的个体相继而生，在法律缺失和道德约束乏力的特殊转型期，中国主流文化一直在批判的与集体价值和社会主义价值相对立的那种个人主义找到了自己的生存空间。人类学者的研究佐证了这样的过程，"向父母无情地索要钱财，不仅被中国特定的个人主义理解合法化了，同时也被无止境的消费欲望所驱使……年轻的村民选择以这样的方式来表现能动性，即他们从父母那里索要高额彩礼的同时仍洋洋自得地表示自己是个人主义的现代青年"。① 从这个意义上讲，2003年以来国家经济战略中的"民生"转向可以被看作对这一脱嵌后果的回应，但面对曾经的非均衡性发展所带来的新的制度难题以及统一文化为自由化改革所设定的刚性上限，这一转型和纠偏行动任重道远。

---

① 阎云翔：《个体能动性与彩礼的演变》，载阎云翔：《中国社会的个体化》，陆洋等译，上海译文出版社2012年版，第201～233页。

(3)个体与国家的"纠缠"

改革开放后的"脱嵌"过程促进了个体权利意识的觉醒,国家也为个体利益诉求的表达提供了诸多制度支撑,但脱嵌过程本身虽也包含个体基于生存逻辑的抗争,但主要还是国家主导的制度变迁,其并没有改变个体与国家之间利益一致性的制度价值预设。个体权利不再被国权完全笼罩,但是个体本身仍然是与国家相纠缠的存在。

如前所述,在官方人权话语中,从20世纪70年代末80年代初明确强调人权的阶级性与相对性到1991年"人权白皮书"对人权阶级性的刻意模糊,从《维也纳宣言和行动纲领》对"与生俱来的尊严和价值"的承认到尊重和保障人权写进党章和宪法,从以人为本的科学发展观的提出到将国家梦想与每个中国人的梦想相统一的"中国梦",一度着眼于保障国家安全发展和捍卫社会主义意识形态纯洁性的对人权的"阶级性"的强调,已经最大可能地淡化了。阶级斗争的"去传统化"所引发的一个必然结果就是对传统和谐价值的回归,个体与国家、个体与社会关系的和谐自然是这一价值目标的应有之义。

从个人与国家的关系看,改革开放后中国虽然不再延续"一公无私"的极端集体主义价值主张,但是社会主义集体主义价值观作为精神文明建设的一部分得到了宪法和法律的承认。例如,1982年《宪法》第24条规定的普及"四有"教育和"五爱"公德,以及"在人民中进行爱国主义、集体主义和国际主义、共产主义教育,进行辩证唯物主义和历史唯物主义教育,反对资本主义的、封建主义的和其他的腐朽思想",都表明之前的集体主义价值观仍然是主流意识形态的重要组成部分。简言之,个体从国家的"脱嵌"过程并没有走向个体与国家利益对抗的价值预设,中国特色社会主义法律制度要塑造的个体是个人价值与国家利益相统一的个体,而非对抗式的个体角色。例如,1982年《宪法》第51条就明确将国家的、社会的、集体的利益以及其他公民的合法的自由和权利作为个体行使权利的边界。

改革开放后,中国进行了广泛深入的农村改革。家庭联产承包责任制、统分结合的双层经营体制打破了“三级所有”“生产队为基础”的统一经营模式。根据1982年《宪法》规定,农村的乡、民族乡人民政府成为政权的基层单位,而村一级则设立村民自治组织,即村民委员会,下设村民小组。村委会和村民小组取代了原来的生产大队和生产队,最终实现了政社分离。同时,户籍制度的松动使农村个体有机会去城市谋生,作为改革开放的产物,农民工群体日益壮大。当个体远离了乡土,同时与集体脱嵌,个体就不得不越来越多地直面公权力和其他市场主体,从在个体不得不承担更多自我责任的市场化背景下被再次激发。加之国家自1986年起推行的普法运动,在市场经济大潮的历练中,个体的权利意识开始觉醒,法律是其在父辈们不曾遭遇的风险社会中不得不抓住的救命稻草。1989年通过、1990年施行的《行政诉讼法》可称得上是中国法治建设中的里程碑事件。

从清末修律到中华人民共和国成立前的半个世纪的时间里,中国行政法制现代化过程中“存在着一个基本的矛盾,即形式上的行政法治化和实际上的政治独裁,人治主义盛行的矛盾”。[①] 中华人民共和国成立后,中国的历部宪法及宪法性文件中均有“权为民所用”以及个体对公权力的防卫手段的规定(见表2),中国社会主义的行政立法实践也一改之前国家行政法制为少数剥削阶级服务的本性,开创了代表工人阶级和广大劳动人民意志的国家行政法制,但并没有彻底摆脱之前“行政法治化”与“人治主义盛行”的矛盾。直到《行政诉讼法》的颁布以及配套制度和实施机制的建立,个体面对公权力侵害的制度救济才算基本落到实处。然而,在中国的语境下,特别需要指出的是,这并不意味着对“国家利益与个人利益一致性”价值预设的反动。理由如下:其一,在国人的观念中,行政诉讼的权利是国家通过宪法赋予个体的,这一权利依赖于而不

① 刘敏:《中国部门法制现代化》,法律出版社2008年版,第83页。

是独立于国家。换言之,官僚机构与国家并不具备绝对的同一性,而且抽象的国家和官僚机构中具体个人一直是被区别对待的,尽管这些个人可能以国家之名行侵权之实。一系列社会学研究表明,改革开放后的多数个体维权行动也都是在这一逻辑下展开的,维权行动中的个体主要采用的是向国家吁求制度和政策改革的方式,这在很大程度上继承了传统中国个体与国家的关系模式,即国家具有德性和绝对权威,个体依赖于国家的保护并只能指望最终从国家获得福祉。① 其二,中国宪法中关于请愿权和诉权以及其他救济手段的规定,针对的是具体的矛盾和纠纷,而非基于个体与国家的一般对抗性假设。权利的"非天赋"性质在源头斩断了这种对抗的可能。个体的权利从来都是在宪法和法律范围内享有和行使的:不是权利型塑法律,而是法律型塑权利。

表 2　历届宪法中"权为民所用"的规定以及个体的防卫手段

历届宪法	"权为民所用"	个体的防卫手段
《中国人民政治协商会议共同纲领》	第 17 条　废除国民党反动政府一切压迫人民的法律、法令和司法制度,制定保护人民的法律、法令,建立人民司法制度。 第 18 条　中华人民共和国的一切国家机关,必须厉行廉洁的、朴素的、为人民服务的革命工作作风,严惩贪污,禁止浪费,反对脱离人民群众的官僚主义作风	第 19 条　人民和人民团体有权向人民监察机关或人民司法机关控告任何国家机关和任何公务人员的违法失职行为

① See L. W. Pye, "The State and the Individual: An Overview Interpretation", in B. Hook (ed.) The Individual and the State in China, Oxford: Clarendon Press1996, pp. 16 - 42.

续表

历届宪法	“权为民所用”	个体的防卫手段
1954年《宪法》	第17条 一切国家机关必须依靠人民群众,经常保持同群众的密切联系,倾听群众的意见,接受群众的监督。 第18条 一切国家机关工作人员必须效忠人民民主制度,服从宪法和法律,努力为人民服务	第97条 中华人民共和国公民对于任何违法失职的国家机关工作人员,有向各级国家机关提出书面控告或者口头控告的权利。由于国家机关工作人员侵犯公民权利而受到损失的人,有取得赔偿的权利
1975年《宪法》	第11条 国家机关和工作人员,必须认真学习马克思主义、列宁主义、毛泽东思想,坚持无产阶级政治挂帅,反对官僚主义,密切联系群众,全心全意为人民服务。各级干部都必须参加集体生产劳动	第13条 大鸣、大放、大辩论、大字报,是人民群众创造的社会主义革命的新形式。国家保障人民群众运用这种形式,造成一个又有集中又有民主,又有纪律又有自由,又有统一意志又有个人心情舒畅、生动活泼的政治局面,以利于巩固中国共产党对国家的领导,巩固无产阶级专政。 第27条第3款 公民对于任何违法失职的国家机关工作人员,有向各级国家机关提出书面控告或者口头控告的权利,任何人不得刁难、阻碍和打击报复

续表

历届宪法	“权为民所用”	个体的防卫手段
1978 年《宪法》	第 15 条　国家机关必须经常保持同人民群众的密切联系,依靠人民群众,倾听群众意见,关心群众疾苦,精兵简政,厉行节约,提高效能,反对官僚主义。 第 16 条　国家机关工作人员必须认真学习马克思主义、列宁主义、毛泽东思想,全心全意地为人民服务,努力钻研业务,积极参加集体劳动,接受群众监督,模范地遵守宪法和法律,正确地执行国家政策,实事求是,不得弄虚作假,不得利用职权谋取私利	第 45 条　公民有言论、通信、出版、集会、结社、游行、示威、罢工的自由,有运用“大鸣、大放、大辩论、大字报”的权利。 第 55 条　公民对于任何违法失职的国家机关和企业、事业单位的工作人员,有权向各级国家机关提出控告。公民在权利受到侵害的时候,有权向各级国家机关提出申诉。对这种控告和申诉,任何人不得压制和打击报复
1982 年《宪法》	第 27 条第 2 款　一切国家机关和国家工作人员必须依靠人民的支持,经常保持同人民的密切联系,倾听人民的意见和建议,接受人民的监督,努力为人民服务	第 41 条　中华人民共和国公民对于任何国家机关和国家工作人员,有提出批评和建议的权利;对于任何国家机关和国家机关工作人员的违法失职行为,有向有关国家机关提出申诉、控告或者检举的权利,但是不得捏造或者歪曲事实进行诬告陷害。对于公民的申诉、控告或者检举,有关国家机关必须查清事实,负责处理。任何人不得压制和打击报复。由于国家机关和国家工作人员侵犯公民权利而受到损失的人,有依照法律规定取得赔偿的权利

个体与国家的纠缠还表现在个体能动性的发挥是在国家设定的边界内进行的。改革开放后,制度变迁中的个体获得了越来越多的可以改

变自身生活或社会地位的机会,但在国家主导的这场"松绑式"体制改革中,个体的能动性无论如何也不可能撼动总体的体制结构。很多人都还记得邓小平曾说乡镇企业的异军突起并不是国家有意而为之,而是意料之外的结果。[①] 但是这并不意味着 20 世纪 80 年代个体能动性的发挥是后来制度结构变迁的主要因素,也不能说中国经济活力在 80 年代的充分释放是政府无为而治的结果。首先,从目标上看,个体能动性的发挥之所以能取得诸如关于乡镇企业和私营经济的合法地位的改革成果,是因为这种行动符合国家经济发展的目标而不仅仅是符合个体利益;其次,从逻辑上讲,个体能动性的发挥与这些经济变迁结果的产生都是国家"松绑"的结果,邓小平在谈话中也提到,"如果说在这个问题上中央有点功绩的话,就是中央制定的搞活政策是对头的"。[②] 中国个体能动性发挥的边界似乎在有产者的移民潮中表现得更为突出。《中国国际移民报告(2012)》显示,个人资产超过 1 亿元的超高净值企业主中,已移民者和考虑移民者分别占了 27% 和 47%,理由为"不安全、不方便、不幸福"。在制度变迁中获利的阶层原本应该是这一制度体系的坚定拥护者,但是他们却将大量资金从实体经济中撤出用于奢侈消费、投机牟利等方面,并且还有着十足的动力卷入"移民潮",这背后所隐藏的逻辑似乎与传统民间资本所遭遇的强势国家资本的势力范围有着更多的神似之处。"面对国有资本,民营资本只有始终坚持合作而不竞争、补充而不替代、附属而不僭越的立场,才能进退裕如,持续发展"——民营企业家冯仑的这一番告白一语道破了个体化进程中,国家为个体能动性的发挥所设定的制度边界。

3. 改革开放后制度变迁中的个人与社会

自晚清以来,中国社会个体的"散沙"状态是中国国势不振、国运衰

① 《邓小平文选》(第 3 卷),人民出版社 1993 年版,第 238 页。

② 《邓小平文选》(第 3 卷),人民出版社 1993 年版,第 238 页。

落的内因，这在知识精英和政治精英心目中几乎达成共识。中华人民共和国成立后，针对旧中国散漫无组织的状态，以具有极强纪律性的马列主义所武装起来的政党为了将散沙式的个体整合起来，创造了城市中的单位制度和农村中的人民公社制度。在这两种制度之下，个体按照国家的意志加入各自应该归属的“共同体”之中，且在事实上几乎没有退出的可能。改革开放以后，一系列松绑式的体制改革，使个体从单位和集体中解放出来，20世纪90年代传统福利制度的市场化改革也产生了大量的“脱单位”个体，加之非公有制经济从“补充”到“重要组成部分”的制度变迁、农村剩余劳动力的转移以及人口老龄化带来的上亿离退休人口，这些脱嵌了的个体已经构成了原本被国家覆盖但如今却日益成长的社会的组织基础。与此同时，国家主导的“脱嵌”过程没能遏制市场化改革自身所蕴含的贫富分化倾向，被边缘化的弱者出于生存理性的实用主义考虑，也有“嵌入”社会的意愿和诉求。在这一社会背景之下，如何使脱嵌后的个体尤其是那些改革中的利益受损者，实现对主流秩序的有序回归和参与是摆在执政党面前的一件大事。

从党的十五届五中全会提出“扩大公民有序的政治参与，引导人民群众依法管理自己的事情”，到党的十六大“完善城市居民自治，建立管理有序、文明祥和的新型社区”；从党的十七大“要健全基层党组织领导的充满活力的基层群众自治机制，扩大基层群众自治范围，完善民主管理制度，把城乡社区建设成为管理有序、服务完善、文明祥和的社会生活共同体”到党的十八大“加快推进社会体制改革。要围绕构建中国特色社会主义社会管理体系，加快形成党委领导、政府负责、社会协调、公众参与、法治保障的社会管理体制，加快形成政府主导、覆盖城乡、可持续的基本公共服务体系，加快形成政社分开、权责明确、依法自治的现代社会组织体制，加快形成源头治理、动态管理、应急处置相结合的社会管理机制”，再到党的十八届三中全会“激发社会组织活力。正确处理政府和社会关系，加快实施政社分开，推进社会组织明确权责、依法自治、发挥作用。适合由社会组织提供的公共服务和解决的事项,交由社会组织承担。支持和发展志愿服务组织。限期实现行业协会商会与行政机关真正脱钩,重点培育和优先发展行业协会商会类、科技类、公益慈善类、城乡社区服务类社会组织,成立时直接依法申请登记。加强对社会组织和在华境外非政府组织的管理,引导它们依法开展活动"。从整体上看,执政党的社会建设方案是将个体结社自由和社会组织的活动纳入法治轨道,在党的领导下有序实现社会的自治。

马克思在论及法国农民时曾指出,小农"不能以自己的名义来保护自己的阶级利益,无论是通过议会或通过国民公会。他们不能代表自己,一定要别人来代表他们。他们的代表一定要同时是他们的主宰,是高高站在他们上面的权威,是不受限制的政府权力,这种权力保护他们不受其他阶级侵犯,并从上面赐给他们雨水和阳光。所以,归根结底,小农的政治影响表现为行政权支配社会"。① 中国悠久的农业文明历史决定了短短30多年的经济社会变迁不可能使中国社会的发展彻底摆脱农业文明的基因,更何况中国现代化进程的特殊历史背景决定了国家主导社会的现实。在这样的结构性条件下,改革开放后中国个体嵌入社会的过程就多了一些更为复杂的面向。首先,国家主导的社会建设最终必然触及社会权力如何对国家权力进行有效约束的问题。对于这个问题,在可以看到的未来,党领导下的社会自治仍然会是中国个体嵌入社会的显性基因,国家权力对社会权力的优势地位或者国家权力与社会权力的均衡而非驯服关系都可能是发展的方向与结果,但是社会权力对国家权力的驯服则很难实现。郑永年教授在《中国模式》一书中曾指出:"在西方,新生的企业家阶层是推动民主的主力;但在第三世界,催生和支持这样一个资产阶级本身就是一项政治任务,要由国家来主导和辅助。当国家主导经济发展时,要国家同时必须对社会负责就变得极为困难。在西

① 《马克思恩格斯选集》(第1卷),人民出版社1995年版,第677~678页。

方,正是社会力量的壮大才驯服了国家力量。但是当社会经济的变迁要由国家来推动时,谁来驯服国家的权力呢?这种历史的发展在很大程度上决定了民主是政治精英赋予社会的一件'礼物'。如果政治精英们不愿意给社会这样一件'礼物',那么社会力量就不太可能根据自己的意愿来造就一种民主的政治制度。"①如果说统一文化是一切自由化改革的边界,那么党的领导或者国家权力的非劣势地位可能就是中国社会权力的成长上限,又或者社会权力会因为党融入社会而内化这种刚性结构,由此可以推论,制度变迁中社会的成长以及这一轮的"再嵌入"更有可能造就的仍是"非对抗性的个体"。换言之,社会建设的制度变迁至少不会鼓励对抗式个体的产生,不会将"个人与国家利益一致性"的价值预设推向另一个极端。其次,在西方的历史上,个体对社会的嵌入是以个体独立人格的存在为前提的,在西方主流人权观念的演进过程中,个体始终是国家和社会存在的合法性的基础,但是,中国作为后发现代化国家所必然经历的特殊的现代化历史,决定了中国的个体化进程,尤其是改革开放后的个体化进程不可避免地面对个体与国家深度纠葛的现实。因此,在这样一个压缩的时空中,改革开放后个体对社会的再嵌入就同时面临着涵养个体的独立人格和训练养成个体的民主素质的双重任务。如果没有独立人格,嵌入社会的个体就可能成为"乌合之众",因为群体行动的明显特征是"有意识的人格消失,无意识的人格得势,思想和情感因暗示和相互传染作用而转向共同的方向,以及立刻把暗示观念转化为行动的倾向……他不再是他自己,他变成了一个不再受自己意志支配的玩偶"。② 如果没有民主精神,个体嵌入社会后只不过是多了一种新的束缚,在本质上无助于个体的解放,而这样成长起来的社会也不可能形成对国家权力或政治权力的有效约束,只不过是襄助权力的治理工具。

---

① 郑永年:《中国模式:经验与困局》,浙江人民出版社2010年版,第44页。

② [法]古斯塔夫·勒庞:《乌合之众——大众心理研究》,冯克利译,中央编译出版社2000年版,第22页。

此外,在个人与社会的关系问题上,改革开放后的司法实践在相当程度上仍然坚持集体(国家、社会)利益至上的伦理正义观,个体相对于社会的独立空间的成长步履维艰。以个人隐私权的保护为例,尽管其制度发展经历了从无到有再到不断增强的过程,但是在司法实践中,“隐私与社会公众关注的社会事件相联系时,自然成为公众利益的一部分”(杨某某追星案)、“违法和不道德的行为,如果属实,不受隐私权和名誉权保护”的观念仍然存在。在近年来的个别司法判决中,这种趋势虽然有所纠正(如2008年的“网络暴力第一案”),但是一种更为稳定合理的个体与社会关系的成长仍然在路上。①

在人类历史上,从来没有任何一个国度能够保持如中国这般悠久且统一的政治体制,中华民族对统一文化的天然诉求使中国式个体对集权体制的容忍度要远远高于其他国家,尤其是西方国家。自上而下的精英治理逻辑与现代化进程中的自由贸易和契约文明本身存在精神上的冲突。与此同时,当今世界,不曾有任何一个大国或者任何一个发展中国家面临着如中国这般复杂的地缘政治环境,即便中国的经济总量位居世界前列,即便在几十年的改革开放之后,中国也能自信地提出“中国梦”,但是复杂的生存环境始终未能给这个泱泱大国恢复安全感的喘息机会,在这样的结构性条件之下,“统一文化”不仅是一切自由化改革的边界,②而且是中国个体化进程的刚性结构框架。于是,我们可以理解,改革开放后的“去传统”为何走了“中庸之道”、改革开放后的“脱嵌”为何无法触及个体与国家的深层纠葛。当然,这所有的一切,共同决定了改革开放后的个体化进程在可以预见的未来仍然不可避免地处于“进行时”,其未来的发展方向和结果不可避免地受到中国个体化进程特有基因的影响,从而形成一种独特的发展路径。

---

① 参见张礼洪:《隐私权的中国命运——司法判例和法律文化的分析》,载《法学论坛》2014年第1期。

② 参见吴晓波:《历代经济变革得失》,浙江大学出版社2013年版,第233页。

（五）基本权利保护制度与国际人权规范的互动

从中华人民共和国成立到改革开放前，中国对国际人权领域的活动参与有限，因而影响也有限。改革开放进程启动后，中国逐步参与到国际人权机制中。早期中国主要以了解和适应为主，通过参与国际人权活动，了解其他国家的人权观念、国际社会的人权规则及相关外交技巧。通过这个参与过程，中国开始有了促使国际人权领域发生有利于自身变化的内生需求。以1991年"人权白皮书"为标志，中国逐步形成并提出系统的不同于西方的国际人权论述。基于中国的发展中国家身份以及其与其他发展中国家人权观念的相似性，中国在多边外交的实践中以发展中国家为依托，积极推动建立有利于发展中国家整体利益的机制机构的建立。"到1996年，北京已经成功地使其对外经济、政治关系不再受到人权因素的干扰。"①此后，面对西方的"新干涉主义"，中国政府有针对性地完善自身的国际人权政策，在人权与主权的关系问题上进一步澄清了自己的观点，并开始支持在多边主义框架下的国际人道主义干预，成为联合国维和行动的积极支持者和参与者。在这个"消除消极身份、构建积极形象"的过程中，中国基本权利保护制度逐步完善，中国观念也在逐步影响国际人权事业。

一方面，中国为加入国际人权公约和履行公约义务积极修改完善国内基本权利保护制度。例如，我国《未成年人保护法》《义务教育法》《母婴保健法》等一系列法律就是为签署和批准《儿童权利国际公约》而制定和颁布的；在社会和文化权利保障体系、特殊受刑人权利保障体系的探索过程中，国际人权标准无疑是一个非常重要的参照系；人权入宪以及国家人权行动计划的制定和实施等重大事件也是在中国积极参与国际人权事务的过程中发生的。另一方面，中国在国际人权领域构建自身

---

① Ming Wan, *Human Rights in Chinese Foreign Relations: Defining and Defending National Interests*, Philadelphia: University of Pennsylvania Press, 2001, p. 121.

积极形象的过程中,也在逐步影响和塑造着国际人权观念和规范。2017年3月中国“构建人类命运共同体”的倡议写入联合国人权理事会决议,成为国际人权话语体系的重要组成部分。世界人权事业发展的中国方案正通过“一带一路”等载体逐步展开。总而言之,改革开放后,随着中国越来越融入国际社会,其对国际人权事务的参与更为积极,姿态更为开放和自信,中国基本权利保护制度与国际人权规范的互动也因此更为频繁和密切。

从“君上神圣尊严不可侵犯”的大清帝国和作为“附则”的“臣民权利”,到人民民主专政的社会主义国家和作为宪法“总则”之后的“公民基本权利”,百余年来的中国不仅经历了多次“治法”转型,而且经历了深刻的“治道”变革。作为一国宪法制度的重要组成部分,基本权利制度的发生发展分享着宪法的重要功能——回应和解决一国的“根本问题”。中国基本权利观念、制度和实践的发生发展,不是依照任何预先设定好的路径,也不可能是任何个人或政党主观好恶的结果,而是,也只能是主客观互动的过程及其产物,是国人在回应“中国根本问题”的过程中,依凭自身智识资源所进行的创造性探索。

第三章　当代中国基本权利保护的理论渊源

从自然—社会人性和发自同理心的共同道德出发,完全可以确立中国人权文化建设的出发点和正当性根基,既无须照搬西方,也无须求援传统。在当代中国人权文化与基本权利保护制度的形成过程中,马克思主义的立场、观点和方法具有支撑性作用。马克思主义人权观一直是中国基本权利观念最主要的思想资源,①为我国人权事业的发展奠定了坚实的理论基础。

一、中国文化传统与当代中国人权文化

在一个民族的社会历史生活中具有可识别性、稳定性和传承性的知识、观念、信仰、习俗、道德、法律、哲学、艺术构成该民族的非物质性存在,即文化的存在。此种存在有内外两个面向:在对内的面向

---

① 参见林育川:《普遍人权的解构与中国人权模式的价值》,载《江苏社会科学》2013 年第 2 期。

上,文化大致指的是人们自我反思、追问生命意义之成果;在对外的面向上,文化指的就是人们相互间的交往模式、制度规范及与之适应的观念和思想。人权是在上述两个面向上成为现代性构成要素的。中国的现代化自然包含人权精神培育与人权制度建设之维度。

中国传统中有无可以凭借的自由要素?欧陆英美诸国人权文化在何种意义上能为中国所借鉴?围绕这些问题的论战由来已久,并且这些论争是由"'传统'与'现代'之间自然呈现出的张力关系"①催生并维持着的。笔者认为,此领域各种观点的此消彼长和中国与外部关系的变化密切相关。伴随经济地位提升,中国国际地位历史性调整已达临界点,向内的"办好自己的事情"与向外的构建人类命运共同体,向后的重拾传统文化与向前的引领人类文明发展,此类看似矛盾的主张并存,构成了新时代的宣言。现代化已不可逆转,而传统依然根深蒂固,处于这种境遇中的我们不断前瞻又不断回望,思绪在传统与现代之间穿梭往返,人们的行为方式、社会的价值取向乃至国家的制度与政策选择呈现经常性摇摆。在中华文明转型面临重大调整的时刻,对中国人权文化与自身传统文化、欧陆英美人权经验之关系进行重新反思是十分必要的。笔者认为,思想体系意义的中国传统与人权观念是冲突的;制度法统意义的中国传统与人权制度是对立的;而"共同道德"意义上的中国传统与人权文化是兼容的,自然—社会人性、基于同理心的共同道德及人的尊严构成中国人权文化生发的逻辑起点与正当性根基。

(一)传统思想体系与人权文化冲突

以儒家思想为主轴的中国传统思想体系是否支持中国社会自由要素的成长?这可以说是一个不证自明或者说是一个已经被历史所证明了的问题,甚至还可以说是一个历史并没有给予证明机会的问题。因为

① 杨阳:《碎片采集与传统建构——评狄百瑞〈亚洲价值与人权:儒家社群主义的视角〉》,载《哲学研究》2012年第5期。

近代中国社会的自我演进路径被强行阻断，与儒家血脉相连的制度法统坍塌崩溃，中国社会被强行并轨进不可逆转的“现代化”方向之后，儒家思想是不可能再在核心价值观层面上对中国社会继续发挥整体性的支援功能了。胡适曾经发出慨叹：“吾国之旧文明，非不可宝贵也，不适时耳！不适于今日之世界耳！”①奠基于现代性之上的秩序与基于农耕文明、自然经济的秩序不可能共享同一个思想体系和核心价值观。

1.传统思想体系的经济社会根基已不复存在

罗尔斯认为，秩序良好的传统社会不仅是稳定的，而且在基本的道德信念上是同质的，因而社会生活各方面存在广泛共识。他将这种广泛共识称为“完备性宗教学说、哲学学说和道德学说”。在中国传统社会中，儒家思想无疑就是这样一种融合“宗教性、哲学性、道德性”于一体的“完备性学说”。日本明治时期著名的东洋史学家那珂通世曾经指出：“汉晋以后，老庄之说演变成道教，与佛法一起愚俗泛滥。但是士大夫、君子基本上都学习孔子之说，历朝治理全是以儒教为基准。从那时候起，人心被经义所抑制，学者们不敢弃古创新。”②儒家思想不同于现代社会中多元完备性学说并存基本格局之处在于其是具有唯一性、正统性和法定性的完备性学说。

儒家完备性学说诞生于以自然经济为基础和以宗族体制为架构的高度同质的等级化社会中，而且同该社会制度秩序互为支援、相辅相成。在古希腊，城邦并存竞争体制、古典式民主政制、发达的海上贸易、繁荣的商品经济与权利意识互润共生。而在传统中国，农耕文明的有限性、自然经济的封闭性和发达的宗族文化则与义务本位互促共进。“这是因为自然经济是一种封闭的经济，由血亲关系或延伸的血亲关系所决定而处于支配地位的家长、封建主是生产和消费的决定者，其他成员则是作

① 姜义华主编：《胡适学术文集·教育》，中华书局1998年版，第13页。

② 《日本汉学家那珂通世的中国观》，载行知部落网：http://www.xzbu.com/4/view-3319010.htm，最后访问日期：2016年10月10日。

为附庸而存在的。这种关系通过家长、封建主及其政治代表制定的家规、族法、王法等规则表现出来,要求人们履行各种各样的义务,这些义务的内容又只是服从——臣从君、子从父、弟从兄、妻从夫、民从官。"①过去我们习惯批判儒家是为封建专制服务的,这一断语其实是非常表面化的。从本质上说,儒家思想是古代自然经济的产物,它服务的是其自身所处时代的生产和生活方式。

而现代社会是建立于市场经济基础之上的,其以社会非均质为前提条件,以思想多元为基本特征。正如罗尔斯所言:"现代民主社会不仅具有一种完备性宗教学说、哲学学说和道德学说的多元论特征,而且也具有一种互不相容然而却又是合乎理性的诸完备学说的多元论特征。这些学说中的任何一种都无法得到公民的普遍认肯。任何人也别指望在可预见的将来它们中的某一种学说或某种别的合乎理性的学说将会得到全体公民的永久认可。"②这样的一种正义结构要求与奠基于自然经济、宗族文化之上唯我独尊的儒家文化诉求是大异其趣的。在核心价值观意义上,儒家思想与现代性是不相容的,当与之适应的经济社会条件已不复存在的时候,复兴此学说并以之作为支撑中国走向理性化、法治化、现代化的"完备性学说"的意图,如果不是逻辑混乱就是纯粹的历史抒情,就是对新时代人类文明的公开挑战,持此论者在意识深处(或者说在事实上)是反理性、反法治、反现代的。

2. 传统思想体系无法容纳自由人权

上文是从思想体系与其对应的社会运行系统之间关系的角度而言的,是一种外部视角的探讨。就内部视角而言,儒家思想体系中是否存在支持自由人权的结构性要素?我们显然不会面面俱到地考察该问题的各个方面,而只会关注那些能够对社会运行秩序具有支撑性作用的方

① 郝铁川:《儒家思想与当代中国法治》,河南大学出版社1994年版,第52页。

② [美]约翰·罗尔斯:《政治自由主义》,万俊人译,译林出版社2000年版,第4页。

面——也就是那些具有政治面向抑或意识形态性的基本要素，进而究问、考察其与现代人权是否有契合可能性之问题，且主要围绕儒家思想对以下三个紧密关联问题的回答展开：一是群己关系，二是公私关系，三是权义关系。

第一，群己关系。儒家思想在群己关系上缺失“个体”观念。“个体”观念在不同文化中的差异必须在手段/目的关系上加以比较。个人主义意义上的“个体”观念内含着相对于群体这一手段而言“本身就是目的”的意涵。严复注意到了个体观念在西方思想体系中的基础性地位，他曾经说过：“大地万物莫不有总有分，总曰‘拓都’，译言‘全体’；分曰‘么匿’，译言‘单位’。国，拓都也；民，么匿也。社会之变相无穷，而一一基于小己之品质。”①而在儒家思想中，“个体”观念仅仅存在于构成整体、服务群体、实现集体目的之意义上，仅有“自然的个体”②观念，而无目的意义上的“个体”观念。牟宗三则认为，中国的个人主义不需要依赖于各自所处的群体，抑或是人们相互间的关系，所以这种个人主义更为彻底和纯粹。③ 此论所指个人主义显然不是国家/公民关系意义上的，是一盘散沙意义上的。梁启超曾经说过：“吾国巍然屹立于大东，环列皆小蛮夷。与他方大国，未一交通，故我民常视其国为天下。耳目所接触，脑筋所浸染，圣贤所训示，祖宗所遗传，皆使之有可以为一个人之资格，有可以为一家人之资格，有可以为一乡一族人之资格，有可以为天下人之资格；而独无可以为一国国民之资格。”④是故，才有了戊戌变法失败后知识界对国民冷漠与无动于衷的深刻反思，才有了辜鸿铭和梁启超等先贤竭力倡导的变革“臣民”为“国民”之教育与措施的推行。

---

① 王栻主编：《严复集》(第1册)，中华书局1986年版，第123页。

② 杜亚泉：《静的文明与动的文明》，载《长城》2003年第1期。

③ 牟宗三：《政道与治道》，广西师范大学出版社2006年版，第49页。

④ 梁启超：《新民说》，载《饮冰室合集第6册·专集之四》，中华书局1989年版，第6页。

无“个体”观念则无群己张力结构。中国传统文化以“和合”为逻辑起点和目的依归，是以否认群己划分为前提，以消弭二者抵牾、融贯二者价值、实现二者合体为宗旨的。近代以来有识之士的反思，就是针对此问题而展开的。群己平衡观抑或群己和谐观在严复和梁启超等人的思想观念中始终占据有重要位置，①就是此种反思的结果。本杰明·史华兹认为，严复是“认真地、紧密地、持久地把自己与西方思想关联在一起的第一个中国学者”。② 费孝通也认为，中国文化中群己之间的界限并不明晰，各自的边界均是相对模糊、变动不居的。他指出中国的修、齐、治、平推浪形式“把群己的界限弄成了相对性，也可以说是模棱两可了。这和西洋把权利和义务分得清清楚楚的社会，大异其趣”。③

无群己结构支撑，则无个体自由之空间。明晰的群己关系方能推演出、支撑起“自由”，哈耶克为我们深刻揭示了这一点：“自由预设了个人具有某种确获保障的私域(some assured private sphere)，亦预设了他的生活环境中存在一系列情势是他人所不能干涉的。”④没有对群己的明晰界分，则断无自由之萌发、人权之滥觞。也有学者主张传统中国并不缺乏自由，但正像殷海光批判的那样：“很少东方人有过真正自觉的自由生活经验。‘一盘散沙’式的生活不能算是自由。因此，大家对于‘自由’一词底确切所指也就茫然，充其量不过是模模糊糊的向往爱好而已。”⑤

第二，公私关系。天理与人欲必对立，公与私必冲突，是中国传统文化中极为重要的基础性判断。程颐有言：“人心私欲，故危殆。道心天

---

① 参见黄克武：《自由的所以然：严复对约翰弥尔自由思想的认识与批判》，上海书店出版社2000年版，第222～226页。

② [美]本杰明·史华兹：《寻求富强：严复与西方》，叶凤美译，江苏人民出版社1990年版，第3页。

③ 费孝通：《乡土中国》，人民出版社2014年版，第33页。

④ [英]弗里德利希·冯·哈耶克：《自由秩序原理》，邓正来译，生活·读书·新知三联书店1997年版，第6页。

⑤ 张斌峰编：《殷海光文集》(第1卷)，湖北人民出版社2001年版，第128页。

理,故精微。灭私欲则天理明矣。"①朱熹则在《朱子语类》中概括道:"孔子所谓'克己复礼',《中庸》所谓'致中和','尊德性','道问学',《大学》所谓'明明德',《书》曰'人心惟危,道心惟微,惟精惟一,允执厥中',圣贤千言万语,只是教人明天理、灭人欲。"②程朱理学对中国传统文化的概括可谓一语中的,其所阐发的理念对中国文化的进一步型塑影响颇深。"存天理,灭人欲"等价值观根本不可能在承认人的欲望和尊重人性自由的方向上获得解释。但狄百瑞认为,"公与私的平衡(公私一体),绝非是个人或个体服从集体或国家,这始终是儒家的思想"。③ 狄百瑞对儒家的溢美之词是建立在误读基础之上的,我们主张中国文化是内含"私"恶、"公"善基因的,大致不会引发太大争议,公与私的平衡说是站不住脚的。

第三,权义关系。群己、公私之间的关系最终要体现于制度性的权义关系之中。梁启超曾经说过:"吾见夫全球千五兆生灵中,除印度、非洲、南洋之黑蛮外,其权利思想之薄弱,未有吾国人若者也。"④在人类文明发展史上,不同文明所处自然地理环境各不相同,其所要应对的问题和面临的挑战也有所差别,生活感受、生活样态以及由之日积月累而成的思维方式、行为方式和制度方式也必然不同,这就导致不同民族的文化存在着根本性差异。安靖如认为"我们应该得出结论说,中国拥有一个丰富而独特的权利话语",⑤并认为所有人都应该赞同这一结论,至少

---

① (宋)程颢、程颐撰:《二程遗书》,潘富恩导读,上海古籍出版社 2000 年版,第 369 页。

② (宋)黎靖德编著:《朱子语类(一)》,王星贤点校,中华书局出版社 1986 年版,第 207 页。

③ [美]狄百瑞:《亚洲价值与人权:儒家社群主义的视角》,尹钛译,社会科学文献出版社 2012 年版,第 27 页。

④ 梁启超:《新民说》,载《饮冰室合集第 6 册·专集之四》,中华书局 1989 年版,第 39 页。

⑤ [美]安靖如:《人权与中国思想》,黄金荣、黄斌译,中国人民大学出版社 2012 年版,第 276 页。

不应怀疑他提出的证据。其实安靖如本人也是存在矛盾的，由于"权利"不同于以义务为本位的道德结构，他认为"许多学者认为，经典儒家思想的价值观，即追溯到公元前五世纪到公元三世纪的早期儒家传统，是与人权相容的，它甚至能够积极地促进人权"是存在问题的，①而同时又认为中国社会中存在连续性的支持现代人权的要素。如果将观念与正统思想体系和制度法统相区隔，孤立观察中国局部的、个别的、零散的观念，再加以放大、加工改造，使之契合人权的要求，是违背学术操作规范的，其所谓的证据也会因为是建立在他自己的有意裁剪之上的，因而也就失去了证明力。

3. 传统思想体系无法实现现代转换

在世界范围内，任何现代化后发国家但凡进入经济繁荣期必有重拾传统文化之本能显现，传统文化在建构文化自信、重塑文明体精神家园方面的作用自不待言。儒家立意高远的人生境界对于个人修身和社会道德建设而言，定会持续发挥作用。但如果在其自我设定自由人权意涵前提下，认为中国儒家传统可以通过现代转化，从而实现与现代人权的契合，则是站不住脚的。

有学者认为，几千年中华民族文化长河中，处处闪现着人权思想的光辉，"君轻民重"的民本思想、"礼法结合"的法制思想、"先义后利"的价值思想、"以和为贵"的中和思想、"经国济民"的经济思想、"天下为公"的大同思想就是中国古代人权思想的主要特点，孔子的"仁爱"思想、墨子的"兼爱"思想、孟子的"民为贵"思想、荀子的"制天命"思想、韩非的"明法"思想、董仲舒的"天人感应"观、王充的"饥寒致乱"观、黄宗羲的"天下为主"思想、顾炎武的"众志"思想、王夫之的"天下为公"思想

① ［美］安靖如：《人权与中国思想》，黄金荣、黄斌译，中国人民大学出版社2012年版，第124页。

构成了中国人权思想的发端。① 然而,这却是笔者所难以苟同的,这明显是基于“古为今用”意识而“以今释古”的结果。梁启超服膺耶林的权利学说,并进而认为权利理论、权利思想在中国是古已有之。但列文森认为:“梁启超正确地看到了自己和耶林权利观念之间的联系,但犯了时代错误,他错误地从古人所关切的东西读出了‘权利’思想。”②梁启超是出于功利而非出于学术逻辑需要,是为了勾连历史情感和现代价值,才故意将西方权利概念与价值偷换进中国传统中的。

此方向的努力虽然在理论的实践功利主义③的维度上是有其功用的(笔者本人以前也做过此方面的尝试与努力),但终将导致严重后果。其一,对传统文化强行作出功利化的现代解读将伤害传统文化本身,这就如同对博物馆文物的现代市场化利用是一样的。中国传统文化自身是一个立意高远、周全自洽的意义系统,这一意义系统与特定的生活生产方式相适应,与特定的社会生境、政治结构相匹配,脱离二者的关联与对应,对前者的解释与开新,实质上是一种暴力肢解和破坏。其二,如此做法将消解人权的核心价值。人权制度自诞生之日起,最核心的功能在于以人格尊严为基础对“人”作出制度性的规定和建构。这一建构范式同样与特定生产生活方式、社会生境、政治结构相辅相成,断开二者关联,孤立地对人权制度进行“历史出身论证”和“价值意义注入”都是违反逻辑的。其三,全面移植西方的人权文化遭遇滑铁卢之后,特别是受到哈耶克“自发的社会秩序”论的毁灭性攻击之后,从传统中搜寻自由主义因素就成了一部分人的精神寄托与无奈之举。虽然胡适等人始终致力于

① 吴忠希:《中国人权思想史略——文化传统和当代实践》,学林出版社2004年版,第20~80页。

② Joseph R. Levenson, *Liang Ch' i-ch' ao and the Mind of Modern China*, Berkeley: University of California Press, 1967, p. 1.

③ 笔者提出“理论的实践功利主义”这一概念,是相对于“理论的自我完满性”而言的;后者就是通常所说的“为学术而学术,为理论而理论”;前者指代的是具有较强实践功利导向的理论研究。

"把自由主义由一种朦胧意向的文化探索推向自觉意识的思想建构,谋求在社会政治层面,而不仅仅是在文化学术的范围,展现自由主义的性格,进而在思想理论和行为规范上,为自由主义提供了一套范型",①但这种努力仍旧无济于事。相反,其除了会导致以上两个方面的破坏之外,还将同时阻碍、延滞、戕害中国人权文化的生发与建设。

(二)传统制度法统与人权文化对立

一个国家的文化传统可以区分为软性的文化传统与硬质的文化传统,前者包括人文风俗、思想观念、知识体系,后者则大致可以对应正式的制度法统和政治运作模式。硬质文化传统可被视为软性文化传统的外显和载体。若要考察一个国家文化的内在本质,不仅要从思想体系入手,还必须从制度法统也就是政治法律运作模式入手予以考察。

1. 中国传统制度法统以宗法等级和人治为核心

为区分传统社会与现代社会,西方学界建立起"身份/契约""伦理/法理"等理论模型。传统社会向现代社会的变迁就是从身份到契约、从伦理社会向法理社会的变迁,中国学界借用这一模型将中国传统社会定义为身份社会、伦理社会。为透彻理解中国传统社会的制度特征,应放弃"身份/契约""伦理/法理"理论模型。试想,古代法律(如古罗马法)离开契约精神还能留芳惠泽至今吗?现代法律中的制度规范难道不含有大量基于身份的内容吗?由唐六典、宋刑统、元典章、明律、大清律等卷帙浩繁、系统恢宏的制度典章构筑而成的中华法系还不足以说明中国古代是一个典型的法制(如果不是法治的话)社会吗?西域各国传统法律中不同样充斥着大量道德和礼治的内容吗?将西方社会传统概括为法治传统、中国传统社会概括为德治和礼治传统并不符合历史的真实镜像,这种界分不过是中国法制传统在现代化和市场化面前土崩瓦解之

① 欧阳哲生:《新文化的传统——五四人物与思想研究》,广东人民出版社2004年版,第213页。

时,学人面对西方现代法治文明与中国传统法治文明之碰撞冲突作出的自我保护反应;这种界分遮蔽了真正的问题,也模糊了问题解决的路径选择。

中国传统制度法统是威权主义、宗族主义与法制主义的结晶体,是适应自然经济、农耕文明的规范体系。儒家坚持“亲亲”“尊尊”的原则与标准,其所倡导的礼治就是以此为基础建立的。可以说,礼治“既不是横暴性质,也不是同意性质;既不是发生于社会冲突,也不是发生于社会合作;它是发生于社会继替的过程”。① 其中,“亲亲”“尊尊”既是确定人际关系的核心要素,也是定义法律人格的核心要素,其在当时被推及封建法制的立法、执法、司法领域。可以说,“礼治”之“礼”归根到底就是建基于贵贱、尊卑、长幼、亲疏之上的行为规范,其基本要领是三纲五常,只要“纲”举“常”在,社会等级秩序便会井然有序且稳定可控。就此而言,礼法之核心可以被概括为宗法等级制。梁启超曾经一针见血地指出:“礼治主义,是儒家所独有,其余三家都排斥他,但儒家实是人治礼治并重。他最高的理想,也倾向到无治,惟极端的排斥法治。”②安靖如认为耶林的权利价值理论与中国历史传统之间并不存在紧张关系,相反,在“儒家传统的思想倾向基础上”,二者具有相当的一致性和连贯性。③这是大错而特错了,虽然他特别增加了“思想倾向”之限定也无济于事。因为,作为权利要旨的个人应具有合法能力、享有利益,在思想倾向基础上不能说中国古代不存在,但因为此种观点只算零星端绪,与耶林建构于现代国家/公民二分基础上的作为国家构成性的系统权利理论是不可比较的。

传统制度法统之核心是“人治”。中国传统社会既有无所不包的礼

① 费孝通:《乡土中国·生育制度》,北京大学出版社1998年版,第64页。

② 梁启超:《先秦政治思想史》,东方出版社1996年版,第239页。

③ [美]安靖如:《人权与中国思想》,黄金荣、黄斌译,中国人民大学出版社2012年版,第160页。

治规范,也有细密精致的法制,但其最终的权威在君,主张贤人政治。《礼记·中庸》有云:“为政在人……其人存,则其政举;其人亡,则其政息。”《论语·宪问》有云:“修已以安人,修已以安百姓。”《荀子·君道篇》有云:“有治人,无治法……法不能独立,类不能自行。得其人则存,失其人则亡。”很显然,这是在旗帜鲜明地主张人治。另外,《礼记·大学》中提到诚意、正心、修身、齐家、治国、平天下。在这一逻辑关联中,从“家”政到“国”政是一个自然过渡,国只不过是家的扩大,国政只不过是家政的扩大,从处理家政的原则与方法推展开去,就构成处理国政的原则、规则与方法,而从家长权威也就推演出了君的绝对权威。

当然制度法统与经济形态的对应关系也需要审慎对待。传统制度法统对应自然经济形态,自然经济形态催生的必然是专制和威权式的政治与法律制度,就中国历史发展而言这一逻辑关系无疑是正确的,但这并不构成规划未来时的必然铁律。因为,当下的历史发展现实并不支持此规律。在新加坡,儒家思想和市场经济、威权政治似乎是相得益彰的;而在同属儒家文明圈的韩国,其经济是高速增长的,但其政治却不是威权的,反倒是高度自由和民主化的。由此可见,在自然演进式的社会发展过程中,文化、经济、政治和法律制度等社会构成性要素之间存在共生对应关系。而作为回应型社会、后发建构型国家,在制度法统上仍可能保持一种历史惯性,在经济上可以选择社会主义或者资本主义,政体制度与经济是否能够高速增长也并没有必然的正相关关系。但是,人权文化必然与市场经济相伴生,现代政治文明必然需要奠基于人权之上。

2. 传统制度法统无法兼容人权价值秩序

中国传统社会的整体图景到底是怎么样的?学术界对此问题可谓众说纷纭,但大致可以将之概括为:上层权力结构叠床架屋,下层民间破碎散漫,上层与下层各自为政。就国家正式的政治权力运作而言,传统中国发展出了域外各国难以望其项背的稳定有序、程式规整、有章可循的体制机制。秦废分封行郡县,保证中央政令统一,最大限度消除诸侯割据隐患,可以说走在了世界各大文明的前面。当然,由于中国地域之广阔、民情之多样、交通通信之不便,中央政令向下传导也必定会急剧衰减,所以传统中国正式权力结构又是一种头重脚轻的等级权力结构;而在社会层面上,传统中国又是非常自由散漫的一种状态。说其自由(非主体性意义上的自由),是因为没有西方长达千年的中世纪封建庄园制对人身自由的直接钳制,也没有西方中世纪教会对人们思想信仰的一统规制;说其散漫,是因为在上层权力团体与下层普罗民众之间没有中间团体的链接,导致中国传统社会的散漫化、碎片化、无组织化。中国既不是个人主义和自由主义的,也不是社群主义的。此种社会权力结构与自由人权保障是风马牛不相及的。狄百瑞也承认中国的国家/社会关系"缺少一种宪政秩序,它可以正式提供类似于西方公民社会的抗衡制度"。① 公民社会的存在并不仅仅在于限制国家权力,而更在于它是嵌入个人/国家关系中的国家治理机制,借助这一机制旨在实现个人与国家的更好互动,其外显的价值就在于能够有更多的个体借助公民社会参与国家治理,同时也使国家借助公民社会实现对一盘散沙的社会进行有效治理。

个体解放与人性自由是现代性解放运动的目标和出发点。"五四运动"的最终目标就是再造文明,②就是把人从传统制度法统束缚中解脱出来,以现代性要素为基础构筑"新人"概念,以"人权"为基础塑造法律人格,以"法治"为基础维护人的尊严。在此过程中,传统制度法统只能作为批判对象,而不会成为人权"载体"。我们要防范传统成为抗拒现代人权与制度文明的工具,因为在制度意义上倡导传统就意味着

① [美]狄百瑞:《亚洲价值与人权:儒家社群主义的视角》,尹钛译,社会科学文献出版社2012年版,第13页。

② 姜义华主编:《胡适学术文集·哲学与文化》,中华书局2001年版,第125~133页。

同“人的解放”这一现代化终极目的相背离。中国传统制度法统的首要乃至唯一价值是秩序，而不是自由与人权。即使中国传统制度法统容许自由因素的存在，但要害之处在于当其影响到秩序时，将会被不假思索加以否定，而且整个社会公共伦理也支持这一选择。当然，传统中国也有着丰富的尊重人、关爱人的思想传统。人的尊严的实现方式有多种，儒教文明圈、伊斯兰教文明圈均有其特定的保护人的尊严的方式。而传统中国给统治者施加了许许多多的义务，可以说许许多多的理论与规范都是从统治者义务角度表达的，但唐纳利认为从统治者的义务推导不出被治者的权利，中国的处理，“它实质上是对人的尊严问题的另一种处理，一种与人权没有关系的处理”。① 现代人权作为保护人尊严的一种方式，是建立在将每个人理解为仅仅因为是人就享有自由、平等权利、享有尊严基础上的，传统中国（包括传统西方）不存在此种人的概念。

（三）基础道德与人权文化生成

从正统思想体系和正统制度而不是社会本身入手，是法学界分析中国社会问题的习惯性进路。通过上述分析，我们会发现在思想体系和制度法统层面，传统中国不可能存在自由人权生成空间，因为二者存在结构性冲突。但这并不意味着，与正统思想体系和制度法统相对的“中国社会”与自由人权价值也是天然对立的。当西方人权观在今天对中国实践提供外部刺激和参照性的同时，也已越发显示出文不对题、水土不服和精神焦虑之时，笔者认为，中国需要回到本真的中国社会（历史的与当下的）中，确立人权文化建设的出发点和正当性根基。

1. 历史传统与新时代的出发点

中国是一个历史绵长、文化深厚的后发型现代国家，在经济影响和

---

① ［美］杰克·唐纳利：《普遍人权的理论与实践》，王浦劬等译，中国社会科学出版社2001年版，第57页。

国际地位日渐上升的背景下,努力提升文化自信与制度自信,是合乎逻辑的必然要求;而在历史、文化、传统中寻找文化自信与制度自信的资源与依据,似乎又是一种天然的民族本能。而从文化传统中出发确立当下行为的正当性,因具有独到的便宜之处,也是无可厚非的。因为在一切神性、圣明祛魅的现代生活中,"历史传统"可能是生活秩序权威性的最佳凭借。但要注意区分"传统"的不同层面,作为民族意识中具有恒久生命力的发乎自然/社会人性的观念、价值与精神是一个层面的传统,而作为与自然经济形态相适应而与现代市场经济相背离的正统思想体系与制度法统是另一个层面的传统。

在历史文化传统中寻求现代人权与制度文明建设的积极因素,在很大程度上是出发点和精神依归意义上的,也就是说舍此我们朝向现代性的努力可能会导致我们文化上的迷失和民族精神同一性的解构,进而会导致我们民族的人格分裂和认知错乱。在此意义上,无论是国家层面、社会层面还是知识阶层对传统的"重拾""迎回""重建"是具有重要价值的,但要时刻防范被历史扭曲的人性以及建立于其上的制度借尸还魂。比如,有的地方强制推行国学教育本身就是反现代化的,让启蒙儿童穿上古装、躲进鲁迅先生所说的"黑屋子"和柏杨先生所言的"酱缸文化"中接受浸染,这不会提升他们对美好生活的良好认知,只会在其头脑中制造时空和文化的错乱感,只会使之愈加背离现代公民意识;有的学校强制要求学生给父母洗一次脚、做一顿饭等活动,本质上还是在推行单向义务关系式的尽孝、尽忠思想教育。重拾传统,应是对被现代所扭曲的人伦价值观的反思,而不应是人伦价值观从现代向前现代的倒退;迎回传统,应是迎回本真的人性,而不是迎回奴性和愚忠;重建传统,应是重建被我们歪曲的历史,而不是为历史垃圾堆中的专制思想招魂,更不是重建与现代文明背道而驰的制度。应如唐纳利所强调的那样:个人需要具有道义力量的权利和一系列普遍人权,以阻止传统秩序似乎不合情理的再现。①

2. 自然/社会人性是人权正当性起点

不同学者、不同学派对人权文化所赋含义与价值千差万别，但对其作为现代文明之构成性要素应无大多争议。作为一种内涵丰富、结构叠床架屋的知识体系、思想体系、理论体系、制度体系，最终还是可以还原为一些基础性概念或者说命题的。人权的这些基础性概念与命题都可以从人性上获得解释，虽然其曾经被披上神学的、自然的、天赋的、法赋的或商赋的等外衣。这些外衣可以增强不同人权论的说理性与说服力，而并不能解决人权的起源与正当性问题。或者说，所有的人权学说囿于各种局限和特定目的，都对之做了主观功利化的解读。实际上，人权起源远没有那样神秘与复杂（作为思想体系之诞生、制度体系之形成是极其复杂的），人权就是发乎人性的。我们只有承认并找到一个超历史的、超国家的、超阶级的、超意识形态的最低限度的人权概念，对人权的尊重才是可能的，对不同国家选择不同的人权发展道路予以同情化理解才是可能的，对人权与政治相区隔、实现人权的非政治化才是可能的。

"讲人权建立在人的本性（human nature）或人格（person hood）基础上，人们就必须有一个可辩护的人性概念。否则，将专横地来界说人权，在人的道德性和存在事实之间就不可能建立必然的联系。"②本书并不以列出一个人权的基础性要素清单为目的，只是尝试说明列此清单的进路和方法——那就是从朴素人性出发，从欲求的最大公约数出发，从人人皆有的同理心出发，而不能从各种类似于罗尔斯所讲的完备性宗教、道德、哲学学说出发，更不能从传统思想体系和制度法统或者他国标准

---

① ［美］杰克·唐纳利：《普遍人权的理论与实践》，王浦劬等译，中国社会科学出版社 2001 年版，第 63 页。

② ［美］A. 罗森鲍姆：《人权的哲学导言》，载沈宗灵、黄枬森主编：《西方人权学说》（下），四川人民出版社 1994 年版，第 46 页。

出发。众多学者包括笔者本人也一直在强调中国的民族性情、人性价值可以为中国的人权建设提供支援,就是指此意。

在这里所说的人性并不是生物学意义上的人之自然本性,更不是经特定社会制度、历史、文化规制而成的人之品性,而是处于二者之间的一个社会学意义上概念。现代社会学基于对婴儿的反复试验发现,生存欲望、帮助同类、同理心等是与生俱来的,是具有进化论的遗传性的,此即自然/社会人性。《礼运篇》开篇既言:人生而有欲,就是此种自然人性的表达。当然不可否认,就一个具体的人而言,后天经历及所处社会环境会改变其本性。在老死不相往来的古代时代,不同民族之间却能形成相似的"己所不欲,勿施于人"之正义观的基础性规范,就是自然人性或同理心的最佳证明。无论是自然权利论还是功利主义权利论,对人权的正当性论证最终往往归结到人性概念上。马里旦在论证自然人权的不能让与性时指出:"它们是不能让与的,因为它们是以人的本性本身为依据的,而人的本性当然是任何人都不能丧失的。"①安靖如在分析"自然权利"理论对人权的价值时指出:"毕竟,我们都是人,如果仅凭我们的人性,人权就会在我们身上产生,那么它们当然就是普遍的。"②而人性导出人的尊严,"人权提倡者一般认为尊严是人生的一个内在品质。大多数作者的意思是根据人权的普遍性,如果它不受尊重的话,人的生活本身将趋败坏"。③ 日本学者浦部法穗则不外求于其他概念,直接指出:"人作为人而生存这件事本身,对人来说具有普遍的基本的价值。因此,人为了作为人生存所不可缺欠的权利,正是与被视为基本人权相适应的

---

① ［法］雅克·马里旦:《人权》,载沈宗灵、黄枬森主编:《西方人权学说》(下),四川人民出版社1994年版,第243页。

② ［美］安靖如:《人权与中国思想》,黄金荣、黄斌译,中国人民大学出版社2012年版,第9页。

③ ［美］A. 罗森鲍姆:《人权的哲学导言》,载沈宗灵、黄枬森主编:《西方人权学说》(下),四川人民出版社1994年版,第25页。

东西。"[①]唐纳利教授认为，人性是人权的来源，人们并不是为了生活而需要人权，而是为了一种有尊严的生活才需要人权，对人权的侵犯就是对人性的否定。[②] 上述学者的思想其实在《世界人权宣言》中也已经载明：人权产生于人的固有尊严。人权奠基于同理心、人性与人的尊严之中，而无须他求。

学界有一种观点认为，没有超越特定文化的共同人性。如果我们将文化视为立体的，就会发现在越表层、越正式、越制度化的层面上，文化就越是形态各异的；而在越深层、越非正式、越无意识的层面上，文化差异就会越小。不同地方人们的一般情感需求与基本关切，其实是大同小异的。人们对免于匮乏、免于恐惧、免于他者奴役的自由的渴望，在不同时代、不同国度的人们中间并没有什么本质不同。我们所感受到的巨大差异，如果不是政治家和学者的人为共谋（如为纳粹灭犹政策提供理论依据的人种优劣论），就是人们被文化差异具象所蒙蔽而不察深层人之同理心与人性的结果。我们在今天建设现代人权文化，没有必要在二者之间拉锯、撕裂，只要回到人的同理心、人性、人的尊严，就可以建立起正当性的。

3. 共同道德与人权基础性规范

人之同理心生成共同道德，共同道德构成最低限度的人权或曰人权的基础性命题。现实世界中，人们感受到的往往是在基督教、伊斯兰教和佛教传统之间、在自由民主和非自由民主政治传统之间、在市场经济和非市场经济传统之间，存在不同的道德要求。那么，人类有共同的最低限度的道德吗？米尔恩教授认为，结合康德的人道主义原理与实践理性原则，就可以确立共同道德的理性根基并进而指出任何一个社会必不

---

① ［日］浦部法穗：《基本人权总论》，载沈宗灵、黄枬森主编：《西方人权学说》（下），四川人民出版社1994年版，第72页。

② ［美］杰克·唐纳利：《普遍人权的理论与实践》，王浦劬等译，中国社会科学出版社2001年版，第12～13页。

可少的道德原则是："行善、尊重人的生命和公正、伙伴关系、社会责任、不受专横干涉、诚实的行为、礼貌和儿童福利。"①

现代社会中的人一定是被嵌入一个社会、一段历史、一种文化之中的人，如果说上述列表中的道德是"任何一个社会"必不可少的，那么不就意味着人类文明中只有一种社会、历史、文化吗？针对这种可能的非议，米尔恩声明其所主张的最低限度的道德标准并不否认每个具体的人生活于特定的文化传统之中，也就是说并不以无社会、无文化的人类为前提，也不否认文化的多样性。作为文明冲突论提出者的亨廷顿为论证多元文明概念并在此基础上阐述、预言世界多元文明的冲突，必然需要解构全球文明之类的概念，所以认为最低限度道德的概念并不是什么新鲜的东西，并不能解释人类行为的变化所构成的历史。但他却同时又承认这一概念兼具深刻性和根本性，认为多数社会中的多数个体具有类似的"道德感"，即"浅层"的关于什么是正确和谬误的最低限度的道德感存在，承认要解释人类行为背后的某些永恒的东西，需要从人类基本的共同道德入手。他曾经指出："实际上在所有的社会里，人类都具有某些共同的基本价值观，如把谋杀看作是罪恶。"②

为避免不必要的纷争、便于沟通对话，其实可以将道德体系区分为两个层次：第一层次是最低限的、最基本的、各文明体间无差别的道德；这一层次的道德是由自然/社会人性和人之同理心生发而成的，因而是跨越时空的，是具有恒久性的。第二层次的道德是不同国家、不同民族、不同文明体基于不同经济形态、生产生活方式、民族性情、宗教传统、历史际遇，在第一层次基础上演化而成的，因而是具有民族性、历史性、特殊性的。共同道德与人权的基础性规范相对应。基于人权文化而建构

---

①　[英]A. J. M. 米尔恩：《人的权利与人的多样性——人权哲学》，夏勇、张志铭译，中国大百科全书出版社1995年版，第57页。

②　[美]塞缪尔·亨廷顿：《文明的冲突与世界秩序的重建》，周琪等译，新华出版社2010年版，第35页。

的现代秩序不过是历史长河中人类的一种选择,此种秩序选择之所以在现代文明国家产生了普遍影响力就是因为其奠基于最低限的道德共识之上,人权的基础性规范或曰核心原则可以从此道德共识中获得说明。比如,“人(以及每一个理性存在者)就是目的本身,亦即他决不能为任何人(甚至上帝)单单用作手段,若非在这种情形下他自身同时就是目的”,①是康德提出的绝对命令,这一人道原则就是人权的一个核心命题。一个人必须永远被尊为一个能够设定和追求自我目的的自主者,永远被尊重为一个具有内在价值而不是外在价值者,即源于自然人性和共同道德的要求。张文显教授认为,人身人格权就是最低限度的人权,“人身人格权利之所以是低限人权和人权的逻辑起点,乃是因为它是人作为一个自然机体和社会成员所不能没有的。没有人身人格权利,人不能成其为人或继续是人,就失去了人存在的标志,而将成为‘会说话的工具’或‘畜牲’”。② 人身人格权利关涉人的尊严,而人的尊严是定义人的唯一要素,也是发乎自然/社会人性的最低限度、最本质要求,也是一种超越社会类型、历史阶段、文化样态的共同要求。

进入人类命运共同体时代的价值观应是求同而不是求异,共同价值是各文明体、各个国家价值体系的最大公约数,其奠基于前述自然/社会人性与共同道德之上。美国学者福塞希指出虽然存在分歧,但“毕竟可以辩解说,无论自由主义和公社主义——特别是马克思主义,都最终有志于人的真正自由和平等;也许差别是策略上的和暂时的。西方不正在更多地转向公社主义吗?有些马克思主义观点不正在承认一个个人主义的领域吗?”③习近平总书记在第七十届联合国大会上指出:和平、发展、公平、正义、民主、自由,是全人类的共同价值。这些共同价值与具体

① [德]康德:《实践理性批判》,韩水法译,商务印书馆1999年版,第144页。

② 张文显:《论人权的主体与主体的人权》,载《中国法学》1991年第5期。

③ [美]D.福塞希:《人权的政治哲学》,载沈宗灵、黄枬森主编:《西方人权学说》(下),四川人民出版社1994年版,第69页。

文化传统没有直接关联，与具体实现方式如是三权分立制还是人民代表大会制抑或是君主立宪制也没有必然联系，三权分立制可能导致不公不义，君主立宪治也可能实现民主自由，具体采用哪种政体方式要根据国情、历史、传统乃至政治演进实践去选择。但是，要和平不要战争，要富足不要匮乏，要民主不要专制，要自由不要奴役，要正义不要强权，却是生活于当下不同国家的人们的共同价值诉求。体现于国际人权宪章中的、没有被任何国家声明作出保留的条款就是人类共同价值的体现。现代性奠基于多元主义之上，多元主义是被用来抵制一元真理与强权、维护自由的，而在今天多元主义却成了对抗共同价值与人权普遍性的工具，也就成了对抗多元主义自身的工具。多元主义是基于“地方性”的，为不同文明沟通对话提供了很好的思路与策略。但这并不意味着可以否定不同文明间存在低限度的基本共识和共同价值，正像安靖如所言：“我拒绝接受那种认为他人的语言或价值观与我们自己的是‘不可通约的’这种观点。”①对当下的人类而言，多元主义唯有建立在共同价值和最低限度道德共识基础上才是有益的。

社会主义核心价值观与前述共同价值本质上是相通的，其提出体现了为适应现代社会发展要求而进行文化更新的一种官方正式努力，其目的是为现代社会发展、人权进步、国家现代化培育与之相适应的公民意识和文化要素。“富强、民主、文明、和谐，自由、平等、公正、法治，爱国、敬业、诚信、友善”，凝聚了人类文明发展的核心成果和共同价值追求，其既吸收了现代文明共同价值，也囊括了优秀的中国传统价值。在社会主义核心价值观已经成型的背景下，强调传统就是多余的，因为优秀的成分已被核心价值观涵盖；而如果传统指的是不区分优秀与糟粕意义上的，那对传统的强调就是对社会主义核心价值观的否定，就是对国家尊

---

① ［美］安靖如：《人权与中国思想》，黄金荣、黄斌译，中国人民大学出版社2012年版，第277页。

重和保障人权宪法原则、全面依法治国方略的挑战。核心价值观既是中国的也是世界的，因为它吸收了现代文明共同价值，那对中国传统不分优劣的强调，就是对人类进入命运共同体时代共同价值的挑战。

米尔恩教授认为，融入了人性原则的共同道德就是人权体系的渊源。他曾经指出："如果把所有的人都是人类同胞这一原则融入共同道德，那么共同道德就会成为一种可以适用于一切人类关系的标准。它的那些要素因而不仅能适用于每种社会生活方式内部，而且也能适用于它们之间。共同道德一旦加上这种'人性'原则，就成了人权的渊源。这些人权是与由共同道德的要素所规定的那些义务相关联的权利。"①安靖如通过比较杜威、陈独秀、高一涵三人的权利学说，发现存在惊人的相似性，而三人基本没有读过对方的著作，所以观点的相似性以及在各自的地方流行存在某种巧合，他进而指出："从这种巧合中，我们可以看到一种更大范围的共同体正在形成；从三个人的著作和职业生涯，我们可以明白这样一种观点：我们都生活在一个共同的世界中，具有共同关注的问题。努力寻找能够保持这样一种共同体感觉的方法对于维护价值共识至关重要，因此应努力这么做，而不是听任这种思想的共同点走向分解。"②

自然/社会人性可导出同理心、共同道德、人的尊严，进而构成人权文化建设的出发点和正当性根基，这一逻辑链环是接近真正人权、实现人权切实保障必须要坚持的常识。这一常识需要学术共同体的精心呵护。

（四）小结

今日中国之法治建设是以"国家尊重和保障人权"为价值共识和目

---

① ［英］A. J. M. 米尔恩：《人的权利与人的多样性——人权哲学》，夏勇、张志铭译，中国大百科全书出版社 1995 年版，中文版序第Ⅲ页。

② ［美］安靖如：《人权与中国思想》，黄金荣、黄斌译，中国人民大学出版社 2012 年版，第 220～221 页。

标宗旨的,人权文化的培育与建设,既不需要照搬西方,也不需要求助传统。当然,借鉴西方还是必要的,因为除了意识形态区隔之外,他国的经验和智慧仍可以为我们所用。此外,只要传统从伦理道德高地上走下来,在情感凝聚、文化认同和社会道德建设意义上加以倡导、重建,也当然可以转化为推进中国人权发展的积极因素。如果对传统的执迷和复兴作业跨越了其应有的发挥作用的界限,基于对晚清至今中国人权与法治发展千回百折、时进时退的深切体认,不难得出结论:那一定会是一股冲击中国人权事业的破坏性力量。

在中国经济与国际地位面临重大调整的临界时刻,传统思想、制度法统(正式的和非正式的)出现了复活迹象,部分学者热衷于到中国历史中寻找解决当下难题的制度要素,热衷于对传统制度要素进行创造性转换,期盼传统法统能够化古开新以促进人权,这是一种不可能成功的历史复辟。我们必须警惕不合时宜的传统思想和法统借文化复兴之名回潮,以减少人权与法治建设不必要的反复与曲折。

二、马克思主义权利观与当代中国的基本权利观

中国基本权利的概念、理念与原理是在中国传统文化、西方宪法文化和马克思主义的相互激荡、交融下形成发展起来的。在当代中国基本权利的形成过程中,马克思主义的权利观为其提供了鲜明的立场、观点、方法支撑。

(一)作为立场与方法的马克思主义权利观

关于马克思主义权利观,理论界存有争议。有的学者认为,人的权利在马克思主义那里出现"空场"。"马克思列宁主义原理没有为个人的权利留下地盘……社会主义国家不能丝毫承认个人权利而限制自己,因为这会妨碍社会主义的彻底实现。""马克思为了达到自己的目的,企图消除人的独立的个人领域,把人变为简单的存在物。根据这种理由,他在同布鲁诺·鲍威尔的文章《论犹太人问题》的不太出名的、但很有意义的争论中攻击人权思想……""马克思主义被简单地认为是一种无情否定人权及其人权要求的思想。”①以此诸多观点来否认马克思主义权利观的存在。

诚然,马克思、恩格斯并没有对基本权利下一个明确的、普遍的定义,也没有关于基本权利的专题化集中阐述,但在他们的鸿篇巨制中深刻阐释了基本权利理念与原理。比如,“人权不是天赋的,而是历史地产生的”,“权利永远不能超出社会的经济结构以及由经济结构所制约的社会的文化发展”②等一系列光辉思想,就为中国基本权利思想的形成、实践提供了可贵的立场、观点和方法指导。

1.“现实的社会的人”:权利分析的鲜明立场

“立场,是人们观察、认识和处理问题的立足点。这个立足点,从根本上讲是由人们的经济、政治、社会利益和地位决定的。”③不同的立场,思想观点也随之不同。马克思克服了以往从抽象的人性论出发认识权利的弊病,以“现实的社会的人”为立足点,运用唯物史观所提供的方法论原则论证权利的生成与发展。

基本权利根植于人的本质,对权利的把握离不开对人的本质的理解。权利是人之成为人不可或缺的因素,要实现权利必须关心人、重视人,使人成其为人。人的本质是什么,成为分析权利生成必须回答的首要问题。

从哲学史上来看,人的本质与特征是历代哲学家都孜孜以求的重要研究命题。可以说在马克思之前,绝大多数哲学家在人本质问题探究上存在一个重要的缺陷,那就是抽象地分析人的“存在”,脱离特定的历史条件、具体的实践活动和相应的社会关系来探讨人的本质。古希腊时期

---

① [美]科斯塔斯·杜兹纳:《人权的终结》,郭春发译,江苏人民出版社2002年版,第169页。

② 《马克思恩格斯选集》(第3卷),人民出版社1972年版,第12页。

③ 习近平:《深入学习中国特色社会主义理论体系努力掌握马克思主义立场观点方法》,载《求是》2010年第7期。

的柏拉图、亚里士多德认为“人是理性的动物”，把理性作为人与动物的根本区别，认为理性是人的本质；在中世纪，人被视为神的创造物，把人的本质说成对上帝的体现，人性是恶的，只有发展理性人才能区别于动物；在康德看来，自由是人的本质，人有了自由才使道德成为可能；尼采认为，人的本质是强力意志；叔本华认为，人是盲目的生命意志的冲动；马尔库塞认为，人的本质是人的本能的生命冲动；舍勒认为，生命冲动与精神活动的结合是人的本质，它使人成为真正的人。总之，这些哲学家强调了人性的主观性和抽象性，“谈到的是‘人自身’，而不是‘现实的社会的人’”，“仅仅限于在感情范围内承认现实的、单独的、肉体的人”。①

正是基于不同的人性分析，在权利思想上先后出现了自然权利论的人权观、法律权利论人权观、历史权利论人权观和道德权利论人权观等诸多理论范式。② 以斯宾诺莎、霍布斯、洛克、伏尔泰、狄德罗、卢梭等为代表人物的自然人权观认为，国家产生以前人们都是生存在一种自然状态中，生活在自然状态中的人没有任何的束缚，拥有完全的自由，没有任何奴役与被奴役的关系，大家彼此是平等的存在，天然的拥有自然权利，享有生命、健康、自由、财产，成立政府的目的就是保护这些权利。自然人权观坚持人类自我保存的本性是人权的终极根据，人权是天赋的，生存、平等、自由等是人性内在的不可分割的构成部分。在这里自然权利论所主张的是先验的人、“自然的人”。以 18 世纪英国政治思想家柏克和 19 世纪德国历史法学派宗师萨维尼为代表人物的历史权利论，主张“真正的人权”是个人作为某个民族或者国家的成员才得以享有的，不同人类群体因为不同的历史而具有不同的权利。“自然的神圣不可侵犯的权利是抽象的虚假的权利。”历史主义人权观看到了各国历史和传统对不同民族人权思想的重要影响，但是却将这种影响视为是绝对的，没有

---

① 《马克思恩格斯选集》(第 1 卷)，人民出版社 1995 年版，第 48、50 页。

② 曲波：《马克思人类解放人权理论范式及其对中国的启示》，载《齐鲁学刊》2013 年第 6 期。

认识到起决定作用的实际上是经济基础。法律权利论主要代表有边沁、杜威、麦金泰尔等，认为人的权利来自实在的法律，没有先于政治社会而存在的权利。法定权利论虽然强调了社会规则的作用，指出没有共同遵行的社会规则就不可能有人类的权利，但无法真正解决作为其根据的法律自身的合法性难题，且法定权利只是人权的实然存在形态之一。道德权利论主要代表人物有美国法学家庞德、范伯格、德沃金、人权学者路易斯·亨金以及英国法学家菲尼斯、人权学者米尔恩等，其核心观点是认为存在某些无论被承认与否都在一切时间和场合属于全人类的权利，人仅凭其作为人就应该享有这些权利。这种作为道德权利的人权，植根于某种普世价值或者道德共识，缺乏必要的普遍性和客观性。总体来说，上述人权观是以人性和人的本质的某种主观假设作为自己立论的出发点和基本前提的，其立论基础实质上都是建基于抽象的"人的本性"理论，缺乏具体的、历史的基础，不可避免地陷入了历史唯心主义的泥潭。

上述基本权利理论不仅是马克思权利观所批判的对象，而且是马克思权利观重要的理论渊源。不同于上述权利思想，马克思将权利的阐释建基于"现实的社会的人"基础上。"人不是抽象的蛰居于世界之外的存在物。人就是人的世界，就是国家，社会。"①"现实的社会的人是一定物质的、不受他们任意支配的界限、前提和条件下活动着的人"，"全部人类历史的第一个前提无疑是有生命的个人的存在。因此，第一个需要确认的事实就是这些个人的肉体组织以及由此产生的个人对其他自然的关系"。② "我们不是从人们所设想的、所想象的东西出发，也不是从口头说的、思考出来的、设想出来的、想象出来的人出发，去理解有血有肉的人。我们的出发点是从事实际活动的人。"③总而言之，所有不同时代的人，都是出于不同时代的物质生活条件下的个体，从事着与这一时代

---

① 《马克思恩格斯选集》(第1卷)，人民出版社1995年版，第1页。

② 同上书，第67页。

③ 同上书，第73页。

生产力水平相适应的实践活动，处于相应的社会关系网络之中，是名副其实的社会动物，而不是栖息在人类世界以外的任何抽象的东西。

不仅如此，马克思还从"劳动或实践是人的本质""人的本质是一切社会关系的总和""人的需要即人的本质"等角度进一步完整地和系统地对人的本质进行了科学的界定。他认为，整个世界历史不外是人通过人的劳动而诞生的过程，正是在改造对象世界的过程中，人类才真正地证明自己是存在物。人类主要是通过劳动来参与实践活动，这也是人类区别于动物的根本特点，并因此决定了人类的其他特性。"人的本质不是单个人所固有的抽象物，在其现实性上，它是一切社会关系的总和。"①社会关系——尤其是生产关系决定了人类社会其他的政治、法律、道德、宗教等上层建筑的存在，从不同侧面、不同层次映现着人的本质。

马克思将人放在具体的历史过程中加以观照，为理解权利找到了一把正确的钥匙，架设了由唯心史观转向唯物史观的桥梁。"所谓的人权，不同于公民权的人权，无非是市民社会的成员的权利，是利己的人的权利、同其他人并同共同体分离开来的权利。""任何一种所谓人权都没有超出利己主义的人，没有超出作为市民社会成员的人，即作为封闭于自身、私人利益、私人任性、同时脱离社会整体的个人的人。在这些权利中，人绝对不是类存在物，相反地，人类生活本身即社会都是个人的外部局限，都是它们原有独立性的限制。"②"我们现在就来看看人权吧，这种人权一部分是政治权利，只有同别人一起才能行使的权利。这种权利的内容就是参加这个共同体，而且是参加政治共同体，参加国家。这些权利属于政治自由的范畴。"③"在资本主义条件下，无产阶级必须在自己的纲领中提出自己的权利要求；争取生存权和劳动权；争取财产权；争取

① 《马克思恩格斯选集》(第42卷)，人民出版社1979年版，第132页。
② 《马克思恩格斯全集》(第1卷)，人民出版社1995年版，第439页。
③ 同上书，第810页。

民主自由和平等权。这些人权要求是切实可行的,能够通过无产阶级解放斗争的实践,通过建立社会主义和共产主义来实现,因而具有真正的科学性。"马克思在批判资产阶级虚假权利观中,形成了自身的权利思想。

2.“人的解放”:权利发展的终极追求

如果说“现实的社会的人”是马克思分析基本权利的鲜明立场,那么基本权利的发展方向在哪儿?如何才能真正实现?马克思终其一生都在为人类的解放而殚精竭虑,人的解放是马克思主义基本权利观的最重要的价值追求。可以说,人的解放过程也就是人的基本权利实现过程,真正的基本权利只有通过人的解放才能获得。

马克思认为,“解放”是一种现实的、历史的过程:“只有在现实的世界中并使用现实的手段才能实现真正的解放;没有蒸汽机和珍妮纺纱机就不能消灭奴隶制;没有改良的农业就不能消灭农奴制;当人们还不能使自己的吃喝住穿在质和量方面得到充分保证的时候,人们就根本不能获得解放。‘解放’是一种历史活动,不是思想活动,‘解放’是由历史的关系,是由工业状况、商业状况、农业状况、交往状况促成的。”“任何一种解放都是把人的世界和人的关系还给人自己。”①马克思概括了“人的解放”三个方面的内涵:第一,人的劳动能力的解放,马克思认为人的劳动能力的解放是第一位的,人的劳动将人的体力与智力结合起来,帮助个体成为自主的人,人的全面发展才能成为可能。第二,人作为一种社会性的存在,是一切社会关系的总和,只有在社会中,才能塑造出现实的人。但是在社会发展中,交往进一步扩大化,机器加剧了人的分割,造成了人的片面、畸形发展甚至“异化”,使人成为受屈辱、被奴役的东西,因此人的解放必须考虑社会的因素,把分工和私有制都消灭,个人全面丰富的社会关系才得以形成。第三,除人的劳动能力、社会关系的解放以

① 《马克思恩格斯全集》(第1卷),人民出版社1995年版,第443页。

外,人的解放必须是人的个性的解放,人类社会早期,生产力水平低下,毫无独立性和个性可言;封建社会之后专制束缚着个人的个性自由,商品时代使人的个性得到了极大的解放,个体成为有独立性的人,但是由于所有的东西都要被货币所衡量,个人独立性和个性只属于资本,只有到共产主义社会,个人才能够成为自己本身的主人,形成丰富而全面的社会关系。从这几个方面来看,马克思追求的人的解放的最终目标在于实现人的全面而自由的发展。

人的解放包括人的劳动能力的解放、人的社会关系的解放和人的个性的解放等多个层面次。

人的劳动能力的解放表现在劳动不再只是谋生的手段,而是一种体现人的能力和素质的活动,不再是一种只会简单的劳动,不去思考自身的交往状况、发展状况,只单纯成为一种个人自由意志的体现。同时,人的劳动能力得到了极大的发挥,其他的素质和能力就会得到均衡和谐的发展。劳动的最终目的是发展人的自然力和社会力,在早先的时候人类需要积极地适应自然,改造大自然,挖掘人体内的自然力,主要是发展了自身的感觉力、思维判断力;而社会力主要是在社会中发展出来的政治能力和思想能力,使主体作用于客体,创造复杂的生产关系,并改造客体,体现人的价值。

关于人的社会关系的解放,马克思认为人首先需要满足基本的生存和物质需求,当这一需求得到了满足之后就会转而在社会交往中寻求自己的定位,获得多种社会角色,寻找自己归属感和价值。但是社会中的人与外世界建立的社会关系中会因为地域、职业、民族等产生隔阂,有一些消极的影响因素产生孤立、颓废和束缚,尤其是资本主义社会中由少数资本家支配和控制,带来了社会关系的不平衡和狭隘,人陷入了资本的奴役中,只有彻底摆脱这种狭隘的限制,突破畸形片面的生存状态,才能够称得上人的解放,人不再为生活资料而忙于奔命。这种理想的状态只存在于共产主义社会中,那个时候人成为自然界的主人,成为社会关系和自身的主人了。

人的解放的最重要的和最高的体现是个性解放。在阶级社会中人都无法摆脱制约自己的物质生产及社会关系。在人类的发展中,早期时候人处于被奴役的地位,受制于物质生产的限制,为了生存成为没有思想的被奴役的工具。此后封建社会森严的等级制度也限制了人的自由,也催生了无产阶级,无产者自己意识到了使自己作为个性的个人确立起来的重要性,开始积极地朝着“建立在个人全面发展和他们共同的社会生产能力成为他们的社会财富这一基础上的自由个性”①的共产主义社会迈进。

3.“唯物史观”:权利研究的方法论

恩格斯曾指出:“马克思的整个世界观不是教义,而是方法。它提供的不是现成的教条,而是进一步研究的出发点和供这种研究使用的方法。”②唯物史观作为“关于现实的人及其发展的科学”为基本权利研究提供了方法论原则,在其指导下马克思的人权观使人权思想有了重大发展。

社会存在决定社会意识是唯物史观中最基本的原理和元方法论。马克思在确立了唯物史观后,找到了从社会存在解释社会意识,从社会经济结构的发展去解释历史发展的方法,提出了权利是社会产物的思想。正像有学者指出的那样,他不把人权一般地归诸社会的产物这一层面上,而是深入地分析权利的属性,从而形成对权利作出合理性解释的方法论原则。③ 唯心史观因不能正确阐释人的存在及其实践活动,把权利当作永恒化、神圣化的东西,导致权利问题上的片面的道德主义。按照唯物史观理解,权利无论作为价值追求,还是作为制度安排,都属于“上层建筑”的范畴,其根据在于经济基础。“从直接生活的物质生产出

---

① 《马克思恩格斯全集》(第46卷),人民出版社1979年版,第104页。

② 《马克思恩格斯选集》(第4卷),人民出版社2012年版,第664页。

③ 参见钟枢:《马克思科学人权观的创建历程》,载《理论探索》2006年第4期。

发阐明现实的生产过程,把同这种生产方式相联系的、它所产生的交往形式即各个不同阶段上的市民社会理解为整个历史的基础。从市民社会作为国家的活动描述市民社会,同时从市民社会出发阐明意识的所有各种不同理论的产物和形式,如宗教、哲学、道德等等,而且追溯它们产生的过程”,也正是在这个意义上说,“权利永远不能超出社会的经济结构以及由经济结构所制约的社会的文化发展”。①

社会是通过社会基本矛盾的运动实现变革和发展的。在不同的时代,生产力和生产关系、经济基础和上层建筑的矛盾运动样态不同,使不同时代的权利观念和实践也呈现出不同的样式。所以说,权利是一个历史范畴,是历史地产生的,而非天赋的。针对资本主义权利观念与实践,马克思、恩格斯曾分析指出,资产阶级在历史上曾经起过非常革命的作用,“在它的不到一百年的阶级统治中所创造的生产力,比过去一切世代创造的全部生产力还要多,还要大”。② 这使资本主义社会的权利比以往一切社会的都更加普遍、更加现实、更加优越和更加进步,但资产阶级“把财产奉上宝座”,“让金钱成为世界的统治者”,使“现金交易成为人们之间的惟一纽带”,“它把人的尊严变成了交换价值”,是应该批判的。总之,应当用发展的观点来看待不同权利的发展,不同社会的权利实践都会受到相应的政治、经济、文化、社会、传统等各种条件的制约,因而呈现出不同的特征。

从唯物辩证的思想方法来看,权利与义务相统一。马克思说:“一个人有责任不仅为自己本人,而且为每一个履行自己义务的人要求人权和公民权。没有无义务的权利,也没有无权利的义务。”③在他看来,权利与义务的关系是相互依存,互为条件的。在许多方面,权利的实现是以义务的履行为条件的。马克思对资本主义制度下权利与义务的分离状

---

① 《马克思恩格斯选集》(第3卷),人民出版社1995年版,第12页。
② 《马克思恩格斯选集》(第1卷),人民出版社2012年版,第274页。
③ 《马克思恩格斯全集》(第16卷),人民出版社1979年版,第16页。

况予以了揭露，他批评资产阶级几乎把一切权利赋予一个自己，而把几乎一切义务推给了无产阶级。

人民群众的观点是唯物史观中的重要原理。人民群众不仅是社会物质财富和精神财富的创造者，而且是社会变革的重要力量。马克思始终强调无产阶级政党的一切理论和奋斗都应致力于实现以劳动人民为主体的最广大人民的根本利益，可以说这是马克思主义权利观最鲜明的政治要求。

（二）作为内容与价值的马克思主义权利观

马克思主义是博大精深的思想体系，其中关于权利的观点、思想和论述构成马克思主义权利观。

1. 马克思权利思想的提出及对资本主义权利的批判

对于资产阶级权利观，马克思经过了一个对其继承、批判与超越的过程。① 早在《莱茵报》时期，马克思就对人权问题加以了关注。那时，他不过是一个刚刚走上批判道路的青年，其政治立场还属于带有自由主义色彩的革命民主主义。受近代启蒙学者的政治哲学，尤其是“自然法”理论的影响，青年马克思人权思想的基本倾向是对这些前辈关于人权的理论成果的接受、解释和继承。进入《德法年鉴》时期，随着思维方法上的重大变化，马克思逐步跳出黑格尔客观唯心主义的圈子并转向唯物辩证法和唯物史观，告别了近代启蒙思想家那种以“自然法”来解释人权的思维方式，强调应该更多地从社会方面去研究权利问题，更多地从社会关系的角度考察人权问题。

马克思权利思想的阐发，是从异化的角度对资本主义权利进行深刻剖析而展开的。异化便是异己化，“是指主体在发展过程中由于自己的活动而产生出自己的对立面，然后这个对立面又作为一种外在的、异己

① 钟枢：《马克思科学人权观的创建历程》，载《理论探索》2006年第4期。

的力量而转过来反对主体本身”。[①] 马克思认为异化主要表现在以下几个方面：一是劳动者与其生产的劳动产品相异化；二是劳动者与其劳动本身相异化；三是由于劳动者与其劳动本身的异化，使人失去了应有的尊严与价值，这就造成了人与其类本质的异化；四是人与人相异化。人的异化体现在权利上具体表现为自由权的异化、平等权的异化和劳动权的异化等诸多方面。

第一，自由权的异化。马克思认为，自由具有根本性或本体性的价值与意义，但人的自由不是天然的存在。马克思认为：“必然是历史发展的产物。最初的、从动物界分离出来的人，在一切本质方面是和动物本身一样不自由的。但是文化上的每一进步，都是迈向自由的一步。”[②]人的自由权必然需要存在于社会之中才能够实现，是一种社会性的存在，随着人类社会不断进步而逐渐推进。早期人类，生产力水平低，与人的自由全面发展相距甚远，谈不上自由权问题。到了资本主义时期，人开始有了自己的自由活动，自由权开始出现，但是人类的实践能力、劳动分工的性质与程度影响了人的自由权的发挥。人希望能够自由地从事自身的职业，但是受制于各种社会关系而使其思想与行为不能自我决定、自我选择，很多时候无法实现自由权，自由权成为一种异化的存在。出现这种状况的主要原因在于劳动的异化，因为人的劳动本身是一种自由和自觉的行为，这是劳动的本质，但是由于“异化劳动把自我活动、自由活动贬低为手段，也就把人的类生活变成维持人的肉体生存的手段”，[③]也就是说工人本来能够自觉地进行生产，现在却被私有制异化了，只能够被动地去从事劳动，私有制造成了异化的人的存在，没有意识到劳动是实现自己自由权利的方式。资产阶级虽宣扬自由权，但是却流于一种口号存在，是建立在被剥削阶级不自由的基础之上的。

---

① 《马克思恩格斯全集》（第1卷），人民出版社1960年版，第241页。

② 《马克思恩格斯选集》（第3卷），人民出版社1995年版，第456页。

③ 《马克思恩格斯全集》（第42卷），人民出版社1979年版，第167～168页。

与自由权异化紧密相关的是交往异化。马克思认为,人处于一定的现实的社会关系中,作为具有能动性的人,必然要发生各种交往。按照正常的社会发展来说,个人都是平等的存在,彼此之间的交往都是处于一种自由的状态,没有很多的束缚,但是在资本主义制度中,人们向往的自由、亲切的交往方式已经不复存在,人的交往关系反而反过来成为支配、决定人们交往活动的力量,人们在社会中受制于各种阶级、群类、职业等束缚,甚至为了获得更多的利益彼此之间尔虞吾诈,使自由的交往活动成为被迫的、虚伪的、扭曲的交往。

第二,平等权的异化。至于平等权,马克思首先肯定了资本主义的交换平等所带来的进步意义,认为资产阶级社会按劳动力和资本运营的分配方式朝着平等的概念前进了一步,但是同时又指出资本主义权利平等却是无法实现的,其以法律上的平等掩盖了社会不平等。马克思在论述平等权的时候是从经济层面的平等阐发的,马克思认为经济领域中的平等分配权要求人们参与社会生活必须是均等的,这种平等不是强调智力、能力、出身的平等,而是强调不可被剥夺的机会平等,所以马克思也认为“商品是天生的平等派”。建立在这个要素之上的资本主义社会的主体关系呈现了浓厚的平等色彩,呈现出物与物的等价关系,而且使人与人关系的平等体现在商品的对等交换上。但资本主义社会中分配的不均衍生出异化。马克思认为,经济平等领域中分配问题最浅显的表现是对于产品的分配,但是有效的分配必须是以机会均等作为前提条件的。资本主义社会中主要的社会关系表现为雇佣劳动关系,这种关系决定了生产资料占有的不均衡、不平等,劳动者不可能在劳动面前实现平等。劳动者只能够出卖自己的廉价劳动力,无论是工人的劳动能力还是其生产的产品等,都是一种异己的存在。在这种异化的背景下,资本主义坚持的平等仅仅关注的是将劳动力作为商品买卖的一种交换价值的平等,无论再怎么强调平等其实都无法掩盖事实上的不平等,所以这种异化的状态是资本主义制度下经济生活不可能实现平等的根源。“他们作为商品所有者是有平等权利的，他们根据对他们所有人来说都平等的(至少在当地是平等的)权利进行交换……但是，在经济关系要求自由和平等权利的地方，政治制度却每一步都以行会束缚和各种特权同它对抗……无论在哪里，道路都不是自由通行的，对资产阶级竞争者来说机会都不是平等的——而自由通行和机会平等是首要的和愈益迫切的要求。"①所以无论怎么强调平等，因为异化的存在都会使平等得不到具体的落实，平等权的异化成为一种客观存在。

第三，劳动权的异化。马克思认为，人生活在世界上最需要的便是满足各种的衣、食、住、行的需求，而劳动是满足这些需要的基础，也是权利的体现。劳动者要想实现自身的劳动权就必须积极地与生产资料完全结合，以此来获得生存和发展的最基本物质保证，继而维持生命继续发展。劳动权主要是指自由择业权、劳动条件保障权和劳动报酬权等几个主要的方面，但是这几个方面在资本主义社会中都得不到有效的保障。因为异化使得生产资料被一部分人占有，工人的择业只能屈从于资本家的职业安排，没有真正意义上的自由择业权。此外，很多资本家为了最大限度榨取剩余价值，往往会想尽一切办法来减少成本，其中对劳动条件保障的降低便是重要的内容，很多劳动者在低劣的劳动环境中从事高强度的劳动，劳动条件保障权难以得到应有保障。最后，工人阶级的劳动报酬权也得不到公正对待，虽然劳动者也获得了一定的报酬，但是这个报酬仅仅是自己劳动力的生产价格，而不是劳动产品价值的真正体现。"劳动为富人生产了奇迹般的东西，但是为工人生产了赤贫。劳动生产了宫殿，但是给个人生产了棚舍。劳动生产了美，但是使工人变成畸形。劳动用机器代替了手工劳动，但是使一部分工人回到野蛮的劳动，并使另一部分工人变成机器。劳动生产了智慧，但是给工人生产了

① 《马克思恩格斯选集》(第3卷)，人民出版社1995年版，第448页。

愚钝和痴呆。”①

2. 马克思权利观的主要内容

“马克思认为，‘人’权不是一个没有规定性的空容器，不是非存在以及非现实的，而是有具体内容的。”②马克思权利思想主要体现在生存权、发展权、平等权和自由权等权利上，其中生存权是为了保证人作为一个生命而存在，发展权是为了实现人的全面发展，平等权是为了使社会成员都能同等地享受社会利益，自由权则是为了保证人能够真正成为本我的个体，四者统一于人的发展中。

第一，生存权。在马克思看来，生存权是人类存在和发展的基本前提，也是一切历史形成的必要条件。生存权是所有权利的基础，只有其得到有效的保障才可能有效地行使其他人权。生存权或者生命权是所有人权学者都关注的基本问题。较早的自然人权论者洛克就对这个问题进行了关注，指出人的生存权是最为基础的人权；在后来的霍布斯看来，无论是自然人权还是非自然的人权都是以生存权为基础派生出来的，一个人可以出卖自己的任何权利，但是都是以生存权为基础的。因此，我们也可以认为生存权是资产阶级人权体系的一个基本范畴。虽然马克思对于资产阶级的人权学说进行了批判，但是在生存权这个基本范畴上还给予了批判继承。马克思最早对生存权予以关注，体现在早期的著作《关于林木盗窃法的辩论》中，当时普鲁士莱茵省议会将一群因为贫困而砍伐森林的行为视为盗窃，并准备通过法律的方式加以惩戒。马克思认为，莱茵省议会无视了这些无产者的生存状况，甚至要对贫苦农民最低限度的利益进行剥夺。从这里可以看出，马克思非常鲜明地站在了无产者这一边，对于省议会这种试图通过立法来严厉处罚这种“盗窃”行为是鄙视的，他认为底层无产者为了自己的生存所做出的行为都是有根

① 《马克思恩格斯选集》(第1卷)，人民出版社2004年版，第43页。

② ［美］科斯塔斯·杜兹纳：《人权的终结》，郭春发译，江苏人民出版社2002年版，第107页。

源的。“一个除自己的劳动力以外没有任何其他财产的人,在任何社会的和文化的状态中,都不得不为另一些已经成了劳动的物质条件的所有者的人做奴隶。他只有得到他们的允许才能劳动,因而只有得到他们的允许才能生存。”①

无论什么人都必须先解决生存问题才能够继续从事其他政治、经济、文化活动,这也是生产的直接原因。马克思在其著名的《德意志意识形态》中也就这个问题展开过自己的讨论,“我们首先应该确立一切人类生存的第一个前提,也就是一切历史的第一个前提,这个前提就是:人们为了能‘创造历史’,必须能够生活,但是为了生活,首先就需要衣、食、住以及其他东西”。② 正所谓“皮之不存,毛将焉附”,马克思看到了在资本主义制度之下无产阶级的无权状态,无产者处于社会的底层,连基本的生存权都得不到有效的保障,只有通过出卖自己的劳动才能够维护自己的生存。马克思认为只有通过无产者的联合,消灭资本主义私有制,才能够真正实现无产阶级生存权的保障,这是马克思人类解放视域中的人权观的一个基本判断。

第二,发展权。如果说人的生存是第一位,是人的需要得到合法性的确认,那么发展权则是人的需要的延伸,是自身能够自由自觉地进行创造活动的重要保障。马克思虽然没有明确提出这个概念,但是他的“人的全面发展”“每个人的自由而全面的发展”等判断为发展权概念提供了基础性要素。马克思指出人的发展主要是能力的提升和发挥,是创造和自我实现,“任何人的职责、使命、任务就是全面地发展自己的一切能力”。③ 人的发展的最终目的是超越分工限制,呈现自由自主的根本特征。

马克思认为,人的发展不是抽象的个人的孤立问题,而是“每一个

---

① 《马克思恩格斯文集》(第 3 卷),人民出版社 2009 年版,第 428 页。
② 《马克思恩格斯文集》(第 1 卷),人民出版社 2009 年版,第 531 页。
③ 《马克思恩格斯选集》(第 3 卷),人民出版社 1995 年版,第 330 页。

人”也就是社会人的发展问题,从这个意义上凸显了马克思理论的普适性同时,他也反对旧哲学把人理解为纯粹自然的人、生物的人。人不仅仅是一种自然存在,同时也是一种社会存在物。人的发展要从一定的社会关系出发,人脱离社会关系而单纯发展是不可能的。人们在社会关系中的交往,人与人之间的关系融合、集结,联合起来,从而达到对整个社会关系的占有和控制。

马克思讨论人的全面发展,是指人的各方面的素质和潜能、社会交往关系、人的劳动能力、人的需要都能得到发展,而不是仅仅某一方面的发展。马克思认为,工业对人造成了异化,“工场手工业把工人变成畸形物,它压抑了工人的多种多样的生产志趣和生产才能,人为地培植工人片面的技巧……个体本身也被分割开来,成为某种局部劳动的自动的工具”。[①] 这种背景下压抑了人的个性,消磨了人的需要。一个人的需要是人全面发展的内在条件,而私有制使人的自由全面发展成为不可能;只有私有制,才是符合人性的发展,才能获得自由的全面的发展。

所以从总体上看,马克思非常重视人的发展问题,发展权是马克思人类解放视域中的人权观的另一个十分重要的方面,也是体现“人的自由而全面的发展”的学说的旨归。

第三,平等权。马克思对平等的追求最为强烈,是因为马克思看到了不平等的社会根源。他对资本主义经济关系中平等权进行了研究,提出了无产阶级的平等观,这在历史上是第一次。马克思认为平等权是人在实践领域中对自身的意识,也就是人意识到别人是和自己平等的人,人把别人当作和自己平等的人来对待。马克思最早在自己的博士论文《德谟克利特的自然哲学和伊壁鸠鲁的自然哲学之区别》中,就指出人是自由平等的,人人拥有神性般的自我意识,这是社会正义的基础。从《黑格尔法哲学批判》到《德意志意识形态》,标志着马克思认识上的重大变

① 《马克思恩格斯选集》(第3卷),人民出版社1995年版,第514页。

化,在此基础上他对公平问题进行了重新思考,他从人们直接生活的物质生产出发对现实的生产过程进行仔细考察,对社会生产和私有制的起源问题进行了分析,并找到了人类社会不平等的根源,认为合理的社会应该是“按需分配”。

马克思认为,平等并不是附着在单个人身上的所固有的抽象物,而是基于具体的社会关系中的现实性之上的。人类经济上的不平等是从剩余产品的出现开始的,在资本主义社会之中,交换的形式发生了变化,劳动者通过出卖自己的劳动力来换取生活资料。在资本主义社会中土地、财产、自然资源的占有者——资本家最有发言权,要想解决平等问题,不能只是从分配入手。另外,在资本主义社会之中劳动已经发生了异化,并且因为这种异化而导致了资本主义社会陷入了不平等之中。劳动者因为异化而永远走在达不到富裕的道路上,劳动越多,会越穷。而且长久的劳动,机械的劳动并不会带来幸福感,劳动者成为他人的奴隶,并没有自我满足感,每个人生产的过程中都与其本质相异化的。这一异化真相在貌似平等的交换和流通之中,在法制和契约基础之上很容易被掩盖。在资本主义社会中,平等权仅仅是在资产阶级法典上的平等,他们强调的平等只是形式上的平等,阶级之间的差别、不平等却被掩盖了。

马克思认为,需要学会从历史的角度来看待政治平等,如资本主义赋予的“法律面前人人平等”,对人的自由和民主等权利都有详细的规定,相对于封建统治来讲体现出了更多的平等权,但是这些更多的是形式上的平等,是一种虚伪的权利观。马克思的平等权思想主要讨论的问题是建立一个人人平等的共产主义社会,实现人类的解放。马克思认为,资产阶级通过革命占据了国家的统治权之后,其政权是由少数人的代理者所占据的,是通过法律和国家机器加以合法化的,马克思认为这种少数人对大多数人的统治其实就是一种政治上的不平等。而阶级不平等问题的解决只能通过变革来解决,工人阶级的斗争是当时社会中前所未有的,是占绝大多数的无产阶级为获得政治统治权力而进行的革命斗争。

第四,自由权。许多人认为马克思是不讲自由的,为了强调阶级斗争而忽视了自由的人权价值。比如,为了革命,个人必须压抑自己的本性,服从某些集体主义的价值准则,服从于理性的制度设计,没有为自由留下空间。虽然马克思将人的本质归结为社会关系的总和,但是对于自由之于人权的价值,马克思一样是重视的,其在许多场合中都提出了自由的重要性,如“自由人的联合体”以及“每个人的自由而全面的发展”。

自由是马克思权利观的核心范畴,马克思曾指出:“自由就是从事一切对别人没有害处的活动的权利。每个人所能进行的对别人没有害处的活动的界限是法律规定的,正像地界是由界标确定的一样。”①马克思认为自由主要包含着三个维度的内涵:首先,自由是精神的自由,自由精神是人的最高利益,是最富有个性的东西,自由精神是社会实践的最大动因;其次,人的实践需要自由,人的自由的生命活动和生产活动是人的类存在、类本质和类特性,唯其如此才能够导致人的全面发展;最后,人的全面发展的实质性内涵是自由和个性,自由个性是人的全面发展的必然结果。在《1844年经济学和哲学手稿》中,马克思就指出人的本质是一种“自由自觉的活动”,自由是所有作为主体的人的类特性,如果人丧失了自由就意味着成为牢笼中的动物,就是奴隶,就不能称得上是完整的人。

马克思认为,自由是人类的本质,但是在阶级社会中自由权是受制于当时的社会环境的,虽然有时候能够体现为普遍权利,但更多时候它只是一种特权,作为无产者是享受不到的。针对言论和新闻出版的自由权,资产阶级往往会进行很多限制,马克思曾对此发出斥责:“政治自由、集会结社的权利和新闻出版自由是我们的武器,如果有人想从我们手里夺走这些武器,难道我们能够置之不理和放弃政治吗?”②

① 《马克思恩格斯文集》(第3卷),人民出版社2009年版,第19页。
② 《马克思恩格斯文集》(第1卷),人民出版社2009年版,第225页。

3.马克思主义权利观的科学价值

马克思主义权利观所阐释的科学立场、观点和方法为中国基本权利构建提供了理论支撑,马克思主义权利观的丰富内涵对中国基本权利的实现具有重要启发意义。

首先,马克思主义权利观有利于形成关于权利的正确认识。马克思主义权利观给我们最大的启示是,权利的生成与发展是一个历史的过程,具有普遍性与特殊性。从普遍性上讲,权利作为一种基本的价值和目标适用于一切个人,是人类的普遍追求,反映了人类的共同理想。其特殊性,表现为权利在不同的社会发展阶段有不同的表现形式和实现方式,基本权利的实现过程具有社会性、历史性。所以,既要汲取以往社会中基本权利发展的经验与优势,也要批判存在的不足。同时紧密结合现有社会条件,既要牢固树立基本权利观念,也要积极构建起完善的具有本国特色的基本权利体系,创造政治、经济、文化、社会等诸方面条件,推动基本权利丰富与发展,厚植基本权利发展优势。

其次,马克思主义权利观有利于明确权利的实现路径。现实的社会生活在本质上是实践的,权利的发展离不开生产实践。要真正地、普遍地、彻底地实现基本权利,就必须以高度发达的社会生产力为保障。在人类社会中,私有制的出现导致了人的劳动的异化,同时也使得人在向人的本质复归中出现了诸多的障碍。在资本主义社会阶段,人类总体的生存处境得到了明显的改变,但是没有实现普遍的权利,这也是受制于物质生产条件还不充分造成的。到了社会生产力高度发达的时候,人们的物质需求得到充分满足,所有人不会去单纯地追求私利,各项权利方能得到充分保障。

最后,马克思主义权利理论为人权领域国际交流提供借鉴。人权问题是国际社会普遍关注的重大问题,一些发达国家鼓吹人权的普遍性,否定人权的特殊性,以其标准作为世界各国必须遵循的统一标准。我们要从权利是“现实的社会的人”的权利出发,反对那种脱离实际的抽象思辨,将人放在历史的过程中加以衡量。结合"权利永远不能超出社会的经济结构以及由经济结构所制约的社会的文化发展"系统阐明应以历史的眼光、发展的观点来看待人权的科学性。同时,积极揭示资产阶级人权"是作为孤立的、封闭在自身的单子里的那种人的自由","脱离了人的本质和共同体的利己主义的人的权利"。①

(三)马克思主义权利观的中国化及其当代意义

"尊重和保障人权是当代世界政治发展的主题,也是社会主义民主政治建设的应有之义。"②从救亡图存到谋求发展,享有基本权利从来就是中国人民的奋斗目标。从革命先贤到党的历届领导人,都对中国基本权利事业进行了不懈探索。中国在基本权利发展道路上取得了巨大进步。

在革命、建设、改革各个历史时期,中国共产党坚持马克思主义权利观同中国具体实际相结合,持续推进马克思主义权利观的中国化。俄国十月革命之后,毛泽东于1922年在为纪念"五一"劳动节发表的文章中,为劳工呼吁生存权、劳动权和劳动报酬权。抗战时期,毛泽东主张:"人民的言论、出版、集会、结社、思想、信仰和身体这几项自由,是最重要的自由。"③这主张都是对基本权利的一种普遍性表达。1954年通过的《宪法》明确规定了公民的自由权利、政治权利和社会经济文化权利。遗憾的是在"文化大革命"时期,基本权利建设受到破坏。改革开放以来,几代党的领导人都十分重视公民的基本权利。邓小平强调:"要使我们的宪法更加完备、周密、准确。能够切实保证人民真正享有管理国家各级组织和各项企业事业的权力,享有充分的公民权利。"④江泽民指出:"实

① 《马克思恩格斯选集》(第1卷),人民出版社2012年版,第437页。

② 洪必纲、肖北庚:《论我国财产权宪法保护的完善及其对人权享有的影响——从宪法修改看人权进步》,载《湖南大学学报》(社会科学版)2005年第1期。

③ 《毛泽东选集》(第3卷),人民出版社1991年版,第1070页。

④ 《邓小平文选》(第2卷),人民出版社1993年版,第339页。

践证明,中国共产党和中国政府,是中国人民基本权利最坚决、最忠诚的维护者。我们根据自己国情确定的发展人权事业的方针,是完全正确的。我国是世界上人口最多的发展中国家。这就决定了,实行和保障广大人民群众的生存权和发展权,是我们维护人权最基础、最首要的工作。不首先解决温饱问题,其他一切权利都难以实现。”①胡锦涛将人民的利益放在首位,坚持权为民所用,情为民所系,利为民所谋:“建设中国特色社会主义的根本目的是不断实现好、维护好、发展好最广大人民的根本利益,党的理论、路线、纲领、方针、政策和工作必须符合最广大人民的根本利益为最高衡量标准。”②党的十八大以来,习近平坚持以人民为中心的鲜明情怀导向,强调“人民对美好生活的向往,就是我们的奋斗目标”,“中国人民正在为实现中华民族伟大复兴的中国梦而奋斗,这将在更高水平上保障中国人民的人权,促进人的全面发展”。

在基本权利制度保障上,从1954年通过的《宪法》,到《中国的人权状况》白皮书,再到2004年《宪法修正案》明确规定“国家尊重和保障人权”,一直到2018年《宪法修正案》,中国基本权利体系不断完善。习近平在首都各界纪念现行《宪法》公布施行30周年大会上的讲话中强调,“公民的基本权利和义务是宪法的核心内容,宪法是每个公民享有权利、履行义务的根本保证”,“保证宪法实施,就是保证人民根本利益的实现”。中国政府积极兑现保障人权的庄严承诺,公民权利和政治权利得到切实保障,人人平等原则得到切实贯彻,人权教育研究水平显著提升,中国的人权理念、政策和成就更受尊重。③

在致“2015·北京人权论坛”贺信中,习近平对中国基本权利的成功

---

① 江泽民:《全党全社会进一步动员起来,夺取八七扶贫攻坚战阶段的胜利——在中央扶贫开发工作会议上的讲话》,载《人民日报》1999年7月21日,第1版。

② 胡锦涛:《在“三个代表”重要思想理论研讨会上的讲话》,载《十六大以来重要文献选编》(上),中央文献出版社2005年版,第364页。

③ 彭波:《中国全面推进人权事业发展》,载《人民日报》(海外版)2016年6月15日,第1版。

实践进行了科学总结："长期以来，中国坚持把人权的普遍性原则同中国实际相结合，不断推动经济社会发展，增进人民福祉，促进社会公平正义，加强人权法治保障，努力促进经济、社会、文化权利和公民、政治权利全面协调发展，显著提高了人民生存权、发展权的保障水平，走出了一条适合中国国情的人权发展道路。"①

在中国走向世界舞台中央的新时代里，中国公民基本权利的成功实践正以不同于传统和西方的方式逐渐展示出其独特的理论自信、道路自信、制度自信、文化自信，为世界上那些既希望加快推进基本权利建设又希望保持自身独立性的国家和民族提供全新选择，在基本权利理论与实践上贡献了中国智慧和中国方案。

---

①　习近平：《习近平致"2015·北京人权论坛"的贺信》，载《人民日报》2015年9月17日，第1版。

第四章　当代中国基本权利保护的动力机制

改革开放为当代中国的基本权利保护提供了三重内生性动力。首先,改革的实质是政治、经济、社会的根本转型,也包括执政党由革命型政党向建设型政党的转型,其中必然涉及执政党执政合法性基础或资源的转型。改革开放之后的很长一段时间内,中国共产党将执政合法性资源的重点放在经济绩效上,并取得了巨大成功。不过,随着改革不断走向深入,单靠经济绩效已经不足以为执政党提供充足的合法性资源,面对经济增速放缓的新常态和新时代人民日益增长的美好生活需要与不平衡不充分的发展之间的矛盾,执政党迫切需要开拓新的合法性资源。保障基本权利恰好可以为执政合法性资源提供了新的增长极。其次,改革的重心是经济体制改革,具体目标是建立社会主义市场经济制度。而“现代市场经济实质上就是权利经济,权利是促进经济发展的重要生产资料”。① 因此，经济的市场化必须要以基本权利保护为前提和基础，通过尊重和保障基本权利才能促进市场经济的发展。最后，伴随政治和经济体制改革实践的深化，使公民逐步从国家中“脱嵌”出来，公民主体性和权利意识得到不断增强，加之互联网技术蓬勃发展带来的网络公共空间的不断拓展，共同促成了当代中国权利文化的发展，也为当代中国基本权利的保护实践提供了坚实的社会和群众基础。

一、当代中国基本权利保护的内生性动力

（一）基本权利保护作为新的执政合法性资源增长极

1. 传统执政合法性的资源危机

合法性（legitimacy），是指“政治系统使人们产生和坚持现存政治制度是社会的最适宜制度之信仰的能力”。② 从动态的角度来看，“合法性是对被统治者和统治者关系的评价，它是政治权力和其遵从者证明自身合法性的过程”。③ 这就说明，一个国家或政权的合法性并不是与生俱来的，而是需要国家自我证明的。国家证明自身合法性的过程，也就是其实现合法化的过程。在这个过程中，国家需要调动一切有形的物质利益或无形的价值符号，来证明其执政的合法性。这些物质利益或价值符号就构成了合法性资源。

毋庸置疑，中国改革开放以来取得的经济成就，为中国共产党积累了雄厚的合法性资源。但是，如果将执政的合法性资源全部寄托于经济增长之上，这样的做法是不能持久的。一旦经济增速放缓或下行，执政合法性资源将随之受到严重侵蚀。此外，单纯依赖经济增长并不能解决

---

① 龚向和：《论社会权的经济发展价值》，载《中国法学》2013 年第 5 期。

② ［美］S. M. 李普塞特：《政治人——政治的社会基础》，张绍宗译，上海人民出版社 1997 年版，第 55 页。

③ ［法］让－马克·夸克：《合法性与政治》，佟心平、王远飞译，中央编译出版社 2002 年版，第 1 页。

所有的社会问题,甚至有的时候经济增长本身也是社会问题的产生根源。2008 年全球金融危机以来,世界经济增速明显放缓,很多国家甚至出现了经济停滞和倒退。中国虽然是世界经济增长的主要驱动力量,但不可否认的是,中国经济的增长速度也正在从高速增长向中高速增长转变。此外,在改革开放初期,经济增长的“下溢效益”(trickling down effect)还比较明显,人们能够普遍地从经济增长中获益。但是随着市场经济的逐步确立和不断完善,区域之间、群体之间的收入差距越来越大,经济增长给人们带来的获得感也越来越不明显,这些均构成对执政合法性的重大挑战。鉴于此,党的十九大报告中才提出了“中国特色社会主义进入新时代,我国社会主要矛盾已经转化为人民日益增长的美好生活需要和不平衡不充分的发展之间的矛盾”的重要论断。

2. 保障基本权利作为执政合法性资源的新的增长极

中国共产党作为具有高度回应性、适应能力、学习能力的执政党,敏锐地捕捉到了当前面临的执政合法性困局,并且迅速做出了反应。2002 年 11 月党的十四大报告提出,要“努力提高党的执政水平和领导水平”。2004 年 3 月“国家尊重和保障人权”正式载入宪法。同年 9 月,党的十六届四中全会通过了《中共中央关于加强党的执政能力建设的决定》,其中再次提到“尊重和保障人权,保证人民依法享有广泛的权利和自由”。2007 年中国共产党将“尊重和保障人权,依法保证全体社会成员平等参与、平等发展的权利”写入党章。2012 年党的十八大将“人权得到切实尊重和保障”纳入全面建成小康社会的奋斗目标之中。2017 年党的十九大报告中再一次强调,“维护国家法制统一、尊严、权威,加强人权法治保障,保证人民依法享有广泛权利和自由”,人权在国家发展战略和法律体系中的重要地位不断提升。“现在,从中国特色社会主义道路、中国特色社会主义理论体系和中国特色社会主义制度的各方面各环节都能找到保障人权、促进人权、发展人权的战略部署、理论表述和制度安排,争取和保障人权已经成为中国共产党治国安邦、执政为民的自觉意志与不懈行动。"[①]这也就意味着,执政党已经开始将保障基本权利作为其新的执政合法性资源。而事实上,对人民基本权利的充分尊重和保障不仅能够帮助执政党走出其所面临的执政合法性困局,还具有重要的执政合法性资源的自我生产功能,从而能够在总体上推动整个国家治理体系和治理能力的现代化。也正是基于此,本书将其称为合法性资源的新的增长极(growth pole)。[②]

首先,尊重和保障基本权利有助于提升国家的合法性和权威性。"通过人权的治理来建构国家合法性,其精巧之处在于,人权既是对国家权力的外在约束,也是对国家建设的内在参与;人权既是对国家强制性滥用的有力制约,也是对国家强制性的正当性论证。"[③]一方面,人权有助于巩固和充实人民主权的国家治理原则。人民作为主权者需要参与到国家主权的建构和巩固中来,而公民权利和政治权利则恰好为人民提供了"进入"和"参与"国家主权建构的渠道。但同时,在代议制民主体制下,作为主权者的人民不可能在常态政治中随时"出场"和"现身",这势必会导致主权与治权在某种程度上的分离。因此,人民需要通过基本权利的制度设计来抵御国家的非法。另一方面,基本权利还有助于提升国家的正当强制能力。国家对基本权利的尊重和保障的程度越高,人民对国家的归属感就越强,对国家的信任度也就越高,国家动用强制权力所可能遭遇到的质疑和反抗也就越少。

其次,尊重和保障基本权利有助于促进经济的公平发展,将基本权利充分考虑在内的可持续发展和包容性增长模式,将有助于克服发展的

---

① 薛进文:《关于中国特色人权发展道路的几个问题》,载《南开学报》(哲学社会科学版)2014年第5期。

② 在法国经济学家弗郎索瓦·佩鲁看来,增长极是围绕推进性的主导工业部门而组织的有活力的高度联合的一组产业,它不仅能迅速增长,而且能通过乘数效应推动其他部门的增长。同样地,人权作为新的合法性资源不仅能够有效地促进国家对人权的尊重和保障,还可以帮助培育和巩固其他合法性资源。

③ 叶传星:《论人权的国家治理功能》,载《人权》2015年第3期。

不平衡不充分问题。其一,实现包容性发展要求市场主体具有最大可能的机会、权利和规则公平,这与基本权利的普遍性特征相契合。其二,对公民权利和政治权利的尊重和保障可以为经济发展提供更为人道、公平的社会环境,帮助激发国民的创造力。权利是可以转化成生产力的,诸如思想良心自由、人身自由、言论自由、迁徙和居住自由以及政治参与权等自由权,"对于塑造国民的尊严感、扩展国民的自由空间,都具有直接的意义。而这种自由的扩展,既有利于个人参与更为广阔的社会交往,也有利于国民参与公共过程以影响有关发展的决策及其后果"。① 其三,对经济社会权利的尊重和保障也可以促进经济的包容性发展以及改革发展成果的公平分享,从而为国家的长远发展与和谐稳定提供重要的制度性保障。一方面,经济社会权利作为经济发展的构成要素和内生变量,可以大大提高经济效率;而另一方面,对经济社会权利的尊重和保障可以为经济发展提供公平有序的制度环境以及和谐稳定的精神环境,确保经济的公平发展。②

最后,尊重和保障基本权利有助于推动政治民主化的进程。公民政治权利从法定权利向实有权利的迈进,从国家的角度来说,需要政府对公民政治权利的尊重保障以及对自身权力滥用倾向的克制约束;从个人的角度来说,需要公民在政治上尽快成熟起来、实现"民主胜任"(democratic competence)。③ 借用民法上关于民事主体权利能力和行为能力的划分,就是要求公民具备完全的政治行为能力。培养具有完全政

① 叶传星:《论人权的国家治理功能》,载《人权》2015 年第 3 期。

② 龚向和:《论社会权的经济发展价值》,载《中国法学》2013 年第 5 期。

③ "民主胜任"是美国宪法学家罗伯特·波斯特提出的一个概念,它强调的是参与公共对话中个人认知能力的增强要部分依靠他们对学科知识的获取。公民个体只有接受专业知识提供的事实真相,才能"胜任"政治意见的对话。事实上,在本书看来,"民主胜任"的实现不仅需要专业知识的获得,还需要政治实践的历练。参见[美]罗伯特·波斯特:《民主、专业知识与学术自由——现代国家的第一修正案理论》,左亦鲁译,中国政法大学出版社 2014 年版。

治行为能力的、胜任民主的现代公民，不仅需要对其进行理论和观念上的公民教育，这主要是在学校和课堂上完成的；更需要让其接受民主实践的锻炼和洗礼。而公民接受政治训练的最佳场合，无疑是在其本乡本土的地方性民主政治过程之中。事实上，考诸当今世界上各稳定、成熟的民主政体，几乎都能发现其地方自治的历史传统。在托克维尔笔下，北美大陆上新英格兰地区的乡镇自由，“如同小学生的学习”，培养了公民的自由精神和民主意识，甚至“国家可以建立一个自由的政府，在没有乡镇组织的条件下，它就不会有自由精神”。① 由此可见，地方自治确实是政治民主的重要基石。中国也一直强调发挥中央和地方的两个积极性，不断向地方放权，推动地方自治和民主化进程。但是实践中却一直存在“一放就乱、一管就死”的困局，导致地方自治和政治民主化进程的迟缓。而这一问题的出现，其原因很大程度上是由于中央在向地方放权的同时未能配套地推进对公民政治权利的保障，导致权力下放至地方后因缺乏监管而被肆意滥用。因此，对公民政治权利的尊重和保障将有效推动地方自治，进而推进整个国家政治民主化的进程。

（二）市场经济发展与基本权利保护

中国的改革开放就对内方面来看，其重心是经济改革，其具体目标是建立社会主义市场经济制度。所谓经济制度是指“一国通过宪法和法律调整，以生产资料所有制形式为核心的各种基本经济关系的规则、原则和政策的总和”，②它主要包括经济体制、财产权制度以及分配制度三个方面的内容。③ 中国经济改革的目标是建设社会主义市场经济制度，也就是建立符合社会主义市场经济要求的经济体制、财产权制度和分配制度，而这三个方面的内容都离不开对公民基本权利的尊重和

① ［法］托克维尔：《论美国民主》，朱尾声译，中国社会科学出版社2007年版，第129页。

② 周叶中主编：《宪法》，高等教育出版社2005年版，第206页。

③ 桂宇石主编：《中国宪法经济制度》，武汉大学出版社2005年版，第21页。

保障。

1.社会主义市场经济体制与基本权利

党的十一届三中全会之后,中国开始进行渐进式的经济体制改革,逐步从计划经济体制向市场经济体制进行过渡,并终于在党的十四大上明确提出了"建立社会主义市场经济体制"的改革目标。在市场经济体制下,平等的经济主体按照市场发出的价格信号,依循利益最大化原则采取行动而实现的资源配置。因此,建立社会主义市场经济必须将个人重新解放出来,承认其权利主体的地位,充分尊重和保障其契约自由、迁徙自由、竞争自由等权利。

(1)契约自由。契约自由,亦即合同自由,是指当事人依法享有自愿订立、变更、解除合同和确定合同内容等权利。① 通观西方市场经济的形成发展历史,可以看出,西方市场经济的确立和发展就是一个"从身份到契约"的演变过程,甚至可以说"契约精神是市场经济法治的灵魂"。② 因此,西方各国普遍重视从法律的层面对契约自由加以尊重和保护。改革开放以前,中国实行的是计划经济体制,国家用经济计划来指导国民经济的发展,经济关系中并不存在自主性可言。相应地,法律也根本不承认契约自由,甚至将其视为资产阶级的民法理论加以批判。改革开放之后,中国先后颁布了《经济合同法》(1981 年)、《涉外经济合同法》(1985 年)、《民法通则》(1987 年)、《技术合同法》(1987 年),在强调合同的订立、履行、变更、解除要尊重国家计划和接受国家干预的前提下,有限度地承认了市场主体的契约自由。1999 年制定统一的《合同法》时,明确承认"当事人依法享有自愿订立合同的权利,任何单位和个人不得非法干预"。2009 年《民法通则》修改时,又将"经济合同违反国家指令性计划的"情形从无效民事行为中删除。2017 年新制定的《民法总

① 马俊驹等:《民法原论》,法律出版社 2007 年版,第 499 页。

② 梁捷:《契约精神是市场经济法治的灵魂——访中国人民大学商法研究所所长刘俊海教授》,载《光明日报》2014 年 11 月 5 日。

则》又再次强调,"依法成立的合同,对当事人具有法律约束力",肯定了当事人契约自由的法律效力。由此可见,随着社会主义市场经济体制的逐步建立,公民、法人、非法人组织等市场主体的契约自由也一步步得到确立和保障。

(2)迁徙自由。与契约自由一样,迁徙自由也是市场经济发展所必须具备的一项基本人权。通过自由迁徙不仅可以实现人力资源在不同地区、不同生产部门之间的自由流动和合理配置,还可以帮助农民摆脱土地的束缚,从同时经营农业和非农业的双重负担中解放出来,加快农村的现代化进程。改革开放以后,中国逐渐在东部沿海地区发展起一批劳动密集型企业,迫切需要将中西部农村地区的剩余劳动力转移至东部。因此,虽然1982年《宪法》中并没有恢复对公民迁徙自由的规定,但实际上公民已经享有很大程度的迁徙自由。而随着城镇化进程的不断加快,大批农村剩余劳动力参与到城市建设之中。根据国家统计局《2016年全国农民工监测调查报告》,2016年农民工总量达到28,171万人,比上年增加424万人,增长1.5%,增速比上年加快0.2个百分点。目前,国家也正在推进户籍制度改革,2014年国务院印发了《关于进一步推进户籍制度改革的意见》,对户口迁徙政策进行进一步调整,明确规定全面放开建制镇和小城市落户限制,有序中等城市落户限制,合理确定大城市落户条件,严格控制特大城市人口规模。其后,2016年国务院又分别颁布了《关于深入推进新型城镇化建设的若干意见》和《推动1亿非户籍人口在城市落户方案》,进一步放宽户籍政策,推进公民的自由流动,未来中国公民的迁徙自由权将得到进一步的尊重和发展。

(3)竞争自由。除了契约自由和迁徙自由,社会主义市场经济体制还必须保障市场主体享有充分的竞争自由。竞争自由意味着人员、资金、物资等生产性要素的自由流动,它要求国家不应对任何自由贸易设置不合理的限制,也不应允许存在地方保护主义、分割市场的行为。改革开放后,中国改变了计划经济体制下的高度集权的经济管理模式,中央开始逐步向地方放权,地方政府获得对本行政区域内行政和经济事务的相对的独立管理权。而由此引发的“县际竞争”,①也成为中国经济高速发展的重要源动力。不过,“县际竞争”也造成了地方保护主义的盛行,妨碍了市场主体的自由竞争。为了形成统一的社会主义市场经济秩序,保护市场主体的竞争自由,1993 年制定的《反不正当竞争法》第 7 条第 2 款专门规定,“政府及其所属部门不得滥用行政权力,限制外地商品进入本地市场,或者本地商品流向外地市场”。1999 年修宪时,又将“依法治国”原则和“不断完善社会主义的各项制度,发展社会主义市场经济”写入宪法,目的就是规范各级政府依法行使权力,杜绝地方保护主义。2008 年通过的《反垄断法》也对滥用行政权力排除、限制竞争的行为作出了专章规定。经过多年的努力,目前统一的社会主义市场秩序已经在全国范围内建立起来,市场主体的竞争自由也得到了充分的尊重和保障。

2. 社会主义财产权制度与基本权利

与经济体制一样,财产权制度也是市场经济制度的重要组成部分。从经济史的角度来看,财产权制度的确立可以说为西方市场经济制度的确立奠定了重要基础。② 此外,财产权制度在促进市场经济发展、保障市场经济顺利运行等方面也发挥着经济激励、资源配置、行为约束、经济预期等重要的作用和功能。③ 中华人民共和国成立后,我国选择了一条与市场经济迥然不同的经济建设道路——计划经济。在当时的政治经济

① “县际竞争”是著名经济学家张五常提出的一个概念,是指以县政府为主体,以县域为边界的县与县之间在经济建设上相互竞争的发展模式。在他看来,县际竞争是造就中国经济高速发展的重要原因。参见张五常:《中国的经济制度》,中信出版社 2012 年版,第 32 页以下。

② 参见赵文洪:《私人财产权利体系的发展——西方市场经济和资本主义的起源问题研究》,中国社会科学出版社 1998 年版,第 31 页。

③ 刘灿:《社会主义市场经济与财产权制度的构建》,载《福建论坛》(人文社会科学版)2004 年第 11 期。

背景下，计划经济制度的确帮助中国在短时间内顺利地实现了从落后农业国向工业国的转变。但是，计划经济下的公有制财产权制度或曰所有制结构也隐含了制约经济进一步发展的因素。正如经济学家周其仁所说，“当个人合法拥有生产性资源的权利被法律否定之后，个人不可能选择经济组织，也不可能承担相应的财务责任。在此条件下，公有制企业成为不能分解为任何具体个人的抽象，再也不能向组成的成员个人作进一步的追溯。在公有制企业庞大的体系里，实际上活动着的全部是形形色色的‘代理人’，而并没有可以追溯的最后委托人”。① 由此带来的后果，就是个人生产积极性受到打击，公有制资产则面临被代理人攫取的危险。因此，党的十一届三中全会后经济体制改革的一个重要内容，就是承认私人财产的合法性，以调动起人们生产的积极性。除此之外，当时中国已经决定对外开放、引进外资，因此承诺保护私有财产也有坚定外国投资者到中国投资的信心的考虑。当然，中国的改革很多时候都是渐进式的，带有典型的“延迟决断”的特点。对私人财产权制度从否定批判到正式肯定并给予法律上的保护，中间也经历了漫长的过程。这一点可以从历次宪法修改中窥探出端倪。我国现行《宪法》制定于 1982 年，素有“改革宪法”之称。在历次的《宪法》修改中，通过对关于所有制结构规定的不断修正，逐步承认了私人合法财产的宪法地位，其具体过程如表 3 ~ 表 5 所示。②

---

① 周其仁：《中国农村改革：国家和所有权关系的变化》，载《社会科学季刊》1994 年夏季卷。转引自刘灿：《社会主义市场经济与财产权制度的构建》，载《福建论坛》（人文社会科学版）2004 年第 11 期。

② 三个表格的绘制借鉴了林孝文：《论“八二宪法”30 年产权结构的变迁》，载《湖南大学学报》（社会科学版）2013 年第 6 期。

表3　土地产权宪法变迁路线

宪法类型	1982年《宪法》		1993年《宪法修正案》		1999年《宪法修正案》	
	集体	农民	集体	农民	集体	农民
所有权	√	—	√	—	√	—
经营权	√	不明确	尽量小	尽量大	尽量小	尽量大
承包权	—	不明确	—	√	—	√
流转权	—	—	—	—	√	√

表4　自然资源、城市土地、企业等产权宪法变迁路线

宪法类型	1982年《宪法》		1988年《宪法修正案》		1993年《宪法修正案》		1999年《宪法修正案》		2004年《宪法修正案》	
	公有制	非公有制	公有制	非公有制	公有制	非公有制	公有制	非公有制	公有制	非公有制
自然资源产权	所有权	用益权	所有权	用益权	所有权	用益权	所有权	用益权	所有权	用益权
城市土地产权	所有权	—	所有权	使用权	所有权	使用权	所有权	使用权	所有权	使用权获得补偿权
企业产权	合作经济国营企业集体企业	个体经济外资企业	合作经济国营经济集体企业	个体经济外资企业私营企业	合作经济国有企业集体企业	合作经济国营企业集体企业	合作经济国营企业集体企业	个体经济外资企业私营经济	合作经济国营企业集体企业	个体经济外资企业私营经济

表5　非公有制企业产权结构宪法变迁路线

宪法类型	1982年《宪法》	1988年《宪法修正案》	1999年《宪法修正案》	2004年《宪法修正案》
经济形式	个体经济	个体经济 私营经济	个体经济 私营经济 非公有制经济	个体经济 私营经济 非公有制经济

续表

宪法类型	1982年《宪法》	1988年《宪法修正案》	1999年《宪法修正案》	2004年《宪法修正案》
国家策略	管理、指导 帮助、监督	管理、指导 帮助、监督 保护、引导 监督、管理	保护、引导 监督、管理	保护、鼓励 支持、引导 监督、管理

3. 社会主义分配制度与人权

除了经济体制和财产权制度，分配制度也是市场经济制度的重要组成部分。事实上，只要人类整体上还生活在资源相对匮乏的情况下，分配就不仅仅是一个经济问题，它同时还是一个政治和社会问题。[①] 从这个意义上说，分配制度与公民的宪法和法律权利也是息息相关的。具体来说，在初次分配制度中除了涉及前面提到的财产权，还涉及营业自由、市场主体平等权等权利；而在再分配制度中则主要涉及区域发展权和公民的社会保障权。[②]

(1)初次分配中的基本权利问题。初次分配是“在生产活动中，把企业作为分配主体，将国民收入在国家、企业和个人之间进行的分配，生产要素提供与报酬支付之间的关系是最基本的初次分配关系”。[③] 初次分配首先必然与公民的财产权产生关联，而关于市场经济制度下的财产权制度变迁已经在前面有过专门论述，因而此处不再展开。除了财产权，初次分配中的营业自由问题也值得关注和思考。营业自由，就是指市场主体基于其平等的主体资格和地位，从事以营利为目的的营业活动的自

① 从某种意义上说，人类关于正义问题的讨论很大程度上是围绕分配为题展开的。比如，亚里士多德关于分配正义、矫正正义、交换正义的划分，以及罗尔斯提出的关于正义的两个原则等，都涉及资源的分配问题。

② 关于初次分配和再分配涉及的人权问题，本书主要参考李晓新：《中国经济制度变迁的宪法基础》，复旦大学2009年博士学位论文，第107～125页。

③ 徐清飞：《我国初次分配法律制度改革的顶层设计》，载《法商研究》2012年第5期。

由。营业自由是市场主体取得利益的前提条件，从这个意义上说，也是初次分配制度能否真正实现的基础。改革开放之前，公民的营业自由受到严格限制。改革开放以后，国家逐渐放松了对公民营业自由的限制，虽然现行《宪法》中尚未明确规定公民的营业自由，但是在《宪法》总纲部分则对营业自由有着较明确的规定。此外，通过对《宪法》第 13 条、第 42 条的体系解释，也可以推出公民的营业自由。①

除了营业自由，市场主体平等权也是初次分配中至关重要的一项公民权利。市场主体平等权是指“凡是参与市场体制中的企业或个人，其均享有主体地位平等的权利，均应受到宪法和法律的平等保护”。② 市场经济制度下的初次分配是以效率为原则的，而只有通过赋予公有制和非公有制经济以平等的市场主体地位，才能有效地克服非效率的状态。改革开放之后，随着分配制度的不断改革，市场主体的平等权也不断得到改善和提升。1982 年以来，历次《宪法》修改中非公有制经济宪法地位的逐渐提升就是一个很好的例证。在 1988 年修宪时，首次承认了私营经济的存在，但是强调其是“社会主义公有制经济的补充”，并要求国家对其进行“引导、监督和管理”。到 1999 年修宪时，则将非公有制经济的宪法地位提升为“社会主义市场经济的重要组成部分”。及至 2004 年修宪时，更是将国家对非公有制经济的态度改变为“鼓励、支持和引导”。作为对宪法规范的制定法落实，2007 年制定的《物权法》第 3 条更是明确规定，“保障一切市场主体的平等法律地位和发展权利”。至此，市场主体平等权正式获得了公法和私法上的双重保障。

（2）再分配中的基本权利问题。之所以要重视再分配问题，其原因主要在于，初次分配中对效率优先的强调很容易导致区域之间的发展不

---

①　徐信贵：《基本权利保障视域下的政府公共警告三阶审查模式》，载《重庆大学学报》（社会科学版）2015 年第 4 期。

②　李晓新：《中国经济制度变迁的宪法基础》，复旦大学 2009 年博士学位论文，第 114 页。

平衡和阶层之间收入差距过大等问题，使一国陷入上文中提到的“中等收入陷阱”，从而影响经济的长远发展。此外，重视再分配问题也是由我国社会主义国家性质所决定的，是实现社会主义市场经济条件下的共同富裕奋斗目标的必要手段。对此，邓小平曾指出，“社会主义的特点不是穷，而是富，但这种富是人民共同富裕”，“社会主义最大的优越性就是共同富裕……如果搞两极分化，情况就不同了，民族矛盾、区域间矛盾、阶级矛盾都会发展，相应地中央和地方的矛盾也会发展，就可能出乱子”。①

再分配首先涉及的是区域发展权问题，这主要是通过中央—地方之间的税收分配制度和税收转移支付制度来实现。虽然目前在法律层面特定区域尚未明确成为发展权主体，但是从我国现行立法中仍然可以找到区域发展权的证明。比如，我国《宪法》第 122 条中即有，“国家从财政、物资、技术等方面帮助各少数民族加速发展经济建设和文化建设事业”的规定。《民族区域自治法》第 55 条也有，“上级国家机关从财政、物资和技术等方面，帮助各民族自治地方加速发展经济建设和文化建设事业”的类似规定。中国自改革开放之初，就一直强调区域之间的均衡发展，特别是强调对少数民族地区和贫困落后地区的帮扶和振兴。正如邓小平所言，“社会主义制度就应该而且能够避免两极分化。解决的办法之一，就是先富起来的地区多交点利税，支持贫困地区的发展……并通过多交利税和技术转让等方式大力支持不发达地区”。② 如图 1 所示，自 1994 年开始，中央对地方的财政转移支付呈现连年递增的趋势，特别是 1999 年“西部大开发”战略正式启动之后，财政转移支付更是呈现直线上升，到 2007 年已经达到 1.6 万亿元水平，是 1994 年的近 8 倍，从而有力地推动了区域发展权的实现。③

---

① 《邓小平文选》(第 3 卷)，人民出版社 1993 年版，第 264 ~265 页、第 364 页。

② 同上书，第 374 页。

③ 表格和数据来源于王绍光：《大转型：1980 年代以来中国的双向运动》，载《中国社会科学》2008 年第 1 期。

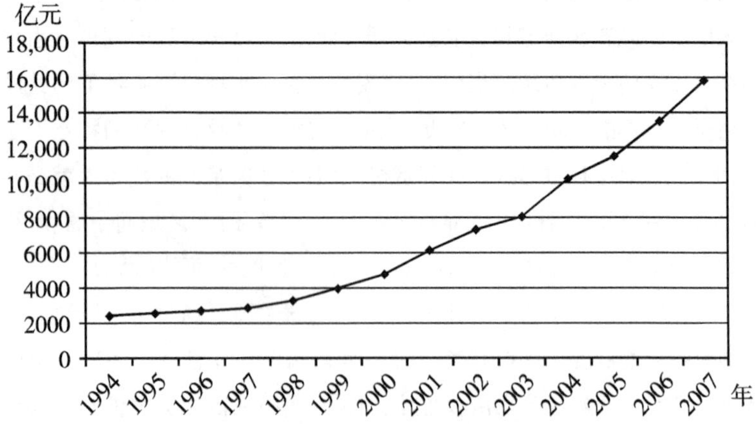

图1　中央对地方的财政转移支付

再分配涉及的另外一项权利是公民的社会保障权,这主要是通过社会保障制度的建立来实现的。对于发展市场经济而言,社会保障制度发挥着至关重要的作用,因而也被认为是社会主义市场经济体制基本框架的五大支柱之一。① 在改革开放之前,公民的社会保障工作主要是由农村的社队和城镇的单位来承担;但是随着市场经济的确立,尤其是社队和单位的瓦解,国家势必要承担起为全体公民提供基本社会保障的责任。② 因此,我国1982年《宪法》第44条、第45条分别规定了退休人员的社会保障、社会保险、社会救济、医疗保障、军人和残疾人社会保障权,成为当代中国社会保障制度的开端。随后,国家开始逐步改革和完善社会保障制度,其政策变迁的大致过程如表6所示。到2004年修宪时,"国家建立健全同经济发展水平相适应的社会保障制度"被正式载入宪法,这也意味着社会保障权成为宪法明确保护的一项公民基本权利。而

① 王梦奎:《社会主义市场经济体制基本框架的五大支柱》,载《人民日报》1993年11月19日。

② 参见王绍光:《大转型:1980年代以来中国的双向运动》,载《中国社会科学》2008年第1期。

2011 年《社会保险法》的正式生效，则标志着我国建立起统一的养老、医疗、工伤、失业、生育保险制度。

表 6　改革开放以来社会保障领域部分立法

年份	出台的社会保障政策
1986	《国营企业职工待业保险暂行规定》
1991	《关于企业职工养老保险制度改革的决定》
1993	《国营企业职工待业保险规定》
1994	《农村五保供养工作条例》
1994	《关于职工医疗改革的试点意见》《企业职工生育保险试行办法》
1996	《企业职工工伤保险试行办法》
1997	《关于建立统一的企业职工基本养老保险制度的决定》
1999	《失业保险条例》《城市居民最低生活保障条例》《社会保险费征缴暂行条例》
2001	《社会保险法》
2003	《工伤保险条例》

（三）公民主体性和权利意识提升推动中国基本权利发展

政治和经济体制改革实践，使公民逐步从国家“脱嵌”出来，公民主体性和权利意识不断增强，加之互联网技术蓬勃发展带来的网络公共空间的不断拓展，中国社会的现代转型日趋深化，为当代中国基本权利的保护提供了坚实的社会和群众基础。

1. 非公经济和私人领域健康发展

改革开放以来，随着中国经济的高速蓬勃发展，非公经济获得了前所未有的政策支持和法律保障，社会活力日趋迸发，社会结构发生深刻变化。在社会经济领域，以小微企业为例，截至 2013 年年末，全国共有小微企业 785 万家，占全部企业总量的 95.6%。其中，私营小微企业总数及从业人员分别为 545.5 万家和 8918 万人，分别占小微企业总数及从业人员总数的69.5%和60.5%。① 这些数据表明,中国的私有经济和私人领域获得迅速发展,为公民主体意识和权利意识的成长提供了良好的社会条件。在社会组织领域,根据民政部2016年社会服务发展统计公报,截至2016年年底,全国共有社会团体33.6万个、基金会5559个、民办非企业单位36.1万个,表现出强劲的增长势头(如图2所示)。② 在文化传播领域,互联网技术的不断发展和网络公共空间的不断拓展,也极大促进了民众参与公共事务讨论的热情和能力的提升。根据第41次《中国互联网络发展状况统计报告》显示,截至2017年12月,我国网民规模达7.72亿,互联网普及率为55.8%;手机网民规模达7.53亿。③ 这就意味着中国的网络公共空间正在崛起,这为民众公民素养、主体性和权利意识的提升提供了现代技术支撑。

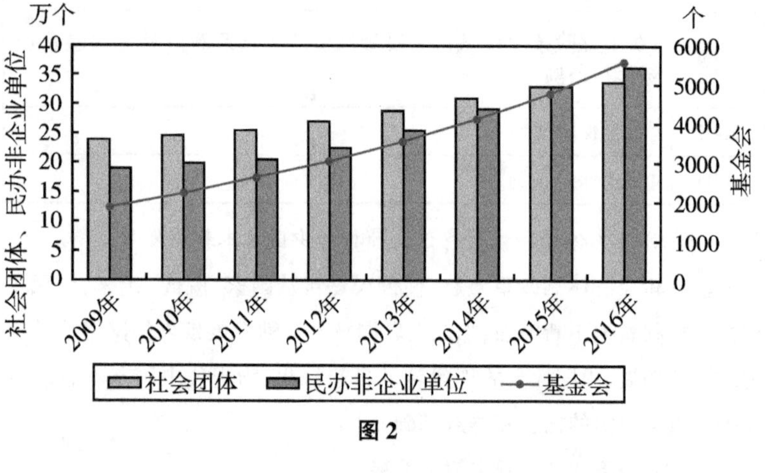

图2

① 国务院第三次全国经济普查领导小组办公室编:《第三次全国经济普查分析报告选编》,中国统计出版社2016年版,第1页。

② 中华人民共和国财政部:《中华人民共和国2016年社会服务发展统计公报》,中国统计出版社2017年版,第23页。

③ 《第41次中国互联网络发展状况统计报告》,中国互联网络信息中心2018年1月发布,第21~22页。

2.“脱嵌”、主体性与权利意识

当代中国不断深化的改革开放进程，同时也是个体和社会逐步从国家“脱嵌”出来的过程，由此带来了公民主体性的张扬和权利意识的觉醒。① 而公民主体性和权利意识的觉醒与提升，反过来又成为改革开放进一步深化的推动力。

（1）个体与全能国家的“脱嵌”。中华人民共和国成立之后，按照毛泽东主席提出的“我们应当进一步组织起来，我们应当将全中国绝大多数人组织在政治、军事、经济、文化及其他各种组织里，克服旧中国散漫无组织的状态”②的要求，逐步建立起城市中的单位制度和农村中的人民公社制度。改革开放以后，一系列松绑式的制度变迁，使个体从单位和集体中解放出来，20 世纪 90 年代传统福利制度的市场化改革也产生了大量的“脱单位”个体，加之非公有制经济从“补充”到“重要组成部分”的制度变迁、农村剩余劳动力的转移以及人口老龄化带来的上亿离退休人口，这些“脱嵌”了的个体已经构成原本被国家覆盖但如今却日益成长的社会的组织基础。与此同时，国家主导的“脱嵌”过程没能遏制市场化改革自身所蕴含的贫富分化倾向，被边缘化的弱者出于生存理性的实用主义考虑，也有“嵌入”社会的意愿和诉求。

除了个体从国家“脱嵌”，国家也逐渐放松了对社会的管控。从党的十五届五中全会提出“扩大公民有序的政治参与，引导人民群众依法管理自己的事情”，到党的十六大“完善城市居民自治，建立管理有序、文明祥和的新型社区”；从党的十七大“要健全基层党组织领导的充满活力的基层群众自治机制，扩大基层群众自治范围，完善民主管理制度，把城乡

---

① 关于这段历程的一个观念史考察，可参见赵修义：《主体觉醒和个人权利意识的增长——当代中国社会思潮的观念史考察》，载《华东师范大学学报》（哲学社会科学版）2003 年第 5 期。

② 毛泽东：《建国以来毛泽东文稿》（第 1 册），中央文献出版社 1992 年版，第 11～12 页。

社区建设成为管理有序、服务完善、文明祥和的社会生活共同体”，到党的十八大“加快推进社会体制改革。要围绕构建中国特色社会主义社会管理体系，加快形成党委领导、政府负责、社会协调、公众参与、法治保障的社会管理体制，加快形成政府主导、覆盖城乡、可持续的基本公共服务体系，加快形成政社分开、权责明确、依法自治的现代社会组织体制，加快形成源头治理、动态管理、应急处置相结合的社会管理机制”，再到十八届三中全会“激发社会组织活力。正确处理政府和社会关系，加快实施政社分开，推进社会组织明确权责、依法自治、发挥作用。适合由社会组织提供的公共服务和解决的事项，交由社会组织承担。支持和发展志愿服务组织。限期实现行业协会商会与行政机关真正“脱钩”，重点培育和优先发展行业协会商会类、科技类、公益慈善类、城乡社区服务类社会组织，成立时直接依法申请登记。加强对社会组织和在华境外非政府组织的管理，引导它们依法开展活动”。从整体上看，执政党的社会建设方案是将个体结社自由和社会组织的活动纳入法治轨道，在党的领导下有序实现社会的自治。

(2)人的主体性的张扬。个体从国家的“脱嵌”是全面性的，不仅包括身体上的“脱嵌”，也包括思想观念和行为方式上的“脱嵌”。“脱嵌”后的个体如果不能很快形成自己的独立人格和主体意识，那么当其参与社会生活时，就会显得无所适从甚至成为“乌合之众”，此时“有意识的人格消失，无意识的人格得势，思想和情感因暗示和相互传染作用而转向共同的方向，以及立刻把暗示观念转化为行动的倾向……他不再是他自己，他变成了一个不再受自己意志支配的玩偶”。[1] 近年来，一些人群中出现的“信仰危机”现象，很大程度上就是由于缺乏独立人格和主体意识造成的。不过从总体上来看，经过30多年的政治经济体制改革，随着

---

① ［法］古斯塔夫·勒庞：《乌合之众——大众心理研究》，冯克利译，中央编译出版社2000年版，第22页。

市场经济的不断发展和国家在精神文明建设方面的不断努力，公民个人的主体性正逐渐形成并得到张扬。

在近代西方，主体性的张扬主要是通过启蒙运动实现的，其主要目标是把人性从宗教神权的控制和束缚中解脱出来。"启蒙之后，用尼采的话说，上帝死了，人自立为王，成为历史的主体和客体。作为历史的主体，人是立法者，并按照自己的意志建立起正义的制度；作为历史的客体，人是服从法律的公民，并自觉地遵守法律。"①与之不同，中国社会公民个人主体性的张扬，主要是相对于集体主义和国家主义而言的。在中国，集体主义一直是居主导地位的意识形态，"'国家主义'仍在一定程度和范围内存在，并对我国理念性、大众观念性法律文化和制度性法律文化具有浓重影响，严重制约着中国民主与法治进程"。② 不过随着改革开放以来经济社会的不断发展和思想的不断解放，最近30年间的中国社会思潮正在涌动着所谓"主体的觉醒"。根据学者的观察，在20世纪80年代，"主体的觉醒"主要体现在思想和观念领域，如独立思考和人生观问题获得了重新合法化，"选择"和"价值"成为流行的日常话语，"人学"和主体性哲学方兴未艾。90年代之后，主体追求的重点开始转向经济利益，随之而来的是"自主""竞争""成功"等观念的兴盛，"权利"和"公正"问题也被提上议程。③ 凡此种种都说明，当代中国公民个体的主体性正在得到肯定和张扬。

(3)权利意识的觉醒。"从西方权利观念的发展来看，权利观念是在主体性哲学的催生下成长起来的，它强调个人与国家、个人与社会适度分离。"④中国也是如此，随着主体性哲学在中国的不断张扬，公民的权

---

① 姚大志：《现代之后：20世纪晚期西方哲学》，东方出版社2000年版，第2页。

② 马长山：《国家、市民社会与法治》，商务印书馆2003年版，第221页。

③ 参见赵修义：《主体觉醒和个人权利意识的增长——当代中国社会思潮的观念史考察》，载《华东师范大学学报》(哲学社会科学版)2003年第3期。

④ 郑智航：《论法律内在逻辑的基调演变》，吉林大学2010年博士学位论文，第133页。

利意识也得到唤醒和激发。当然,个体权利意识的觉醒并没有改变个体与国家之间利益一致性的制度价值预设,尽管个体权利不再被国权完全笼罩,但是个体本身仍然是与国家相纠缠的存在。换句话说,个体从国家的"脱嵌"以及个体主体性和权利意识的觉醒并没有走向个体与国家利益对抗的价值预设,中国特色社会主义法律制度要塑造的个体是个人价值与国家利益相统一的个体,而非对抗式的个体角色。

契约精神的盛行是公民权利意识觉醒的一个突出表现。权利的本质是一定形式的利益的反映与升华,是一种受法律保护的正当利益。"权利的基础是利益,市场交换是以实现契约双方互利为目的,因此就市场交换之价值而言,在利义之间,应以利为先。对利益的追求是契约订立与履行的源动力。"①在传统中国的"伦理经济"下,"交游称贷,视为当然,其偿也无期,其质也无物,惟以感情为条件而已"。② 即使到新中国成立之后的很长一段时间内,订立契约依然被认为是彼此不信任的表现,有"刻薄寡恩之嫌"。改革开放以来,随着公民权利意识的觉醒,契约精神逐渐在中国社会生根发芽。姑且不论民间私人之间的订约立据,仅以公证后的合同(协议)、委托书为例,2013 年全国共公证合同及委托书 450 余万件,比 2012 年增加了近 30 万件。③ 这充分说明,契约精神已经在当代中国蔚然成风。此外,随着公民权利意识的觉醒,诉讼逐渐成为纠纷解决的主要方式。传统中国一直有耻讼、厌讼的文化传统,凡事都主张"退一步海阔天空",属于典型的"息讼型"社会。不过随着公民权利意识的觉醒,人们寻求救济的愿望也日渐强烈,诉讼正逐渐成为人们解决纠纷的主要方式。根据最高人民法院的统计(如图 3 所示),从

---

① 李步云、肖海军:《契约精神与宪政》,载《法制与社会发展》2005 年第 3 期。

② 陈独秀:《东西民族思想根本之差异》,载胡明编选:《陈独秀选集》,天津人民出版社 1990 年版,第 29 页。

③ 司法部律师公证工作指导司:《2013 年全国公证工作统计数据分析报告》,载《中国公证》2013 年第 5 期。

1979～2008年，全国各级法院共审（执）结各类案件1.72亿余件，占中华人民共和国成立以来审（执）结案件总数的86%。其中，刑事案件2070万余件，民事案件10,147万余件，行政案件184万余件。[①] 可以看出，司法已成为当代中国纠纷解决的主要途径，这也从一个侧面反映出当代中国公民权利意识的觉醒。

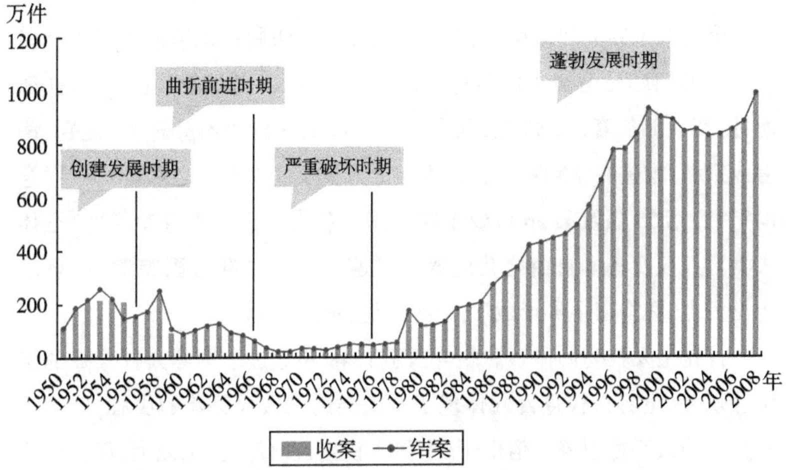

图3　中华人民共和国成立60年人民法院收、结案情况

二、当代中国基本权利保护的外生性动力

上文已提及，经济上的改革开放及其对当代中国基本权利保护的助推作用，已通过对内的经济改革路径传导和转化为了内生性动力。但需要注意的是，中国的改革开放是在中国日趋融入世界的过程中发生的，在分析中国基本权利保护动力机制时，外生性动力同样是不可忽视的因素。当然，所有的外部性动力机制都要通过内化行为才能得以实现。因此如何接受和内化外部因素的影响，是这一部分要讨论的重点问题。第

① 佟季：《六十载光辉历程一甲子司法为民——数说人民法院审判工作60年》，载《人民司法》2010年第1期。

二次世界大战以后特别是冷战结束以后，和平与发展成为世界的主流，人权的国际化和法制化也随之成为国际政治的核心议题。随着当代中国的改革开放，中国开始以更加开放、更加包容的心态参与到国际政治活动之中，签署和批准了一大批国际人权文件，并自觉履行国际人权义务。这构成了当代中国基本权利保护的外生性动力。

（一）人权的国际化与法制化

第二次世界大战结束后，人权的国际化与法制化迅速成为以联合国为中心的国际社会努力的目标。1945 年 6 月 26 日《联合国宪章》获得通过，其第 1 条第 3 款规定，联合国的宗旨之一是，“不分种族、性别、语言或宗教，增进并激励对于全体人类之人权及基本自由之尊重”。《联合国宪章》第 55 条及第 56 条要求联合国及各会员国采取行动促进“全体人类之人权及基本自由之普遍尊重与遵守”。以《联合国宪章》的要求为出发点，联合国主导形成了两个层面上的人权制度。

首先是人权公约体系。联合国于 1948 年通过了国际人权保障的指引性规范《世界人权宣言》，体现了全人类追求人权保障的决心，成为人权史上的重要里程碑。但由于《世界人权宣言》仅具指引效力，而并无法律拘束力，1966 年 12 月 16 日联合国又通过《公民权利和政治权利国际公约》及《经济、社会和文化权利国际公约》。此两项基本人权公约的加入国有义务依公约要求落实人权保障工作，“人权保障”借此成为有具体内容的国家义务。《世界人权宣言》及这两项基本人权公约被联合国定义为“国际人权法案”（International Bill of Rights），①是国际人权保障体系最根本的法源，阐明人类基本人权，并敦促各国积极落实，使其发展成为国际的共同约法，其目的在于促使全球人民在公民、政治、经济、社会及文化各方面的人权皆享有相同之保障。以“国际人权法案”为基础，联

---

① 联合国人权事务高级专员办事处：《概括介绍第 2 号〈国际人权法案〉》（第一次修订版），1996 年，载联合国人权网：http://www.ohchr.org/Documents/Publications/FactSheet2Rev.1en.pdf，最后访问日期：2017 年 4 月 20 日。

合国先后订立多项专门性国际人权公约,包括《消除一切形式种族歧视国际公约》《禁止酷刑和其他残忍、不人道或有辱人格的待遇或处罚公约》《儿童权利公约》《保护所有移徙工人及其家庭成员权利国际公约》《消除对妇女一切形式歧视公约》《残疾人权利公约》《保护所有人免遭强迫失踪国际公约》等核心人权条约。[①] 国际人权保障的内容,从生命、自由与财产三大权利,扩展为包括公民的自由权、社会权、平等权及各种集体权利的庞大人权体系,涵盖公民的自由权和政治权、社会权、经济权和文化权、特殊人类群体的权利及民族和人民的集体权利等方面。

其次为人权条约实施的保障制度。为保障人权义务的落实,联合国设置人权事务高级专员办事处,承担联合国系统内不同人权监督机制的秘书事务工作,为人权监督机构的正常运行提供专业意见和支持,其支持对象主要包括两个层次。一是基于《联合国宪章》设立的机构,包括前人权委员会及其继任者——人权理事会。人权委员会设立于 1946 年,隶属于联合国经社理事会。2006 年人权理事会取代人权委员会成为联合国监督各成员国人权义务实施状况的主要机构,并脱离经社理事会,直接隶属于联合国大会。[②] 人权委员会为保障各国人权水平,创设了一系列有效的制度,其中最为显著的是人权工作组、特别报告人制度等特别程序,即任命专家工作组或特别报告员,独立展开工作,对人权状况进行审查、监督、咨询和公开报告,并向人权委员会汇报其发现和建议。[③] 人权理事会延续了这一制度,并创设了普遍审议制度,要求所有联合国

---

① 联合国人权事务高级专员办事处:《核心国际人权条约》,载联合国人权网:http://www. ohchr. org/Documents/Publications/CoreTreatiesch. pdf,最后访问日期:2017 年 4 月 20 日。

② 联合国大会 2006 年 3 月 15 日第 60/251 号决议,人权理事会,UNDocA/RES/60/251,http://www2. ohchr. org/english/bodies/hrcouncil/docs/A. RES. 60. 251 _ En. pdf,最后访问日期:2017 年 4 月 20 日。

③ See Menno T Kamminga, The Evolving Status of NGOs in International Law: A Threat to the Inter-State System? in Philip Alston (ed.) Non-State Actors and Human Rights, New York: Oxford University Press, 2005, p. 93.

成员国都必须定期接受人权理事会的审查,以明确各国对人权义务和承诺的履行情况。二是人权条约机构,即联合国10个国际人权核心条约或其任择议定书为监督核心国际人权条约的实施,分别设置由独立专家组成的监督机制。其中,人权事务委员会、经济、社会和文化权利委员会、消除种族歧视委员会、消除对妇女歧视委员会、禁止酷刑委员会、儿童权利委员会、移徙工人委员会、残疾人权利委员会、强迫失踪问题委员会负责监督核心国际人权条约的实施工作,而防范酷刑小组委员会负责监督《禁止酷刑和其他残忍、不人道或有辱人格的待遇或处罚公约》任择议定书所设立的缔约国的拘留场所。虽然各条约机构确切的职权不同,但大多具有定期审议缔约国提交的报告(State reporting)、国家间指控(state communications)及接受和审议个人申诉(individual communications)的功能,少数机构可展开调查程序(inquiry procedures)或可在当事国同意下进行国家访问(country visits)。[①] 其中,报告制度是人权条约普遍采用的缔约国履约情况监督的强制性程序,是鼓励充分实施人权标准的主要方式之一。[②] 国家间指控是指一缔约国可向人权委员会提交来文,指控另一缔约国没有按照公约要求履行相应的义务,是缔约国彼此监督的一种方式,通常包括谈判、审查、斡旋和报告四个阶段。[③] 除《消除一切形式种族歧视国际公约》外,联合国框架内的其他公约都将其作为一项任择性程序,只适用于声明接受此程序监督的缔约国。个人申诉制度亦即个人来文制度,是允许权利受到侵害的个人基于人权条约向国际人权

---

① 联合国人权高级专员办事处,条约机构,载联合国人权网:http://www.ohchr.org/EN/HRBodies/Pages/HumanRightsBodies.aspx,最后访问日期:2017年3月30日。

② See Annemarie Devereux and Catherine Anderson, Reporting under International Human Rights Treaties: Perspectives from Timor Leste's Experience of the Reformed Process, 10 Human Rights Law Review 69(2008).

③ 徐鹏:《论人权条约监督机制的趋同化》,载《武大国际法评论》2015年第2期。

组织和机构提请审议的制度,是对个人受害人的一项救济,①同时也是一项任择性程序。由于人权条约本质上是约束缔约国行为,使缔约国国内个人受益,缔约国间不存在对等性利益,其实施的外在动力往往源于对违约国的声誉制裁,内在动力则有赖于人类社会公共道德和良知。人权条约实施状况经常明显低于经济性的、能使国家获得实际利益的条约。

随着人权条约体系的完善与人权条约监督机制的常态化运行,人权的理念逐步成为现代国家普遍遵循的道德基准,渗透到国家运行的各个方面。国际人权文件中体现的权利内容及其表述大量内化为国内法,同时国际人权规范对国家行为的制约效果越来越显著。21 世纪初,“宪法的国际化”(internationalization of constitutional law)与“国际法的宪法化”(constitutionalization of international law)的概念开始出现,②并很快成为国际法学者的关注重点。其中,宪法的国际化关注的是各国宪法在内容及制度上,尤其是人权保护方面的趋同性,具体有三方面体现,即国际人权规范内化为国内宪法(incorporation)、各国宪法的比较与趋同(convergence),以及宪法的条约性特征(treaty-like)。③ 其中,最为关键的是人权规范的内化,又可以分为两种模式:一是直接内化,即以立法形式将国际人权规范确立为国内法。此方面最为典型的是将国际人权的权利内容直接规定于宪法之中,使国家宪法基本权利的内涵与表述与《世界人权宣言》、两项基本人权公约等国际法规范的表述一致。除了依靠权利清单的明确列举,国内宪法对国际人权规范优先性的承认是国际

① 参见朱晓青:《〈公民权利和政治权利国际公约〉的实施机制》,载《法学研究》2000 年第 2 期。

② See Herman Schwartz, The Internationalization of Constitutional Law, 10 Human Rights Brief 10(2003).

③ See Wen-Chen Chang and Jiunn-Rong Yeh, Internationalization of Constitutional Law, in Michel Rosenfeld and András Sajó (eds.), Oxford Handbook of Comparative Constitutional Law, New York: Oxford University Press, 2012, pp. 1166 – 1184.

人权规范直接内化的另一方式。常见的做法是宪法承认并尊重国际法一般原则与规范——至少是人权领域一般原则与规范——的优先地位，要求其自身的解释及适用与国际法标准进行协调或保持一致。此外，还有国家将国际人权规范转化为国内的单独立法，此时国际人权规范虽不是宪法的一部分，但具有高于一般国内立法的准宪法效力，典型如英国1998年制定的《人权法案》(Human Rights Act)。二是间接内化，即虽未以制宪、修宪或内国立法等方式明文将国际人权规范转化为国内法，但通过法院对法律的解释活动体现国际人权规范的内容。如法院对宪法的人权保障条款进行解释时，援引或参考国际人权规范、国际人权机构的解释或国际司法机构的判例。无论是直接内化还是间接内化，国际人权规范都开始通过一定渠道进入一国的国内法律秩序，推动国内法规范与国际标准趋向一致。

国际法的宪法化关注的是人权规范等宪章性规范对国家具体运行的直接或间接影响，包括联合国"国际人权法案"的宪章属性，国际强行法(jus cogens)及国家普遍责任(erga omnes)内涵的拓展，以及国际或区域人权规范在缔约国的直接适用性(direct applicability)及司法化趋势(judicialization)。① 首先，由《世界人权宣言》及两项基本人权公约组成的"国际人权法案"在国际上取得了最广泛的承认与支持。② 此外，"国际人权法案"中具有法律约束力的两项基本人权公约只有加入的规定，而并无退出机制。关于这一点，《公民权利和政治权利国际公约》所设立的条约机构——人权事务委员会曾进行讨论，认为该公约没有终止、废止或退出的任何规定，意味着该公约的缔约各国并未认可废止的可能

① See Erika De Wet, The Constitutionalization of Public International Law, in Michel Rosenfeld and András Sajó (eds.), Oxford Handbook of Comparative Constitutional Law, New York: Oxford University Press, 2012, pp. 1209 - 1230.

② 白桂梅:《〈世界人权宣言〉在国际人权法上的地位和作用》，载《中外法学》1998年第6期。

性，且这并非是由于订立过程中的疏忽。人权事务委员会认为该公约显然“并非那种在性质上包含废止权利的条约”，且不具有“条约通常所带有的临时性特点”。人权事务委员会认为公约义务具有延续性，即“一旦人民在《公约》下获得人权保障，则此保障即随领土转移并持续归他们所有，而不论缔约国政府是否更迭，包括解体成一个以上国家或国家继承或缔约国后来为剥夺《公约》所保障的权利而从事的任何行为”，并“坚决认为，国际法不允许已批准或加入或已继承《公约》的国家废止或退出《公约》”。① 两项基本人权公约所设定的人权义务的延续性特征，从一方面体现出人权义务的核心价值及不可克减的属性；另一方面人权义务在一定程度上已上升为国家普遍责任，人权规范也成为国际强行法的范畴。“国际强行法”是指国际社会均须遵守、没有例外的共同规范。② 与之对应，一切主权国家（sovereigns）对于国际强行法均有当然遵行的义务（obligations erga omnes）。国际强行法的内容随着时间的推演会有所发展变化。目前，除禁止奴隶贩卖、海盗、种族灭绝等早有共识的行为外，学者与国际社会逐渐承认国家对人权的尊重、国家平等原则，以及民族自决原则等也都属于国际强行法的范畴。③ 以此反观已有的国际人权规范，民族自决权，国家平等尊重人权，禁止奴隶贩卖，禁止酷刑、残忍或不人道的处罚，禁止强迫劳动，禁止童工等权利都属于国际强行法

---

①　人权事务委员会：《第26号一般性意见：义务的延续性》，A/53/40号文件，附件七，http://tbinternet. ohchr. org/Treaties/CCPR/Shared% 20Documents/1 _ Global/CCPR_C_21_Rev－1_Add－8_Rev－1_3741_C. doc，最后访问日期：2017年4月15日。

②　Robert Jennings & Arthur Watts (eds.), *Oppenheim's International Law (ninth edition)*, Oxford: Oxford University Press, 2008, p. 4.

③　See Ian D. Seiderman, *Hierarchy in International Law: The Human Rights Dimension*, Antwerp: Intersentia, 2001, pp. 123－145; Curtis A. Bradley, "The Juvenile Death Penalty and International Law", 52 *Duke Law Journal* 485, (2002).

的内容。① 此外,目前国际人权法律规范还明确将某些权利规定为“不得克减”的权利,如《公民权利和政治权利国际公约》规定的生命权,禁止酷刑、残忍或不人道之处罚,禁止奴隶,禁止强迫劳动,禁止仅仅由于无力履行约定义务而被监禁,罪刑法定,法律前人格的承认,以及思想、良心和宗教自由。人权事务委员会在其解释中认为,这些不得克减的权利并不等同于国际强行法的内容,但与国际强行法有关。同时,强调缔约国在紧急与非紧急情况下均不得以任何理由进行克减。② 不得克减的权利虽不等同于国际强行法中规定的权利,但对于缔约国而言,是绝对遵行义务的对象,这些权利的效力及于国家基于其主权所建立的国内法秩序。人权规范在缔约国的直接适用性以欧盟人权法法律制度最为典型——欧洲人权法院可以直接受理欧盟境内个人提起的诉讼,宣告国家行为违反《欧洲人权公约》,侵犯个人权利。而联合国为中心的人权规范并未设立专门性人权法院等救济机关,而更多是通过前文提到的转化为国内法,或借由国内法对国际人权条约的尊重条款或优先条款得以直接适用。

宪法的国际化与国际法的宪法化体现了以国际人权规范为代表的国际法与以国家人权保障为核心的国内宪法的双向互动。究其原因,是由于国际人权规范保护对象的特殊性:国际人权公约以国家承诺的形式,保障缔约国国内个人的权利。换言之,以国际法形式约束国家依其主权对其国民所从事的国内法行为,而后者正是国内公法(尤其是宪法)的规范核心。国际法与国内法借由“人权保障”这一点产生交汇,

---

① See Jordan J. Paust, “Torture Justifiable? The Absolute Prohibition of Torture and Necessary and Appropriate Sanctions”, 43 *Valparaiso University Law Review* 1535(2009); Philip Alston, “‘Core Labour Standards’and the Transformation of the International Labour Rights Regime”, 15 *European Journal of International Law* 457(2004).

② 人权事务委员会:《第 29 号一般性意见:第四条(紧急状态期间的克减问题)》,载 http://tbinternet.ohchr.org/Treaties/CCPR/Shared% 20Documents/1_Global/CCPR_C_21_Rev-1_Add-11_3735_C.doc,最后访问日期:2017 年 4 月 15 日。

其结果是国际与国内两个层面的人权内容趋同，人权理念体现出全球化特征。

“人权国际化表明，人权不仅规定于各国宪法，也出现于国际人权宪章，不仅是国家专属的国内管辖事项，也是国际政治系统的法律事项。一个国家发生了人权问题，便往往受到其他国家和国际组织的关切。”① 随着人权保护国际化的确立，国际人权文件、国际人权组织和保护机制在现实中发挥着越来越重要的作用，这些现实中的运作对人权的内涵、性质和国际政治关系产生了重要影响。

首先，人权保护国际化的确立使人权内涵在原有的国内层面意义上有了新的发展。一方面，人权的主体范围有了进一步的扩展，这不仅体现在它推动所有的个人成为人权的主体，也体现在它使以民族、国家为代表的“人的集合”成为人权主体建构过程中不能忽视的内容，“人权问题成为国际法的调整对象后……主体的变化就表现为人权主体由过去单纯的个人发展为包括种族、民族等的集体”。② 另一方面，人权的内容也发生了改变，国际人权不仅兼容国内人权的一般内容，还推动了诸如民族自决权、和平权、发展权及环境权等新内容的产生。此外，人权的价值和效力范围也借助国际化的趋势得到了扩大，人权已不再仅仅约束个别国家，它成为具有普遍约束力的规则；人权也不再是国际关系中的次要事物，它已逐渐成为国际关系领域的主要价值目标和国际法的基

① Dennis J. Driscoll, “The Development of Human Rights in International Law”, Laqueur and Kirkin, op. Cil, p. 42. 转引自李林：《国际人权与国家主权》，载《中国法学》1993 年第 1 期。

② 徐显明、曲相霏：《人权主体界说》，载《中国法学》2001 年第 2 期。以集体为主体的人权有时将国家作为了权利的主体，这使它与古典人权区别开来，古典人权将国家视为人权对抗的主体，而非人权主体。另外，人权与国际法的结合对各自的主体范围都产生了一定的影响，在集体日渐成为人权主体考量因素的同时，个人也逐渐成为国际法的主体考量因素。

本原则。①

其次,人权保护国际化的确立使人权事务的性质发生了改变,人权已由原初纯粹的国内管辖事务演化为具有“国际共同关注事项”的属性。这一改变具有重大的影响,它使国际社会对一国人权问题的干涉在一定条件下具备了正当性的依据。国内管辖事项的概念是一个见仁见智的问题,《国际联盟盟约》认为,“一国不受外来干涉能自由地进行管辖的领域就是国内管辖事项”。② 美国学者亨金认为,“凡是不属于其他国家事务的那些事情都属于国内管辖权处理”。③ 但国内管辖事项的范围并不是固定不变的,在1923年的突尼斯—摩洛哥国际法令案④中,国际常设法院的咨询意见就指出:“关于某一事项是否纯属国内管辖事项,原则上是一个相对的问题,它依国际关系的发展为转移。”⑤国际法研究院也支持国内管辖事项具有相对性和可变性的特点,该院的意见认为:“保留给国家国内管辖的领域是指国家的活动不受国际法约束的领域,其范围

① 2005年,时任联合国秘书长的安南发表了题为《大自由:实现人人共享的发展、安全和人权》的报告,将人权与安全和发展并列为大自由概念三个彼此密不可分的要素,昭示了人权主流化阶段的到来。参见徐显明主编:《人权法原理》,中国政法大学出版社2008年版,第73页。另外,尊重人权的原则已经获得国际社会的公认,具备普遍约束力,可适用于一切国际法领域,成为构成国际法体系的基础,满足了成为国际法基本原则的条件。参见张华:《论尊重人权作为国际法的基本原则及其对中国和平发展的影响》,载《法学评论》2007年第2期。

② 《国际联盟盟约》第15条第8项规定:“纠纷当事国的一方认为,纠纷仅由在国际法上属于该当事国管辖事项而发生,并且国际联盟理事会也承认如此时,国际联盟理事会……不得对其解决提出任何建议。”[日]大沼保昭:《人权、国家与文明》,王志安译,生活·读书·新知三联书店2014年版,第81页。

③ [美]路易斯·亨金:《权利的时代》,信春鹰等译,知识出版社1997年版,第65页。

④ 国际联盟行政院就其“英法间关于1921年11月8日在突尼斯和摩洛哥(法属区)颁布的国籍命令及其适用于英国臣民所发生的争端,按照国际法是否纯粹属国内管辖事项”的问题,请求常设国际法院提供咨询意见。国际法院的咨询意见指出:(1)国籍问题原则上属于每个国家主权的事项;(2)国籍并不纯属于国内法。

⑤ [日]大沼保昭:《人权、国家与文明》,王志安译,生活·读书·新知三联书店2014年版,第81页。

取决于国际法并依国际法的发展而变化。”①可以看出，一方面，国内管辖事项的范围深受国际关系和国际法的影响，对国内管辖事项范围的界定基本是从“反面”来论证的，即如果一个事项已经在国际法中得到了关注和肯认，该事项在一定程度上已不再是国内管辖事项，一个主权国家的主张不能成为国内管辖事项判定的唯一甚至主要的根据；另一方面，一个事务抛开具体的场景来看，可能会既具有国内管辖事项的特征，又具有超国家管辖——“国际共同关注事项”的属性。在当今的国际关系之中，人权事务已具备了这种双重的属性。

人权保护的国际化使人权成为国际政治中的共同关注，对国际政治关系产生了重要的影响。应该看到，人权保护的国际化推动了国际政治合作，越来越多的国家为了人权的保障进行协商与沟通，人权保护的国际合作日渐成熟。与近代人权跨国保护相比较而言，当代的国际人权保护以促进对所有人的人权的尊重、保护与实现为目标，涵盖了几乎所有的国家和众多的国际组织，所有的个人均成为保护的对象，保护的内容涉及广泛的个人和集体权利，保护的依据是数量众多的国际人权文件，保护的基本措施是日渐完善的监督机制，②促进对所有人的人权的尊重和保护日益成为世界各国的共识。然而，在人权保护国际化的过程中，也产生了许多矛盾和问题，这些矛盾和问题业已成为国际政治斗争的主要领域。人权与政治之间存在密切的联系，人权中的公民权利和政治权利本身就是政治生活中的重要内容，而一国的政治制度建构又对人权的保障有着全局性的影响。但是，人权与政治的这种暧昧关系也常常导致人权问题的“意识形态化”和“政治工具化”，许多在人权问题上具有强

---

① 白桂梅、龚刃韧、李鸣等编著：《国际法上的人权》，北京大学出版社1996年版，第284页。

② 有学者根据监督机制的强制性将其分为两类：一类是强制性的监督和制裁方式；另一类是非强制性的指导和协助方式。参见李步云、王修经：《人权国际保护与主权国家》，载《法学研究》1995年第4期。

势话语权的国家将人权作为干涉与攻击他国的手段,而一些相对弱势的国家则在这种攻击下开始盲目地抵制“无辜的”人权,这不仅不利于国际政治关系的健康发展,更不利于人权保护国际化的进一步推进。

（二）人权国际化对中国的影响

如上文所述,第二次世界大战之后,联合国主导建立了涵盖三代人权的国际人权法律规范体系并设立相应实施机制,人权的理念成为国际法规范与国内法律秩序互动的连结点,是“宪法的国际化”与“国际法的宪法化”的体现最为明显的领域。经历数十年的发展,对人权保障与尊重已成为主权国家宪治制度的基石之一,人权的内容在国际法与国内法层面逐步趋同,人权理念呈现出全球化特征。世界各国都不可避免地受到这一过程的影响,我国也不例外。但我国国内法与国际人权规范的互动并未采取第二次世界大战后新兴国家通常采用的直接内化模式,也未明确承认国际人权规范的优先地位或直接适用效力,而是以一种更为间接缓和、更循序渐进的方式,逐步提升人权的法制化水平,完善国内人权保障机制,与国际人权保障标准接轨。

这一模式是我国基于对自身国情的判断而做出的稳妥选择。人权观念对于我国而言是一项外来产物,人权理念经由一系列曲折过程才在我国获得接受与承认。虽然在19世纪末20世纪初的戊戌改良派便已大力宣扬人权学说,但由于彼时我国积贫积弱的国家状况,民族的救亡图存成为仁人志士关注的重心,个人主义的“人权”让位于集体主义的“国权”,人权作为一种与国家相对的、体现普遍主义价值的观念并未获得坚持。[①] 另外,社会主义思潮兴起,人权的普遍性被否定——马克思主义人权观所主张、承认并争取的,是劳动阶级的人权,政治上的敌对阶级,或者说少数派别的人权并不被承认。马克思主义语境下的人权,是

---

① 张静:《中国人权发展道路的主体性》,山东大学2015年博士学位论文,第124~125页。

一种特殊主义(particularism)的人权。① 集体主义或特殊主义的权利观念虽然与真正意义上的人权观念并不一致,但两种观念背后的推动力量实现了国家救亡、民族独立,为个人权利的主张提供了客观基础。同时,虽然彼时个人主义与普遍主义这些人权观念的核心要素并未牢固确立,但由于时代背景下人们对个人自由的渴望,许多权利思想和权利话语仍然获得了广泛传播与普遍接受。生命权、人身自由权、财产权、言论、出版、集会、结社、游行示威等政治自由成为一种普遍的共识。② 中华人民共和国成立之后,1954 年《宪法》确认公民的基本权利和自由,同时由于国家是由人民建立、政府必然代表人民利益,政府和人民完全一体化的背景下,以个人对抗国家为出发点的人权理念失去了生存的空间。③ 改革开放以后,人权的必要性才逐步获得重视,人权理念的积极意义再次树立。同时人权理念终于与阶级意识形态脱离,认为社会主义更应该讲人权。④ 同时,中国也逐步融入国际人权法律制度的发展过程,从 1980 年签署《消除对妇女一切形式歧视公约》以来,我国已加入 27 项国际人权公约或条约。从早期的《消除对妇女一切形式歧视公约》《消除一切形式种族歧视国际公约》《防止及惩治灭绝种族罪行公约》《儿童权利公约》等不涉及意识形态的人权公约,到 1997 年签署《经济、社会和文化公约国际公约》、1998 年签署《公民权利和政治权利国际公约》,中国政府的态度也经历了将"人权"视为敏感话题,到积极确立自己的人权立场的转变。1991 年国务院新闻办公室首次发布《中国的人权状况》白皮书,

---

① See Sergio Dellavalle, "Beyond Particularism: Remarks on Some Recent Approaches to the Idea of a Universal Political and Legal Order",21 *European Journal of International Law* 765(2010).

② 参见林育川:《普遍人权的解构与中国人权模式的价值——基于马克思主义人权理论中国化的分析》,载《江苏社会科学》2013 年第 2 期。

③ 同上。

④ 参见李步云:《社会主义人权的基本理论与实践》,载《法学研究》1992 年第 4 期。

“人权”话语正式突破政治禁区；2004 年“国家尊重和保障人权”明确写入《宪法》，人权的正面意义获得最高层次的确认；2009 年我国发布第一项《国家人权行动计划》，人权事业推进工作有了具体行动纲领。

从实际操作的角度，国际人权法律规范的直接适用也面临着制度上的困难。首先，国际公约在我国法律制度中的位阶并不清晰。我国《宪法》中并无中华人民共和国加入的国际条约的位阶的统一规定。对于人权公约的法律地位，目前学者主要有两种观点：其一认为，国际人权公约由全国人大常委会批准，而《宪法》的制定或修改权属于全国人大，因此国际人权公约的效力等级应等同于全国人大常委会通过的法律，而低于由全国人大制定或修改的《宪法》。即国际人权公约的法律位阶顺序为宪法、法律/国际人权公约。[①] 其二认为，两项基本人权公约是根据《联合国宪章》和《世界人权宣言》的宗旨所制定的具有国际宪法地位的规范性文件，各缔约国均应根据其条款的要求，修正本国宪法和法律，以达到两公约要求的人权保障标准。当缔约国批准两公约且未作保留时，表明缔约国承诺遵守两公约的条文规定并保障其在国内的实施，其中应有的含义便是对本国宪法和法律依公约要求进行必要修正，并且对宪法和法律的解释也应符合两公约宗旨。[②] 由此可见，两项基本人权公约在国内法律体系中的位阶尚无共识。就我国现有法律理论角度，国际人权公约位阶高于国内法律的观点比较易于被接受，但其位阶高于宪法的观点则不然。其次，国际人权公约在我国国内的优先适用或直接适用也无法律依据。我国《宪法》并不含有对国际人权公约的“优先条款”或“尊重条款”，虽然从法理上，加入某一国际人权公约即意味着承诺公约条文在国内的适用，但适用的方式依国内法确定，由此才出现欧盟国家对“直接适用条约”与“非直接适用条约”的区分，或美国对“自动执行条约”与

---

① 赵建文：《国际条约在中国法律体系中的地位》，载《法学研究》2010 年第 6 期。

② 莫纪宏、宋雅芳：《论国际人权公约与国内宪法的关系》，载《中国法学》1999 年第 3 期。

"非自动执行的条约"的区分。[①] 我国宪法对国际公约的适用性并无一般性规定。我国《民法通则》《海商法》等单行法中均有国际公约优先的规定。但应当注意的是,这些条文除在适用领域上有所限制(仅适用于民事、海商领域的法律关系),还要求适用对象为涉外法律关系,[②]因而当前我国对于非涉外法律关系中国际公约的优先性并无明确规定。与之相关的另一问题是当国内法律出现规范空白时,国际公约能否直接作为法律依据的问题。同样,虽然从法理上,我国加入某一国际人权公约即意味着公约条文成为我国法律渊源之一部分,[③]但就我国法律传统而言,往往是将国际公约转化为国内法,宪法及法律中尚无明确授权以国际公约直接填补国内法空白的规定。[④]

我国未将国际人权公约直接内化,也未明确承认国际人权规范的优先地位或直接适用效力,并不意味着我国置身于人权理念全球化的浪潮之外。从宪法的国际化角度,我国宪法与各部门法都历经一系列修改,更明确地呼应国际人权公约的内容,加强国际人权公约的保障对象在国内的法制化保护。[⑤] 从国际法的宪法化角度,我国积极履行国际人权条约设定的国家义务,并依据国际人权机构的要求与建议逐步完善国内权利保障机制,使国际人权公约对国家及其机关行为的规范、指引效果充分实现。

国内法律制度对国际人权公约的呼应方面,我国宪法、法律的一系列修改是最为突出的体现。目前,我国已加入包括《经济、社会和文化权利国际公约》在内的27项国际人权公约。其中,《经济、社会和文化权利

---

① 左海聪:《直接适用条约问题研究》,载《法学研究》2008年第3期。

② 此类条款均规定于涉外章节,因而属于对涉外法律关系的特别规定。

③ 赵建文:《国际条约在中国法律体系中的地位》,载《法学研究》2010年第6期。

④ 陈立虎、黄涧秋:《国际人权公约与人权保护——国内司法实施的分析》,载《现代国际关系》2003年第3期。

⑤ 秦前红、涂云新:《经济、社会、文化权利的保障路径及其选择——在立法裁量与司法救济之间》,载《交大法学》2013年第1期。

国际公约》于2001年2月28日获得全国人民代表大会常务委员会批准。公约批准之后,为使国内人权保护状况达到该公约要求的标准,中国多年来致力于相关权益保护的法制化,以立法手段确认、保护并促进公民的经济、社会和文化权利。此外,中国政府还制定一系列政策及措施,进一步完善政策保障体系。我国也已经批准了大部分专门性人权公约,包括《消除一切形式种族歧视国际公约》《消除对妇女一切形式歧视公约》《禁止酷刑和其他残忍、不人道或有辱人格的待遇或处罚公约》《儿童权利公约》《残疾人权利公约》等核心人权公约,并依据专门性人权公约的要求,在儿童保护、妇女权利保护、残疾人权利保护、少数民族权利保护等方面都有广泛而详尽的规定与措施。在儿童权利保护方面,我国不仅颁布了《未成年人保护法》《预防未成年人犯罪法》等专门性法律,还在《刑法》中规定有完善的未成年人刑事司法保护处分制度,在《婚姻法》与《收养法》等民事婚姻家庭法律中都作出侧重未成年人权利保护的规定。在妇女权利保护方面,我国《宪法》第48条明确规定男女平等原则,2005年修正的《妇女权益保障法》从政治权利、文化教育权利、劳动和社会保障权利、财产权利、人身权利、婚姻家庭权利6个方面完善妇女权利规范,并规定仲裁、法律援助、司法援助等制度,强化妇女权利保障的落实工作。在残疾人权利保障方面,《国家人权行动计划》(2012—2015年)第三部分明确规定,从5个方面发展残疾人事业,完善残疾人社会保障和服务体系。在少数民族权利保护方面,我国于2001年修正《民族区域自治法》,规定各少数民族聚居区实施区域自治,设立自治机关,行使自治权。要求中央和地方国家权力机关、行政机关、审判机关和检察机关都有相应数量的少数民族成员,在实施公共服务、教育制度、就业制度等方面向少数民族倾斜,保障少数民族的文化权利、宗教自由。目前,我国已形成以《宪法》为核心,以《民法通则》《物权法》《消费者权益保护法》《劳动法》《环境保护法》《义务教育法》《妇女权益保障法》《老年人权益保障法》《未成年人保护法》等法律提供具体保障,以

《城市居民最低生活保障条例》《国有土地上房屋征收与补偿条例》等法规与规章为积极补充,以两项《中国人权行动计划》为落实规划的多层次的公民经济、社会和文化权利保障体系。其中,2004 年 3 月 14 日全国人大通过的《宪法修正案》,将"国家尊重和保障人权"明确写入《宪法》,标志着我国人权法治建设进入新阶段。此后,许多法律法规都将尊重保障人权明确定为立法目的,如 2005 年制定的《治安管理处罚法》第 5 条规定:"实施治安管理处罚,应当公开、公正,尊重和保障人权,保护公民的人格尊严";2012 年修订的《刑事诉讼法》第 2 条规定:"中华人民共和国刑事诉讼法的任务,是保证准确、及时地查明犯罪事实……尊重和保障人权,保护公民的人身权利、财产权利、民主权利和其他权利。"

国际人权公约对国家行为的规范效果方面,最为突出的体现是我国对国际公约规定的报告义务的履行。自批准《经济、社会和文化权利国际公约》以来,我国已按照该公约第 16 条、第 17 条的规定及经济、社会和文化权利委员会的有关要求,分别于 2003 年 6 月 27 日和 2010 年 6 月 30 日两次向经济、社会和文化权利委员会提交该公约实施情况的报告,①介绍中国政府为促进《经济、社会和文化权利国际公约》各项权利制度的法律和计划采取的措施以及设立的机构,包括取得的成绩以及存在的困难和不足。针对中国的两次报告,经济、社会和文化权利委员会分别于 2005 年 5 月 13 日和 2014 年 6 月 13 日作出结论性意见。第一次结论性意见中,经济、社会和文化权利委员会肯定了中国在社会保障制度建设、劳动者权益保护、农民权益保护、艾滋病防治等方面取得的成

---

① 中华人民共和国(包括香港特别行政区和澳门特别行政区)关于履行《经济、社会和文化权利国际公约》情况的首次报告(E/1990/5/Add. 59),载联合国人权商专办网:http://tbinternet. ohchr. org/_layouts/treatybodyexternal/Download. aspx? symbolno = E%2F1990%2F5%2FAdd. 59&Lang = en,最后访问日期:2017 年 5 月 2 日。中国关于《经济、社会和文化权利国际公约》执行情况的第二次定期报告(E/C. 12/CHN/2),载联合国人权商专办网:http://tbinternet. ohchr. org/_layouts/treatybodyexternal/Download. aspx? symbolno = E%2FC. 12%2FCHN%2F2&Lang = zh,最后访问日期:2017 年 5 月 2 日。

就，但同时也列举了中国在履约过程中出现的问题，如公众参与程度不足，国内流动人口就业、社会保障、卫生服务、住房和教育等方面存在差别对待，妇女、儿童、移民和残疾人等特殊人群保护不足，教育权利保护有待完善等问题，并提出了相应的意见和建议。第二次结论性意见中，经济、社会和文化权利委员会肯定了中国在制定国家人权行动计划、废除劳动教养制度、全面落实社会保障权以及实现免费义务教育等方面取得的成就。同时，也提出了国家人权机构设立、人权公约的国内直接适用、工会权利、强制搬迁、户籍制度等方面存在的问题并作出相应建议。将中国两次报告及审议结论进行比较，可以发现第二次报告虽然与第一次报告体例相同，但形式更加简洁、明确，报告内容更加丰富，更注重报告与公约权利条文的相关性，更加符合该公约及其条约机构的实质性要求，同时有针对性地对经济、社会和文化权利委员会的建议作出回应。而经济、社会和文化权利委员会的结论性意见，一方面逐步认可中国已取得的成就；另一方面也在以发展的视角，关注中国国际经贸合作、对外投资中出现的新问题，同时对中国提出更高要求。① 对已批准的专门性人权公约中国政府及时向相关公约机构提交履约报告，与公约机构开展建设性对话并充分考虑公约机构提出的意见与建议，结合中国国情对合理可行的建议加以采纳和落实。同时，中国与联合国人权领域的各个机构积极合作，在平等和互相尊重的基础上加强人权领域的磋商和合作，推动联合国专门性人权公约机构的强化。首先，对于已经加入的核心公约，中国积极履行其义务，及时向相关公约机构提交履约报告，《儿童权利公约》第三次、第四次合并履约报告，《关于儿童卷入武装冲突问题的任择议定书》首次履约报告。2010 年中国政府向联合国残疾人权利委员会提交了《残疾人权利公约》首次履约报告，并于 2012 年 9 月顺利通

---

① 黄金荣：《经济、社会及文化权利委员会对中国履约状况第二次审议述评》，载《人权》2015 年第 1 期。

过了残疾人权利委员会的审议，委员们普遍对中国残疾人事业发展成就及履约情况予以肯定。2012 年中国政府提交《消除对妇女一切形式歧视公约》第七次、第八次合并履约报告。[①] 2014 年 10 月中国执行《消除对妇女一切形式歧视公约》第七次、第八次合并报告，并接受联合国消除对妇女歧视委员会审议，中国代表团本着自信、包容、开放的态度与委员会开展了建设性对话。[②] 国内层面，中国政府从立法、政策、宣传以及教育等多个方面履行其批准的核心人权公约的义务，尽管中国目前尚未成立符合"巴黎原则"的国家人权机构，但国内许多部门承担着保护和促进人权的职责，如国务院妇女儿童工作委员会、国务院残疾人工作委员会、国家民族事务委员会、国家信访局等。

另外，值得注意的是，虽尚未批准，《公民权利和政治权利国际公约》也已经对我国国内法律及政策状况产生积极影响。我国于 1998 年 10 月 5 日签署该公约，但目前尚未经全国人大批准。人权公约从签署到批准之间的时间间隔取决于一国国内的具体状况。签署国际人权公约的行为并不影响签署国原有的人权保障方式，但签署公约表明国家愿意遵守公约规定、受公约条文约束的意愿，因而签署本身便具有积极意义，能够促进签署国为批准人权公约进行理论及制度方面的准备。[③] 近年来，我国对国内法律制度进行了多项积极改进，以适应该公约的各项要求及规定的义务。其中最为突出的是对刑事法律制度的改进。首先，我国《刑法》最近两次修改都突出体现对人权保障的注重。2011 年《刑法修

---

① 国务院新闻办公室：《2012 年中国人权事业的进展》，载中国人大网：http://www.npc.gov.cn/npc/xinwen/lfgz/2013-05/14/content_1795192.htm，最后访问日期：2017 年 5 月 6 日。

② 国务院新闻办公室：《2014 年中国人权事业的进展》，载国务院新闻办公室官网：http://www.scio.gov.cn/zfbps/rqbps/Document/1437487/1437487.htm，最后访问日期：2017 年 5 月 6 日。

③ 莫纪宏：《批准〈公民权利和政治权利国际公约〉的两种思考进路——关于法治与人权价值次序的选择标准》，载《首都师范大学学报》（社会科学版）2007 年第 6 期。

正案(八)》一次性取消了13个非暴力性经济犯罪的死刑处罚,2015年《刑法修正案(九)》取消9个罪名的死刑处罚,我国《刑法》中的死刑罪名由此减少至46个。2007年死刑案件的核准权由最高人民法院统一行使,并加强死刑复核监督工作,体现出对公民生命权的尊重。其次,2012年修正的《刑事诉讼法》将"尊重和保障人权"明确列入该法的立法目的,完善非法证据排除制度,保障犯罪嫌疑人、被告人的辩护权,限制适用羁押措施,保障律师执业权利等方面强化刑事诉讼当事人的权利保障制度。刑事司法实施方面,中国也作了诸多改进措施,如2015年2月起,最高人民法院和公安部联合下发通知,明确规定人民法院开庭时,刑事被告人或上诉人不再穿着看守所的识别服出庭受审,体现疑罪从无的理念,保障犯罪嫌疑人的尊严。大力推进社区矫正制度,通过社会力量对被判处管制、缓刑、假释或暂予监外执行的被判刑人实施社会化帮扶,协助其顺利融入社会。公安监管机构执行新的《看守所建设标准》,进一步规范看守所的监督、管理,改善被羁押人的生活条件。最后,刑事司法纠错方面,健全错案防止、纠正与责任追究机制,完善刑事司法国家赔偿程序,提高国家刑事赔偿的标准。从我国目前国内法保障人权的立法状况来说,宪法和法律对人权的保护,特别是公民权利和政治权利的保护是比较充分的,真正需要作出保留或者对有关法律作出适当修改的只在少数。因此,许多学者建议我国认真做好各项准备工作,条件成熟时及时批准《公民权利和政治权利国际公约》,以利于我国法律制度与国际法准则接轨。①

① 参见龚刃韧:《论人权条约的保留——兼论中国对〈公民权利和政治权利国际公约〉的保留问题》,载《中外法学》2011年第6期;王勇:《论中国应该对〈公民权利和政治权利国际公约〉采取的保留形式》,载《政治与法律》2013年第9期。

第五章　经济与社会权利保障的中国探索

经济与社会权利是公民享有的一类重要权利，也是中国重点发展和保障的一类权利。这类权利主要涉及工作权、适当生活水准权、健康权、受教育权、社会保障权、免于贫困的权利等内容。中华人民共和国成立特别是改革开放以来，中国坚持经济与社会权利优先发展和同社会发展相适应的基本原则，推行经济与社会权利的均衡化发展和普惠化发展，强化政府以西部大开发和财政转移支付为主要履行义务方式的积极行动，逐步走上了一条具有中国特色的经济与社会权利发展与保障道路。

一、经济与社会权利在中国的发展历程

经济与社会权利是中国基本权利保护的重要内容，这一权利的发展过程是国家不断将具有道德意涵的抽象权利具体化为国家对公民在经济社会领域的正当性诉求的评价、确认和保障的过程，它

的发展必然与一国的经济、社会发展水平相适应，并同时体现鲜明的时代特点和国家特色。

（一）计划经济时代经济与社会权利的单位制阶段（1949～1978年）

中华人民共和国成立以后，面对整个中国社会由政治解体和社会解体的相互叠加构成的总体性危机，如何才能对处于分散失序中的广大社会成员进行组织化管理并在资源极其匮乏的条件下进行有效的资源配置，结合民主革命时期的根据地管理经验，中国共产党创设了一种极富中国特色的社会管理体制——单位制。单位制的产生有其深厚的经济、政治、社会根源，与我国一定历史时期的经济、社会体制高度契合，从而使该机制在政治动员、经济发展和社会控制等方面发挥着重要作用。中华人民共和国之初，革命之后的中国社会面临一系列总体性危机和社会资源总量严重不足的严峻问题，为了发展国家工业化和实现国家的现代化发展，国家实行高度集中的计划经济体制，通过农村反哺城市的方式保证工业生产的稳步发展。同时，以严格的户籍制度阻断了城市和农村的社会流动并实行分而治之，因此，“单位制”和“公社制”就成为城乡区域内各自进行社会动员、资源整合和利益分配的基本途径和基本单位。

在城市，“单位制”将广大社会成员进行吸纳整合，整合的过程不仅将“原子式”的社会个体吸纳到社会管理体制中实现了社会成员“单位人”的身份转换，也逐渐形成单位体制的利益分配方式。在农村，“公社制”则有效地进行社会动员组织集体劳动。在中国人的心目中，单位和公社不仅是其主要的职业或劳动场所，也构成其安身立命之所，因此，考察计划经济时代我国公民经济社会权利享有的基本水平和总体状况就不能脱离“单位制”和“公社制”的内部运行，也不能脱离两种机制之间的对比分析。但基于“国家在支配单位时以财政担保单位成员在家就业、工资和其他福利，而国家在支配公社社员时，并不对其控制后果负直接的财务责任”，[①]因此，受城乡二元结构的制约，我国农村中的公民对经济社会权利的享有除了农村中的“五保户”外，基本被排斥在社会福利的制度设计之外的。但城市中单位构成了城市居民社会权利享有的源泉和途径，对于单位人来说，单位是他的衣食父母，是生活福利基本的甚至是唯一的来源……一个人一旦进入单位，单位就代表国家对其生老病死、‘吃喝拉撒’负责的无限义务……当国家垄断一切生活资源，体制外的民间资源不复存在；当单位已成为人们生活福利的唯一源泉时，城市居民的生活实际上就陷入了一种别无选择的依附境地。离开单位，放弃单位人的身份，就意味着丧失了一切，就根本无法在体制外找到维持生存所必需的生活资源。[②]

计划经济时代的单位体制是一种“高就业、低工资、高补贴与高福利”的体制，这种体制决定了我国公民对经济社会权利的享有呈现如下特点：第一，国家在公民经济社会权利保障中处于核心支配地位，单位体制下的国家不仅垄断了物质资源、组织资源等全部社会资源以向社会成员提供系统的福利保障，还能根据其预设的政治目标和社会发展计划设置社会资源再分配的基本渠道和基本方案，由此形成了社会成员权利享有中的城乡阻隔，但却能基本实现区隔内部的平等主义的奇特景象。第二，单位体制下身份而非公民资格是构成公民享有社会权利的唯一前提和有效依据，因此，公民个体的利益取得和权利享有所依凭的绝非法律依据和权利意识，“他们意识到根本就没有必要去主张自己的权利。而且，只要政治权威还吸纳他们，还保护他们，他们就认为人的权利是一种应当弃如敝屣的私利……对普通公民而言，公民资格本身是不足以支持

---

① 李培林、李强、马戎主编：《社会学与中国社会》，社会科学文献出版社2008年版，第75页。

② 参见揭爱花：《单位，一种特殊的社会生活空间》，载《浙江大学学报》（人文社会科学版）2000年第5期。

他去对国家和政府提出什么个人要求的”。① 单位体制下公民资格的缺位，使社会个体形成了对国家高度的组织依附关系，生存需求和发展要求使个人丧失独立的法律人格而自愿服膺于国家的管理体制之下，与此同时，不具有单位身份的社会个体也同样被排斥在外或是享有极少的社会救济。第三，单位体制下经济社会权利的内容是无所不包的，几乎囊括了包括医疗、住房、教育、生活、子女就业在内的居民生活全部的福利需求。以至于美国记者弗克斯・巴特菲尔德在20世纪70年代考察中国社会后，发出这样的感慨：“中国的单位提供着从摇篮到坟墓的人生所需……单位作为一个健全的体系，不仅发挥着社会和经济功能，而且发挥着治安作用。”②

（二）经济与社会权利保障改革起步阶段（1979～1992年）

1978年开启了中国改革开放的序幕，1984年人民公社制被取消，随之而来的是国有企业的改革，1984年颁布的《中共中央关于经济体制改革的决定》对国企改革提出明确要求，目的在于使其成为自主经营、自负盈亏的商品生产者和经营者。公社制和单位制的相继解体和市场经济体制的确立使国家不再是社会资源的垄断者，单位和公社既有机制中的利益分配和福利提供功能也逐渐消退，福利体制从一个“受意识形态和文化限制的体制转变为一个由经济和人口趋势驱动并力求与之相适应的制度”。③

改革开放初期单位福利体制逐渐解体，企业办社会的状况得以逐渐改变，与职工生活密切相关的社会福利也都逐渐发生变化。1989年国务院颁布了《关于在全国城镇分期分批推行住房制度改革的实施方

---

① 夏勇：《中国民权哲学》，生活・读书・新知三联书店2004年版，第100～101页。

② 曹锦清、陈中亚：《走出“理想”城堡——中国“单位”现象研究》，海天出版社1997年版，第67页。

③ Saunders Peter, Shang Xiaoyuan, “Social Security Reform in China's Transition to a Market Economy”, 35 *Social Policy & Administration* 3 (2001).

案》《关于深化城镇住房制度改革的决定》，企事业单位从此停止福利分房。1992年财政部发布了《关于提高国营企业职工福利基金提取比例，调整职工福利基金和职工教育经费计划基数的通知》，该通知要求把各种带有工资性质的福利补贴纳入职工工资，避免保险费和福利费的相互挤占，进一步厘清了职工福利和企业工资的关系。1991年国务院发布了《关于企业职工养老保险制度改革的决定》，提出了建立多层次养老保险的目标和基本养老保险实行城乡统筹的发展方向。由此可见，企业职工的利益受到这一时期市场化改革和单位福利制的解体的最终影响。这是因为，计划经济时代的单位体制内部缺乏有效的激励机制，“平均主义的分配方式，导致了单位从一种扩充社会资源总量的组织向消耗和分割社会资源总量的组织转换，这恰恰是单位体制所暴露的最大缺陷……这无疑加剧了单位体制更为深层的危机”。[①] 单位体制的危机扩散、国家财政的压力增大和市场法则的运行要求都使企业成为市场经济改革的首要对象，而企业职工的利益也自然在体制改革中发生变化甚至受损。20世纪70年代末开始的改革，无论是来自体制内部的改革阻力，还是固有的路径依赖，都使单位体制的改革不可能是彻底颠覆或是推倒重来的。渐进式改革策略和发展思路，都使社会成员的身份特征和阶层属性不同程度的残存和遗留在体制改革的历史进程中，与国企职工逐渐进入社会保障体系截然不同的是，机关事业单位的工作仍然在养老、医疗等方面享受国家的系列保障，而广大农民仍然基本依靠自己及其家庭实施社会保障，仍然被排斥在社会体制之外。

事实再一次证明，国家的改革与发展与公民权利的享有和保障是休戚相关的，这一时期我国公民经济社会权利的呈现出如下特点：第一，国

① 刘建军：《单位中国——社会调控体系重构中的个人、组织与国家》，天津人民出版社2000年版，第152页。

家角色的转变。市场改革初期,国家逐渐改变社会保障体系中的绝对主体地位,政府从直管、直属、直办的独家包办模式和直接责任转向规划指引、资金保障和监督管理的宏观指导模式和间接责任。第二,个人权利意识的萌发。单位体制解体和多种经济成分并存,个体从单位体制解放出来,社会身份的多元化和资源获取渠道的多元化都极大地降低了社会成员对国家的依附关系,个人的权利意识不断增强。第三,社会保障差序格局的形成。我国的市场经济体制改革是现有体制的整体性变革,渐进式改革和发展的策略使我国公民的经济社会权利出现不平等,权利保障和权利实现在个体之间、阶层之间和地区之间出现较大差异,由此形成了权利实现的"差序格局"。

(三)经济与社会权利制度重构阶段(1993~2003年)

进入20世纪90年代以来,市场化改革为中国经济注入了巨大的生机和活力,但与此同时,调整时期国企改革过程中由企业破产、职工下岗、失业所产生的"社会性弱势群体",以及较大规模的贫困人口的生存问题都成为市场无法顾及也不愿考虑的问题,社会福利制度改革的滞后不仅在社会体制改革的整体层面造成经济体制改革与社会福利制度改革的"断层",更为重要的是这种断裂直接关系到普通百姓衣食住行等基本生活需求的"断层"。如果说20世纪70年代、80年代改革初期,体制的局部性调整和渐进式改革会影响到社会某些群体的切身利益和权利保障问题,也允许这些问题解决的耽搁甚至悬置,但20世纪90年代以来的体制转型是一场全方位的社会体制的深层次变革,它必须将经济体制的改革与社会福利体制的改革进行全局性考虑,也必须通过公民经济社会权利保障的制度设计来回应和满足广大民众在社会领域呈现的正当诉求。如此,就需要国家履行其人权保障义务,平等的关怀每一个社会成员并为其提供和创设公民经济社会权利实现的条件和保障,由此,国家进入经济与社会权利制度的重构时期。与此同时,另一事件的发生也为我国公民经济社会权利制度设计的重新构建提供了历史契机,即

1997年10月27日我国正式签署了《经济、社会和文化权利国际公约》。2001年2月28日全国人大常委会作出批准决定,同年6月,《经济、社会和文化权利国际公约》正式对我国生效。根据该公约第2条第1款的规定:“每一个缔约国家承担尽最大能力个别步骤或经由国际援助和合作,特别是经济和技术方面的援助和合作,采取步骤,以便用一切适当方法,尤其包括用立法方法,逐渐达到本公约所承认的权利的充分实现。”联合国经济、社会和文化权利委员会的第3号一般意见对“缔约国义务”作出阐述,该意见指出为了实现公约中规定的权利,缔约国在公约生效后较短时间内就必须采取周密、具体的步骤以尽可能明确地履行公约义务为目标。

由此可见,无论是来自深化体制改革、减少改革阻力、保障改革顺利进行的内在需求,还是来自国际人权法对缔约国履行人权保障义务的客观要求,都共同推动了我国政府根据和比照联合国《经济、社会和文化权利国际公约》的具体规定采取积极行动为实现公民经济社会权利提供制度保障,从而使我国公民经济与社会权利保障制度在横向和纵向两方面都取得巨大发展。

1. 公民经济社会权利的横向发展

20世纪90年代中后期以来,我国加大了社会保障立法的步伐,使我国公民的经济社会权利保障取得长足发展。据资料显示,到2001年年底,全国参加基本养老保险职工10,802万人(3165万企业离退休人员基本养老金社会化发放率达到98%),参加基本医疗保险职工5471万人,参加失业保险职工10,355万人,参加生育保险职工3455万人,参加工伤保险职工4345万人;当年全国社会保险基金收入与支出分别达到2914.6亿元和2591亿元,历年社会保险基金累计节余1396.6亿元;全年社会救济、社会福利事业费支出达到426亿元,覆盖1500多万获得最低生活保障的城乡居民、6000多万获得临时救济的城乡居民及相当数量的优抚对象、残疾人群及部分特殊保障人群。① 与此同时，我国政府制定了大量的社会保障方面的政策法规，基本涉及公民的医疗、养老、卫生、失业等绝大多数权利保障问题(见表7)。

表7　社会保障政策法规

时间	名称	制定机关	内容
1991年	《关于企业职工养老保险制度改革的决定》	国务院	建立多层次养老保险制度
1993年	《国有企职工待业保险规定》	国务院	扩大失业保险范围
1994年	《中华人民共和国劳动法》	全国人大	专章规定了“社会保险福利”
1994年	《关于职工医疗制度改革的试点意见》	国家体改委、财政部、劳动部、卫生部	建立医改试点
1994年	《农村五保供养工作条例》	国务院	促进农村的社会保障
1995年	《关于深化企业职工养老保险制度改革的通知》	国务院	企业养老保险
1995年	《企业职工生育保险试行办法》	劳动部	职工生育的补偿和帮助
1995年	《关于建立企业补充养老保险制度的意见》	劳动部	职工养老

① 夏舟:《中国百姓蓝皮书:新型社会保障制度逐步完善》，载《北京青年报》2002年7月29日。

续表

时间	名称	制定机关	内容
1996年	《企业职工工伤保险试行办法》	劳动部	工伤保险
1996年	《关于职工医疗保障制度改革扩大试点的意见》	国家体改委、财政部、劳动部、卫生部	医疗试点改革
1996年	《中华人民共和国老年人权益保障法》	全国人大	老年人的合法权益
1996年	《关于职工医疗保障制度改革扩大试点的意见》	国务院	医疗试点改革
1997年	《关于建立统一的企业职工基本养老保险制度的决定》	国务院	统一基本养老保险
1998年	《关于建立城镇职工基本医疗保险制度的决定》	国务院	城镇职工的医疗保险
1998年	《关于切实做好国有企业下岗职工基本生活保障和再就业工作的通知》	国务院	下岗工人的基本生活保障和再就业
1999年	《失业保险条例》	国务院	进一步扩大了失业保险的范围
1999年	《城市居民最低生活保障条例》	国务院	确立最低生活保障制度

续表

时间	名称	制定机关	内容
2003 年	《城市生活无着的流浪乞讨人员救助管理办法》	国务院	乞讨人员的社会救助
2003 年	《廉租住房保障法》	建设部、发改委、监察部、民政部、财政部、国土资源部、中国人民银行、国家税务总局、国家统计局	廉租房的使用
2006 年	《农村五保供养工作条例》	国务院	保障农村五保供养对象的正常生活
2010 年	《自然灾害救助条例》	国务院	保障受灾人员基本生活
2010 年	《中华人民共和国社会保险法》	全国人大	规范公民社会保险制度
2016 年	《中华人民共和国慈善法》	全国人大	保护慈善组织、捐赠人等合法权益

2. 公民经济社会权利的纵向发展

公民经济社会文化权利的发展过程是一个国家依据联合国《经济、社会和文化权利国际公约》及其相关文件不断履行人权保障义务的过程，这个过程不仅是国家参照《经济、社会和文化权利国际公约》的具体权利要求在一国的法律体系内部不断加以丰富、修正和落实的横向扩展过程，而且是一国“采取步骤……用一切适当方法，尤其包括用立法方法”“逐渐达到……权利的充分实现”的纵向深入过程。进入 20 世纪 90 年代以来，我国政府不仅在公民经济社会权利保障中实现了从无到有的制度建构，而且不断实现着权利保障的从少到多、从浅入深的制度完善，从而相继在城镇企业职工养老保险、城镇医疗保险、失业保险、社会救助、社会福利等方面取得巨大进展。以我国城市居民最低生活保障制度(简称低保制度)的发展为例,该制度作为政府向城市贫困人口进行救助的新型社会救济制度,是具有中国特色的社会救助制度,也是我国政府依据联合国《经济、社会和文化权利国际公约》第 11 条之规定,切实保障和落实适足生活水准权的具体举措。1993 年 5 月,上海市民政、财政等部门联合发布《关于本市城镇居民最低生活保障线的通知》,率先建立了城市居民最低生活保障线制度。1995 年,民政部召开专门会议,号召将该制度推向全国。仅在 1995 年,实行低保制度的城市就从上海、厦门等 6 个大中城市发展至 12 个。1997 年 9 月,国务院颁布了《关于在全国建立城市居民最低生活保障制度的通知》,通知要求到 1999 年逐渐实现县级市和镇级的低保制度。1999 年国务院颁布了《城市居民最低生活保障条例》,对相关问题作出具体规定。纵观我国城镇居民最低生活保障制度的发展历程,从 1993 年创立运行至今,该制度基本覆盖了城市贫困群体和贫困家庭,实现了从生活救助向综合救助、从平均主义救助向分类救助的现实转变,对保障我国公民经济社会文化权利,尤其是适足生活水准权,改进和提高广大公民的生活条件和福利水平,维护社会的稳定发展起了巨大的推动作用。

(四)民生法治时代经济与社会权利深化发展阶段(2004 年至今)

改革开放 40 年的发展实现了中国的经济腾飞和大国崛起,但同时也造成了社会贫富差距、城乡差距逐渐拉大等深层次的社会问题,关注和改善民生,将改革成果人人共享,这是身处社会转型时期的中国人普遍性的制度性需求,而对这种需求进行回应则不仅成为深化改革、维护稳定的客观要求,还成为验证和提升我国政府政治合法性和政治权威性的有效途径和根本措施。而民生问题就其实质而言是个权利问题,特别是当"'民生'一词基本上还是从民之生计方面进行理解,而且一般也多集中于生活资料保障等物质需求和就业教育等社会保障方面,较少从政治语境的层面进行解释”[①]时，最初被认为是社会或经济问题的民生问题其实就是权利问题，尤其是公民的经济与社会权利的保障问题。如果民生领域出现普遍性的诉求和主张，即意味着公民的经济社会权利在权利配置、权利实现和权利保障方面出现问题，并由此形成了“权利贫困”。这一点得到了美国学者洪朝辉的印证，洪教授认为“权利贫困”就是特定群体无法享受社会和法律所公认的足够数量和质量的工作、住房、教育、分配、医疗、财产、晋升、迁徙、名誉、娱乐、被赡养，以及平等的性别权利，而且由于他们应该享有的社会权利被削弱和侵犯而导致相对或绝对的经济贫困。[②]

权利的贫困需要法治的治理，民生问题的最终解决也需要法律作出相应的制度设计来加以解决和保证，正如温家宝同志在第十届全国人大《政府工作报告》中所强调的，“解决民生问题，第一要有制度的保障”。制度的建设实现了法治对转型时期民生问题的积极回应，也实现了社会转型时期中国百姓的民生话语向法治语境下公民人权的权利话语的重新改写，从而以当代中国的法治实践破解了一定历史时期的民生难题，并实现了中国公民经济社会权利的深化发展。

深化之一，体现为公民身份的逐渐觉醒。进入21世纪以来，公民在民生领域的正当诉求被逐渐纳入法治轨道，通过立法优化权利配置，通过法律制度保障公民经济社会权利的实现。法治运行的过程是公民权利彰显的过程，更是公民身份逐渐觉醒的过程。“公民身份是个体在民族/国家中消极或积极的成员资格，与这一资格相联系的是特定平等水平上、带有一定普遍性的权利和义务。”[③]因此，公民身份的意识觉醒意

① 付子堂、常安：《民生法治论》，载《中国法学》2009年第6期。

② 参见[美]洪朝辉：《论中国城市社会权利的贫困》，载《江苏社会科学》2003年第2期。

③ Thomas Janoski, *Citizenship and Cicil Society*, London: Cambridge University Press, 1998, p. 6.

味着特定政治共同体内国家与公民的权利义务关系被得以明晰，公民身份的权利内容得以明确。当下中国公民身份是我国公民获得社会保障的资格条件，根据这一条件公民不仅应该得到政府的关怀，而且应该得到平等的关怀。

深化之二，体现为国家角色的重新树立。社会的文明进步使人权保障和公民的社会权利逐渐成为社会的共识。公民经济社会权利是人权保障的重要内容，2004 年我国通过的《宪法修正案》明确宣告："尊重和保障人权"，同时规定"国家建立健全同经济发展水平相适应的社会保障制度。"党的十七大以"加快推进以改善民生为重点的社会建设"为题形成专门报告，着重指出："社会建设与人民幸福安康息息相关，必须在经济发展的基础上，更加注重社会建设，着力保障和改善民生，推进社会体制改革，扩大公共服务，完善社会管理，促进社会公平正义，努力使全体人民学有所教、劳有所得、病有所医、老有所养。住有所居，推动建设和谐社会。"2009 年 4 月中国政府出台了首份《国家人权行动计划》(2009—2010 年)，该计划不仅涵盖了经济、社会、文化权利的各个领域，包括工作权利、基本生活水准权利、社会保障权、健康权利，受教育权利等，同时明确表示，国家人权保障的义务主体角色，要求国家采取积极有效措施，切实保障全体社会成员的经济与社会权利。公民的经济与社会权利意味着国家的一种义务和责任，国家对经济社会权利的保障绝不是基于对公民的怜悯和恩赐，而是国家基于国际人权公约履行国际义务的义不容辞的责任。在现代社会中，国家通过国家权力的介入干预，为公民的福祉创造条件，保证每个公民平等地享有经济社会权利，以帮助公民实现尊严、体面的生活状态，是现代政府的应尽职责。

深化之三，体现为民生保障的立体化发展。进入 21 世纪以来，中国公民经济社会权利发展的最大特点便是民生与法治的紧密结合，民生的保障和改善被综合纳入法治运行的各个环节，形成立法、执法、司法共同关注的焦点问题。在立法环节，我国政府始终将民生立法放在立法工作的突出位置，着力加强社会领域民生立法的力度和层次，使立法环节能够关注民生、体察民意、尊重民权。2007 年被称为中国民生立法的关键之年，我国政府先后出台了《物权法》《就业促进法》《劳动合同法》等一系列法律法规。进入 2009 年以来，《社会保险法》《基本医疗卫生保健法》《精神卫生法》《社会救助法》《老年人权益保障法》等一系列社会保障法得以出台，使我国公民经济社会权利的权利配置和权利保障逐渐完善。在执法环节，保障民生成为现代法治政府的重要职责，执法部门要将依法行政和执法为民紧密结合起来，执法活动的开展不仅体现现代法治的基本要求，而且要体现保障民生、保证人民安居乐业的基本宗旨。在司法环节，司法机关始终将保障和改善民生与司法职权的履行结合起来，通过司法实践中对人权保障意识的提高、对犯罪活动的依法处置、对百姓纠纷的及时解决，将人民群众最关心、最直接、最现实的利益问题在具体案件中及时、公正、有效地加以解决，真正体现司法为民、司法护民。2008 年最高人民法院发布了《关于充分发挥行政审判职能作用为保障和改善民生提供有力司法保障的通知》、2009 年 3 月最高人民法院公布的《人民法院第三个五年改革纲要(2009—2013)》特别强调："妥善解决司法工作中涉及民生的热点问题"，时任最高人民检察院检察长曹建明也将"始终注重和改善民生作为检查工作必须做到的'五个始终'之一，司法领域的民生关注成为公民权利的有力保障和司法权威提升的有效措施"。

二、经济与社会权利优先发展

通过对中华人民共和国成立以来中国特色经济与社会权利发展主要历程的梳理，我们发现中国特别重视经济与社会权利的发展，并将其置于优先发展的地位。这也构成了中国人权发展道路的一大特色。按照杨光斌教授的说法，中国与西方国家在解决经济、社会权利与政治权利优先发展的次序上发生了分歧。西方国家坚持的是政治权利优先的发展思路,而中国则坚持社会权利优先的发展思路。① 在中国政府看来,经济与社会权利问题是有关公民摆脱贫困,提高社会福利的问题,而大力推进公民经济与社会权利的优先发展,正是社会主义优越性的主要体现。因此,中国在基本完成国家权力建构以后,就将发展重心转向了经济与社会权利的发展轨道上。

(一)经济与社会权利优先发展的正当性

中国在国家权力建构基本完成以后之所以没有像西方一样优先发展政治权利,而是优先发展经济与社会权利,其原因主要有以下几个方面。

第一,大力发展经济与社会权利是社会主义社会优越性的体现。按照马克思主义的基本理论,社会主义国家积极发展社会福利事业是社会主义的本质要求,因为社会主义国家拿出一部分财富作为社会福利能够弥补按劳分配中"仍然存在的不公平现象"。② 就经济与社会权利的实质而言,"它把社会福利从一般的道德要求提升到了政治道德的高度,使福利脱离了慈善救济的人道关怀的局限性,变成人人拥有的经济与社会权利"。③ 因为慈善性福利模式一方面强调对穷人施以援手是社会和政府的责任;另一方面又强调个人应对自己的幸福承担责任,贫穷是个人的失败,反对把体智健全的穷人当作社会救助的对象。因此,社会福利只是作为人道主义的慈善救济措施有限地提供给"失能者"。④ 而我们将社会福利上升为经济与社会权利,也就意味着人们对于福利的要求来自人的权利。就权利的本源而言,它"存在于建立起来的规则中……权

---

① 杨光斌:《社会权利优先的中国政治发展选择》,载《行政论坛》2012年第3期。

② 房广顺:《列宁论社会主义社会福利》,载《辽宁大学学报》(哲学社会科学版)1992年第4期。

③ 钱宁:《从人道主义到公民权利——现代社会福利政治道德观念的历史演变》,载《社会学研究》2004年第1期。

④ 钱宁:《社会正义、公民权利和集体主义》,社会科学文献出版社2007年版,第221页。

利应当被看成是由人们坚持主张的合法的或形式上的应当给予他们的公正的强烈要求，而不是一种存在于文明社会中的出于人道的和宽容的表示”。[①] 中国大力发展社会福利事业，并从经济与社会权利角度来确保社会福利事业水平得以提升，在很大程度上是要让公民切切实实地感受到社会主义社会的优越性。历届领导人也都是从社会主义优越性的角度来论述大力发展经济与社会权利的重要性的，例如，胡锦涛同志在十七大报告中就提出，社会建设的目的就是要让人民群众的幸福得到提升，“必须在经济发展的基础上，更加注重社会建设，着力保障和改善民生，推进社会体制改革，扩大公共服务，完善社会管理，促进社会公平正义，努力使全体人民学有所教、劳有所得、病有所医、老有所养、住有所居，推动建设和谐社会”。

第二，优先发展经济与社会权利是解决国家权力危机的需要。通过新民主主义革命和社会主义革命两个阶段，中国基本解决了鸦片战争后的国家总体性危机，国家政权建设也取得了一定的成绩。从这种意义上讲，中国国家权力已经基本解决了如何“立”得住的问题。[②] 但是，中华人民共和国成立以后相当长一段时间的落后和贫困的客观现实对国家权力和政权的合法性提出了严重的挑战，在这种情况下，优先发展经济与社会权利能够消除民众对国家政权合法性的疑虑。因为，民众能够在经济与社会权利得到实现的过程中真正地体会到社会主义制度的优越性，从而坚定社会主义现代化建设事业的信心。另外，自改革开放以来，中国推行的是“让一部分人先富起来”的发展思路，而且，市场经济强调社会利益和资源的稀缺和有限性，人们是以“理性的经济人”的身份“到场”的，并且主体的利益只有通过竞争的方式才能实现。这种利益的竞争，意味着一些主体在获得利益或资源的同时，另一些主体则不能获得

---

① [英]Michael Freeden:《权利》，孙嘉明、袁建华译，台北，桂冠图书公司1998年版，第8页。

② 杨光斌:《社会权利优先的中国政治发展选择》，载《行政论坛》2012年第3期。

甚至要失去曾经获得的利益或资源。① 因此，以竞争为核心的市场经济必然会带来社会的分化。中国的贫困差异扩大，社会问题凸显，“群体性事件”以几何级数增长。这种客观现实要求中国在追求社会效率的同时，兼顾社会公平，加大社会保障力度，优先发展经济与社会权利。只有这样，中国才有可能克服经济发展带来的民众脱离政治依附性的离心力这一负面效应。

第三，优先发展经济与社会权利有助于充分发挥国家能动主义的角色。西方社会深受以赛亚·柏林积极自由和消极自由的影响，将权利划分为积极权利和消极权利。所谓积极权利，是指需要政府一定的作为，个人才能实现的权利。所谓的消极权利，则强调政府对个人的行为不加干涉，即可实现的权利。用史蒂芬·霍尔姆斯和凯斯·R.桑斯坦的话来说：“消极权利禁止政府，并把它拒之门外；积极权利需要并盛情邀请政府。前者需要公职人员蹒跚而行，而后者需要公职人员雷厉风行。消极权利的特点是保护自由，积极权利的特点是促进平等。前者辟出了一个私人领域，而后者要再分配税款。前者是剥夺阻碍，后者是慈善与奉献。”②例如，公民权利和政治权利就属于消极权利的范畴，而这类权利其强调的是个人与国家的一种对抗，即国家不要对个人的私领域进行干预。而经济与社会权利属于积极权利的范畴，它们的实现需要国家权力的积极作为。从本质上讲，这两类权利所要处理的问题是不同的。西方国家更为强调的是公民作为一种“原子化”的个体而存在，它需要对国家权力进行最大程度的限制，并通过个人的努力来实现自身福利的最大化。因此，它们极为重视公民权利与政治权利的发展。中国则强调个人是一种“群体性”的存在，国家与个人之间的关系不是一种独白关系，而

---

① 李拥军、郑智航：《从斗争到合作：权利实现的理念更新与方式转换》，载《社会科学》2008年第10期。

② ［美］史蒂芬·霍尔姆斯、凯斯·R.桑斯坦：《权利的成本——为什么自由依赖于税》，毕竟悦译，北京大学出版社2004年版，第23页。

是一种依附关系。个人自身福利的获得需要国家和社会的支持，并且国家在社会生活中需要发挥一种能动主义的角色。因此，中国极为重视经济与社会权利的优先发展。

第四，优先发展经济与社会权利有助于回避一些敏感的政治性问题。在中国政府看来，福利问题在根本上讲是一个反对贫困的问题，而贫困问题是一个经济和社会发展的问题，要想解决贫困问题就要优先满足公民经济与社会权利。我们以《中国农村扶贫开发纲要》(2001—2010年)提出的扶贫方针为例。它一再强调贫困人群要在反贫困过程发挥主动性，要充分利用国家提供的各项政策优惠、资金支持来增强自我的反贫困能力和发展能力。该方针也强调国家应加大对贫困地区的资金投入、制定更为优惠的经济政策来重点帮扶贫困地区、贫困农户。[①] 中国政府之所以这样做的一个重要原因，在于保障经济与社会权利，只需要国家足够的财力，而无须过多考虑政治体制、公民权利与政治权利等问题。而且，从西方的具体实践来看，先有民主政治权利，然后再有经济社会权利的做法不但没有能够有效解决居民的社会福利问题，而且给社会带来了新的矛盾和紧张。

(二)经济与社会权利优先发展的具体举措

前已叙及，经济与社会权利的发展需要国家积极作为，并通过财政投入方式来确保公民经济与社会权利的实现。为了实现这一目标，中国逐步建立了社会主义市场经济体制，激活市场活力；进行分税制改革，为国家积极履行相应义务提供资金准备；推出一系列社会政策新政，让民众分享制度红利。通过这些具体措施，经济与社会权利得到优先发展。

1. 建立社会主义市场经济体制

自党的十一届三中全会以来，中国经济得到了迅速发展，人们生活水平获得了迅速提高，但是，这10年期间的失误就是在教育和思想政治

---

① 参见中华人民共和国国务院新闻办公室:《〈中国的农村扶贫开发〉白皮书》。

方面工作较为薄弱,教育发展不够。[1] 其导致的结果便是西方自由化思想在国内的广泛传播。这在一定程度上致使中国改革进入了迷途彷徨。1992 年邓小平“南方讲话”和党的十四届三中全会通过的《中共中央关于建立社会主义市场经济体制的若干重大问题的决定》,进一步坚定了走社会主义市场经济体制之路的信心。在这一决议的指引下,中国政府进一步强化了市场在国家经济发展的中心地位。

宏观调控下对资源配置起基础性作用。为了实现这一目标,中国政府坚持以公有制为主体、多种经济成分共同发展的方针,进一步转换国有企业经营机制,建立适应市场经济要求,产权清晰、权责明确、政企分开、管理科学的现代企业制度;建立全国统一开放的市场体系,实现城乡市场紧密结合,国内市场与国际市场相互衔接,促进资源的优化配置;转变政府管理经济的职能,建立以间接手段为主的完善的宏观调控体系,保证国民经济的健康运行;建立以按劳分配为主体,效率优先、兼顾公平的收入分配制度,鼓励一部分地区一部分人先富起来,走共同富裕的道路。[2]

为了进一步保障公民经济与社会权利的优先发展,提高公民的社会福利,中国在 2004 年修改《宪法》时,明确将“公民的合法的私有财产不受侵犯”写入了宪法。这一做法极大地鼓励和促进社会财产从生活资料形态向生产资料形态的转化,在一定程度上改变了过去大量的财产采取生活资料的形态而进入消费领域,或大量的财产滞留于生活资料形态的局面,从而为公民经济与社会权利的发展提供了制度空间。[3]

2. 分税制改革

经济与社会权利的发展需要国家积极的财政投入。例如,政府为了建立养老金制度、医疗保障制度、照顾保险制度等,以及营造关心老年人

---

① 参见《邓小平文选》(第 3 卷),人民出版社 1993 年版,第 290 页。

② 参见《中共中央关于建立社会主义市场经济体制若干问题的决定》。

③ 林来梵:《论私人财产权的宪法保障》,载《法学》1999 年第 3 期。

身心健康与发展的社会氛围就必须投入一定比例的财政收入。美国实施了联邦医疗保险制度，以确保达到65岁或以上的老人、65岁以下功能障碍者、需要洗肾或肾脏移植的晚期肾脏疾病患者能够在生病时得到有效治疗。其财源大部分来自联邦薪资税，用以支付住院、短期护理之家，及短期居家医疗服务的费用(Medicare Part A)；另一部分财源则来自自愿性投保的保费收入(以2004年为例，每人每月66.60美元)，用以支付门诊及辅助性服务。日本也投入了一定的财政收入用于建立专门的照顾保险制度，其适用对象为因增龄之身心变化引发疾病而导致淋浴、如厕、进食等日常生活产生困难而需要复健、看护、疗养或其他医疗服务的民众。而国家财政投入的前提是国家具有强大的资源汲取能力。

为了增强国家资源汲取能力，加大国家在经济与社会权利发展方面的财政投入，中国自1980年财政体制改革以来，就一直不断地调整中央与地方之间的财政关系，采取“核定收支、分级包干”与“定额上解、总额分成”等方式来试图提高地方财政的比重。与此同时，改革开放给地方带来了巨大活力，乡镇企业、外来投资企业犹如雨后春笋，从而增加了地方政府的税收来源。在这种大背景下，中央财政收入占全国财政收入比重一直处于下降趋势。① 在财政收入的增量分配中，中央财政所得的份额越来越少，加上中央本级收入增长缓慢，中央财政收支缺口越来越大，财政困难日趋严重。② 这种客观现实严重影响到了中央政府的资源汲取能力。面对这种严峻形势，中央在1994年开始分税制改革，试图来提升中央政府的资源汲取能力。为了这一目标的实现，中央政府除了将极为重要的税种划归国税之外，还通过压缩地方政府可控的“征管空间”，即集中税收征管权，由国税系统逐步“蚕食”地税系统的征管范围来限制地

---

① 在这一过程中，中央财政收入占全国财政收入的比重却不断下降，从1984年的40.5%下降为1993年的22%。参见杨志勇、杨之刚：《中国财政制度改革30年》，格致出版社、上海人民出版社2008年版，第44页。

② 许多奇：《我国分税制改革之宪政反思与前瞻》，载《法商研究》2011年第5期。

方政府的横向税收竞争行为。① 通过这种分税制改革，中国“硬化了政府间资金上解、下拨的预算约束关系，在划定的支出责任、税源、税权范围内，各级政府当家理财、自收自支、自求平衡的压力和动力明显增强，提高了地方政府开辟财源及征税的努力程度，减少了税源流失，增强了财政的筹资功能”。② 这也在事实上为中国优先发展经济和社会权利提供了资金上的保障。

3. 分享制度红利

通过大力发展社会主义市场经济体制和分税制改革，中国政府，特别是中央政府积累了大量的资金，从而提升了中国经济发展水平。也正是由于这些努力，共享改革开放的伟大成果，让全民分享制度红利，提升民众的经济与社会权利保障水平成为可能。2002 年中国共产党第十六次全国代表大会召开。此次会议提出，完善保护私人财产的法律制度，完善预算决策和管理制度，完善城镇职工基本养老保险制度和基本医疗保险制度，健全失业保险制度和城市居民最低生活保障制度，建立农村养老、医疗保险和最低生活保障制度。③ 自此以后，中国步入了经济与社会权利迅猛发展时期。从立法上讲，在涉及重大经济与社会权利的立法时，中国会在提出法律草案和行政法规草案的过程中，通过座谈会、论证会、听证会等形式，广泛吸取各方意见，增强相关立法的透明度和公众参与度。从执法上讲，广大执法部门，从为人民安居乐业提供法治保障的角度出发，着力解决经济与社会领域同民众密切相关的利益问题。并通过行政诉讼和行政复议等手段来促进经济与社会权利的实现。从司法上讲，依法坚决打击危害人民群众生命财产安全和侵犯公民人身权利、

---

① 参见谢贞发、范子英：《中国式分税制、中央税收征管权集中与税收竞争》，载《经济研究》2015 年第 4 期。

② 卢洪友：《中国分税制财政体制改革的十大成效》，载《经济学动态》1998 年第 12 期。

③ 参见张文显、黄文艺：《理论创新是法学的第一要务——十六大与法学理论创新》，载《中国法学》2003 年第 2 期。

民主权利的犯罪活动，突出查办教育、就业、食品安全、医疗卫生、社会保障、征地拆迁、抢险救灾、移民补偿等领域发生的职务犯罪案件。① 通过这些努力，中国的经济与社会权利得到了发展，人民的生活水平得到了巨大的提高。

三、经济与社会权利同社会发展相适应

（一）城乡二元体制的破除

改革开放40年来的发展，促进了社会结构的巨大变化，基本特征之一就是城乡二元体制的逐渐破除。所谓"二元"，是指两种在性质上截然不同的制度、技术、机制同时共存在一国的经济体系中，继荷兰的经济学家J. H. 伯克提出"城乡二元结构"之后，1998年我国农业部原政策研究中心农村工业化城市化课题组也提出了该概念。这一概念十分准确地描述了中国社会结构的基本特征："割裂性：把城市和农村人为的分化成两个在各方面明显不平等的部分；不平等性：城乡二元结构下，市民和农民在权利方面差别很大；社会分工机械性：二元社会经济结构的一个基本出发点是保证社会再生产两大部类之间的平衡，实际结果适得其反；不等价性：不等价性构成了城乡二元社会经济结构的经济基础。"②二元结构的形成，意味着我国公民在医疗、教育、养老等基本经济社会权利的享有和保障方面被区别对待，并由此造就了明显的城乡阻隔和社会不平等。但从客观上讲，这一体制的选择也实属无奈之举。中华人民共和国成立初期，严峻的国际形势和恶劣的国内环境都迫使我国政府根据形势需要适时的选择"工业优先"的经济发展战略，而随后实施的粮食的统购统销政策、人民公社化、严格的户籍制度等与之相互衔接配合，共同铸造了我国的城乡二元体制。这一体制的实行对于国家进行大规模的经济统筹和战略布局，强化社会管理并维护社会稳定具有极大助益。但这一

① 参见付子堂、常安：《民生法治论》，载《中国法学》2009年第6期。

② 孙林桥、朱林兴：《论中国农村城市化》，同济大学出版社1996年版，第197页。

体制的成功是以农村的发展停滞和农民的利益受损为代价的。改革开放的实行冲击着城乡之间的固有壁垒，乡镇企业的异军突起重新激发和促进了农村的活力和财富增长。但随着改革的深入，国企改革、单位制解体所释放的不稳定信号，诱发了新一轮以城市为重点的改革，却仍以农民的利益受损和城乡差距的扩大为代价。据资料显示，1958～1992年，城乡居民收入之比从1.86∶1扩大到2.58∶1，居民消费额之比从2.31∶1扩大到3.28∶1。[①] 而1997～2002年我国城乡差距进一步扩大，以2002年为例，中国城镇居民人均可支配收入7703元，农民人均纯收入2475.6元，城乡居民消费差距5713元；城乡居民消费的恩格尔系数差8～9个百分点，农村落后城市约8～10年的差距。[②] 中国农民、农村和农业问题成为中国改革亟待解决的问题。

2002年党的十六大正视中国改革中的问题，指出“城乡二元经济结构还没有改变”，并提出“统筹城乡经济发展，建设现代农业，发展农村经济，增加农民收入，是全面建设小康社会的重大任务”。2003年党的十六届三中全会，则将“建立有利于逐步改变城乡二元经济结构的体制”作为市场经济体制完善的主要任务之一。党的十六届四中全会则具体提出“各级政府要把基础设施建设和社会事业发展的方向转向农村，国家财政新增教育、卫生、文化等事业经费和固定投资增量主要用于农村”。对此，为了优化城乡经济结构，促进国民经济的良性循环和社会经济的协调发展，我国开始城镇化的发展战略。2012年党的十八大进一步明确了城镇化的战略地位。2014年中央“一号文件”强调要健全城乡发展一体化机制，实现城乡统筹联动。城镇化的实行将成为破除我国城乡差距、促进城乡经济协调发展、实现城乡基本公共服务均等化的重要制度

---

① 参见蓝海涛：《改革开放以来我国城乡二元结构的演变路径》，载《经济参考研究》2005年第17期。

② 参见周琳琅：《统筹城乡发展：理论与实践》，中国经济出版社2005年版，第14页。

保障。

值得一提的是,城乡二元体制的破除及城乡基本公共服务的均等化发展,为公民经济社会权利的均衡化、普惠化提供了社会基础。但任何权利都具有成本,“没有公共财政的投入和支持,所有的权利都不可能得到保护或者得到强制执行……享受社会福利的权利和拥有私人财产的权利都需要公共花费。契约自由的权利所需要的公共花费一点也不比获得健康保健的权利的公共花费少,言论自由的权利的公共花费也不比拥有适当的住房的权利的公共花费少。所有的权利都会对公共财富提出要求”。[①] 经过改革开放几十年的发展,国家经济实力不断提升并形成了一定的现代化积累——1978 年我国的 GDP 为 3624 亿元,2006 年突破 20 万亿元,增长了 55 倍。2014 年中国累计完成 GDP 103, 856.6 亿美元,成为继美国 174, 979.6 亿美元 GDP 后的世界第二大经济体。1996 年我国的外汇储备突破 1000 亿美元,2006 年达到 13, 326 亿美元,2014 年我国外汇储备达到 28, 473 亿美元,年均增长 28.3% ,其规模连续 5 年稳居世界第一位。经济实力的不断增强,使政府公共资源汲取能力也不断提升,保证了政府履行经济社会方面的义务不断增强。

(二)经济与社会权利的均衡化发展

随着我国城乡二元结构的逐渐破除,消除广大社会成员在社会福利享有和保障中的身份差异和地域阻隔,就成为深化体制改革和协调城乡经济发展问题中应有之义。保障我国公民平等地享有经济社会权利,需要国家在提供医疗卫生、基础教育、社会保障、基础设施等公共产品和公共服务时大体相等地对待处于不同地区的社会公众,使社会服务政策和措施具有广泛性、协调性和公正性,从而实现公民经济社会权利的均衡化发展。

---

① 姚建宗:《权利思维的另一面》,载《法制与社会发展》2005 年第 6 期。

1. 公共服务的均衡化趋势

公民经济与社会权利的均衡化发展首先表现为公共服务的均衡化。社会主义市场经济的纵深发展，逐渐从效率价值指引下的经济优先转向公平价值指引下的社会优先，追求社会公平的过程并不是国家强权杀富济贫的过程，而是在保障人人平等地享有基本公共服务的基础上不断提高服务能力和水平，推进一定程度均等化的过程。2005 年中共中央发布了《中共中央关于制定国民经济和社会发展第十一个五年规划的建议》，该建议指出“扩大公共财政覆盖农村的范围，强化政府对农村的公共服务”“按照公共服务均等化原则，加大国家对欠发达地区的支持力度，加快革命老区、民族地区、边疆地区和贫困地区经济社会发展”。由此，国家将基本公共服务均等化确立为国家经济社会发展的基本政策和原则，并为其具体实施提出了具体措施。随后 2006 年召开的党的十六届六中全会则对基本公共服务均等化的认识逐渐深入化、系统化，大会作出《中共中央关于构建社会主义和谐社会若干重大问题的决定》并着重指出，“建设服务型政府，强化社会管理和公共服务职能”，要求政府“更加注重履行社会管理和公共服务职能。以发展社会事业和解决民生问题为重点，优化公共资源配置，注重向农村、基层、欠发达地区倾斜，逐步形成惠及全民的基本公共服务体系。创新公共服务体制，改进公共服务方式，加强公共设施建设……完善公共服务政策体系，提高公共服务质量”。2010 年召开的党的十七届五中全会，对基本公共服务均等化作出了最系统全面的论述。会议通过的《中共中央关于制定国民经济和社会发展第十二个五年规划的建议》，既完整地描述了我国推进基本公共服务均等化的愿景，又更加清晰地明确了均衡发展的策略措施和工作举措，从而为我国城乡居民公平的享有经济社会权利奠定了制度基础。近年来，党和政府的高度重视和大力发展农村经济，为农民群众的增产增收和农民生活条件的改善创造了条件。据资料显示，我国城镇居民人均可支配收入由 1978 年 343 元增加到 2013 年的 33, 616 元，农村居民人均可支配收入从1978年的133.6元增加到2016年12,362元,我国城市化率从1978年的17.9%上升到2016年的57.4%。城镇化水平的显著提高表现出我国城乡经济的均衡发展,从而与基本公共服务的均等化形成良性的互动。

2. 受义务教育权的均衡化趋势

受教育权是我国公民的基本权利,它的实现关系着公民个体的个性发展、素质培养和社会竞争力的提升,也关系着整个民族国家的经济发展和社会进步。改革开放以来,我国义务教育取得长足发展,根据教育部《2016年全国教育事业发展统计公报》显示,2016年我国共有义务教育阶段学校22.98万所,在校生1.42亿人,其中小学17.76万所,在校生9913.01万人,初中5.21万所,在校生4329.37万人。截至2016年,我国义务教育普及率已经达到发达国家水平,小学净入学率达到99.92%,初中阶段毛入学率达到104%,九年义务教育巩固率达到93.4%。[①] 但不能忽视的是,我国义务教育发展在取得巨大成就的同时,也存在义务教育发展的失衡现象。根据东北师范大学农村教育研究所2012年组织的调查显示,我国义务教育实施过程中在教师编制、中坚教师、绩效工资、生均用地面积、计算机配置、生均图书册数和多媒体套数等维度仍然存在城乡显著性差异。[②] 义务教育的发展失衡与我国长期以来教育资源的相对短缺、地区经济发展的不平衡和教育投入的不均衡有着密切联系。如何改变教育资源的分布不均,如何改善教育质量的天壤之别,如何"让每一个孩子享受公平的教育",成为新时期我国义务教育发展的重要任务和使命。

---

① 参见《2016年全国教育事业发展统计公报》,载教育部官网:http://www.moe.edu.cn/jyb_sjzl/sjzl_fztjgb/201707/t20170710_309042.html,最后访问日期:2017年7月24日。

② 参见凡勇昆、邬志辉:《我国城乡义务教育资源均衡发展研究报告——基于东、中、西部8省17个区(市、县)的实地调查分析》,载《教育研究》2014年第11期。

推进义务教育发展的均衡化就成为改变我国义务教育发展失衡的有效途径。义务教育的均衡化发展意味着发展义务教育要“基于对教育民主化、公平化的考虑,政府通过政策制定与调整及资源调配,使区域内义务教育阶段的学校大体处于一个相对均衡的状态,以符合义务教育的公共性、普及型和基础性,向受教育者提供相对平等的受教育的机会和条件,实现教育成功机会和教育效果的相对均等”。[①] 对此,我国政府将推进“教育均衡化”确立为政府的基本职能,通过教育资源的调配、社会政策的制定和特殊举措的大力维护和发展全体社会成员基本的受教育权,以期为每一位社会成员提供公平、均等的教育服务。《国家中长期教育改革与发展规划纲要》(2010—2020 年)提出,2020 年要基本实现区域内义务教育均衡发展目标。为了实现这一目标,我国政府不断明确教育均衡化发展中的政府责任,通过国家和地方各级政府的强力推进,逐步形成中央与地方协同推进、层层落实的义务教育均衡发展机制。除此之外,我国政府还采取了强有力的举措加快推进义务教育的均衡化发展,如加强全国义务教育均衡发展的评估和监测机制;继续确保增加义务教育的投入,尤其加大对中西部地区的投入,逐步尝试在中西部地区分省实施差别化的投入政策,完善省以下财政支付体系;科学规划城乡学校建设;严格落实学校标准建设;加强师资队伍建设和全面推进师范生顶岗实习和农村特岗教师政策;积极推进教育信息化建设等。[②]

3. 工作权的均衡化趋势

在现代社会中,工作不仅是社会个体成员的谋生手段,而且是其实现自我价值、获取社会资源的重要依据。广大公民逐渐意识到工作不仅是基于共同体成员身份的基本义务,更是一项基本权利,是每一个公民

---

① 吴开俊、黄家泉:《教育均衡化发展:理想与现实的抉择》,载《西北师大学报》(社会科学版)2003 年第 4 期。

② 参见宋乃庆:《我国义务教育均衡发展任重道远》,载《中国教育学刊》2015 年第 9 期。

都应平等享有的凭借自由选择和接受的工作来谋生的权利。从计划经济发展至市场经济,活跃的市场要素激发了城乡活力,扩大了就业市场,农村剩余劳动力摆脱了土地的束缚,进城务工成为社会发展的必然趋势。随着市场经济体制改革的深入发展,城市的快速发展产生了大量的劳动力需求,农民进城务工的人数持续增长,农民工人数从 2001 年的 8399 万人、2002 年的 10,470 万人增加到 2016 年的 28,171 万人,2016 年比上年增加 424 万人,增长 1.5%,增速比上年加快 0.2 个百分点。[①]我国政府为适应市场经济的发展需求,积极引导农村剩余劳动力的有序流动,不断加强对农民工的就业指导和职业培训,使农民工的工作权益得到有效保障。但不能否认的是,城乡二元的结构性要素的持续影响已经成为我国公民平等享有工作权利的巨大障碍,造成公民工作权利享有和实现中的城乡有别和非均衡化发展。中国的现代化发展进程已经使农民工群体成为城市发展和市场繁荣的一支不可或缺的力量,但农民工在就业机会、就业待遇和就业保障等方面仍然普遍性的遭遇歧视和不平等对待。以农民工的就业收入为例,根据国家统计局的调查数据显示,2016 年农民工人均月工资 3275 元,比上年增加 203 元,增长 6.6%,增速比上年回落 0.6 个百分点。虽然近年来农民工增长较快,但总体水平依然很低。据国家统计局调查,2016 年农民工的平均工资分别是 3275 元,相当于城镇单位就业人员月平均工资的 58.76%。[②] 而与农民工较低的工资、较强的劳动强度相对应的是较少的就业保障,根据人力资源与社会保障部的统计资料显示,2013 年年底,全国参加城镇职工养老保险、基本医疗保险和失业保险的农民工人数分别为 4895 万人、5018 万人和 3740 万人,分别相当于农民工总数的 18.2%、18.7% 和 13.9%,相当

① 参见《2016 年农民工监测调查报告》,载国家统计局官网:http://www.stats.gov.cn/tjsj/zxfb/201704/t20170428_1489334.html,最后访问日期:2017 年 7 月 24 日。

② 同上。《2016 年城镇单位就业人员平均工资继续保持增长》,载 http://www.gov.cn/zhengce/2017-05/27/content_5197573.htm,最后访问日期:2017 年 7 月 24 日。

于外出农民工总数(16,610万人)的29.5%、30.2%和22.5%。[①] 在此情况下,“统一城乡经济体制和社会管理体制,彻底消除城乡政策差别,尽快消除城乡劳动力因户籍不同所产生的经济权益和社会权益方面差别,实现同工同酬和平等就业、公平就业,为农民工创建平等公正的就业环境和就业机会,使农民工群体尽快享有平等的国民待遇”[②]就成为工作权均衡化发展的有效途径。为此,我国政府采取了多种措施:首先,国家清理和取消了农民工就业中的歧视性规定、不合理限制和乱收费,2007年先后制定颁布了《劳动合同法》《就业促进法》《劳动争议调解仲裁法》,逐步建立了城乡劳动力平等就业制度,进一步消除了农民工的就业歧视,促进了劳动者平等地获得就业的机会。其次,国家积极改善农民工的工资待遇并积极实现同工同酬,重点整治克扣、拖欠农民工工资现象。据建设部统计数据显示,截至2007年1月19日,各地已经偿付建筑领域历年拖欠工程款1834亿元,占2003年年底前竣工项目拖欠总额1860亿元的98.6%。[③] 而国家统计局发布的《2016年农民工监测调查报告》显示:2016年被拖欠工资的农民工人数为236.9万人,比上年减少38.9万人,下降14.1%。被拖欠工资的农民工比重为0.84%,比上年下降0.15个百分点。[④] 最后,国家逐渐完善了社会保险制度,切实加强对农民工群体的就业保障。2006年国务院制定了《关于解决农民工问题的若干意见》,2010年新修改了《工伤保险条例》,2011年颁布实施了《社会保险法》,2016年颁布了《慈善法》,这些法律法规都在一定程

---

① 参见人力资源与社会保障部:《2013年度人力资源与社会保障事业发展统计公报》,载中央人民政府网:http://www.gov.cn/xinwen/2014-05-28/content-2689086.htm,最后访问日期:2017年5月12日。

② 张庆:《经济增长减速下农民工就业困境及政策》,载《学术交流》2016年第1期。

③ 李松涛:《建设部:建设领域拖欠民工工资清理完毕》,载北方网:http://news.enorth.com.cn/system/2007-03-02/005164204.htm,最后访问日期:2017年5月12日。

④ 《2016年农民工监测调查报告》,载国家统计局官网:http://www.stats.gov.cn/tjsj/zxfb/201704/t20170428_1489334.html,最后访问日期:2017年7月24日。

度上增强了对于农民工群体的保护。

(三)经济与社会权利的普惠化发展

随着体制改革的深入和社会转型的加速,我国社会福利制度的改革势在必行。从补缺型福利向普惠型福利的过渡中,我国公民经济与社会权利的实现也必然发生显著变化。

1. 破除身份对经济与社会权利实现的影响

公民社会权利是一种现代的政治理念,每个公民都应平等地享有,但城乡二元体制的结构性要素不仅使城乡居民在权利实现中出现差别,更造成了农村和农民的权利贫困。正如印度经济学家阿玛蒂亚·森所指出的那样,"农民贫困的根源并不在农民贫困本身,而是深藏在农民贫困背后的另一种贫困——权利贫困。贫困不单纯是一种供给不足,而更多的是一种权利不足"。[①] 而这种权利不足是如何造成的呢?在计划经济时代,国家为实现现代化发展战略优先发展工业和城市,采取的却是以牺牲农民利益为代价的农业补贴工业、农村补贴城市的发展道路。计划经济体制下持续的分而治之和差别对待造就中国独特的城乡二元结构。1958 年 1 月全国人大常委会通过了《户口登记条例》,第一次明确将城乡居民分为"农业户口"和"非农业户口"两种不同户籍,奠定了我国人口管理的基本格局。1964 年 8 月公安部出台了《关于处理户口迁移的规定(草案)》,严格限制了农村人口流向城市。1977 年 11 月公安部出台的《关于处理户口迁移的规定》第一正式提出严格控制"农转非",规定每年从农村迁入城市的"农转非"人数不得超过现有非农业人口的 1.5‰。"户籍制度构成了城乡二元结构形成的基础条件。"[②]户籍制度的实行,不仅使广大农村居民被严格限制在土地上,约束其向城市

---

① [印]阿玛蒂亚·森:《贫困与饥荒》,王宇、王文玉译,商务印书馆 2001 年版,第 13 页。

② 郭克莎:《80 年代中期以来我国城乡经济发展的失衡态势分析》,载《社会科学战线》1997 年第 3 期。

流动、自由迁徙，同时也以此为基础实行一系列城乡有别的社会福利制度。严格的户籍管理制度已经在城乡居民之间构筑了一道壁垒森严的“身份之墙”，墙的两侧被人为地划分为具有不同社会身份的居民，造成农村居民和城市居民在职业、收入、身份、社会地位上的巨大差异，也使得工作、医疗、卫生、受教育、社会保障等一系列社会权利在农民和市民之间呈现明显的差异。据统计数据表明，1991～2005 年城市人均社会保障支出占人均 GDP 的比重为 15%，而农村只有 0.18%，城市人均享有的社会保障费用支出是农村的 90 倍之多。①

伴随着改革进程的逐渐推进，人们逐渐意识到城乡二元结构已经成为我国公民平等享有经济社会权利的最大障碍。党的十八届三中全会通过的《中共中央关于全面深化改革若干重大问题的决定》中明确指出：“城乡二元结构是制约城乡发展一体化的主要障碍。必须健全体制机制，形成以工促农、以城带乡、工农互惠、城乡一体的新型工农城乡关系，让广大农民平等参与现代化进程、共同分享现代化成果。”而破除城乡二元结构的关键在于改革现有的户籍管理制度，2013 年 11 月《中共中央关于全面深化改革若干重大问题的决定》指出：要“创新人口管理，加快户籍制度改革，全面放开建制镇和小城市落户限制，有序放开中等城市落户限制，合理确定大城市落户条件，严格控制特大城市人口规模”。2014 年 7 月备受关注的国务院《关于进一步推进户籍制度改革的意见》正式公布，明确了建立城乡统一的户口登记制度，这标志着实行了半个多世纪的“农业”和“非农业”二元户籍管理模式将退出历史舞台。户籍制度的改革将彻底撕下公民身上的身份标签，再次确证了其平等的法律主体资格，为城乡居民平等地享有社会福利和社会保障扫清了障碍，进而为实现社会公平、构筑社会和谐奠定了基础。

① 参见国家统计局：《中国统计年鉴(2005)》，中国统计出版社 2006 年版。

2. 普惠金融与公民反贫困权利的实现

人类的文明进步虽然发展成就巨大,但贫困仍然是困扰人类的重要问题之一,采取措施、消除贫困就成为摆在各国政府和国际社会面前的一道难题。作为最大的发展中国家,也是世界人口最多的国家,中国一直致力于消除贫困,解决温饱、提高人民生活水平、提升人民生存质量。中华人民共和国成立以来,特别是中国改革开放40多年来的迅猛发展,使中国的贫困面貌得到根本改观,社会经济持续快速发展,综合国力显著增强。但近年来,中国经济发展和地区发展的不平衡,城市化的快速推进和农民市民化进程的严重滞后,也使中国的反贫困呈现出鲜明的时代特点:"贫困人口规模庞大和贫困程度很高,在贫困的状态结构方面表现出绝对贫困和相对贫困并存、区域贫困与阶层贫困并存、农村贫困与城市贫困并存、精神贫困与物质贫困并存的复杂局面。"①然而,在这复杂的反贫困局面中,中国农村的贫困状况是最需要解决的。在《2020年中国:新世纪的发展挑战》中,世界银行指出:基于中国社会发展中的贫富悬殊和地区差异,"收入不均等所导致的贫困现象是21世纪中国反贫困战略的基本领域"。② 其实,这一基本领域主要表现为中国西部的农村地区。2016年我国城镇居民人均可支配收入33,616元,而农村居民人均可支配收入12,363元,农民收入低于全国人均收入(23,821元)的45%以下。而全国贫困地区农村居民人均可支配收入8452元,仅仅是全国农民人均收入(23,821元)的35.48%。③

针对我国西部农村地区特殊的自然、经济和社会发展特点,小额信贷计划成为我国西部地区反贫困治理的重要组成部分。小额信贷及其

---

① 许飞琼:《中国的贫困问题与缓贫对策》,载《中国软科学》2000年第10期。

② 世界银行:《2020年的中国:新世纪的发展挑战》,中国财政经济出版社1997年版,第254页。

③ 参见《中华人民共和国2016年国民经济和社会发展统计公报》,载国家统计局官网:http://www.stats.gov.cn/tjsj/zxfb/201702/t20170228_1467424.html,最后访问日期:2017年7月24日。

延伸产物微型金融的推广，针对农村地区的经济发展状况和农民现实的资金需求特点，可持续地为农村和农民服务，对于消除贫困具有积极作用。而以小额信贷和微型金融为基础的“普惠金融”则是2005年联合国和世界银行等组织提出的概念，其基本含义是能有效、全方位地为社会所有阶层和群体提供服务的金融体系。普惠金融所认同的是将包括穷人在内的金融服务有机的溶入于微观、中观和宏观三个层面的金融体系，过去被排斥于金融服务之外的大规模客户群体才能获益。最终，这种包容性的金融体系能够对发展中国家的绝大多数人，包括过去难以达到的更贫困和更偏远地区的客户开放金融市场。党的十八大确立了全面建成小康社会和大幅减少贫困人口的宏伟目标，强调要深入推进农村扶贫开发。2013年党的十八届三中全会发布的《关于全面社会改革若干重大问题的决定》中正式提出“发展普惠金融”。我国政府将普惠金融体系的建立与国家贫困治理结合起来，通过完善金融服务，促进贫困地区和贫困人口提升自我发展能力，增强贫困地区的“造血”功能，促进贫困地区的持续健康发展。具体而言，首先，通过普惠式金融体系的建立，改变政府以往的“输血式”扶贫机制，打破贫困的自我恶性循环的机制，确立市场化的扶贫观念，通过金融管理机制和金融工具的创新，为那些缺乏资金但努力致富的低收入群体提供信贷支持，增强其自我更新、自我发展的机会和能力；其次，通过普惠式金融体系的建立，改善贫困地区的基础设施建设和公共产品提供，催生有效的金融需求，同时通过政府的税收优惠和补贴降低金融机构在贫困地区的交易成本，引导金融机构网点和资金向贫困地区扩展延伸；再次，通过普惠式金融体系的建构，充分借鉴国外的成功经验，探索不同类型金融机构的深度参与、多方共赢的互联信贷模式，促使各种类型金融机构发挥各自优势，形成金融扶贫的合力；最后，通过普惠式金融体系的建构，建立金融扶贫对象的筛选、评价机制，提高精准扶贫的准确度。

3. 适度普惠型福利制度的确立

在中国经济迅猛发展和中国公民权利意识不断萌发的今天，要求改善和提高社会福利水平的呼声日益高涨。这与我国长期以来实行的补缺型福利模式有着密切关系。补缺型福利的基本特点是生活收入支持系统在市场劳动关系和家庭互助关系中的效用发生故障时，由国家提供最低标准生存资助。这种福利模式通常适用于工业化发展的初期，它笃信市场作用的高效性，认为国家干预会降低资源配置的效率和损害社会福利的最大化，因而主张国家只对市场化进程中生活困难的居民实施最低限度的福利保障。虽然这一模式的形成有着深刻的时代和历史原因，但确实造成了我国长期以来社会保障水平低、覆盖面窄和基本公共福利严重不足等问题。随着我国社会发展模式从强调 GDP 至上主义的效率优先，转向强调社会公平的均衡发展，社会福利模式从补缺型转向普惠型已成为社会发展的必然趋势。党的十六届六中全会明确提出，要“建立覆盖城乡居民的社会保障体系”，党的十八届三中全会进一步提出要“建立更加公平可持续的社会保障制度”。

适度普惠型福利制度是与我国经济发展水平、社会结构、政治传统等相适应的，有别于西方的中国特色的社会主义福利制度：首先，这种福利模式实现了从生存层次向发展层次的整体提升。补缺型福利主要解决的是国民生存层面的基本需求，包括能够免除国民生存恐惧的社会救助制度、能够免除国民疾病恐惧的医疗保障体系和能够解除年老后顾之忧的老年保障制度，这些制度主要维持较低层次的基本需求，这些需求的满足仅仅在于维持国民的基本生存这一最低限度的现实要求；而适度普惠型福利是以满足国民教育、住房、公共交通等较高层次的需求，这些需求的满足在于为国民的自我发展和自我完善创造条件。其次，这种福利模式实现了从碎片化向整体化的全面整合。补缺型福利模式中涉及公民的养老、医疗、低保等各项制度，但制度设计往往是“碎片化”的，不仅各项制度之间缺乏地区间的平衡性、部门之间的协调性和时间上的连续性，而且任何单项制度的运行都是差别化、特殊化的。而适度普惠型福利就是要将各项福利制度进行统筹,通过统筹实现社会福利制度的地域整合、人群整合、阶层整合。再次,这种福利模式实现了从城乡二元向城乡一体的协调发展。补缺型福利模式中制度的实施,往往具有鲜明的"城乡二元"的结构性特征,城乡居民的福利待遇是城乡有别的。而适度普惠型福利以城乡基本公共服务均等化为目标,将城乡居民纳入基本社会福利范围,逐步把城乡的社会福利发展成为"制度合一、服务衔接、功能配套"的体系。最后,这种福利模式实现了从单一主体向多元主体的责任共担。补缺型福利由于政府掌握着绝大多数社会福利资源,对于基本生活受到威胁的民众的福利请求,理应由政府承担主要责任。而适度普惠型福利则充分发挥企业、社会组织、社区和家庭的多方作用,通过政府的主导作用和社会主体的多元参与,构建政府、社会、市场相互衔接互补的多元责任架构。

四、经济与社会权利发展的积极行动

由于社会发展的限制和城乡二元结构的影响,中国经济与社会权利在发展过程中存在一定的不平衡性。例如,农村与城市、东部与西部在国民经济与社会权利的实现方面就存在较大差异。这种不平衡发展既给社会的稳定性带来了一定的影响,又让公民在社会心态上产生了波动。面对这些客观现实,中国政府加大了在经济与社会权利发展方面积极行动的力度。这也构成了中国经济与社会权利发展的一大特色。

(一)西部大开发与经济社会权利的发展

2000 年开始实行的西部大开发战略,就是中国在经济与社会权利发展方面采取的一项积极行动。截至 2014 年,西部人均地区生产总值由 4624 元增加到 37,291.27 元,15 年间增长了 8 倍;中央财政共安排扶贫资金 1065.55 亿元,西部地区农村贫困人口减少了 3000 多万人,375 个国家扶贫开发工作重点县农民人均纯收入从 2000 年的 1197.6 元增加到 2014 年的 7306 元。这 15 年来,"国家累计安排西部地区水利投资 2000 亿元,年均投资增速达 21%,西部农村新增、恢复灌溉面积 1400 多万亩,改善灌溉面积4500多万亩,新增节水能力100多亿立方米。国家为解决西部地区农村饮水问题投资280多亿元,解决了西部地区近2亿农村人口的饮水困难和饮水安全问题。15年来,国家累计安排西部12省区市退耕还林资金补助1500亿元;累计安排西部地区生态保护与建设中央投资3000亿元,占同期全国投资的57.1%。2014年西部地区林业产业总产值达1万亿元。农业部在西部地区安排资金1000亿元,实施了优质粮食产业工程、种养业良种等重大农业基础设施建设项目和良种补贴等财政补贴补助项目。国家6成以上扶贫资金向贫困地区相对集中、贫困人口较多的西部地区倾斜。农业部还加大对西部地区农业人才的培养力度”。① 通过这些积极行动,西部地区的公民在受教育权、社会保障权、健康权、文化权等方面的实现程度得到了一定的提升。通过对西部大开发这一积极行动进行总结与梳理,我们发现中国经济与社会权利发展具有以下几个方面的特色。

1.确立了权力能动性原则

所谓权力能动性原则,按照汪习根教授的说法,“是指在对公共权力进行制约与监督的基础上充分保证权力运行的主动性和高效率,实行控制权力与保障权力能动运行的统一。它要求政府对发展权不只是消极地不予妨碍即排除公共权力对发展权的侵害,更强调构建能动的权力运作架构,使政府能积极地担负起促进发展权实现的责任”。② 就通过西部大开发,逐步实现经济与社会权利均衡化和普惠化发展的过程来看,中国逐步确立了权力能动性原则。第一,中国政府在履行相关义务时,强调以社会为本位,注重内容的整体性和主体的复合性。换言之,中国政府在履行经济与社会权利方面的义务时,往往会主动与当地经济与社会发展结合起来,并不断调整相当的政策和制度,以追求当地经济与社

① 李承明:《西部大开发十五年发展报告》,载《西部大开发》2015年第Z2期。

② 汪习根:《论西部发展权的法律保障》,载《法制与社会发展》2002年第2期。

会权利的发展程度与经济发展水平相适应(详见表8西部大开发主要政策或重大意见)。第二,中国在西部大开发过程中,逐步确立了政府在经济与社会权利实现过程中的引领作用。从目标上讲,西部大开发就是要提升西部民众的经济与社会权利的发展程度。在具体的实现过程中,中国政府主要采取的是一种自上而下的方式,并通过中央政府的制度设计和积极行动来引领西部地区经济与社会生活条件的改善。因此,政府往往会根据现实需要适时扩权和限权,从而发挥政府在经济与社会权利实现过程中的主导作用。第三,中国在西部大开发过程中,中国政府既强调权力受到制约,又能够能动进取,既能积极促进社会福利,与此同时又不陷入仅仅在其组织得最好的公民之间分配利益的专制之中。① 中国政府认为:“衡量和检验发展中国家人权状况的主要标准应该是看其政策和行动是否有利于促进经济、社会的发展,是否有利于解决人民温饱,是否有利于提高人民生活福利。”②

表8　西部大开发主要政策或重大意见③

阶段	年份	主要政策或重大意见
适时提出阶段	1988	“两个大局”战略构想
	1990	十年规划和“八五”计划的建议
	1995	“九五”计划和2010年远景目标的建议
	1997	十五大报告
	1999	党的十五届四中全会正式提出西部大开发战略

① 参见汪习根:《论西部发展权的法律保障》,载《法制与社会发展》2002年第2期。

② 刘华秋:《在1993年维也纳世界人权大会上的发言》,载《光明日报》1993年6月17日。

③ 参见宋海洋:《西部大开发政策演进分析与调整策略》,载《开发研究》2015年第5期。

续表

阶段	年份	主要政策或重大意见
有序推进阶段	2000	《关于实施西部大开发若干政策措施的通知》
	2001	《关于西部大开发若干政策措施的实施意见》
	2002	“十五”西部开发总体规划
	2002	《关于进一步完善退耕还林政策措施的若干意见》
	2004	《关于进一步推进西部大开发的若干意见》
	2006	《关于促进西部地区特色优势产业发展的意见》
	2007	西部大开发“十一五”规划
	2007	成渝经济区获批
	2007	《关于加强东西互动深入推进西部大开发的意见》
	2008	《中西部地区外商投资优势产业目录》(2008 年修订)
	2009	关中—天水经济区发展规划
	2009	《关于应对国际金融危机保持西部地区经济平稳较快发展的意见》
深入细化阶段	2010	《关于深入实施西部大开发战略的若干意见》
	2010	《关于中西部地区承接产业转移的指导意见》
	2011	《关于深入实施西部大开发战略有关税收政策问题的通知》
	2012	西部大开发“十二五”规划
	2013	《科技助推西部地区转型发展行动计划》(2013—2020 年)
	2013	《中西部地区外商投资优势产业目录》(2013 年修订)
	2014	《西部地区鼓励类产业目录》
	2016	国家新开工西部大开发重点工程 30 项

2. 从外延式发展向内涵式发展演进

在通过西部大开发进一步提升经济与社会权利实现的均衡性和普惠性

的初期,中央政府直接投资和支持建设了大部分基础设施。这种直接的“输血”性做法对于改善西部地区社会生活水准,提升经济与社会权利实现水平发挥了重要的作用。但是,这种发展主要是一种外延性发展。它无法依靠自身特色和优势,充分发挥市场配置资源的决定性作用,容易滋生“等、靠、要”的局面。[①] 为了增强西部地区自身的“造血”功能,中国政府逐步调整了对西部地区投入方式,并积极探索内涵式发展道路。在经济与社会权利实现方面,中国政府逐步改变了过去那种发放物质和增加财政投入的简单做法,出台相关政策和支持措施,提升西部地区经济发展水平,从而增强当地人民自身改善生活水准的能力。我们以西部反贫困权利的实现为例。西部大开发早期,中国通过外延式发展解决了西部缺衣少粮的绝对贫困状态,但是,收入增长缓慢,相对贫困现象普遍存在。为了解决这一问题,中国政府逐步改变过去“救济式反贫困”的战略,而采取“开发式反贫困”战略,大力加强西部农村金融发展,改善农村经济结构、增加农民收入、降低西部农村贫困发生率。[②] 这种内涵式的发展道路在一定程度上增强了当地自身的“造血”功能,从而提升了当地经济与社会权利的发展水平。

3. 强调西部地区经济与社会权利发展的自治权

西部地区是中国少数民族地区聚居较多的地区,因自然、经济、历史和文化等方面的原因与东部地区存在较大差异。这也就意味着西部地区经济与社会权利的发展有着强烈的地方性色彩。中国政府充分意识到了这一点,并认为经济与社会权利的实现与当地地理条件、客观物质基础、文化状况、宗教和风俗习惯密切相关。因此,中国政府不断提升西部地区经济与社会权利发展的自治性。中共中央、国务院《关于深入实施西部大开发战略的若干意见》就将“充分发挥西部地区积极性、主动

---

① 参见宋海洋:《西部大开发政策演进分析与调整策略》,载《开发研究》2015 年第 5 期。

② 参见张飞霞:《公共政策视角下西部地区农村金融反贫困问题研究》,重庆大学 2014 年硕士学位论文,第 6 页。

性、创造性,立足自身努力推进经济社会发展”作为西部大开发坚持的一项基本原则。在这一意见的指引下,西部地区政府通过制定具体的实施细则的方式,因地制宜地促进当地经济与社会权利发展。

4. 优先发展西部地区的受教育权

中国政府在西部大开发的过程中,充分认识到了受教育权对于提升当地经济与社会权利,乃至整个人权水平所具有的重要意义。国家发展和改革委员会在《西部大开发“十二五”规划》就进一步明确了优先发展西部地区受教育权的重要性,并提出:“统筹发展各级各类教育。积极发展学前教育,重点支持农村地区乡村幼儿园建设,特别是利用闲置小学校舍建设幼儿园,基本普及学前一年教育。促进义务教育均衡发展,巩固提高九年义务教育普及成果,完善农村义务教育经费保障机制。优化中小学布局,促进农牧区和边远地区适当集中办学,办好必要的教学点。推进义务教育学校标准化建设工程,加强边境地区学校建设。进一步加强校车安全管理,确保校车安全运行。稳步推进寄宿制学校建设,逐步提高寄宿生生活费基本补助标准。实施农村义务教育学生营养改善计划。继续实施农村义务教育阶段学校教师特设岗位计划,实行教师全员培训制度,提高中小学教师素质。支持西部师范院校扩大免费师范生的范围。基本普及高中阶段教育,推动普通高中多样化发展。大力发展职业教育,加强中等职业教育基础能力建设,支持建设一批职业教育实训基地,推动东西部地区合作,逐步实行中等职业教育免费制度。实施教育扶贫工程。加快民族地区教育发展,支持西藏、新疆等民族地区实施双语教育,积极稳妥地推进民汉合校,办好内地少数民族班(学校)。优化高校布局结构,办好一批有特色、高水平大学,支持西部地方高校特色优势学科专业发展。新增高校招生计划向西部地区倾斜,扩大东部地区高校在西部地区招生规模。发展特殊教育。大力推进教育信息化建设。”①

---

① 国家发展和改革委员会:《西部大开发“十二五”规划》,载《经济日报》2012 年 2 月 21 日。

（二）财政转移支付与经济社会权利的发展

从义务履行来讲，经济与社会权利的实现需要政府积极履行财政投入的义务。没有中央和地方政府的财政投入，经济与社会权利就会成为“水中月”“镜中花。”自1994年开始，中国就进行了分税制改革。在这次改革中，中央政府除了将极为重要的税种划归国税之外，还通过压缩地方政府可控的“征管空间”，即集中税收征管权，由国税系统逐步“蚕食”地税系统的征管范围来限制地方政府的横向税收竞争行为。[①] 这次改革在事实上也确实提升了中央政府的资源汲取能力，但是，它极大地限制了地方政府的资源汲取能力。而且，分税制改革并没有对事权进行明确划分，省级以下政府仍然要承担绝大部分地方公共物品的支出责任。[②] 因此，地方政府在履行经济与社会权利方面的义务的能力不足。为了弥补地方政府的这种不足，中国就进一步加大了财政转移支付的力度。尽管既有的财政转移支付制度广受诟病，但是，它还是在一定程度上促进了经济与社会权利的发展。

1. 一般性财政转移支付

中央政府往往基于地方政府在经济与社会权利方面的实现能力，会通过一般性转移支付的方式来弥补地方政府的能力不足。具体来讲，这种一般性财政转移支付会覆盖义务教育，基本养老金和低保，新型农村合作医疗，革命老区、民族和边境地区等具体领域。从1994年到2014年，一般性转移支付由214亿元增长到27，217.87亿元，20年间增长了127.19倍，占地方总财政收入的比重也由4.55%增长到21.31%。[③] 2012年《西部大开发“十二五”规划》提出进一步加大中央财政均衡性转

---

① 参见谢贞发、范子英：《中国式分税制、中央税收征管权集中与税收竞争》，载《经济研究》2015年第4期。

② 参见陈硕：《分税制改革、地方财政自主权与公共品供给》，载《经济学》2010年第4期。

③ 参见吴强、李楠：《我国财政转移支付及税收返还变动对区际财力均等化影响的实证分析》，载《财政研究》2016年第3期。

移支付向西部地区倾斜,2016 年李克强总理在《政府工作报告》中进一步提出要增强一般性转移支付规模增加,并在 2016 年增长一般性转移支付规模 12.2%。通过这种方式,经济与社会权利发展地区差距得到了一定的缩小,从而促进了经济与社会权利的均衡化发展。

2. 专项性财政转移支付

中央政府充分意识到经济与社会权利发展的地域性差异,将社会保障和就业、住房保障支出,地震灾后恢复重建支出以及教育、农林水事务等支出列为专项性财政转移支付。从 1994 年到 2014 年,中央专项转移支付也增长了 50 多倍,总量上达到 19,569.22 亿元。[①] 尽管专项性财政转移支付有助于明确资金使用方向,限定使用范围,从而促进经济与社会权利的发展,但是,“由于社会保障制度之间存在贫富差距、专项资金管理带来诸多事务性工作、专项资金不一定能够提高资金使用效益等问题的存在”。[②] 2015 年,财政部下发了《中央对地方专项转移支付管理办法》。该办法将专项性转移支付分为委托类、共担类、引导类、救济类、应急类五类。其中,救济类和应急类与经济和社会权利的发展与实现密切相关。在这一办法的指引下,中央政府从严控制对地方的专项转移支付,极力解决过去经济与社会权利保障方面专项性财政转移支付的随意性较大、专项性转移支付体系复杂、地方政府的公共支出责任缺乏和经济与社会权利均衡发展无法实现等问题。[③]

---

① 参见吴强、李楠:《我国财政转移支付及税收返还变动对区际财力均等化影响的实证分析》,载《财政研究》2016 年第 3 期。

② 范文杰、王彤、吴文彪:《加大社会保障类资金专项转移支付力度》,载《人民政协报》2015 年 3 月 31 日。

③ 参见鲍曙光:《我国财政转移支付财力均等化效应研究》,载《中央财经大学学报》2016 年第 3 期。

第六章　文化权利保障的中国探索

近代以来，立宪国家的核心价值目标在于通过对国家权力的规制，以尊重和保障个体基于其自然属性与社会属性而应享有的各项基本人权，进而促进个体的不断完善与发展。基于文化对于提升生存条件、保障人之尊严与促进人格发展的不可或缺性，将文化权利视为一项基本权利应是毋庸赘言的，赋予文化权利以实在法上的基本权利之地位是立宪主义的目标与要求。

有关文化权利的实在法规定最早可追溯至1919年的《魏玛宪法》。① 第二次世界大战之后，基于对战争前后种种无视与践踏人权现象的反思，作为国际人权法体系中保障人权的纲领性法律文件，《世界人权宣言》于1948年12月10日获得通过，

---

① 《魏玛宪法》第118条规定："德国人民，在法律限制内，有用语言，文字，印刷，图书或其他方法，自由发表其意见之权，并不得因劳动或雇佣关系，剥夺此种权利。如其人使用此权利时，无论何人，亦不得妨害之。"

其第22条规定:"每个人,作为社会的一员,有权享受社会保障,并有权享受他的个人尊严和人格的自由发展所必需的经济、社会、文化方面各种权利的实现。"该条规定被视为国际人权宪章体系中文化权利保障的基石条款。1966年,《经济、社会和文化权利国际公约》获得通过,其第15条第1款规定:"凡缔约国承认人人享有下列权利:(甲)参加文化生活;(乙)享受科学进步及其应用所产生的利益;(丙)对其本人的任何科学、文学或艺术作品所产生的精神上和物质上的利益,享受被保护之利。""该条确立了文化权利的一般国际法渊源"①与权威的国际性标准,使文化权利之内涵在国际人权法语境中变得更为具象。立基于文化权利的基本人权属性与上述两个重要的国际法文本,部分民主立宪国家都在宪法与法律层面将文化权利予以实定化。②

作为肇始于西方的文化权利,中国将其视为有益的思想与制度舶来品予以批判性地借鉴。从1949年的《中国人民政治协商会议共同纲领》(以下简称《共同纲领》)到中华人民共和国成立后的历部宪法,都对文化权利进行了政治纲领性抑或规范性的规定。③ 在现行《宪法》中,从规范表述上直接提及"文化"的条文多达15条,④"其数量之多,内容之完

---

① 万鄂湘、毛俊响:《文化权利内涵刍议》,载《法学杂志》2009年第8期。

② 譬如,1981年《西班牙王国宪法》第44条与1982年《葡萄牙共和国宪法》第42条,参见莫纪宏:《论文化权利的宪法保护》,载《法学论坛》2012年第1期。

③ 例如,《共同纲领》第五章关于"文化教育政策"的规定,1954年《宪法》第96条第1款与第3条第3款、1975年《宪法》第27条第4款与第4条第3款以及1978年《宪法》第53条第1款与第4条第3款都涉及"妇女"与"少数民族"这两个特殊群体的文化权利。具体可参见沈寿文:《关于中国"文化宪法"的思考》,载《法学》2013年第11期。

④ 这15处包括:第2条、第4条、第14条、第19条、第22条、第24条、第47条、第48条、第70条、第89条、第99条、第107条、第116条、第119条、第122条。此外,需要说明的是上述条文皆为规范表述上直接出现"文化"的条文,不涉及那些未直接使用"文化"进行表述的"文化条款",如第139条关于少数民族诉讼语言的规定。

备,堪称20世纪文化立宪国之典范”。① 其中位于“公民的基本权利和义务”一章的第47条更是被视为文化权利规范体系之核心,赋予文化权利以公民基本权利之地位。在法律法规层面,我国《非物质文化遗产保护法》《公共文化体育设施条例》《公共文化服务保障法》《公共图书馆法》等相继颁布实施,《文化产业促进法》《全民阅读促进条例》等也已陆续提上立法议程。在国家法体系之外,作为执政党的中国共产党也制定了一系列的文化政策以促进文化权利的发展。从1997年党的十五大提出“建设有中国特色的社会主义文化”,到2011年党的十七届六中全会通过《中共中央关于深化文化体制改革、推动社会主义文化大发展大繁荣若干重大问题的决定》(以下简称党的十七届六中全会《决定》)与2014年党的十八届四中全会提出“建立健全坚持社会主义先进文化的前进方向、遵循文化发展规律、有利于激发文化创造力、保障人民基本文化权益的文化法律制度”,再到2017年党的十九大进一步提出:“要坚持中国特色社会主义文化发展道路,激发全民族文化创新创造活力,建设社会主义文化强国。”根据自身既有的文化传统与现实国情,中国正在逐步建构与完善具有中国特色的文化法律制度体系,制定具有中国特色的文化政策与目标,形成具有中国特色的文化权利发展道路。

本章试图根据文化权利的一般理论,从权利的规范内涵、属性面相、主体类型以阐述在当前中国语境下的文化权利,透析国家在保障文化权利过程中的职能转变与角色定位,论述作为文化权利辅助性保障的社会保障机制。最后,以少数民族文化权利保障为例,剖析特殊群体文化权利保障的特殊性。

一、中国语境下的文化权利

对于“权利是什么”的探寻,一直是中西方政治法律领域内永恒且核

---

① 周刚志:《论中国文化法律体系之基本构成》,载《浙江社会科学》2015年第2期。

心的目标,而作为次级概念的“文化权利”,除因共识性权利定义理论的缺位而带来的解释困难,更因为作为其核心要素“文化”的包容性、开放性、模糊性,使得准确定义“文化权利”变成一项极具复杂性与挑战性的任务。然而在理论层面进行一般性建构的困难,并不妨碍我们以特定的路径对相关概念进行个别性理解。基于文化权利对经验事实的较强依赖,在中国具体的国别语境下,视文化权利为一项法定的基本权利,以既有法律规范体系中的相关文本为核心,结合其他的理论与制度素材,使得进一步阐释与明晰文化权利的规范内涵、属性面相以及主体类型成为可能,而这也将成为我们认识中国特色文化权利发展道路的理论背景。

（一）文化权利的规范内涵

一般而言,欲清晰地阐述一项权利的内涵,就必须把握住其中的核心要素。显而易见,文化权利的核心要素就在于“文化”一词。不过,基于“文化”的包容性与开放性,从不同的视角出发,可以得出各种不同的理解。例如,梁漱溟先生从一种宏观的视角解读“文化”,认为:“文化,就是吾人生活所依靠之一切……文化之本义,应在经济、政治,乃至一切无所不包。”①与梁氏观点相类似,墨西哥学者斯塔温黑根提出了三种文化概念,即作为资本的文化、作为创造力的文化以及作为全部生活方式的文化。② 这两种对“文化”的理解,实际上已将“文化”与“文明”相等同,在一种宏大的叙事结构中将“文化”视为特定种群或族群在特定时空范围内所有物质资料与精神资料之总和,这是一种最广泛意义上的“文化概念。”除此之外,在不同领域内,对于“文化”较为狭义的解读也有所不同,如德国社会学家马克斯·韦伯从社会学的视角切入,认为“文化”

---

① 梁漱溟:《中国文化要义》,上海人民出版社2011年版,第7页。

② 参见[墨]R.斯塔温黑根:《文化权利:社会科学的视角》,载[挪]A.艾德、[芬]C.克罗斯、[比]A.罗萨斯编:《经济、社会和文化的权利》,黄列译,中国社会科学出版社2003年版,第98~103页。

就是指人们对于社会中各类事件的价值判断与取向;①美国人类学家克利福特·吉尔茨则认为,“文化”在符号学的意义上“指代一整套能够承载各种概念与意义的符号,使得人类的交流、认知和知识的积累成为可能”。②

在国际人权法层面,作为保障文化权利的核心性规范文件,《经济、社会和文化权利国际公约》并未对“文化”这一概念进行明确的阐述,只是在其第 15 条第 1 款(甲)规定了人人有参加文化生活的权利,似乎是将文化生活作为了文化权利的核心要素。在 2009 年经社文权利委员会发布的第 21 号一般性意见中,委员会认为,文化是一个广泛、包容性的概念,包括人类生存的一切表现。文化是一个历史的、动态的和不断演变的生命过程,有过去、现在和将来。文化塑造并反映个人、个人的团体和社区的幸福价值观与经济、社会、政治生活。③ 经社文委员会的一般性意见之所以未赋予“文化”以精确的定义,而仍旧宽泛地描述“文化”的抽象意义,推测其原因在于,一是在一般层面上做出一个具有普遍性的“文化概念”是非常困难的;二是将“文化权利”具体化的任务交给了各个缔约国,希冀缔约国根据既有的文化传统与现实国情,在国内法体系中赋予“文化权利”本土化的规范内涵。

尽管在理论学说层面与国际法规范层面无法对“文化”这一核心要素进行权威性的界定,但依旧可以一种法教义学的路径,以既有的法律规范为核心,辅之以适当的“文化观念”与其他理论与制度素材,通过一

---

① See Max Weber, *The Methodology of the Social Sciences*, New York: The Free Press, 1949, pp. 30 – 32.

② See Clifford Geertz, *Religion as a Cultural System*, New York: Basic Books, 1973. 转引自黄明涛:《公民文化权研究——〈宪法〉第 47 条之规范建构》,中国政法大学出版社 2015 年版,第 21 页。

③ 有关《经社文权利委员会第 21 号一般性意见》的具体内容载中国人权网:http://www.humanrights.cn/html/2014/1_1009/1885.html,最后访问日期:2017 年 4 月 16 日。

种法律解释作业以明晰文化权利的规范内涵。法教义学的基本立场在于对一国现行实在法秩序统一性的确信，而宪法规范在一国实在法体系中居于基础地位，对其他部门法规范具有统摄作用，因此对于我国相关宪法规范的解释就成为把握我国文化权利规范内涵的关键所在。我国现行《宪法》第 47 条被视为文化权利规范体系内的核心条款，其在宪法层面确立了文化权利之公民基本权利地位，①其规定："中华人民共和国公民有进行科学研究、文学艺术创作和其他文化活动的自由。国家对于从事教育、科学、技术、文学、艺术和其他文化事业的公民的有益于人民的创造性工作，给以鼓励和帮助。"尝试对该条文前一部分进行直观的文义解释，可以得出公民文化权利主要意指参加文化活动的自由，其中所列的"科学研究""文学艺术创作"应该是一种对于"文化活动"的列举式解释，而"其他文化活动"的表述则应该是基于对"文化活动"多样性与复杂性的考量，赋予文化权利一定的开放空间，使其在下位法的立法过程中被具体化。再者，作为宪法基本国策条款的第 22 条第 1 款规定："国家发展为人民服务、为社会主义服务的文学艺术事业、新闻广播电视事业、出版发行事业、图书馆博物馆文化馆和其他文化事业"，此条款已将"为人民服务"作为国家发展"文化事业"的目标。根据我国《宪法》第 33 条所规定的"国家尊重和保障人权"，将此条款与第 47 条的后一部分相结合，再与第 47 条的前一部分相对应，文化事业与文化活动实际上可视为一种手段与目的之间的关系，国家大力开展各种文化事业的目的之一是为了丰富公民的文化活动，因此"文学艺术""新闻广播电视""出版发行"等都可以被视为对"文化活动"的列举式解释。根据此种解释路径，我国《宪法》第 4 条涉及的民族语言文字与风俗习惯、第 19 条涉及的发展教育事业、第 20 条涉及的发展科技事业、第 23 条涉及的知识分子

---

① 国内法学界有个别学者认为现行《宪法》并没有对公民基本权利作文化权利的分类，参见莫纪宏：《论文化权利的宪法保护》，载《法学论坛》2012 年第 1 期。

培养、第24条涉及的精神文明建设等,都可以视为文化权利在具体宪法基本国策条款中的体现。结合对上述系列宪法条款的文义解释与体系解释,文化权利的宪法内涵意指一种指向公民文化活动的权利,其主要内容包括进行科学研究、开展文学艺术创作、运用语言文字、保持风俗习惯、接受教育培训、使用公共文化设施、参加娱乐活动等,而这规范背后所秉承的既非一种囊括所有领域的"文明"式广义文化观,也非一种仅限于特定领域内的狭义文化观,而是一种介乎这二者之间的中度文化观。

另外,还须注意的是,中国已于1997年签署了《经济、社会和文化权利国际公约》,并于2001年批准了该公约。因此,《经济、社会和文化权利国际公约》中相关的文化权利条款,对于建构我国文化权利的规范内涵具有重要的参照价值。据前述可知,该公约第15条将文化权利视为一种参加文化生活的自由,以科学、文学艺术创作对文化生活进行列举式解释,并涵盖了与之相关的利益保护。而在我国宪法层面上的文化权利内涵,意指一种指向公民文化活动的权利,涉及科学研究、文学艺术创作等活动。从中可以看出,"文化生活"和"文化活动"除了在语义表达上略有不同,实质意义上并无太大差别,文化生活实际上即由各式各样的文化活动所构成。因此,"文化生活"与"文化活动"在建构文化权利的规范内涵方面所发挥的作用是不分伯仲的。①

综上所述,以一种适中的文化观念为背景,以相关宪法规范为主要依据,以相关国际人权公约为重要参照,应该选择以更具语义包容性的"文化生活"这一概念来界定与把握文化权利的规范内涵。由此可知,中国语境下的文化权利意指一种指向文化生活的权利,其主要内容包括进行科学研究、开展文学艺术创作、运用语言文字、保持风俗习惯、接受教育培训、使用公共文化设施、参加娱乐活动等文化活动的自由以及享有

---

① 参见黄明涛:《公民文化权研究——〈宪法〉第47条之规范建构》,中国政法大学出版社2015年版,第27页。

与之相关的利益。

（二）文化权利的双重面相

1. 消极权利与积极权利的复合

联合国教科文组织前法律顾问卡雷尔·瓦萨克于20世纪70年代提出了“三代人权理论”，该理论的核心观点为，第一代人权主要指形成于18世纪末美法革命时期的公民权利和政治权利，第二代人权主要指形成于20世纪初苏俄革命时期的经济、社会和文化权利，第三代人权主要指形成于第二次世界大战以后的和平权、环境权和发展权。① 在英国政治理论家以赛亚·柏林的“两种自由概念”②对权利理论的影响下，“三代人权理论”中的公民权利和政治权利被视为一种消极权利，要求国家扮演一种消极克制的“守夜人”角色，禁止侵犯或过多干涉个人权利的行使，而经济、社会和文化权利则被视为一种积极权利，强调国家运用公共资源在权利的型塑、发展与保障方面进行积极有效的介入与干预。由此可见，作为第二代人权中的文化权利，其所具有的积极权利面相，在理论界已达成一定的共识。

此外，以既有规范体系为参照，文化权利作为一种积极权利，在中国语境下显得尤为明显。如前已述，我国现行《宪法》第47条被视为文化权利规范体系内的核心条款，其在前半款确立文化权利之公民基本权利地位，同时在后半款规定：“国家对于从事教育、科学、技术、文学、艺术和其他文化事业的公民的有益于人民的创造性工作，给以鼓励和帮助”，明确公民文化权利发展与完善过程中的国家保障义务，实则是在根本法层面凸显文化权利的积极权利面相。在法律法规层面，文化法规范的语义结构不是笼统意义上的“国家如何……”就是具体指代的“某国家机构

① 参见沈宗灵、黄楠森编：《西方人权学说》（下册），四川人民出版社1994年版，第282页。

② 以赛亚·柏林根据公民与国家间的关系，将自由划分为“消极自由”与“积极自由”，具体可参见［英］以赛亚·柏林：《自由论》，胡传胜译，译林出版社2003年版。

如何……”。例如，我国《公共图书馆法》第 13 条规定：“国家建立覆盖城乡、便捷实用的公共图书馆服务网络”；《非物质文化遗产法》第 7 条规定：“国务院文化主管部门负责全国非物质文化遗产的保护、保存工作”；《广东省公共文化服务促进条例》第 5 条规定：“县级以上人民政府文化主管部门具体负责本行政区域内的公共文化服务工作”。其实质是根据宪法规范的表面文义与潜在价值，在下位法中逐步全方位、多领域地形成与细化国家在保障文化权利方面应履行的积极作为义务。在国家法体系之外，执政党和政府出台的一系列文化政策文件也在一定程度上展现了文化权利的积极权利属性，《国家“十三五”时期文化发展改革规划纲要》、中共十七届六中全会《决定》等重要文件都着重强调国家应该积极合理地规划、调控、引导文化生活，概述性地规定国家应履行的文化职责以满足广大人民的文化权益，这显然是将文化权利视为一种须由国家采取积极措施予以保护与实现的积极权利。另外，我国于 1997 年签署《经济、社会和文化权利国际公约》，并于 2001 年正式批准该公约，因而该公约的相关规定必然成为理解我国文化权利基本属性的重要规范参照，其第 2 条第 1 款规定：“每一缔约国家……采取步骤，以便用一切适当方法，尤其包括用立法方法，逐渐达到本公约中所承认的权利的充分实现”，总括性地规定了主权国家在保障与实现文化权利过程中的角色与义务，充分展现了文化权利的积极权利属性。

但是，无论是基于建构理性还是经验理性的视角，我们都可得见文化生活具有一定的先国家性，其形成不以国家的产生为前提条件，国家也不是文化生活的垄断者。在国家的主动设计和积极干预之外，文化生活有其在原生意义上的“自生自发秩序”，其强调开放的文化生态环境、多元的文化参与主体以及丰富的文化组织形式。国家只能在维护文化生活的“自生自发秩序”与尊重文化发展的内在规律的基础上，予以文化生活有限且适当的指导。因此，对于以文化生活为内涵的文化权利而言,国家也应给予基本的尊重,在特定范围内保持一种消极无涉的状态,而此时的文化权利实际上已显现消极权利面相。如前已述,我国现行《宪法》第47条前半款确立了文化权利之宪法基本权利地位,其规定:“中华人民共和国公民有进行科学研究、文学艺术创作和其他文化活动的自由”,从该条款的规范表述可直接得知,参与“科研、文艺创作和其他文化活动”首先是公民的一项自由权,针对的是国家的消极克制义务,要求国家不得非法干预公民的文化生活,而特别关涉少数民族文化权利的《宪法》第4条第4款也采用了与第47条前半款相类似的规范表述与语义结构,其规定:“各民族都有使用和发展自己的语言文字的自由,都有保持或者改革自己的风俗习惯的自由”。再者,2004年《宪法修正案》将“国家尊重和保障人权”条款写入宪法,该条款表明国家对人权负有“尊重”义务,即意味着国家应保持一种消极克制的状态,尊重权利发展的内在规律与原生秩序,因而针对作为一项基本人权的文化权利而言,国家理应负有一种“尊重”义务。由此可见,文化权利的消极权利属性已在根本法层面得以显现与确认。前述可知,作为理解我国文化权利基本属性的重要规范参照,《经济、社会和文化权利国际公约》明晰了文化权利的积极权利属性,但与此同时,作为该公约指涉文化权利的核心条款,其第15条则使用了“本公约缔约各国承认人人有权”和“本公约缔约各国承担尊重进行科学研究和创造性活动所不可缺少的自由”等规范表述,同样是将文化权利视为一项主权国家不能肆意干预与侵犯的自由权,显示出了文化权利的消极权利属性。

值得注意的是,从国际大环境出发,“人权代际理论”与“权利二分理论”诞生于意识形态激烈竞争的“冷战时期”,往往将作为消极权利的公民权利和政治权利视为资产阶级革命和自由主义思潮的成果,将作为积极权利的经济、社会和文化权利视为无产阶级革命和社会主义思潮的产物,将二者进行严格的对立界分,这也被美国宪法学者路易斯·亨金称为“自由主义的权利观和社会主义的权利观”的对立。[①] 但是，随着以苏东剧变为标志的“冷战时期”结束，两大意识形态阵营对峙现象逐渐消亡，加之福利国家模式在全球范围内的兴起，消极权利与积极权利的二元界分变得淡化，二者之间的界限变得模糊，“正如《关于违反经济、社会和文化权利的马斯特里特指导准则》第6段所表明的，无论是积极权利还是消极权利，国家都要承担尊重、保护和实现的人权义务”。[②] 自党的十一届三中全会以来，纠正了“以阶级斗争为纲”的政治路线，实行了改革开放的战略决策，在领导1982年全面修宪的基础上，又陆续通过5次部分修宪，淡化了政治色彩浓厚的宪法规范表述，确立了个体经济、私营经济等非公经济的宪法地位，扩大了爱国统一战线的构成范围，在根本法层面营造了意识形态冲突弱化的氛围与认可了利益格局多元化的社会态势，进而引领基本法律制度的建构与完善，由此可见，既往强调消极权利与积极权利非此即彼的严格界分在我国当下的现实背景中逐渐失去了观念支撑与制度空间。

综上所述，以既有的文化权利规范体系为主要参照，结合国内外的现实背景，在当前中国语境下，文化权利实质上已发展为兼具消极权利属性与积极权利属性的复合型权利，即针对任何具体的文化权利而言，两种权利属性同构于一体，针对国家义务而言，既要求国家保持适度的克制与容忍，同时提供与分配必要的资源。

2. 个人权利与集体权利的并行

在启蒙时代，受古典自然权利理论的影响，社会被视为由原子式的个人组成的，因而权利所指向的主体只能是个人。及至后来，虽在德国民法上出现了“法人”的概念，但其不过是一种自然人人格在法律上的拟

---

① 参见[美]路易斯·亨金:《权利的时代》，信春鹰等译，知识出版社1997年版，第208～220页。

② 黄晓燕:《国际人权法视野下文化权利的考量与辨析》，载《政法论坛》2013年第3期。

制,“法人”的权利从其本质而言依旧是一种个人权利。第二次世界大战结束后,在全球范围内掀起了一股反殖民化的浪潮,民族解放运动此起彼伏。针对国际局势的发展,依据《联合国宪章》的精神,联合国大会于20世纪50年代末至60年代初作出一系列决议,承认一种属于集体权利的民族自决权。此后在国际人权领域盛行的“人权代际理论”也提出了以和平权、发展权和环境权为代表的以特定群体为主体的集体权利。至此,权利理论领域内的个人权利与集体权利的二分结构日渐明晰。

以权利主体为标准,文化权利的个人权利面相是显而易见的。在文化生活原生性的“自生自发秩序”下,其最初的参与主体必定是形形色色的个人。在国家介入文化生活以后,法人或其他组织开始出现,文化参与主体日趋多元化,但在极具分散性与随意性的文化生活中,公民个人无疑还是最主要的文化参与者,因而作为国际人权规范体系内关涉文化权利的核心条款,《经济、社会和文化权利国际公约》第15条第1款的表述为“凡缔约国承认人人享有下列权利……”,乃是将个体意义上的“人”作为文化权利的主体,而非抽象意义上的“人民”抑或带有集体色彩的“民族”“种群”等。在我国,被视为文化权利规范体系内的核心条款的《宪法》第47条也使用了类似相近的规范表述,其规定:“中华人民共和国公民有进行科学研究、文学艺术创作和其他文化活动的自由”,在根本法层面明确了在文化活动中享有文化权利的主体主要指向个体意义上的“公民”。基于宪法规范的层级效力,下位法则进一步将宪法文化权利条款的规范意涵予以具体化,在各个具体文化领域内进一步凸显文化权利的个人权利属性。例如,在公共文化服务领域,作为总括性的基础文化法律,我国《公共文化服务保障法》第2条就明确规定公共文化服务是“以满足公民基本文化需求为主要目的”;在文化成果保护领域,我国《文物保护法》第50条附条件地赋予文物收藏单位以外的公民、法人等收藏、流通文物的权利,上述的相关规定都突出了公民、法人等个体性主体的文化权利主体地位,彰显了文化权利作为一项个人权利的基本属性。

然而,如前已述,"文化"的内在意涵具有极大的包容性与开放性,从不同的视角出发,可以得出各种不同的理解。墨西哥学者斯塔温黑根提出了种文化概念,其中一种文化概念主要意指特定社会群体将自己与其他社会群体相区别的物质和精神活动及其成果的总和,①这是一种人类学意义上的文化观,强调文化存在并依附于特定群体之中,某一特定群体会以一种集体人格的主体身份,以保存其特有生活方式等为核心诉求,希冀国家给予各种保护与支持,避免被其他群体文化所同化或吞噬,而特定群体通常又会以"种群"或"民族"的面貌出现,这种文化观在一定程度上证成了作为一项集体权利的文化权利的合理性。我国作为一个历史悠久的文明古国与多民族国家,在传统主流文化之外,存在许多以少数民族为代表的次级文化共同体,在当前的规范体系与制度实践中,以集体权利面貌出现的文化权利也有迹可循。如前已述,我国现行《宪法》第47条虽然凸显了文化权利的个人权利属性,但与此同时,《宪法》第119条又明确规定:"民族自治地方的自治机关……保护和整理民族的文化遗产,发展和繁荣民族文化"。显而易见,针对一个民族的所有文化遗产和整体文化生活的权利是不可能指向单个的民族内部成员,必须是由作为一个次级文化共同体的整个民族来享有,这就为在宪法层面证成文化权利的集体权利属性提供了一定的规范解释空间。而作为宪法性法律的《民族区域自治法》第38条第2款规定:"民族自治地方的自治机关组织、支持有关单位和部门收集、整理、翻译和出版民族历史文化书籍,保护民族的名胜古迹、珍贵文物和其他重要历史文化遗产,继承和发展优秀的民族传统文化。"这实际上是对《宪法》第119条的规范内涵与价值目标的细化与展开,进一步重申了文化权利的集体权利属性。在

---

① 参见[墨]R.斯塔温黑根:《文化权利:社会科学的视角》,载[挪]A.艾德、[芬]C.克罗斯、[比]A.罗萨斯编:《经济、社会和文化的权利》,黄列译,中国社会科学出版社2003年版,第98~103页。

下位法层面,文化权利的集体权利属性在文化成果保护领域内表现得更为明显,我国《非物质文化遗产法》第2条规定:“本法所称非物质文化遗产,是指各族人民世代相传并视为其文化遗产组成部分的各种传统文化表现形式。”从该法律条文的规范表述可以推断出,某些特定的非物质文化遗产被视为一种历时性的文化产物,是一个民族集体智慧的结晶,难以归属于某个人抑或某代人,因而必须由整个民族以一种集体人格的主体身份而享有,这实际就认可了文化权利的集体权利属性。在司法实践层面,2001年发生的“郭某等与黑龙江省饶河县四排赫哲族乡人民政府侵犯著作权纠纷案”(又称“乌苏里船歌案”)可谓证成文化权利的集体权利属性的标志性案例。在该案的二审判决意见中,北京市高级人民法院认为:“世代在赫哲族中流传、以《想情郎》和《狩猎的哥哥回来了》为代表的赫哲族民间音乐曲调形式,属于民间文学艺术作品,应当受到法律保护。涉案的赫哲族民间音乐曲调形式作为赫哲族民间文学艺术作品,是赫哲族成员共同创作并拥有的精神文化财富。它不归属于赫哲族某一成员,但又与每一个赫哲族成员的权益相关”,由此可见,北京市高级人民法院是支持作为一个整体的赫哲族享有对于本民族特有的民间文学艺术作品的权利,强调这种权利不归属于本民族内的任何特定成员,承认一种集体意义上的权利主体资格,认可作为一项集体权利的文化权利的存在。

此外,需要特别说明的是,作为个人权利的文化权利与作为集体权利的文化权利是两种并行的权利样态。与前述文化权利的消极权利与积极权利复合的属性特征不同,此处所谓的“并行”,并非意味着两种权利属性的同构一体,而是对于某项具体文化权利的属性判断,必须在集体权利与个人权利之间做出非此即彼的选择,一项具体文化权利的主体不可能既是个人又是集体,这在逻辑上也是无法成立的。我们之所以要强调上述两种权利属性并行的权利样态,其意义主要在于以下两点:第一,实现作为集体权利的文化权利所指向的功能目标,即为次级文化共同体提供能够抵御官方所倡导的文化生活的同化压力的制度保障，帮助其创建与实施一种文化上的自主安排，同时也为社会文化领域内某些权属不明晰的开放性文化资源，譬如上文所提及的赫哲族传承与特有的民间音乐曲调形式，在法律上创设一个明确的权利主体，以避免在文化传承与发展过程中出现“公地悲剧”现象；①第二，保护作为个人权利的文化权利免受集体性的裹挟与压迫，即在妥善处理好次级文化共同体与诸如政府等外部主体之间的关系的同时，也必须处理好集体与其内部成员之间的关系，不能因为一味维护与保障集体的文化权利而对成员个体所拥有的文化权利进行过度限制，“个人对于所属文化群体之传统的接纳与遵从应当基于自主选择”，“即便承认作为集体权利的文化权利之存在，也需要防范这种集体性的主张——在内部关系中——异化为压制个人权利的工具”。②

（三）文化权利的主体类型

1. 公民个人

如前所述，在传统权利理论中，权利主体主要指代的就是公民个人。基于文化生活的内在规律与自身特性，加之《经济、社会和文化权利国际公约》第 15 条与我国现行《宪法》第 47 条的相关规定，公民个人作为文化权利的主体在当下中国语境中是无可争议的。不过，在承认公民个人作为文化权利主体的前提下，我们必须清楚区分在一般意义上对主体权利能力的承认与基于特定公民群体自身性质而对其权利进行的限制，这二者之间应是并行不悖的。例如，我国香港特别行政区所设立的电影分

---

① “公地悲剧”主要是经济学上的一个概念，其通常用于描述某些公共资源或财产因权属难以界定而被竞争性地过度使用、消耗或侵占，最终导致资源或财产枯竭消亡而令所有人都受损的现象。例如，农业领域内的过度砍伐、过度捕捞，在社会文化领域内，对于民俗旅游资源的过度开发就属于典型的“公地悲剧”现象。

② 黄明涛：《公民文化权研究——〈宪法〉第 47 条之规范建构》，中国政法大学出版社 2015 年版，第 151 ~ 152 页。

级制度,即根据观影群体的年龄限制,将电影分为Ⅰ级、Ⅱ级与Ⅲ级,① 其中的Ⅲ级电影是不允许未满18周岁的未成年人进入电影院观看的。香港特别行政区的电影分级制度并非不承认未成年人的文化权利抑或是将未成年人的文化权利视为不完整的,其主要是基于未成年人特殊的生理与心理特性,为保护未成年人的身心健康,其最终目的是让未成年人更好地行使文化权利与体验文化生活。

2. 法人组织

"法人"概念虽肇端于罗马法,但现代"法人制度"应起始于1896年的《德国民法典》,其在"人"的章节中分别规定了"自然人"与"法人",使得传统的一元权利主体转变为"自然人"与"法人"的二元并立。此后,"法人"与"自然人"并立的权利主体模式被大多数国家的立法所采纳。然而,法人从本质上看只是一种法律所拟制的人格,不能与活生生的自然人完全等同,其权利范围应"仅限于非只能由肉体享有和行使或其利益非只归于自然人的人权"。② 因此,法人是否能成为文化权利特别是作为基本权利之文化权利的主体是有待讨论的。

从比较法的视角出发,美国宪法并没有直接提及"文化权利"这一概念,但通过第一修正案的"表达自由条款"、第十四修正案的"正当程序条款"以及第九修正案的"未列举权利条款",可以从侧面看出美国宪法对文化权利的认可与保障。针对法人的基本权利主体地位,美国宪法历经了最初对于法人之基本权利主体地位的完全否定,到内战后由联邦最高法院根据第十四修正案将宪法中的"人"之范围扩展至公司法人,及至后来对公司法人的言论自由、免于无理检查和搜查、免于双重危险等具

① 根据香港特别行政区《电影检查条例》规定:"第Ⅰ及Ⅱ级属劝谕性质,并无法定年龄限制;ⅡA或ⅡB级的影片,影视处则鼓励家长陪同及指导子女观看。第Ⅲ级最为严格,不能售票予18岁或以下人士进入电影院观看,法例容许验票员检查入场者的身份证。"

② 徐显明、曲相霏:《人权主体界说》,载《中国法学》2001年第2期。

有一定人身性质的基本权利的认可。① 如上所述,文化权利与表达自由息息相关,在1976年“弗吉尼亚州药业董事会诉弗吉尼亚公民消费者委员会案”②与1985年“太平洋燃气电力公司诉加利福尼亚公用事业委员会案”③中,联邦最高法院认为,公司法人享有宪法第一修正案所保障的“言论自由”,表明了法人成为基本权利之文化权利主体的可能性。相较美国而言,德国法上的有关规定则更为直观。根据德国《基本法》第5条的规定,④可以证成文化权利在德国法上的基本权利之地位。再者,德国《基本法》第19条第3款规定:“基本权利亦适用于国内法人,但以依其性质得适用者为限”,法人的基本权利主体地位也是无可争议的。此外,在联邦宪法法院的具体判例承认了具有公法人性质的大学享有《基本法》第5条规定的“科学、研究与讲学的自由。”⑤由此可知,法人可以成为德国法上作为基本权利之文化权利的主体。

我国现行《宪法》第47条在直观的语句表达上主要是承认公民个人享有文化权利,并未提及法人。但随着2004年“国家尊重和保障人权”条款的入宪,基本权利的主体转变为了具有更广泛内涵的“人”,这就为法人成为文化权利的主体提供了一定的规范空间。在部门法层面,如我国《著作权法》第2条规定:“中国公民、法人或者其他组织的作品,不论

---

① 参见杜强强:《论法人的基本权利主体地位》,载《法学家》2009年第2期。

② Virginia State Board of Pharmacy v. Virginia Citizen's Consumer Council, Inc., 425 U. S. 748(1976).

③ Pacific Gas & Electric Co. v. Public Utilities Commission of California, 475 U. S. 1 (1985).

④ 该条规定:“一、人人有以语言、文字及图画自由表示及传布其意见之权利,并有自一般公开之来源接受知识而不受阻碍之权利。出版自由及广播与电影之报道自由应保障之。检查制度不得设置。二、此等权利,得依一般法律之规定、保护少年之法规及因个人名誉之权利,加以限制。三、艺术与科学、研究与讲学均属自由,讲学自由不得免除对宪法之忠诚。”

⑤ 参见秦奥蕾:《〈德国基本法〉上的公法人基本权利主体地位》,载《郑州大学学报》(哲学社会科学版)2012年第6期。

是否发表,依照本法享有著作权”,承认法人的文化权利主体地位。在中国当前的文化市场中,法人是负责提供文化产品的主要承担者,其对于促进文化生活的内容与组织形式多样化具有不可替代的作用。因此,通过宪法解释乃至修改宪法的方式,赋予法人以宪法层面的文化权利是现实需求下的必然选择。

3. 特定群体

如前所述,基于个人权利与集体权利并行的属性面相,文化权利主体可包含特定群体。不过,在定义此类主体,须注意以下两点:第一,特定群体是指在特定范围内可与主流文化群体相区别并且是可辨识的次级文化共同体。保护特定群体的文化权利,主要是为了保证其特有文化生活的传承与延续,以及由此过程中衍生出来的相关利益。如果此类群体是主流文化共同体中的一部分,不存在自身特有的次级文化生活秩序,那么就不存在以该特定群体为主体的集体文化权利。在上述保护赫哲族民间文学艺术作品的案件中,正是基于赫哲族这一特定文化群体,面临被外围主流现代文化所“吞噬”抑或“同化”的危险,才对具有赫哲族特色的民间文学艺术作品进行特殊保护,承认以所有赫哲族成员为主体的文化权利。第二,关于特定群体文化权利的代表资格问题。因为特定群体的主体性是一种抽象意义上的概念,在实际生活中缺乏一定的行为能力,所以需要某个个人或实体机构代表特定群体来行使与维护相关文化权利。基于此项权利是以承认特定群体的整体性为前提,权利归属不指向任何群体成员,因此由个人来代表不具有正当性与可行性。在上述保护赫哲族民间文学艺术作品的案件中,北京市高级人民法院认可了饶河县四排赫哲族乡政府的诉讼主体资格。因此,由相关政府机构或被授权组织作为以特定群体为主体的集体文化权利的代表应成为一种可供参考的解决方案。

二、文化权利的国家保障机制

不同的权利理论,对于权利的来源或根据有着不同的理解与描述,但都承认国家在权利实现过程中的不可或缺。随着工业时代的来临，社会阶层严重分化，利益格局纷繁复杂，“人”不再纯粹是“原子式的个人”，其社会性抑或集体性逐渐增强，基于自身自然属性与社会属性的各种权利诉求不断涌现。在此背景下，无论是作为一种“必要的祸害”，还是作为一种“全能的人格”，国家在权利保障中扮演着日益重要的角色。基于历史传统与国家性质，中国文化权利保障中的国家角色不同于西方国家，具有鲜明的中国特色，其机制样态呈现出文化体制的国家主义倾向与文化权利功能的“客观法”偏重。改革开放40余年来，虽然市场化逐渐成为文化体制改革的主要基调之一，国家在文化领域的职能也开始发生根本性转变，但是在特殊领域内，如社会核心价值体系的建构与维护，国家的主导作用依然显著。

（一）国家保障机制的总体样态

1. 文化体制的国家主义倾向

国家主义是一种与自由主义相对的政治理念与实践，它主张国家的自洽性与自足性，“强调国家的一元化统治，国家具有最高的理性，国家意志贯穿于全部社会活动与个人生活，民族意志、国家理性、民族感情以及公民政治观念相互交融”。[①] 质言之，国家主义要求以国家利益为最高目标，个人利益应绝对服从国家利益，国家在社会各个领域内应拥有绝对的主导地位。

自鸦片战争以来，中国逐步沦为半殖民地半封建国家，“救亡优于启蒙”成为近代各种社会进步运动的主要指导思想，个人利益依附于国家利益，民族情感优位于私人情感。在完成以民族独立为主要目标的新民主主义革命之后，新诞生的共和国以一种“大破大立”的革命态度进行社会改造与国家制度建构，国家成为各种利益与资源的整合者，在社会各

---

① 于浩：《共和国法治建构中的国家主义立场》，载《法制与社会发展》2014年第5期。

个领域内享有不可撼动的话语权与支配权。作为社会生活之组成部分的文化生活，也被国家予以全面接管，国家成为文化生活的唯一组织者与推动者，个人与团体只能被动地接受国家所提供的文化生活内容与文化组织方式，具有强烈国家主义色彩的文化体制由此形成。此种文化体制虽忽略文化生活多样性与开放性的特质，以一种整体性的国家文化观念替代了富有个性化的个体文化观念，但有其历史必然性，“是中国在特定的时空条件下的选择——因为文化事业早已成为整个革命事业的一部分，人民则被要求接受新的文化生活方式以告别过去——在那种情形中，一种文化体制上的全权主义实在是‘箭在弦上、不得不发’”。①

改革开放后，随着“全权国家”体制的松动并逐步解体，文化体制改革也成为社会转型中的重要一环。市场化与权利化成为文化体制改革的主要方向，强调个人利益优先的自由主义理念与传统的国家主义理念在既有体制框架内进行博弈。基于社会主义的国家性质与日趋复杂的现实国情，在既有历史传统与社会观念的影响下，保持一定的国家主义倾向具有必要性与合理性，不但能够减轻体制转型所带来的阵痛，给予广大民众消除对既有制度依赖的缓冲时间，还能够在特定领域内形成有效的整合机制，给予个人权利更为严密的保护。党的十七届六中全会《决定》提出在发展公益性文化事业时，必须坚持政府的主导作用，在发展文化产业时，坚持把社会效益放在首位、社会效益和经济效益相统一，这就要求当前文化体制改革中需要保留一定的国家主义色彩。当然，文化体制改革仍旧应当以尊重文化生活的“自生自发秩序”为前提，将个人权利从国家利益中予以释放，以保障文化权利为逻辑起点，由“权力主导型”向“权利主导型”转变，警惕文化体制中的国家主义要素向“文化集权主义”的异化。

---

① 黄明涛：《公民文化权研究——〈宪法〉第47条之规范建构》，中国政法大学出版社2015年版，第90页。

2. 文化权利功能的“客观法”偏重

作为一项已被我国宪法实定化的基本权利，文化权利展现出了复杂多元的基本属性，但基于国家性质的根本要求、政治经济体制的特有结构、宪法规范体系的总体特征等因素，在此种立体综合的属性结构中，文化权利会表现出对某一权利功能的偏重。为了更为直观与概括地阐述我国文化权利的功能偏重，此处将引入德国法上的“基本权利双重性质”理论。在德国当前的宪法理论与实践中，通常认为基本权利具有“主观权利”与“客观法”的双重权能。所谓“主观权利”是指个人可以依照自身意志要求国家作为或不作为的权利，其具体又包含两种功能：第一，“防御权功能”，即当国家权力对个人基本权利予以恣意侵犯时，个人可要求国家停止侵害并获得相应的司法救济；第二，“受益权功能”，即在特定条件下，个人可请求国家采取某种特定行为或措施，以使个人能够享有某种特定利益或福利。所谓“客观法”，又可称为“客观价值秩序”，是指基本权利除作为一项主观权利之外，可以直接成为一项基本宪法规范，以约束国家立法、行政、司法等公权行为，要求国家创造实现与保护基本权利所需的各种条件，其具体包括制度性保障、组织和程序保障、狭义保护义务等方面，而“主观权利”与“客观法”之主要区别则在于是否可以被特定权利主体所直接援引。①

立基于社会主义的国家性质，我国以促进全体人民的利益与福祉、最终实现共产主义为终极国家目标，致力于创建一种普惠式的全民利益分享机制，因而国家通常会被课以更多的责任与义务。自党的十一届三中全会之后，政治经济体制改革快速展开，国家开始从各个领域逐步退场，尤其在经济领域内发生了由计划经济体制向市场经济体制的突破性转型，但国家对于社会整体发展的宏观调控地位并未发生根本性改变，当前政治经济体制对于国家的积极作为依旧有着强烈期待。由此可见，

① 参见张翔：《基本权利的双重性质》，载《法学研究》2005 年第 3 期。

我国宪法基本权利功能体系必然展现出一种不同于西方立足于古典自由主义国家学说、以个体性“主观权利”为核心的总体特征。从我国现行《宪法》规范体系出发，在“公民的基本权利和义务”一章，主要有 18 个条文涉及公民具体基本权利（第 33 条至第 50 条），根据上述三个权利功能的分类，第 37 条至第 40 条以及第 36 条第 2 款，主要采用了“不得强制……”“不得歧视……”“公民的……不受侵犯”“禁止……”等规范表述，展现了基本权利的防御权功能；第 42 条和第 45 条分别采用了“有关国家机关必须……”和“有获得……的权利”的规范表述，赋予公民可直接要求国家实施某特定行为的权利，展现了基本权利的受益权功能；而除了第 34 条、第 35 条无法从其规范表述明确判断其功能指向外，其余 10 个条文以及第 36 条第 3 款采用了“国家发展”“国家帮助”“国家保障”等相近的规范表述，概括性地规定了国家有义务创造有利于基本权利实现的各种条件，充分展现了基本权利的“客观法”功能。另外，再考虑到“宪法总纲部分对共有经济、城乡集体经济组织、非公有制经济、外国的企业和其他经济组织或者个人的保障性规定”，①综合来看，我国基本权利功能体系已明显呈现“客观法”偏重的总体特征。

具体到文化领域，我们可得见文化生活具有极大的包容性与开放性，难以准确设定其边界所在，对于以文化生活为基本内涵的文化权利而言，如若其过于倚重“主观权利”的功能指向，强调十分明确的权利内容与对象，反而可能制约文化生活的未来发展空间，因而对于文化权利的保障，应该更加注重通过制度的配套、组织与程序的设置乃至对私人关系的介入，在客观上促进文化基本权利的保护与发展。因此，在我国基本权利功能体系呈现“客观法”偏重的总体特征下，作为一项具体基本权利的文化权利将会进一步表现出对“客观法”功能指向的青睐。

---

① 郑春燕：《基本权利的功能体系与行政法治的进路》，载《法学研究》2015 年第 5 期。

首先,在根本法规范层面,如前已述,我国现行《宪法》主要是通过位于"公民的基本权利和义务"一章中的第47条确立了文化权利的基本权利地位,其后半款采用了"国家对于从事教育、科学、技术、文学、艺术和其他文化事业的公民的有益于人民的创造性工作,给以鼓励和帮助"的规范表述,总括性地规定了国家在各项文化事业中负有"鼓励和帮助"的义务,实质就是强调了文化权利的"客观法"功能指向。此外,在现行《宪法》的总纲一章有许多涉及文化发展的概括性条款(第2条、第4条、第19条、第20条、第22条、第23条、第24条),这些条款被某些学者称为"文化基本国策条款",①它们所采用都是"国家帮助……""国家保护……""国家发展……"等相近的规范表述,意味着"文化在宪法文本中首先是以国家义务的客观制度的姿态存在"。② 文化基本权利与文化基本国策是相互联系、相辅相成的,文化基本权利体现了文化基本国策的目标追求,文化基本国策决定了文化基本权利的发展方向,由此可见,现行《宪法》的结构与内容充分展现了文化权利保障对于"客观法"权能的依赖与偏重。其次,在下位法规范层面,文化法律制度的具体建构必然是以对文化基本权利的功能偏重为基础与方向,以少数民族文化法制为例,作为保障少数民族文化权利的基本法律,我国《民族区域自治法》第36条、第37条、第39条、第42条赋予了民族自治地方的自治机关在制定教育规划、发展民族教育、制定科学技术发展规划、对外开展文化交流等方面的充分自主权,并在第38条详细规定民族自治地方的自治机关要自主地发展具有民族形式和特点的民族文化事业,加大对文化事业的投入,加强文化设施建设,保护、继承与发展优秀的民族传统文化。而在最为严苛的刑事法领域同样体现了国家对于保障少数民族文化权利的保

---

① 参见王锴:《论文化宪法》,载《首都师范大学学报》(社会科学版)2013年第2期;沈寿文:《"文化宪法"的逻辑》,载《法学论坛》2016年第4期。

② 张慰:《"文化国"的秩序理念和体系——以国家目标条款带动的整合视角》,载《南京大学法律评论》2015年第1期。

护义务，我国《刑法》第 250 条、第 251 条分别规定了出版歧视、侮辱少数民族罪和侵犯少数民族风俗罪，国家通过刑事制度的建构在客观上为少数民族文化权利的保护与发展创建其所需的最基本的社会环境与条件。

（二）文化体制改革中的国家职能

1. 文化事业与文化产业的二分

党的十一届三中全会之后，国家各项体制改革拉开了序幕，文化体制改革开始成为国家生活的重要议题之一。“经济基础决定上层建筑”，可以说，文化体制改革是以经济体制改革为先导条件与前进方向。1984 年通过的《中共中央关于经济体制改革的决定》明确提出“社会主义计划经济……是在公有制基础上的有计划的商品经济”，对商品经济的承认，就意味着在文化体制改革中需要重新明晰“文化”的经济属性。在 1988 年发布的《关于加强文化市场管理工作的通知》中，第一次出现了“文化市场”的表述方式。1991 年由国务批转的《文化部关于文化事业若干经济政策意见报告》则进一步提出了“文化经济政策”这一概念。及至 1992 年，中共十四大报告明确提出了建立和完善社会主义市场经济体制，随后一年的《宪法修正案》更是将《宪法》第 15 条修改为“国家实现社会主义市场经济”，市场化明确成为新时期文化体制改革的主要方向，这就要求国家有必要对公益性的文化事业与经营性的文化产业作出一种二元界分。

早在 20 世纪七八十年代，一些文化部门在政府职能部门的指导下开始呈现产业化的趋向。例如，财政部在 1978 年批准了《人民日报》等新闻报刊单位关于开展企业化管理的报告，文化部在 1982 年的《关于图书发行体制改革工作的通知》中，提出建立以国营书店为主体的“三多一少”①图书发行体制。自 1993 年通过了《中共中央关于建立社会主义市

① 所谓“三多一少”是指“多种流通渠道、多种经济成分、多种购销形式、少流通环节。”

场经济体制若干问题的决定》之后，文化部门的产业化进程开启了跨越式的发展。“1998年，我国提出在年内取消包括电视台在内的部分事业单位政府财政拨款，明确要求电视台等事业单位在年内全部实行自收自支”，①广电传媒部门开启全面市场化运作。并且，在图书出版、电影音像等多个文化部门内掀起了组建文化产业集团的浪潮。此外，从1993年至1998年，文化管理领域也发生了一系列变革，文化部在机构设置、人员编制方面进行大幅精简，并于1998年设立文化产业司，这就为国家推动文化产业的发展做好了职能机构上的准备。2000年通过的《中共中央关于制定国民经济和社会发展第十个五年计划的建议》明确提出“完善文化产业政策，加强文化市场建设和管理，推动有关文化产业发展”，“文化产业”第一次出现在执政党的中央文件当中，这意味着“文化产业”得到了政治认可，获得了独立地位。2002年，“积极发展文化事业和文化产业”被写入中共十六大报告中，“文化产业”获得了与“文化事业”并驾齐驱的地位，标志着“文化事业”和“文化产业”的二分结构正式形成。

在西方，公益性的文化单位与经营性的文化单位统归为社会分工意义上的“文化产业”。在中国，由于原有文化体制偏重“文化”的意识形态属性，忽视“文化”的经济价值属性，将“文化”视为一种仅具有社会公共性质的事业，将文化生活中的单位组织统一定性为公益性文化事业单位。如上所述，在市场化的驱动下，在国家的指导下，逐渐形成了具有中国特色的文化事业与文化产业的二分结构，而二者的主要区别在于：第一，运营主体不同，文化产业的运营主体大部分是从事文化产品生产、销售以及提供文化服务的企业法人，而文化事业的运营主体多数为提供公共文化产品与服务的事业组织；第二，运营目的不同，文化产业的运营目的是在文化市场中获取利润，追求经济效益，而文化事业则在于实现文

① 杨吉华：《文化产业政策研究》，中共中央党校2007年博士学位论文，第47页。

化发展的价值目标，重视社会效益；第三，资金来源不同，文化产业主要是通过市场融资渠道来筹集资金，而文化事业主要依靠政府公共财政的资助与扶持；第四，调控方式不同，文化产业主要是通过法律法规、财税政策等进行间接调控，而文化事业主要是通过指示等进行直接调控。①

总体而言，国家对文化产业与文化事业的二分，是对文化生活“自生自发秩序”的尊重，为文化生活留有其所需的“开放空间”，在不同文化领域内明确国家权力所辐射的广度与深度，清楚地划定国家文化职能的范围所及，以促进文化内容、文化表现形式以及文化参与主体的多样性，使得文化权利主体既可以享受由公益性文化事业所带来的基础性文化权益，又可以依照自由意志选择符合自身偏好的文化产品与服务。

2. 文化法律体系的建构

改革的目标之一是使国家生活与社会生活步入法治化的轨道，而法治化的前提条件是法律体系的建立与完备。为改变旧有的文化生活受政治活动支配的局面，让各项文化活动依照法律有序开展，进而有效保障公民的文化权利，建立具有中国特色的文化法律体系成为文化体制改革的内容之一。经过40余年的发展，中国已经初步形成了以宪法文化条款为基石、以基本法律为统领、以专门性的法规和规章为骨干的文化法律体系，“在调整人们的社会文化关系和文化管理的一些重要方面，初步做到了‘有法可依’、‘有章可循’”。②

在宪法层面，我国现行《宪法》在规范表述上直接提及“文化”的条文多达15条，以第22条为代表的“文化基本国策条款”与第47条为代表的“文化基本权利条款”相辅相成，要求国家以保障文化权利为逻辑起点，履行相应的国家义务；对于立法机关而言，需要将具有概括性与模糊性的“文化基本国策条款”与“文化基本权利条款”予以现实化和具体

---

① 参见周正刚：《文化事业与文化产业关系辨正》，载《东岳论丛》2010年第11期。

② 肖金明：《文化法的定位、原则与体系》，载《法学论坛》2012年第1期。

化,“尽速制定达成宪法指令的相关执行法律”;[①]对于行政机关而言,必须积极承担文化责任与履行文化职能,落实相关文化基本国策,创造实现文化权利所需的各种社会条件,建设“文化服务型政府”;对于司法机关而言,在具体个案判决中,努力进行“合宪性判断”,以保护相关宪法法益。宪法是一国的根本大法,宪法规范是一国规范体系内的基础规范,因而宪法中的文化条款必然成为文化法律体系的基石,引领着文化法律体系的前进方向。在法律层面,如表 9 所示,文化法律体系呈现了特定文化领域立法先行的特点,此外,部分法律条款针对个体或群体的文化权利保护作出专门规定,如《残疾人保障法》第 41 条、[②]《老年人权益保障法》第 71 条[③]等。在法规规章层面,由于部分文化领域内的法律缺位,法规规章承担了主要职能,譬如在广电新闻、出版印刷、娱乐休闲等领域,国家相继颁布了《广播电视管理条例》《出版管理条例》《印刷业管理条例》《娱乐场所管理条例》《新闻记者证管理办法》《复制管理办法》等一大批行政法规与部门规章。在地方立法层面,许多省份根据其地方文化特色,在其立法权限范围内积极推进文化立法。以浙江省为例,考虑到省内旅游文化资源丰富与科技文化产业发达的现实情况,浙江省重点颁布了《浙江省风景名胜区条例》《浙江省促进科技成果转化条例》《浙江省科学技术奖励办法》《浙江省普陀山风景名胜区保护管理办法》等一批地方性法规和规章。此外,公共文化服务立法近年来在经济发达地区取得了显著成果,诸如广东省、江苏省、苏州市等省市已陆续颁布有关公共文化服务总括性规定的地方性法规或规章,这为其他地区或部门开展相关的立法工作起到示范引领作用,也为中央立法的细化与完善提

① 王锴:《论文化宪法》,载《首都师范大学学报》(社会科学版)2013 年第 2 期。

② 该条规定:“国家保障残疾人享有平等参与文化生活的权利。各级人民政府和有关部门鼓励、帮助残疾人参加各种文化、体育、娱乐活动,积极创造条件,丰富残疾人精神文化生活。”

③ 该条规定:“国家和社会采取措施,开展适合老年人的群众性文化、体育、娱乐活动,丰富老年人的精神文化生活。”

供宝贵的地方性经验。

表 9　我国主要文化法律立法概况(1978～2018 年)

具体文化领域	具体立法	立法年份/修订年份
知识产权保护	《商标法》	1982/1993、2001、2013
	《专利法》	1984/1992、2000、2008
	《著作权法》	1990/2001、2010
文物与文化遗产保护	《文物保护法》	1982/1991、2002、2007、2013、2017
	《非物质文化遗产法》	2011
科技进步与创新	《科学技术进步法》	1993/2007
	《促进科技成果转化法》	1996/2015
文化产业与文化市场	《广告法》	1994/2015、2018
	《电影产业促进法》	2016
公共文化服务	《公共文化服务保障法》	2016
	《公共图书馆法》	2017

2014 年党的十八届四中全会通过了《中共中央关于全面推进依法治国若干重大问题的决定》,其中提出“建立健全坚持社会主义先进文化前进方向、遵循文化发展规律、有利于激发文化创造活力、保障人民基本文化权益的文化法律制度”,将制定《公共文化服务保障法》与《文化产业促进法》列为重要的立法事项,而随着文化部于 2015 年牵头启动《文化产业促进法》起草工作与《公共文化服务保障法》于 2017 年正式颁布实施,这预示着文化事业立法与文化产业立法将会成为国家文化立法的主要内容之一,具有中国特色的文化法律体系将进一步深化完善。

(三)社会核心价值体系建设中的国家角色

随着国民经济的高速发展与国家管控的逐步放松,中国原有被意识形态色彩所笼罩的单一文化格局呈现多元化的转变,形成了一种主流文化与非主流文化、传统文化与现代文化、本土文化与域外文化、精英文化与大众文化等不同文化之间相互融汇、相互转化、相互促进的社会文化生态，民众的文化生活品质在多元化与多样化的基调下得到了极大的提升，文化利益需求也得到了极大的满足。但是，不同文化所代表的价值取向、道德标准、理想信仰是有所差异的，在多元文化背景下，如果缺乏一种社会共识思想的引导，调和不同文化间的张力与矛盾，那么文化发展将会陷入无序的局面，整个社会也将呈现出一种道德虚无与价值迷失的样态。正如梁漱溟先生所说："必要在人生价值判断上有其共同点，而后才能形成社会而生活。大一统的局面出现后，向之各方自为风气者，乃形成其不同。为了应付大局需要，其势不能无所宗主。"①梁氏观点中的"大一统局面"指的就是一种主流文化的形成，其所云之"宗主"正是一种社会共识思想。因此，为了引导多元文化的和谐发展，在保障公民文化权利的前提下，防止道德滑坡与价值沦丧，必须积极培育社会核心价值观，建构社会核心价值体系。

"任何社会都有自己的核心价值体系，这是一定的社会系统得以运转、一定的社会秩序得以维持的基本精神依托。"②现代国家的社会核心价值体系是在人们共同的认识和实践活动中逐渐形成的，在包含公平、正义、自由等价值观念的同时，必然具有与该国的历史传统、国家性质、现实国情密切相关的个性化特征。立足于社会主义的国家性质与大一统多民族的国家结构，依据当下的具体国情与国际环境，融合传统价值观念与现代价值观念，作为执政党的中国共产党在2006年党的十六届六中全会通过的《中共中央关于构建社会主义和谐社会若干重大问题的决定》中，第一次提出了以马克思主义指导思想、中国特色社会主义共同理想、以爱国主义为核心的民族精神和以改革创新为核心的时代精神、社会主义荣辱观为基本内容的社会主义核心价值体系，将建设社会主义

① 梁漱溟：《中国文化要义》，上海人民出版社2011年版，第204页。

② 秋石：《论社会主义核心价值体系》，载《求是》2006年第24期。

核心价值体系作为促进与发展社会主义和谐文化、保障与维护广大人民文化权益的重大理论命题与实践任务。在2017年党的十九大上,习近平总书记进一步强调要坚持社会主义核心价值体系,培育和践行社会主义核心价值观,发展社会主义先进文化,为人民提供精神指引。2018年第十三届人大第一次会议通过的《宪法修正案》增加了倡导社会主义核心价值观的内容,在国家法层面对于社会主义核心价值体系的建构与发展予以根本性保障,以一种宪法强制与感召,引导整个共同体积极树立与践行社会主义核心价值观,在国家生活、社会生活、个人生活中营造出多元有序、健康和谐的文化氛围。

不同于文化体制改革中的市场化趋势,在建设社会主义核心价值体系的过程中,国家的主导作用是显而易见的。首先,国家以尊重差异、包容多样为指导思想,逐步建设社会主义核心价值体系。如前所述,当下中国的社会文化生态呈现多元化,各种价值取向与道德观念充斥其间。国家强调社会主义核心价值观的培育与社会主义核心价值体系的建设,并非意味着对差异性、多样性的不同文化进行排斥与压制,而是在尊重差异中扩大社会认同,在包容多样中增进思想共识。并且,基于广大民众生活环境、教育程度、思想道德水平良莠不齐的社会现状,国家有计划、有步骤、有重点地引领不同文化、不同群体接受并实践核心价值体系。2009年出台的国务院《关于进一步繁荣发展少数民族文化事业若干意见》将"尊重差异、包容多样"作为基本原则之一,党的十七届六中全会《决定》要求各级党委和政府制定社会主义核心价值体系建设实施纲要,以上这些正是国家在践行上述指导思想的生动体现。其次,国家以教育培养为主要方式,全方位拓展建设社会主义核心价值体系的渠道。中共中央多次明确要求要将社会主义核心价值体系融入国民教育全过程,党的十七届六中全会《决定》更是详细提出,在坚持马克思主义指导地位方面,要加强与改进学校思想政治教育;在坚定中国特色社会主义共同理想方面,要深入开展形势政策教育、国情教育、革命传统教育、改革开放教育、国防教育；在弘扬以爱国主义为核心的民族精神和以改革创新为核心的时代精神方面，要广泛开展时代精神教育；在树立和践行社会主义荣辱观方面，要加强社会公德、职业道德、家庭美德、个人品德教育。由此可见，教育培养已成为国家建设社会主义核心价值体系的基础性方式。最后，国家通过“中国梦”主题宣传、“双百”出版工程、电影鉴选机制等系列措施，加强新闻出版、影视传播、舆论传媒等领域建设，把社会主义核心价值体系深入文化生产、传播、应用的各个方面和环节。

在建设社会主义核心价值体系过程中，国家扮演着重要的角色，发挥着积极的作用，进而以社会主义核心价值体系引领多元文化发展，促进不同文化间达致和谐状态，保障广大民众在稳定、有序的文化生活环境中得以享受广泛的文化权益。不过，需要进一步指出的是，国家的此种角色定位是作为文化生活秩序的维护者与促进者，而不是公民个人的文化监护者。国家不能将公民个人视为不成熟、需要全面保护的孩子，预设公民个人缺乏对文化生活的准确判断力，以一种“文化家长主义”的进路对公民文化权利进行干涉与限制，而是应该以肯定公民个人的文化判断力为前提，在尊重个体自主性与确保文化生活秩序之间维持均衡。

三、文化权利的社会保障机制

在西方近代化过程中，政治国家与社会的高度同质结构被打破，社会从政治国家中逐渐分离出来，成为介于政治国家与公民个人之间的中间领域。在中华人民共和国成立的前 30 年，由于“全权国家”体制的建立，国家力量管理一切领域，社会与政治国家之间的界限模糊不清。伴随着各种体制性改革与国民经济高速发展，国家权力在社会领域内开始逐渐下放，社会力量开始不断壮大，政治国家与社会的二元结构开始清晰可见。随着国家政策的改变，大量社会组织不断涌现，成为保障公民文化权利的重要辅助力量。

（一）社会与政治国家的界分

在古代西方，由于政治权力的异常强大与无所不在，整个社会高度政治化。在古希腊城邦时期,亚里士多德将人视为“城邦的动物”,认为个人的日常生活就是对城邦事务的参与,个人的价值与目标都依附于普遍性的共同政治生活,“公民把关心自己的私事同参与公共的生活结合起来”,①以实现城邦正义与善业。因此,在亚里士多德时代,社会与政治国家是合二为一的。及至罗马帝国时代,不断扩张的对外征服,促进了商业的发展与繁荣,大量自治性城市开始涌现。城市化运动在一定程度上催生了早期的民间自发社会组织的诞生,但由于强大政治国家的“监护”,民间自发社会组织未能获得充分发展。进入黑暗的中世纪,在教会势力、专制君主与封建领主的多元统治下,不仅个人自由遭受严重的束缚,国家政治生活与社会生活也实现高度同质。不过,值得注意的是,中世纪的多元权力结构,在导致国家与社会高度统一化的同时,形成了特有的权力均势与张力,这为商品经济的自由发展与自治城市的再度复兴创造了优越的条件,也为城市中自发社会组织的不断成长提供了一定的空间。

随着近代民族国家的形成与资产阶级革命的爆发,政治国家与社会的高度同质结构被打破,社会从政治国家中逐渐分离出来,近现代社会理论家在国家与社会二分的结构中,从不同的视角强调与国家相对应的社会的非政治属性。黑格尔认为与国家相对应的社会是由私人生活领域及其外部保障所构成的一个整体,进而强调其个体成员的自主性与自治团体的重要性和生活化的特质。② 俞可平认为马克思重点强调了经济意义,认为国家之外的社会是与政治社会相区别的私人利益关系的总和,其中物质的私人利益关系具有决定性意义。何增科指出,安东尼奥·葛兰西重点发掘了出社会的文化维度,故将之描述为包括工会、教会、学校、新闻报刊、文化团体在内的各种制定和传播意识形态的私人或

---

① [美]乔治·萨拜因:《政治学说史》(上卷),邓正来译,上海人民出版社 2008 年版,第 41 页。

② 参见[德]黑格尔:《法哲学原理》,范扬、张企泰译,商务印书馆 1961 年版。

民间机构的总称;尤尔根·哈贝马斯提出“系统世界”与“生活世界”的二分,“系统世界”主要由政治系统和经济系统组成,“生活世界”主要包括文化、社会、人格三方面,而与国家相对应的社会就等同于他所说的“生活世界”。

由上述社会理论的发展演变可知,其总体趋势是由“社会”与“政治国家”的同构转向“社会”与“政治国家”的二分。在近现代社会理论的总体框架内,虽然未能予以“社会”准确清晰的定义,但是达成了一致的基础性共识,即是指介于政治国家与公民个人之间的中间领域。在当代社会背景下,利益格局多元化,社会阶层碎片化,政治国家无法独自完成公民诉求的整合与权利的实现,必须依靠作为中间领域的自发性社会组织的协助与支持,其在保护私人领域不受政治国家无端侵扰的同时,为所有社会群体提供一个广阔的行动空间,并有机会直接参与或与法律、政治系统进行互动,促进社会变革的发生,进而为权利的实现与保障提供支撑。具体于文化领域而言,基于文化生活的特质以及社会与文化间的特殊关联,社会事务的组织者与活动者广泛地参与文化生活之中,对于文化生活的动向具有极强的敏感性,对于文化权利的现状具有深刻的感知力。以个体自主性为基础的自发性社会组织在保障公民文化权利方面发挥着重要作用,为政治国家保障机制提供有效辅助。

古代中国呈现一种“家国一体”的超稳定结构,国家作为“总合的统一体”和专制君主作为“共同体之父”,使国家兼并、同化了市民社会而实现了“实体统一”和“同一”。① 辛亥革命之后,君主专制政体解体,“家国天下”的社会结构趋于崩溃,一些民间组织逐步兴起,转化为与政治国家相并立的社会力量,催生了近代国家与社会的二分。中华人民共和国成立之后,政治权力控制一切领域,继而转向了“全权国家”的异化,社会

---

① 参见马长山:《国家、市民社会与法治》,商务印书馆2002年版,第118～126页。

被政治国家所吞噬。改革开放后，各种突破性的体制改革不断开展，国民经济得到了极大的恢复与发展，国家权力开始收缩，在社会领域内逐渐退场。在制度空间与现实环境不断改善的大背景下，社会力量开始不断壮大，政治国家与社会的二元结构日渐清晰可见。随着国家管控的放松与扶持力度的加大，社会组织数量呈现爆炸式的增长，在国家保障机制之外，给予公民文化权利以促进性与补充性保护，成为保障公民文化权利的重要辅助力量。

（二）民间组织对文化权利的保障

改革开放40年来，原有的“全权国家”体制逐步走向变化，在突破性经济体制改革的主导下，国家权力开始在社会领域内全面改革，为民间组织的成长提供了充足的制度空间与良好的现实环境。在经历了“民间组织的兴起时期”“民间组织的规范管理时期”“民间组织新的发展高潮期”，[①]民间组织呈现出了井喷式的增长。一个以社会团体与民办非企业单位为主要类型，涉及文化、经济、环保等多个领域，覆盖城乡各个阶层的民间组织体系在中国已初步形成。具体于文化领域而言，民间组织的成长也是显著的，涵盖文学艺术、科技创新、新闻舆论、影视传媒等文化部门，成立了诸如中国作家协会、中国艺术家协会、中国科学技术协会、中华全国新闻工作者协会、中国电影家协会等全国性民间组织以及相应的地方性民间组织。此外，其他领域的民间组织也积极发挥自身的文化功能。这些民间组织致力于促进国际文化交流、参与国内文化立法、保护公共文化资源，以实现文化生活的多样性与创造性，推动文化权利的发展。

当前，随着中国综合国力的提升与国际影响力的增强，中国民间组织开始着力提高自身的国际交流意识与展开各项国际交流工作，许多民

① 参见刘求实、王名：《改革开放以来我国民间组织的发展及其社会基础》，载《公共行政评论》2009年第3期。

间组织已经把国际化作为组织发展的主要目标之一。针对国际文化交流，民间组织实施“走出去”与“引进来”相结合的战略，开展全方位的文化交流活动。在文学艺术方面，民间组织积极引进国外优秀文学作品，譬如2015年中国文字著作权协会与俄罗斯儿童文学作家阿尔贝特·利哈诺夫签署其作品的中国独家版权代理协议，并且不定期地在国内外开展各种文化交流活动，譬如2016年由山东省作家协会与法国莫比里斯作家协会在山东济南联合举办中法文学座谈会、2016年上海市作家协会代表团访问波兰文学家协会等。在科技创新方面，民间组织致力于与国外科技组织建立长期的联系与合作，例如，中国科学技术协会共与包括美国科学促进会、日本科学技术振兴机构、英国皇家学会、俄罗斯科工联等在内的世界近百个对口组织建立了合作关系，已与旅美中国科学家工程师专业人士协会、全法中国科技工作者协会、全英中国学生学者联谊会、中国旅德学者化学化工学会、在日本中国科学技术者联盟等13个海外华人科技组织建立了联系。在影视传媒方面，诸如中国电影家协会、中国影视家协会等民间组织积极协助国家新闻出版广电总局引进国外优质影视文化作品与遴选本土优秀影视文化作品参加国际知名影视奖项评选。在新闻舆论方面，民间组织与国外新闻媒体协会展开双边交流与合作，共同探讨新闻舆论机制，分享新闻工作经验，譬如2014年中华全国新闻工作者协会与英国新闻道德联盟的互访交流，以及云南省新闻工作者协会于2015年、2016年两年间连续举办缅甸记者研修班。

在中国社会变革的大背景下，加之文化生活的多样性与复杂性，国家急需市民社会的力量参与文化立法的过程之中，以在不同的利益主体与社会阶层之间实现平衡与妥协。民间组织正是这股力量的主要代表，它们“能够最充分、最真实地反映多种社会声音，并把各种社会愿望和民众诉求输入平等对话和民主协商的运行机制之中，使得立法成为多种话语交涉沟通的过程、多元利益的平衡过程及公共理性形成的过程”。[1] 首先,在中央立法层面,民间组织努力推动《电影产业促进法》《公共文化服务保障法》《非物质文化遗产法》等法律的出台实施,积极参与《文物保护法》《商标法》《专利法》《著作权法》等法律的数次修订,为一系列的行政法规、部门规章与其他规范性文件建言献策,并呼吁统一的文化基本法的制定颁布。其次,在地方立法层面,民间组织也发挥着重要作用。以上海市为例,上海市人大常委会首次委托作为民间组织的上海市法治研究会参与“上海市 2013—2017 年立法规划”建议项目初步筛选,上海市法治研究会对 246 条项目初步筛选“合并同类项”,形成 174 条立法项目建议,之后再筛选合并形成 60 条立法建议项目,其中部分立法建议项目与公民文化生活紧密相关。此外,民间组织还积极参与《国家人权行动计划》(2009—2010 年)、《国家人权行动计划》(2012—2015 年)、《国家人权行动计划》(2016—2020 年)的制定。虽然《国家人权行动计划》只是中国政府促进和保障人权的阶段性政策文件,但其中对文化权利的纲领性规定无疑对文化立法的内容与方向具有重要影响。民间组织将立基于广泛调研与多元整合的文化诉求表达写入《国家人权行动计划》,间接推动相关文化立法活动的开展,促进文化权利的保障。

为了公众长远的文化权益与公共文化资源的可持续发展,避免文化传承与维护过程中的“公地悲剧”现象,除了需要国家合理有效的规制之外,民间组织的作用更是不容忽视。当前,中国民间组织对于公共文化资源保护取得了一定成果,特别是在非物质文化遗产保护方面显现出巨大的作用与优势。例如,为了弘扬重庆火锅文化与提升重庆火锅的整体形象,重庆火锅协会于 2001 年正式成立。在火锅协会的指导、帮助与监督下,重庆火锅行业形成了较为完善的自我约束与自我激励机制,于近年来相继克服了潲水油事件、罂粟壳事件等“公地悲剧”风波。并且,火锅协会通过举办诸如“首届放心火锅底料”“万人品尝重庆火锅”等特色

① 马长山:《法治进程中的“民间治理”》,法律出版社 2006 年版,第 51 页。

活动，重塑了重庆火锅的良好形象，发挥了重庆火锅的品牌效应。① 此外，诸如为保护纳西族特有的东巴纸工艺而成立东巴造纸传统资源共管协会；为保护湖南省桃园县九溪乡独有的“板龙舞”“虾灯舞”等地方性传统文化活动而成立地方性农民文化艺术协会，②这些都显示了民间组织能够有效地在延续文化传统与实现市场价值之间取得均衡，有力地保护了非物质文化遗产。与基于政治逻辑、强调宏观统筹的国家规制不同，民间组织在保护非物质文化遗产方面，拥有不可比拟的优势：第一，民间组织因其非政府性与非营利性，对于当地民众而言具有较高的亲和力与可接受性，而且地方性民间组织的成员大部分来自当地，具备较强的地方性知识，在当地民众中也拥有较高的号召力，便于保护工作的有效开展；第二，民间组织具有较强的专业性与判断力，作为地方文化精英集合体的地方性民间组织，更是对当地非物质文化遗产有着更为深刻的理解与认识，能够在最大限度上避免非物质文化遗产原真性的流失；第三，民间组织为公民个人自发性团体，组织成员参与组织活动多是基于个人爱好抑或是社会责任感，能够较为投入地开展保护工作，而且通常不计报酬，节约了工作成本。

显而易见，文化生活中“公地悲剧”的出现，主要是因为公共文化资源的权利归属不明晰，大部分公共文化资源的权利主体是一种抽象意义上的特定群体。虽然我们承认集体文化权利的存在，但如前所述，在现实生活中需要某个实体机构代表特定群体来行使与维护相关文化权利。基于民间组织的自身性质，鉴于民间组织在保护非物质文化遗产方面的作用与优势，由民间组织作为公共文化资源的权利代表也应成为一种可供参考的解决方案。

---

① 参见谭宏：《“公地悲剧”与非物质文化遗产保护》，载《上海经济研究》2009 年第 21 期。

② 参见叶敏、曹芳：《农村民间文化组织与乡村治理——基于湖南省桃园县九溪乡农民艺术协会的个案分析》，载《湖南行政学院学报》2015 年第 4 期。

四、少数民族文化权利的特殊保障

在人类历史上，由于频繁地对外征服与长途贸易，造成大多数有组织的政治共同体都是多族类的，进而形成以族类为单元的多元文化格局，如何处理主流文化与少数民族文化之间的关系成为维护政治共同体稳定的关键问题。在西方历史上，一种以文化同质化的古希腊城邦为政治共同体的理想模式的政治思想曾占据主流地位。在此种政治思想的指导下，一些政府对少数民族采取了各种各样的政策，如少数民族客居化的隔离歧视政策、强迫同化政策乃至极端的种族屠杀政策。及至近代，调节主流文化群体与少数民族群体间可能的文化冲突成为一种时代趋势，特别是第二次世界大战后，基于对纳粹德国种族灭绝政策的反思，必须区别对待少数民族文化权利的呼声日益高涨。自秦汉以来，中国一直是一个以汉民族为主体的多民族国家，对待不同族类的文化一直秉持一种“和而不同、兼容并蓄”的态度，主流文化与少数民族文化的和谐是文化发展的常态，逐渐形成了“中华文化多元一体格局”，即各个少数民族，在对自己族群文化的认同上，有一个对“中华文化”的整体认同。基于中华文化的历史传统与国际社会的潮流趋势，国家在宏观政治制度的基础上，对少数民族文化权利予以实在法上的具体建构，给予少数民族文化权利以特殊保障。

针对少数民族文化权利的特殊保障，在中央层面，初步形成了以宪法与法律为统领、以行政法规与部门规章为展开的法律体系。

首先，在宪法与法律方面，除去现行《宪法》第 47 条对于公民文化权利的一般性保护外，其第 116 条规定了民族自治地方的人大有权根据当地民族的文化特点制定相应的自治条例与单行条例，第 119 条赋予了民族自治地方的自治机关发展地方文化事业的自主权。并且，现行《宪法》突出了对少数民族语言权利的保护，包括其第 4 条规定的使用与发展本民族语言文字的自由、第 121 条涉及的自治机关的公务语言、第 139 条涉及的少数民族的诉讼语言等。作为保障少数民族文化权利的基本法律,我国《民族区域自治法》将现行《宪法》的相关规定予以具体化,重点对民族自治地方的自治机关所应拥有的文化自治权限进行了更为细致的规定,其中第36条、第37条、第39条、第42条赋予了民族自治地方的自治机关在制定教育规划、发展民族教育、制定科学技术发展规划、对外开展文化交流等方面的充分自主权,并在第38条详细规定:“民族自治地方的自治机关自主地发展具有民族形式和民族特点的文学、艺术、新闻、出版、广播、电影、电视等民族文化事业,加大对文化事业的投入,加强文化设施建设,加快各项文化事业的发展。民族自治地方的自治机关组织、支持有关单位和部门收集、整理、翻译和出版民族历史文化书籍,保护民族的名胜古迹、珍贵文物和其他重要历史文化遗产,继承和发展优秀的民族传统文化。”在其他部门法方面,我国《著作权法》第6条规定民间文学艺术作品享有著作权,实质上是将少数民族文化权利纳入知识产权保护体系。我国《文物保护法》与《非物质遗产法》的制定颁布对于保护少数民族文物与少数民族非物质文化遗产具有重大意义,进而促进少数民族文化权利的实现与发展。我国《刑法》第250条、第251条分别规定了出版歧视、侮辱少数民族罪和侵犯少数民族风俗习惯罪,体现了国家在最为严苛的刑事法领域对于少数民族文化权利的特别保护。

其次,在行政法规与部门规章方面,我国2005年颁布实施的《国务院实施〈中华人民共和国民族区域自治法〉若干规定》对于国家在保障少数民族文化权利方面所应充当的角色、发挥的作用与履行的职责进行较为系统全面的规定,其第19条、第20条、第21条针对国家在义务教育、高等教育等方面对少数民族教育事业的支持作出具体规定,第22条规定了国家应如何保障少数民族使用和发展本民族语言文字的自由,第23条规定了国家应如何支持和促进少数民族自治地方科技事业的发展,第24条、第25条分别规定了国家对少数民族文化事业与文化产业的支持以及对少数民族非物质文化遗产与物质文化遗产的保护。2009年出台的国务院《关于进一步繁荣发展少数民族文化事业的若干意见》在阐明繁荣发展少数民族文化事业的重要意义的基础上,规定了相关的指导思想、基本原则、目标任务、政策措施,以及如何完善少数民族文化事业发展的体制机制与如何加强对少数民族文化工作的领导。文化部与国家民委联合发布的《关于进一步加强少数民族文化工作的意见》提出,要加强民族地区文化基础设施建设与文化队伍建设,繁荣少数民族文艺创作,扶持优秀的少数民族文化,落实和完善文化经济政策,等等。此外,《著作权法实施条例》、《文物保护法实施条例》、国务院办公厅《关于加强我国非物质文化遗产保护工作的意见》也相继出台,进一步细化了对少数民族在知识产权、物质文化遗产、非物质文化遗产等方面的权利保障。

针对少数民族文化权利的特殊保障,在地方层面,已经形成了地方性法规、规章与自治条例、单行条例并行的法律体系。

首先,在地方性法规、规章方面,一些少数民族聚居较多的省市,立基于当地少数民族文化发展的整体态势,相应地制定了保护少数民族文化的地方性法规、规章。例如,福建省人大常委会于2004年通过的《福建省民族民间文化保护条例》,首次规定了民族民间文化传承人和传承单位的权利义务,使民族民间文化权利主体更加具象化,对民族民间文化的保护更具现实可操作性,并且创造性地提出"福建省民间文化艺术之乡"等新兴概念,进一步拓展了民族民间文化的保护范围;海南省人大常委会于2012年通过了《海南省少数民族文化保护与开发条例》,指明少数民族文化保护与开发实行"保护为主、合理开发、政府主导、社会参与"的基本原则,提出"海南少数民族文化保护区"等特色概念,以及关于少数民族文化产业开发的相关规定;云南省人大常委会于2005年通过了《云南省纳西族东巴文化保护条例》,专门针对纳西族东巴文化保护工作进行具体规定,提出了"保护为主、抢救第一、合理利用、继承发展"的工作方针。此外,还有各地制定的《少数民族权益保障条例》《散居少数民族工作条例》等地方性法规、规章中关于加强散居地区少数民族传统文化保护的具体规定。

其次，在自治条例与单行条例方面，多个民族自治地方都专门制定了保护本民族语言文字的相关条例。例如，西藏自治区人大于 1987 年通过了《西藏自治区学习、使用和发展藏语文的规定》，内蒙古自治区人大常委会于 2004 年通过了《内蒙古自治区蒙古语言文字工作条例》。此外，在民族民间文化保护或非物质文化遗产保护方面，多个民族自治地方也制定了相关条例。例如，恩施土家族苗族自治州人大于 2005 年通过了《恩施土家族苗族自治州文化遗产保护条例》、宁夏回族自治区人大常委会于 2006 年通过了《宁夏回族自治区非物质文化遗产保护条例》。

第七章　公民权利与政治权利保障的中国探索

把生存权和发展权作为中国人民的首要基本权利进行保障，是中国基本权利保护的鲜明特色，但同时又强调各基本权利之间是相互联系、不可分割的，注重各项基本权利的协调、平衡发展。本章将对具有中国特质的公民权利和政治权利保障思路、道路和进路进行分析，接下来的两章则重点对言论自由和宗教信仰自由权利保障作专章研究。

公民权利与政治权利作为基本权利的重要组成部分，是保护个人免遭公权力侵犯、保护个人参与国家政治生活的权利，它事关个人人格完整、个人人格完善与个人人格实现。公民权利和政治权利在我国的发展经历了一个长期的过程，最终形成了一个以宪法为统帅，以普通法律、法规为组成部分的比较完整的公民权利和政治权利保护体系。由于传统与现实需求的影响，我国的公民权利和政治权利的发展体现出了自身独特的品格，包括集体主义倾向和政府主导性。

一、从臣民权利到人民权利再到公民权利

在早期自由资本主义国家,占主流的意识形态认为,公民权利与政治权利是要求国家不得干预个人自由的不作为的权利,属于消极自由范畴,包括生命权和人身自由、安全权,禁止为奴隶被奴役,禁止酷刑,法律面前平等和禁止歧视,权利可救济性,禁止任意逮捕、拘禁和被放逐,获得公平审判权,无罪推定,私生活、家庭、住宅和通信自由、名誉荣誉受保护权,迁徙自由权,寻求他国庇护权,享有国籍权,婚姻自主权,财产权,思想、良心与宗教自由权,持有主张、发表意见自由,集会、结社自由,选举与参政权等。这些权利都是个人所享有的最基本的权利,也是宪法和法律必须予以保障的基本权利,是需要即刻实现的权利,体现的主要是自由的价值。而社会权则是需要国家积极行为从而为个人提供福利、利益的权利,属于积极自由的范畴,它包括工作权、享受良好工作条件的权利、组织参加工会的权利、享受社会保障和社会保险的权利、获得相当的生活水准的权利、受教育权、享受文化和科技利益进步的权利等,这些权利体现的主要是平等的价值。许多保守主义者和自由主义者认为,经济、社会和文化权利实际上不是人权,最突出的是莫里斯·克莱斯顿的观点。他认为,生命、自由和财产等公民和政治权利是普遍的、最高的和绝对的道德权利;但是,经济和社会权利既没有普遍性和实践性,也没有最高的重要性,即它们并不是真正的人权。克莱斯顿认为,公民权利和政治权利可以通过立法得到保障,而经济和社会权利却不仅仅通过立法来予以保障,还要求国家通过积极行为提供实质保障,但很多国家又往往缺乏提供这种实质保障的能力。①

中国近代宪法意义上基本权利体系的构建始于清末的立宪运动,

---

① 参见[美]杰克·唐纳利:《普遍人权的理论与实践》,王浦劬等译,中国社会科学出版社2001年版,第31页。

1908年《钦定宪法大纲》规定的基本权利有：担任文武官吏及议员之权，言论、著作、出版及集会、结社等自由，不受任意逮捕、监禁、处罚之权，诉讼权，审判权，财产及住宅不受侵犯权，但是权利的主体是“臣民”而非“公民”，使用“大清帝国”而非“国家”概念，而且规定基本权利的条款并非宪法正文的组成部分，仅作为“君上大权”的附录而得以被规定。虽然它罗列的臣民权利不算少，但其前提条件是这些权利必须在法律规定的范围内方可“准许”，在“钦定”的前提下，人民权利只不过成为宪法的装饰品而已，从而失去了其实际意义。这是以“立宪”之名，以求达到巩固专制之实的一个典型。

辛亥革命推翻了在中国存在几千年的封建帝制，建立了民主共和国，颁布了《中华民国临时约法》，其中“国民”和“人民”概念同时使用，关于两者有什么不同并没有作出明确区分。在第二章“人民”中，首先确认“中华民国人民，一律平等，无种族、阶级、宗教之区别”，然后宣告人民享有的基本权利自由，如人民的身体非依法律不得逮捕、拘禁、审问、处罚，人民的住宅非依法律不得侵入或搜索，人民有保有财产及营业的自由，人民有言论、著作、刊行及集会、结社之自由，居住迁徙之自由，信教的自由，请愿的自由、选举和被选举权等。《中华民国临时约法》所宣示的人民权利，是对封建等级特权制度的公开否定，它对于启发人民的民主权利意识具有重大的积极意义。然而，虽然民众被赋予广泛的权利自由，但是也受到了“公益”“治安”等限制，并且约法也没有设立完备的独立的司法体系，有关行政诉讼、司法审查权都没有规定，民众的权利得不到保障而且当时的民众无意使用也不知如何使用。此外，《中华民国临时约法》本身是为了防范袁世凯专权而制定的，不可避免具有因人设法的意味。

北洋政府时期通过的第一部宪法草案是《天坛宪草》(1913年《中华民国宪法草案》)，继续沿用了“国民”和“人民”两个词，仍然没有对它们作出界定。它在第三章规定了“国民”的权利，分别列举了“人民”所享有的权利和承担的义务，如“中华民国人民于法律上无种族阶级宗教之别，均为平等”“人民被羁押时，得依法律以保护状请求法院，提至法院审查其理由”等。虽然也规定了不少权利，但是没有宣示主权属于人民，对权利的保障采用法律保障主义。袁世凯上台后，为了当选大总统采取了一系列的反革命步骤，废止了《中华民国临时约法》，解散了国会，并在自己的控制下制定了《中华民国约法》，又称《袁记约法》。① 至于人民的权利，虽然也规定了 10 多条，但也是被局限在“在法律范围内”。1923 年 10 月 10 日公布了《曹锟宪法》(中华民国宪法)，这部宪法从体例到内容是以《天坛宪草》为模本的，同时也超出了《天坛宪草》的范围。对于这部宪法，毛泽东主席曾评价说：“宪法，中国已有过了，曹锟不是颁布过宪法吗？但是民主自由在何处呢？大总统，那就更多……但是他们和专制皇帝有什么分别呢？他们的宪法也好，总统也好，都是假东西……”②总而言之，这些宪法虽然在文本上规定了较全面的人民权利，但实际上这些权利都被剥夺了，它们只不过是独裁者用来集权统治的工具，人民的权利和自由并没有得到落实。

孙中山逝世后，蒋介石以军事强人的方式获得了国民党的领导权，在其主导下，国民党开启了一党专政时代。自 1928 年开始，国民党先后颁布《训政纲领》《国民政府组织法》《中华民国训政时期约法》等一系列法律、法规，准备实行以党训政。训政时期，国民党在国家权力体系中的地位是一元化的，而且人民虽然享有选举、罢免、创制、复决四种权利，但是要接受国民党的“训导。”1931 年正式公布了《中华民国训政时期约法》，该约法是在《训政纲领》基础之上制定的，在文本中虽然有关于人民权利的规定，但在党权高于一切的情景下，人民主权原则被虚化，国民大会不可能真正代表国民，人民权利形同虚设。“九·一八事变”和

---

① 参见张晋藩：《中国宪法史》，吉林人民出版社 2004 年版，第 208 页。

② 《毛泽东选集》(第 2 卷)，人民出版社 1991 年版，第 736 页。

“一·二八事”变后，日本不仅占领了东三省而且加快了侵华步伐，中国共产党和各民主党派要求国民党结束训政，集中力量抗日。国民党于1936年5月5日公布了《中华民国宪法草案》，史称《五五宪草》。它规定了总统的权力、人民的权利，增加了社会权的规定，其第25条规定：“凡限制人民自由或权利之法律，以保障国家安全、避免紧急危难、维持社会秩序，或增进公共利益所必要者为限”，这体现出了社会本位的原则。抗日战争胜利后，蒋介石不顾全国人民渴望独立、和平和民主的意愿，希望通过内战来消灭民主革命力量以巩固其反动统治，并制定了《中华民国宪法》。该宪法实行的也是政府集权，虽然规定了身体自由（第9条），居住、迁徙自由（第10条），言论、讲学、著作及出版自由（第11条），通信秘密自由（第12条）等，但同时也规定了为了维持社会秩序或增进公共利益，可以法律限制之，实际上也就赋予了政府以强权限制公民权利的权力，人民的权利保障只是一句空话而已。

北洋政府、民国政府颁布的宪法文件中，“国民”与“人民”概念同时存在，并且没有给予明确界定。与此相反，在中国共产党建立的革命根据地制定和发布的宪法性文件，从一开始就肯定了“公民”概念，而且在人权立法方面也取得了一定的成就。1934年1月第二次全国苏维埃代表大会修改通过的《中华苏维埃共和国宪法大纲》第4条规定：“在苏维埃政权领域，工人、农民、红色战士及一切劳苦民众和他们的家属，不分男女、种族（汉、满、蒙、回、藏、苗、黎和在中国的高丽、安南人）、宗教，在苏维埃法律面前一律平等，皆为苏维埃共和国的公民。”苏维埃政权是属于工人、农民、红色战士及一切劳苦民众的。在此前提下，在苏维埃政权领域内的工人、农民、红色战士及其一切劳苦民众享有的基本权利有：在苏维埃法律面前一律平等，言论、出版、集会、结社的自由，婚姻自由，受教育的权利，信教自由，少数民族的自决权，妇女享有参加社会经济的、政治的、文化的、生活的权利等。此外，《苏维埃选举法》特别规定：“凡上属苏维埃公民，在十六岁以上者皆有苏维埃选举权和被选举权，直接派代表参加各级工农兵苏维埃的大会，讨论和决定一切国家的、地方的政治任务。”

1941 年的《陕甘宁边区施政纲领》规定：“保证一切抗日人民（地主、资本家、农民、工人等）的人权、政权、财权及言论、出版、集会、结社、信仰、居住、迁徙之自由权。”除了大家所熟知的《中华苏维埃共和国宪法大纲》《陕甘宁边区施政纲领》《陕甘宁边区宪法原则》中规定了革命根据地人民享有的基本权利之外，许多革命根据地还制定了专门的人权保障方面的法律文件。主要有：1940 年 11 月 11 日公布施行的《山东省人权保障条例》，1941 年 11 月 17 日通过的《陕甘宁边区保障人权财权条例》，1941 年 11 月 23 日公布的《冀鲁豫边区保障人民权利暂行条例》等。由于中华民族与日本帝国主义的矛盾成为主要矛盾，中国共产党也及时调整了相关的权利规范，如在权利内涵上，人民不仅享有言论、出版、集会、结社、信仰、居住、迁徙、通信等广泛的公民权利和政治权利，还增加了获得救济的权利、武装自卫权、健康权以及对财产权的保障等。在解放战争期间，各个解放区的施政纲领在权利的配置上，重视政治自由，规定了一些人民生存和发展所必需的权利。

在近代中国，涉及相关“公民”内容时，无论是法律法规还是学者文献著作却多采用“人民”一词，中华人民共和国成立后最早使用“公民”概念的规范性文件是 1953 年公布的《中华人民共和国全国人民代表大会及地方各级人民代表大会选举法》，“人民”仅仅适用于表明主权归属者的身份，同时“国民”这一概念不再独立使用。1954 年《宪法》正式确立了公民这一制度性概念，“公民”这一用语就不仅用于表示一般的基本权利的享有者，同时还指基本义务的承担者。此后，相继制定修改的宪法文本中，均采用“公民”这一概念。我国现行《宪法》第 33 条规定“凡具有中华人民共和国国籍的人都是中华人民共和国公民。中华人民共和国公民在法律面前一律平等……任何公民享有宪法和法律规定的权利，同时必须履行宪法和法律规定的义务。”它表明，在我国，公民除须具有中华人民共和国国籍外，没有另外的资格限制。不仅公民的范围得到扩大，而且公民之间的资格平等性也得以彰显。目前为止，“公民”与“人民”概念都在使用，只不过“人民”是政治性概念，与“敌人”相对，“公民”是法律性概念，与“外国人”相对。

二、中华人民共和国成立后公民权利与政治权利制度化的初步尝试

中华人民共和国成立后，我国逐步建立起了有中国特色的公民权利与政治权利体系。1949 年 9 月 29 日中国人民政治协商会议第一届全体会议通过的《中国人民政治协商会议共同纲领》，虽然没有使用宪法的名称，但实际上是被作为临时宪法使用的。《中国人民政治协商会议共同纲领》将人民的权利和义务置于“总纲”部分，与中华人民共和国的性质、任务以及各项基本政策相并列，从而体现了对于权利的重视。其中，总纲规定了人民享有选举权和被选举权，思想、言论、出版、集会、结社、通讯、人身、居住、迁徙、宗教信仰及示威游行的自由权，妇女与男子在政治、经济、文化教育、社会生活等方面的平等权以及婚姻自由，在其他章节也分散规定了部分权利，如第 19 条规定了有关人民和人民团体控告国家机关和公务人员违法失职行为的权利。从总体上来看，有关权利的规定以政治权利为主，兼顾了部分公民权利。其内容基本上延续了新民主主义时期各革命根据地的宪法性文件的内容。它将整体的人民作为关注点从而使个体公民权利与政治权利的内容有所缺失。此外，《中国人民政治协商会议共同纲领》确认和保障的权利不可避免地带有历史的烙印，如在权利主体的界定上使用“人民”而不是“公民”，这就把政治概念当作了法律概念，从而限制了权利主体的范围。这种规定是与当时的历史条件相适应的，即当时新民主主义革命虽然取得了胜利，但依然存在敌对阶级，当时主要任务是巩固新生的人民政权，从而不允许反动分子享有人民权利。总而言之，《中国人民政治协商会议共同纲领》作为公民权利和政治权利体系的肇端，体现了人权保障和人民主权原则，构建了其后几部宪法公民权利和政治权利体系的雏形，奠定了权利保障的基本精神，其意义和价值不容忽视。

1954 年《宪法》是中华人民共和国第一部宪法，是对《中国人民政治协商会议共同纲领》规定的基本原则、精神以及内容的继承和发展。在第一章"总纲"部分规定了财产权受保护和私有财产的继承权，第三章比较详细且广泛地规定了公民权利和政治权利，其中包括：平等权，选举权和被选举权，言论、出版、集会、结社、游行、示威的自由，宗教信仰自由，人身自由，住宅、居住、迁徙自由，通信秘密受法律保护，妇女的平等权利以及申诉控告和取得国家赔偿的权利，华侨的正当的权利和利益以及外国人居留权。1954 年《宪法》勾勒出了公民权利和政治权利体系的基本框架，因而有学者指出后来的宪法对基本权利的确认始终无法超越 1954 年《宪法》的规定，一直呈现"恢复性"的发展路径，即基本权利的变化大体是对 1954 年《宪法》的恢复与重建，基本权利的创造性和突破性发展内驱力不足。① 需要注意的是，由于制定此宪法时处于中华人民共和国成立初期，国民经济基础薄弱，法治经验严重不足，国家总体上保障公民权利与政治权利的能力有限，因此宪法有的条文中使用了"逐步"字样。

1957 年后，国家政治生活中极"左"思潮抬头并日益泛滥，如把广大知识分子、爱国人士为使社会主义制度更加完善而提出的许多善意批评当作反党反社会主义的言论，严重挫伤了人们参政议政的积极性，关于言论自由的规定因此成了一纸空文。"文化大革命"时期严重侵犯公民权利，1975 年《宪法》对公民权利和政治权利大大缩减，取消了"五四宪法"中关于公民在法律上一律平等和财产权的规定，在增加了罢工自由、信仰宗教的自由和不信仰宗教的自由、宣扬无神论自由的同时，删掉了"五四宪法"规定的迁徙自由、对国家工作人员的要求赔偿权，简化了对选举权和被选举权的规定。而且一反常规，将基本义务置于基本权利之前，并将基本权利置于宪法文本的最后，显示了对于公民权利和政治权

① 王广辉：《论中国宪法基本权利的发展》，载《政法论丛》2010 年第 4 期。

利认识上的倒退。

在“文化大革命”结束后出台的1978年《宪法》，基本恢复了1954年《宪法》关于公民权利的若干规定。但由于国家指导思想上的拨乱反正尚未完成，这部《宪法》的“左”倾意识仍较明显，仍坚持“两个凡是”的错误方针，坚持“以阶级斗争为纲”的指导思想。“公民在法律上一律平等”、居住与迁徙自由、取得赔偿权等仍被搁置在一边，而且保留了“大鸣”“大放”“大辩论”“大字报”等不科学的权利规范，而这“四大”在实践中却是侵害公民权利的最重要因素。这部《宪法》颁布后不久既被两次修改，并在第二次修改中删除了“四大”的规定，但从整体上看，它对公民基本权利的规定尚达不到1954年《宪法》的水平。

1978年12月党的十一届三中全会召开，恢复了解放思想、实事求是的思想路线，并提出了改革开放的战略方针，中国历史进入伟大的历史转折时代。由于社会发展与实践的要求对基本权利保护提出了新的更高的要求，全面修改“七八宪法”，制定一部适应新时期社会发展的新宪法已成为历史发展的必然，1982年《宪法》应运而生，这部宪法适应社会主义民主和法治建设的需要和满足人民渴望人权保障的要求，对公民的基本权利作出了比较全面的规定。

三、社会改革、市场经济与公民权利和政治权利的发展

权利话语的成长与变迁，与特定社会的发展与变迁息息相关。改革开放以来，我国经历了从计划经济到市场经济的经济和社会体制转型，在这一时代背景下，权利形态和权利意识也发生了重大变化。

市场经济体制激发了市场主体的公民权利与政治权利意识。通过市场交换，经济人实现了个人利益的满足，获得了财富，而这些财产就需要国家与法律的保护，从而产生了禁止政府未经正当程序而剥夺任何人的生命、自由与财产的法律。在市场经济的环境下，财产权和经济自由权能够唤起人们的主体意识、权利意识、参与意识和自由平等意识的觉醒，再加上计划经济体制下国家对个人自由的限制，使人们意识到对自由的最大威胁来自国家,从而产生对国家权力进行限制和对公民权利进行保障的意识,由原来的对国家权力的服从变成了对国家权力的警惕和不信任,维权意识不断高涨。随着市场经济的发展,与之相伴而萌生的自由、平等、互利、共赢的契约意识与权利意识得以升华,从经济领域扩展到政治领域与社会领域,成为政治文化制度和社会秩序建构的普遍行为准则,这些准则最终以法律的形式确定下来,以法律的形式保障公民权利与政治权利。

随着市场经济体制的建立和完善,国家和社会的关系也发生了变化,中国社会结构由国家社会一元化向国家社会二元化转型。在社会主义计划经济体制下,国家作为整体的、最高的主体几乎是唯一的主体,它主要通过自上而下的单向行政管理来强化自己的作用。在市场经济体制下,市场在资源配置中起着基础性与决定性作用,也是经济运行的主导调节方式。由于市场经济的发展,社会资源不再全部被国家垄断,个人对国家的附属性逐渐减弱,个人与社会自主性逐渐增强。此外,相对独立的社会力量形成,特别是对非公有制经济宪法地位予以大大提升,有利于这种相对独立于国家的社会力量的培育和增长,①从而促进了经济的多元化发展。此外,民间社会组织、行业组织不断涌现,大大促进了社会的形成和发展。社会的形成和发展依赖于公民的广泛参与,首先需要有公民主体的存在,市场经济体制下所产生的摆脱了人身依附关系的具有独立自主性的个人,则为社会的存在和发展提供了主体条件;此外公民参与还需要一定的手段,因此就需要赋予公民言论自由,出版、集会、结社、集会、游行示威权,选举权和被选举权等公民权利和政治权利,这些权利的行使,有利于国家的政治民主和政治自由从而促进国家和社会的良性运转。

---

① 参见杜承铭:《非公有制经济:宪法地位大提升》,载《羊城晚报》(理论学术版)1999年3月30日。

1982年《宪法》结合中国实际，既在总纲部分规定了公民的合法财产所有权受国家保护以及私有财产依法继承的权利，又在第二章规定了各类基本权利权利。随后，又于1988年、1993年、1999年、2004年、2018年进行了5次修正。其中第四个修正案共修改了14条，涉及基本人权的有：尊重和保障人权、完善私有财产保护制度、完善土地征用制度、建立健全社会保障制度等规定。2004年《宪法修正案》首次明确了“国家尊重和保障人权”，人权入宪既顺应了国际人权保护的时代潮流，也极大地提升和完善了我国宪法权利体系。

随着中国特色社会主义法律体系的形成，我国的基本权利保障体系也不断发展，目前，在国内立法方面，我国已经形成了以宪法为统帅，以普通法律、法规为组成部分的比较完整的公民权利和政治权利体系，进一步保障了公民权利和政治权利的有效行使。截至2010年年底，我国形成了以宪法为统帅，以宪法相关法、民法商法、行政法、经济法、社会法、刑法、诉讼与非诉讼程序法等多个法律部门的法律为主干，包括行政法规、地方性法规等多个层次的法律法规构成的中国法律体系。“截至2017年8月，我国已制定现行宪法和有效法律近260部、行政法规近800部、地方性法规近9000部，涵盖社会关系各个方面的法律部门已经齐全，各个法律部门中基本的、主要的法律已经制定，相应的行政法规和地方性法规比较完备，法律体系内部总体做到科学和谐统一，已经形成中国特色社会主义法律体系，国家建设各方面已经实现有法可依。”①

四、公民权利与政治权利实现的中国特色

马克思主义权利观认为，权利不是天赋的、与生俱来的，而是通过斗争得来的，是一个历史的范畴。恩格斯在揭示资产阶级人权产生根源时明确指出：“一旦社会的经济进步，把摆脱封建桎梏和通过消除封建不平

① 莫纪宏：《党的十八大以来法治建设的伟大成就》，载中国社会科学网：http://ex.cssn.cn/index/index_focus/201710/t20171003_3660003_1.shtml，最后访问日期：2017年10月3日。

等来确立平等的要求提上日程上来,这种要求就必定迅速地获得更大的规模……这种要求就很自然地被宣布为人权。"①我国是一个社会主义国家,以马克思主义为指导,自然也认定这种人权本源,毛泽东也认为:"自由是人民争得的,不是什么人恩赐的。中国解放区的人民已经争得了自由,其他地方的人民也可能和应该争得这种自由。"②我国《宪法》序言第5段写道:"一九四九年,以毛泽东主席为领袖的中国共产党领导中国各族人民,在经历了长期的艰难曲折的武装斗争和其他形式的斗争以后,终于推翻了帝国主义、封建主义和官僚资本主义的统治,取得了新民主主义革命的伟大胜利,建立了中华人民共和国。从此,中国人民掌握了国家的权力,成为国家的主人。"这段陈述一方面表明了中华人民共和国的成立历程即在中国共产党的领导下通过斗争的方式建立国家,另一方面也表明了中国人民权利取得的历史,即建立了国家之后,成了国家的主人,掌握了国家的权力,自然应该享有各种公民的权利。由于各方面因素的影响,我国公民权利与政治权利的发展体现出自身特色。

(一)集体取向性

从自然状态下的自然权利,到人权宣言中的"人权",无论是设计自然状态与自然权利的启蒙思想家们,还是起草人权宣言的政治家们,都是在自然属性上界定和使用"人权"这一概念的,即认为人权是人作为人所享有的权利,是生而俱有的、自然的、不可剥夺的固有权利,但是如同亚里士多德所说那样,人在本质上是一种政治和社会性的动物,马克思也指出人的本质是"一切社会关系的总和"。人为了生存和发展必然要结合起来组成社会和国家,必然要从自然状态进入社会和政治文明状态。人类一旦进入社会和法律状态,人权就成为一切政治结合的终极的

---

① 《马克思恩格斯选集》(第3卷),人民出版社1976年版,第145页。

② 《毛泽东选集》(第3卷),人民出版社1991年版,第1070页。转引自刘茂林等:《中国宪法权利体系的完善——以国际人权公约为参照》,北京大学出版社2013年版,第50页。

目的性价值，而权力源自权利，是公民权利让渡的结果。因此，公民权利对于国家权力具有优先性，权力存在的价值在于保障、维护公民权利。这是一种个体主义的取向，个体主义以个体为中心，强调个体的自由和权利。

集体主义取向在中国有深厚的历史渊源，以儒家“三纲五常”为核心的封建礼教统治了中国2000余年。在周代，它是通过宗法制度、分封制度和世袭制度三位一体来实现的，在后世王朝，主要采取两种方式来维持礼治，一是主张德化，二是把礼治精神注入法律。在价值目标上，把人依其本分划分为各种等级，由此形成以夫权、父权、族权、君权为核心的国家权力系统。共产主义运动和社会主义建设也强化了集体主义取向，毛泽东同志在《为人民服务》一文中，借用司马迁“人固有一死，或重于泰山，或轻于鸿毛”的句子，高度赞扬了张思德的集体主义精神，肯定了“服务于人民，为广大人民群众利益献身”者是光荣的、幸福的、有意义的，宣示了这样的价值观：个体价值的体现是以集体主义思想为依托的——雷锋、王杰、焦裕禄就是这种价值观的实践者。① 虽然目前实行市场经济体制，在市场经济的环境下，财产权和经济自由权能够唤起人们的主体意识、权利意识、参与意识和自由平等意识的觉醒，但是集体主义仍然是与西方迥异的一大特征。

我国《宪法》序言第七段规定：“中国新民主主义革命的胜利和社会主义事业的成就，是中国共产党领导中国各族人民，在马克思列宁主义、毛泽东思想的指引下，坚持真理，修正错误，战胜许多艰难险阻而取得的。我国将长期处于社会主义初级阶段。国家的根本任务是，沿着中国特色社会主义道路，集中力量进行社会主义现代化建设。中国各族人民将继续在中国共产党领导下，在马克思列宁主义、毛泽东思想、邓小平理

① 参见刘连泰：《〈国际人权宪章〉与我国宪法的比较研究——以文本为中心》，法律出版社2006年版，第76页。

论、‘三个代表’重要思想、科学发展观、习近平新时代中国特色社会主义思想指引下，坚持人民民主专政，坚持社会主义道路，坚持改革开放，不断完善社会主义的各项制度，发展社会主义市场经济，发展社会主义民主，健全社会主义法治，贯彻新发展理念，自力更生，艰苦奋斗，逐步实现工业、农业、国防和科学技术的现代化，推动物质文明、政治文明、精神文明、社会文明、生态文明协调发展，把我国建设成为富强民主文明和谐美丽的社会主义现代化强国，实现中华民族伟大复兴。”从国家根本任务的规定中可以推导出：经济的发展、社会的稳定和国家的强大是权利实现的条件和基础。在“国际人权宪章”中强调人权是终极性的，是目的性的。而在我国宪法中，对人权作为目的的价值强调程度不如“国际人权宪章”强烈，我们更倾向于把人权当作强大国家的手段。① 再如《宪法》第 51 条规定：“中华人民共和国公民在行使自由和权利的时候，不得损害国家的、社会的、集体的利益和其他公民的合法的自由和权利”，这里强调了个人权利与国家、社会、集体利益可以并存，但是两者发生冲突时，首先要考虑的是国家、社会和集体的利益，这明显体现了集体主义的倾向。②

由于公民权利和政治权利作为人权的一个组成部分，我国宪法权利呈现什么风格，公民权利和政治权利也就呈现什么样貌。所以公民权利和政治权利也是具有集体取向性特征的。

（二）政府主导性

“如果说在西方国家，许多权利首先是作为实践而出现的，然后才是作为一种地位体现在法律之中，而中国的情况则恰恰相反，我们的权利首先是因为我们是工人阶级或农民阶级的一员，是因为革命胜利自动获

---

① 参见刘连泰：《〈国际人权宪章〉与我国宪法的比较研究——以文本为中心》，法律出版社 2006 年版，第 71 ~ 72 页。

② 参见刘茂林等：《中国宪法权利体系的完善——以国际人权公约为参照》，北京大学出版社 2013 年版，第 48 页。

得的,也就是说,我们的公民身份首先是作为一种地位体现在法律之中,而不是通过日常社会、政治生活中的各种实践来加以保护与巩固的。"①在西方,近代意义的公民权利和政治权利与资本主义经济的发展,以及资产阶级革命有着密切的联系。经济生产方式发生巨大变革并导致利益格局的变化,新的利益主张随之产生并逐渐演化为权利要求,推动了近代西方国家内部的政治博弈和法律变革。随着文艺复兴、宗教改革与启蒙运动的进行,文化观念与价值体系也发生了更新与转变,以此为思想基础欧洲各国爆发了资产阶级革命,革命成功后,当权者按照思想家的设计制定了宪法文本,将民主、自由、平等、法治和有限政府的宪治精神贯彻到条款中去,形成有效的制度框架约束国家权力对公民权利的侵害,维护和促进资本主义经济的发展。② 英国革命后期,议会通过了一系列法案,以法律的形式肯定了革命的成果,也就是当时人所追求的人身、财产和经营自主的权利。1679 年的《人身保护法》、1689 年的《权利法案》、1700 年的《王位继承法》,这三个重要法案是 17 世纪英国资产阶级为了巩固革命成果而通过的重要法案,集中反映了当时资产阶级的追求和愿望。其中,《权利法案》的内容主要是关于财产与人身保护的,如未经国会同意的征税为非法;向国王请愿是臣民的权利,不可对其判罪或控告;国会议员应自由选举,国会内的演说、辩论应是自由的,不可受到弹劾或讯问;任何人在被定罪前,不得以任何方式剥夺其财产等。③ 因此,西方国家的公民权利和政治权利发展并不是政府主导型的路径,它是一种内生性的,是随着市民经济的发展自然而然产生的。而中国公民权利和政治权利的发展是外源性的,它是依靠外部力量如政府力量为主

① 欧阳景根:《建构中国的公民身份理论:作为一种内化伦理的积极公民身份的建设》,载《晋阳学刊》2008 年第 3 期。

② 参见张烁:《权利话语的生长与宪法变迁》,社会科学出版社 2011 年版,第 65 页。

③ 参见何勤华主编:《外国法制史》,法律出版社 1999 年版,第 163 ~ 164 页。

导而发展起来的,它的发展是在国家设计和控制的战略框架之内。

就中国的国情而言,国家依然是一个掌握巨大资源的实体,如果放弃了在公民权利和政治权利方面的保护作用,那么就等于无视软弱的个体在残酷竞争中的自生自灭。对于社会权利的供给、公共利益的增加,中国政府无论从历史传统还是从现实需要来看都具有无可争议的义务和担当。在历史传统上,早期的社会形态中存在酋邦模式,酋邦首领因为掌握军权和祭祀权而成为集权结构的中心,他处于权力的顶端,完全控制着社会产品的分配,财富的占有与酋邦成员的权力地位相关,而权力地位则依据对酋邦首领的依附关系,这种依附关系主要表现为血缘亲疏关系。中国自从进入阶级社会以来,直到清末,都是不同程度的君主专制政体。君主被看作政权组织的核心,一切权力均有君权派生,皇权本身并不受约束。我们说中国社会是一种超稳定型的社会,本质是指中国政体的超稳定性。在现实需要的层面,虽然我国目前已经形成了以宪法为统帅,以普通法律、法规为组成部分的比较完整的公民权利和政治权利体系,但是有的权利在实际中并没有得到很好的落实。此外,公民的权利意识近年来虽已得到极大的增强,但是还是需要不断提高才能适应这个不断发展的社会。为了顺应历史潮流,这样的国家需要在政府的主导下才能快速地发展公民权利和政治权利。

在公民权利和政治权利的保护方面,我国坚持中国共产党的领导和人民代表大会制度,强调权力的集中,行政效率较高,但是法治不够完善,这与西方的议会制存在重大差别,西方强调分权、人权法治和宪治保护,但是有时行政效率不高。再加上我国的历史惯性,人权保护主要通过狭义上的政府行政手段,通过政府的公共政策进行。体制和制度上的原因要求我国的人权保护模式既有司法保护,同时还需要政府公共政策制定方面充分考虑到人权保障,甚至以政府行政手段保护为主。[①] 2010

---

① 参见黎尔平:《人权及中国人权模式》,载《学术界》2011年第2期。

年的《国家人权行动计划》(2009—2010年)的联席会议机制牵头单位是国务院新闻办公室和外交部,而不是最高人民法院,虽然在成员中包括最高人民法院和最高人民检察院,同时,还包括了国家发改委、民政部、人力资源和社会保障部等53家单位。该行动计划要求“各级政府以及政府各部门将依照‘各司其职、分工负责’的原则,将本行动计划纳入本地区和本部门的工作职责积极认真地予以落实”。

在公民权利和政治权利的限制方面,我国宪法规定“国家为了公共利益的需要,可以依照法律规定对土地实行征收或者征用并给予补偿”“国家为了公共利益的需要,可以依照法律规定对公民的私有财产实行征收或者征用并给予补偿”。而“公共利益”的衡量标准是什么呢?它是很难界定的一个模糊的概念,从而国家可以基于公共利益对公民权利和政治权利进行限制。我国《宪法》第51条对于权利的限制,原因是国家、社会和集体的利益,但是宪法权利毕竟不同于一般的法律权利,尤其是公民权利和政治权利所具有的“抵御功能”,对其作出限制时更应该特别规定国家权力限制这些权利时的限度,而我国宪法没有对此作出规定,一定程度反映出了国家的主导性。

在公民的维权行动面前,公权力机器大力推动维稳,一定程度上压制了普通公民日益高涨的规则意识和权利意识,这也从一个消极的层面反映出国家对于公民权利发展的主导性。无论是对于封建王朝还是现代国家,“秩序”是一切发展的前提。一个国家只有具备了稳定的秩序,各项活动才能正常运转。在公民权利和政治权利与经济、社会和文化权利之间,我国更偏爱经济、社会和文化权利,政府不乏动机与能力去满足公民的这些需求,这不仅仅因为公民权利和政治权利的“防御”国家权力的功能,也因为经济、社会和文化权利的满足更容易与有利于增强政府的权威,从而有利于社会的稳定。因此,我国为了实现稳定的政治秩序、适度保持对公共权力的垄断性和开放度,国家选择了发展低度的政治权利,确保公民对于公共权力和公共政策的有序参与旨在维护自身的统治权力。从中国公民的权利发展的实践来看,公民的权利发展在很大程度上是国家自上而下还权、放权与分权改革的必然结果。在保持对政治权力垄断性的同时适当增加政权的开放度,国家主导并采取了三个方面的权利发展策略:一是在积极扩展公民人身自由与法律平等权利的同时,对于公民的结社自由权利始终严加限制;二是主要通过政治吸纳、有序参与等政策措施将公民的政治权利发展限定在较低的层面上,选择性地抑制或延迟某些政治权利;三是通过公共服务改革大力发展公民的社会权利,以增强国家对于社会抗争的制度化整合能力。

此外,公共权力要为公民权利和政治权利提供及时的救济和保护。没有救济就没有权利,公民权利和政治权利在实现的过程中可能会遇到各种各样的阻碍,甚至会受到侵害,因此当公民权利和政治权利受到侵害时要提供及时的救济。对于权利的救济,不仅包括司法救济,还包括行政救济,两种救济方式要做到有效的衔接。

我国公民权利与政治权利的发展采取政府为主导的模式,是由我国的国情决定的,而且这种模式也是一种促进公民权利与政治权利发展较快见成效的一种模式。不管采取什么模式,只要真正的以促进公民权利与政治权利发展为宗旨,都是符合时代潮流发展模式。

五、公民权利与政治权利发展趋势

随着社会的转型与全球化的发展,我国公民权利与政治权利的发展也体现了自身的发展诉求,主要包括个人主义人权观与集体主义人权观的调和、畅通公民权利与政治权利外在化监督管道、批准公民权利与政治权利国际公约的条件日臻成熟等方面。

(一)个人主义人权观与集体主义人权观的调和

无论是个人主义的人权观还是集体主义的人权观,它们要处理的都是一个个体和另一些个体之间的权利冲突,这两种权利观之间并非不可调和。“为了把人与人之间的矛盾和斗争控制在一定范围内,保持社会秩序的稳定,不致引起社会的分裂与崩溃,就必须设立一个社会公共权力来维持。这个社会公共权力能够在一定程度和范围内反映、调整社会各个方面的利益，代表他们的共同要求，排除和制止某些个体（群体）的某些不合理的权利，抵制外部的侵略和压力。更重要的是，它应该成为一支积极的实践活动的力量，集合社会上一定的人力、物力、财力，去保卫人权并实施和落实每个人的正当权利。人权与集体主义不是根本对立的，坚持集体主义不但不会损害人权，反而能够更好地把握人权，找到实现人权的正确道路。”①其实，个人权利与国家权利是不可能发生冲突的，因为国家作为一个整体，个人是其组成部分，整体与其部分是不可能发生冲突的，我们所说的冲突是不同部分之间的冲突，即使是一个公民和其他所有公民之间的利益冲突，把它说成这个公民与国家之间的冲突是不准确的，因为国家也包含了他，他不可能与自己发生冲突。② 因此，一般说来集体利益和个体利益是一致的，但不排除少数人的利益与多数人的利益发生冲突，而集体利益往往由多数原则来确定，这就是我们常说的个体利益与集体利益发生冲突，在这个时候，集体的利益只是代表了多数人而发言，所以个人主义的权利观与集体主义的权利观只是在关注的焦点上发生了分歧。③ 其实两类权利观最终的目的还是个人的人权，虽然个体的权利确实能达到某些集体目的，但这只是权利在实现过程之中的附加部分，即人权的工具价值是附属于其目的价值的，因此在我们解读我国的宪法时，只要把人权的目的价值与工具价值不放在一个层次上，着重强调人权的目的价值，而手段价值只是附属于目的价值的，就能调和个人主义人权观和集体主义人权观。④

---

① 陈瑛：《人权：从集体主义角度看》，载《道德与文明》2003 年第 6 期。

② 参见张千帆：《宪法学导论——原理与应用》，法律出版社 2004 年版，第 464 页。

③ 参见刘连泰：《〈国际人权宪章〉与我国宪法的比较研究——以文本为中心》，法律出版社 2006 年版，第 258 页。

④ 同上书，第 259 页。

（二）畅通公民权利和政治权利外在化监督管道

任何权力都不是自生的、权力拥有者固有的，而是通过公众的授权而取得的。换句话说，权力来源于权利。“权力”通常具有强制性功能，拥有权力者可以决定其管辖范围内的事物，并强制性地要求决定所涉及的人或组织履行决定。① 一般情况下，一个国家存在一套制度、机构和人员体系来保障权利的落实。权力的产生是为了维护公民的权利、保障社会的稳定性。因为权力的行使关乎公众的利益，在权力的运作过程中，如果行使得当就有利于社会的稳定、增进公民的权益，如果行使不当或被滥用，就会对公民的权利、社会的稳定造成危害。再加上权力本身具有强制性、支配性，具有很大的诱惑力，很容易被掌握权力的人滥用以此来谋取私利，因此权力应当在授权范围内合理行使，权力应当受到制约。公民权利和政治权利主要强调国家权力的不干预、不介入，具有“抵御”公共权力、监督政府防范权力滥用的功能。通过充分发挥公民权利和政治权利的作用来制约国家权力，使国家职权真正服务于公民的权利，以维护、促进而不是损害社会利益。只有公民权利和政治权利与公共权力达到一种平衡和谐状态，才能避免由于公共权力过重导致公民权利和政治权利被忽视的专制状态，以及由于公民权利和政治权利过重导致的自由主义泛滥和社会失序。因此，促进公民权利和政治权利与公共权力的良性互动包括两个维度：第一个维度是以公民权利和政治权利监督、防范政府权力，促进政府权力科学、合理运作；第二个维度是以政府权力规范公民权利和政治权利，为权利的实现创造条件，当权利受到侵害时提供救济。这部分我们主要从第一个维度的方面进行阐述，即畅通公民权利和政治权利外在化管道，以公共权力创造公民权利和政治权利实现的条件。

---

① 参见杨宇冠、胡铭：《〈公民权利和政治权利国际公约〉与和谐社会——以刑事司法为主视角》，载《黑龙江省政法管理干部学院学报》2006年第1期。

第一，政府要注意建立社会沟通机制，构建权利博弈、官民互动的公共领域。信息自由是民主公开的前提条件，只有充分了解足够信息的公民，才能形成自己的独立判断。通过政府公开的信息，社会公众才可以知道政府在做什么、政府为什么这样做以及政府下一步的目标是什么。政府信息是公众了解政府行为的直接途径，也是公众监督政府行为的重要依据。在法律上我国已经有了《政府信息公开条例》，全国各地也纷纷出台了地方的信息公开办法，这无疑有利于民主法治的发展，但从实践上来看，政府的信息公开却是不尽如人意。这主要表现为：政府信息公开的渠道较窄，公开的技术落后，且原则性方面公开的多，而具体内容公开的少；有的地方政府的信息公开只是流于形式，并没有实质性内容，而有的政府直接就没有公开。因此，从我国信息公开的现状来说，政府信息公开缺乏一定的动力。所以要积极推动信息公开，使公民能充分地了解关于公共事务的信息，从而能够理性地参与讨论公共事务、监督国家权力的行使，通过这种实践，获得共同参与管理公共事务的经验，增进彼此之间的信任，促进民主政治的运转。

第二，优化政治社会化机制，传播民主的政治文化，造就理性的政治权利主体。只有在民主的政治环境中，才有利于公民权利意识、参政意识和主体意识的培养，因此政府应该注重传播民主的政治文化，增强公民对于政府行为的信赖，在全社会形成民主的政治文化氛围，有学者建议设立人权日，利用一年一度的纪念活动，宣传和普及人权知识，强化人权意识。①

第三，积极地发展民间组织，给予各种民间组织以恰当的政治和法律承认，政府可以将管理某些领域的职能让渡给民间组织，促进某些领域的社会自治。个人的力量是微弱的，但是民间组织的力量却可以很强大，通过民间组织的力量既有利于公民权利和政治权利的实现，也有利

---

① 王德志：《国际人权公约与我国人权立法的比较》，载《山东大学学报》（哲学社会科学版）2000年第5期。

于对抗政府权力，保障权利免遭侵害。

（三）批准《公民权利和政治权利国际公约》的条件日臻成熟

国际人权公约所确立的权利体系代表了一种国际共识，它所确立的普适性的人权标准对各国人权发展具有重要的指导意义。自人权问题进入国际视野以来，我国积极加入国际人权公约，如《消除对妇女一切形式歧视公约》《消除一切形式种族歧视国际公约》《禁止酷刑和其他残忍、不人道或有辱人格的待遇或处罚公约》，并在1998年10月5日签署了《公民权利和政治权利国际公约》，全国人大最终也将批准该公约，并积极为批准《公民权利和政治权利国际公约》创造条件。

2004年3月在第十届全国人民代表大会第二次会议上，“尊重与保障人权”条款入宪，这是人权话语首次明确进入我国宪法，人权入宪成为联结国际人权公约与国内人权制度的桥梁。此外，对于部门法也进行了积极的协调，如《刑法修正案》一直在削减死刑适用的罪名，修改后的《刑事诉讼法》将“尊重和保障人权”列入总则，为体现适用死刑的慎重，增加规定由最高人民法院复核死刑案件，确立无罪推定为基本原则，首次规定了任何人均享有不得强迫证实自己有罪的权利等。我国也不断地加强公民权利和政治权利的保障和救济。此外，关于公民权利和政治权利方面的学术研究也为其国际协调性提供了智力支持。研究视角主要包括但不限于以下三点：第一，《公民权利和政治权利国际公约》与我国宪法进行比较研究，探讨该公约与我国宪法的效力问题、两者之间的冲突与衡平、提出批准该公约的建设性意见。① 第二，《公民权利和政治权利国际公约》与我国部门法进行研究，探讨我国部门法对公约所确立原则的适用，进而提出对我国现有机制的改革建议。② 第三，分析我国批

---

① 参见石道根：《〈公民权利和政治权利国际公约〉与〈中华人民共和国宪法〉的比较研究》，载《杭州商学院学报》2003年第3期。

② 参见陈光中、张建伟：《联合国〈公民权利和政治权利国际公约〉与我国刑事诉讼》，载《中国法学》1998年第6期。

准《公民权利和政治权利国际公约》的困难及解决路径，以及批准之后我国的权利和义务。由此可以看出，无论是理论还是实践，我国在公民权利和政治权利的发展方面都以《公民权利和政治权利国际公约》为参照。①

宪法是公民权利和政治权利得以实现的根本保证，只有通过宪法才能使公民所应当享有的各种权利取得确定性和具有可操作性。我国的公民权利和政治权利体系有其独特的历史传承和时代诉求，也就是说，在努力接近国际普适性标准的同时，要注重我国的实际，在对个体权利进行比较时要坚持权利体系的主体性。对于公约规定而我国宪法未规定的权利，我们要分情况讨论，我国宪法是否需要规定，是需要立刻加以规定还是可以暂缓规定，还是没有规定的必要。对于公约和我国宪法均规定但内涵不一致的权利，要分析两者不一致的原因，我国宪法规定是否符合我国国情，比较两者的优劣从而决定我国宪法的规定是保持不变还是进行修改。对于公约未规定的权利，要分析公约未规定的理由以及我国宪法进行规定的理由，从而决定是保留、修改还是废除。② 此外，宪法中对于公民权利和政治权利的规定具有框架性，还需要部门法进一步落实宪法中规定的公民权利和政治权利，从而保障公民权利和政治权利真正得以实现。

国家权力的合法性在于实现人权，为了人权的实现有必要强调国家权力的保障性义务而对国家权力进行否定性的规定，再加上国家权力与个人的公民权利和政治权利之间力量对比悬殊，国家权力是个人权利的最大威胁，有必要对国家权力划定界限、予以制约。《公民权利和政治权利国际公约》第 4 条第 1 款和第 2 款规定："一、在社会紧急状态威胁到

---

① 参见杨宇冠：《批准〈公民权利和政治权利国际公约〉相关问题研究》，载《甘肃社会科学》2008 年第 4 期。

② 参见刘茂林等：《中国宪法权利体系的完善——以国际人权公约为参照》，北京大学出版社 2013 年版，第 132 ~ 134 页。

国家的生命并经正式宣布时,本公约缔约国得采取措施克减其在本公约下所承担的义务,但克减的程度以紧急情势所严格需要者为限,并不得与它根据国际法所负有的其他义务相矛盾,且不得包含纯粹基于种族、肤色、性别、语言、宗教和社会出身的理由的歧视。二、不得根据本规定而克减第六条、第七条、第八条(第一款和第二款)、第十一条、第十五条、第十六条和第十八条。"此条规定了国家权力对于公民权利和政治权利的限制,必须要有法律的规定,而且必须是符合保障国家安全、公共安全、公共秩序,保护公共卫生或道德或他人权利和自由的目的,并且还规定了生命权,禁止酷刑,禁止奴隶、禁止强制或强迫劳动,禁止因不能履约而被监禁,罪刑法定、法不溯及既往,法律人格,思想、良心和宗教自由权不得克减。美国宪法也有"国会不得制定限制言论自由的法律"的规定,这些都较能体现出人权对于国家权力的优先性。

我国《宪法》第51条并没有对国家权力针对个人权利的限制规定限度,使本来占优势的国家权力更加强势,不利于对于权利的保护。此外,我国宪法规定"国家为了公共利益的需要,可以依照法律规定对土地实行征收或者征用并给予补偿","国家为了公共利益的需要,可以依照法律规定对公民的私有财产实行征收或者征用并给予补偿"。此处的"公共利益"宪法并没有对其进行界定,从而在实践中运用的比较混乱,为以"公共利益"为借口而对公民权利和政治权利进行侵害留下了很大的可能。公共利益不同于集体利益,它是集体利益的价值底蕴,也就是说集体利益应该以公共利益为导向,公共利益的界定不应该绝对独立于个人利益或少数人的利益。[①] 有学者认为,"'集体利益'是否具有真正的公共性,关键之点首先就在于它是否实现了集体内部之'正义'——即集体是否保障其成员的基本人权,是否公正分配成员的权利和义务,对公共

① 参见刘茂林等:《中国宪法权利体系的完善——以国际人权公约为参照》,北京大学出版社2013年版,第111页。

利益是否予以平等分配等;其次在于集体追求利益的行为是否侵占或损害了社会整体利益,是否侵犯或剥夺了其他非成员的个人的正当权利和利益"。① 因此,对于公共利益的界定要与公平、正义等抽象性的原则相适应。

最后,对于公约的效力问题,虽然我国对于国际人权公约在国内是否可以直接适用没有作出具体规定,但是可以看出,国际人权公约必须在变成国内法的情况下才可以具有法律约束力。签订公约后国家就应该承担一项义务,即对国内法的某些条款进行修改,同时借鉴国际公约相应的内容,最终使国内法接轨国际人权公约。在我国,宪法具有最高的法律效力,国际人权公约的效力在国内实际上没有宪法的效力高,因此,对于那些国际公约中规定但却不为宪法所包含的公民基本权利,在公民权利受到损害的情况下,也不能引用这些条款去保障公民权利。更为重要的是,我们需要在宪法中明确公约条款的效力。公正的司法是人权保障的最后一道屏障,建立国际人权的司法适用制度,使那些已经为我国承认的国际人权公约,成为我国司法机关可以直接适用的法律依据。这样,就不需要把国际人权公约具体化为国内普通法律,从而节约了立法资源,还使人权得到有效的司法救济,②从而更好地保障我国公民的公民权利和政治权利。

---

① 卢坤:《从个体伦理到"集体与个体"二维伦理——论当代集体主义道德建构路径》,载《哲学研究》2005 年第 3 期。

② 参见王德志:《国际人权公约与我国人权立法的比较》,载《山东大学学报》(哲学社会科学版)2000 年第 5 期。

第八章　言论自由保障的中国探索

与西方法律形式主义的言论自由保障相比，中国更加注重促进人们对言论自由的实质性享有。言论自由与以人民主权和人权为核心要素的现代生活相伴而生，对言论自由保障的研究和观察必须要置于中国对现代生活追求的整体目标下来进行。言论自由保障制度的中国特色既是中国社会对现代生活追求的必然结果，也受中国社会现实生活的限制。

一、实质性与形式性：言论自由权的两种不同保障思路

言论自由是现代社会的一项基本权利。一方面，言论自由是近代以来个人自主的必然要求，与人的思想自由紧密相连，是一项人之为人的基本权利，不仅如此，与思想自由相联系的言论自由还具有发现真理，推动社会进步的作用和功能。另一方面，言论自由蕴含于人民主权的必然逻辑之中，是

落实人民主权原则的必然要求。无论从人权角度还是从人民主权角度看,言论自由都具有根本意义。因而,当今世界各国家都将言论自由作为一项基本权利写入宪法之中。当今社会言论自由问题的关键,不在于是否应当享有言论自由,而在于如何在一个具体社会中落实和保障言论自由。

基于对言论自由的理解不同,存在两种不同的保障言论自由权的思路。第一种思路,我们可以称为形式化保障思路。这种思路将规范构建的言论自由等同于社会中的言论自由,仅仅将言论自由视为一项消极自由,仅仅关注法律形式上对这一消极自由的保护。欧美诸国言论自由保障基本沿着这一思路而展开,然而,言论自由权的实现无法离开特定的社会基础,这种思路忽视了言论自由赖以存在的社会前提和基础。因而我们看到,尽管美国对其他国家言论自由的批评一直持一种刚性的单一的法律形式主义思路,但实际上它自己有关言论自由裁判的司法准则却随着社会发展而经历了从“言者有罪”的“不良倾向原则”到“言者未必有罪”的“明显而即刻危险原则”,再到“言者无罪”的“不受限制的公共讨论原则”变化过程。① 法律保障固然是落实一个社会中人们享有言论自由权的重要因素,但对言论自由权的落实而言却不是唯一重要的。

自由、权利与生活需要是并行不悖的。我们既不能无视现代生活对言论自由的需要,也不能将现代生活对言论自由的需要格式化、平面化。对言论自由的需要与以人权和人民主权为核心构成的现代生活形态相伴而生,现代意义上的生活无法离开言论自由而存在。然而,基于人权和主权构建的规范意义上的言论自由并无法自动转化为社会中的人们享有的实质性言论自由。人们对言论自由的实质性享有从根本上依赖

---

① 参见徐会平:《意涵与保护:美国言论自由的考察与分析——从煽动性诽谤谈起》,载《山东大学学报》(哲学社会科学版)2013 年第 4 期。

于社会条件所能达到的状况，诚如阿玛蒂亚·森所言："个人自由就其实质而言是一种社会产品。"①人们对言论自由的享有不是一成不变的，而是一个通过改善言论自由赖以存在的社会既有条件而不断扩展的过程。将人们对言论自由的享有理想化、静止化，进而单纯强调言论自由的法律保护并不能从根本上促进人们对言论自由的实质享有。对言论自由的形式保护必须建立在增进人们对言论自由实质性享有的基础之上，与言论自由的实质性享有相适应，这种保障言论自由的思路我们可以称为实质性保护思路。

中国立足于社会生活的现实，致力于从根本上促进人们对言论自由实质性享有的同时，注重建立与社会生活相适应的言论自由法律保障体系。与西方对言论自由法律形式主义保护相比，中国言论自由保障模式更能促进人们对言论自由的实质性享有。言论自由保护的中国特色，需要置于现代中国对现代生活追求的整体目标下进行理解。言论自由保障的中国特色与言论自由价值体系在中国形成与完善的独特路径息息相关，它既是中国社会对现代生活追求的必然结果，也受制于中国社会生活的状况。

二、言论自由权利体系在中国的生成发展机理

在西方，言论自由作为一种价值，始于市民社会形成，完成于现代政治国家的建立。而在中国则不同，言论自由在经历了启蒙阶段后，作为中国自身内生性价值始于独立现代政治国家的建立，完成于中国尊重和保障人权共识观念的形成。

（一）作为启蒙与政治合法性工具的言论自由

与西方不同，言论自由不是中国社会自然而然发展的结果。它是中国社会自身发展进程在近代被打断后，在挽救民族危亡、争取国家独立

---

① ［印］阿玛蒂亚·森：《以自由看待发展》，任赜、于真译，中国人民大学出版社2012年版，第18页。

过程中被引入的一个概念。无论是个人人权意义的言论自由,还是主权意义的言论自由,其背后所依据的国家社会理论都与传统孔孟之道视域中的国家社会截然不同。当时向西方学习的知识分子旨在通过包含言论自由理论在内的诸多西方理论和思想,来呼唤一个文明先进的同时也是需要言论自由的中国社会。

这一时期几乎所有探讨民族启蒙和国家救亡的思想家都探讨过言论自由问题。康有为曾积极倡导思想言论自由,认为国家政府应当是人民的,人民有权利批判国家政府,如果禁止这种批评则与我们建立共和国的目的相违背:"盖以国为公,人人各自有,发其心志知识……若叛逆不道等词,乃专制君国,自私其国,以抑民意,岂共和国所宜有哉。"①此外,他还赞成人人各发其心思议论,即使有偏激的言论也应当允许存在。"五四运动"前后,陈独秀、高一涵、李大钊等纷纷阐述自己的言论自由观点。陈独秀高度评价思想言论自由,认为它是文明进化的第一重要条件。他主张言论自由首先是一种批评和反抗法律的自由,不受法律限制,法律只能约束人的行为而不能约束人民言论,思想本身并无罪恶,"但若利用政府权势,来压迫异己的新思潮,这乃是古今中外旧思想家的罪恶,这也就是他们失败的根源"。② 在他们看来,言论自由的核心是政治言论自由,是发表反对政府言论的自由,没有对政府的批评就无所谓言论自由,政治言论自由是言论自由核心,但言论自由并不限于政治言论。

高一涵一方面看到了"共和国家之本,则在舆论",另一方面也意识到舆论本身"一须有敬重少数意见与独立意见之雅量,不得多数之威势,抹杀异己之主张。二多数舆论之起,必人人于其中明白讨论一番,不得

---

① 康有为:《饮冰室合集》,中华书局1981年版,第1122页。

② 陈独秀:《旧党的罪恶》,载任建树等编:《陈独秀著作选》(第1卷),上海人民出版社1993年版,第493页。

违性从众，以欺灵性。三凡主张，须按名学之律，不得以一般好恶为凭”。[①] 李大钊从思想的性质、特点、价值以及思想言论自由的意义等方面着重论述了思想言论自由。他主张思想本身没有丝毫危险，思想言论自由有利于人们辨别光明与愚昧、真实与虚伪，是导向光明与真实的途径，即使异端邪说也不应当禁止，“假使一种学说却与情理相背，我以为不可禁止，不必禁止。因为大背情理的学说，正应该让大家知道，大家才不去信。若是把它隐蔽起来，很有容易被人误信的危险”。[②] 而且思想自由也是不可能被禁止的。“你怎样地禁止他、抑制他、绝灭他、摧残他，他便怎样生存、发展、传播、滋荣，因为思想的性质力量，本来如此。”[③]保障言论自由是促成社会文明进步的唯一途径。

如果说“五四运动”前后人们有关言论自由的论述围绕着其对政治、社会的功用而展开，那么随后的人权派运动对个人人权意义的言论自由进行了充分阐释。人权派运动将思想言论自由视为最重要的人权。言论自由之所以成为一项人权，根本原因是它的功用，它是做人所必须的条件。[④] 他们认为，言论自由就是“有什么言，出什么言，有什么论，发什么论的意思，言论本身绝对不受干涉”。[⑤] 言论自由就意味着言论不受法律的干涉与限制，不应有度量或多少的限制。压迫言论自由的危险比言论自由的危险更危险。思想自由是指一切思想的绝对自由，不能使一种思想绝对自由的同时使另一种思想相对自由。思想不必统一，也无法统一。所有思想中，哪一思想能在理论上、实践中证明对国家最有意义，哪一种思想便是合适的，所以思想不必统一。而无论通过教育、宣传还是政治、经济上的强制手段都无法实现真正思想统一。各种主义的信仰

---

① 高一涵：《共和国家与青年之自学》，载《青年杂志》1915 年第一卷第一号。

② 李大钊：《危险思想与言论自由》，载中国李大钊研究会编注：《李大钊全集》（第 2 卷），人民出版社 2006 年版，第 345 页。

③ 同上书，第 345 ~ 346 页。

④ 罗隆基：《论人权》，载《新月》第 2 卷第 5 期。

⑤ 罗隆基：《告压迫言论自由者》，载《新月》第 2 卷第 6、7 期合刊。

者都有充分的出版言论自由，人民才有求知的机会和选择的余地，才能有自由的思想。①

即使在抗日战争时期，先进的知识分子和各民主党派仍旧继续呼吁言论自由权。1941 年周鲸文在《人权运动纲领》中认为，国家存在是为人，不是人的存在为国家。我们每个人是为自己活着，同时为别人活着。活着要成为一个“人”，就要以“人的资格和国民身份”在公共生活中享受下列权利：个人的生命权、身体自由权、居住自由权、思想自由权、言论出版自由权、信仰的自由权、集会结社自由权、职业自由权、公开审判权、反对暴力权、最低生活资料的享用权、管理国家事务权。保障了这些权利，不仅人才能活得像人，而且社会才能进步、文化才能开发、民族的解放才可期、国家的伟大才有了正确的基础。② 金钟华在《保障舆论与保障人权》中主张，思想与言论自由乃最基本的人权，这种基本的人权受到限制，人类就成了精神上的囚徒，等于失去了灵魂的木偶。③ 中国民主同盟也在其政治报告中认为：在一个社会里，人人做人，人人做自己的主人，一切政治经济的组织都成了这个目标的工具，这就是民主。人民是国家的主人，人民组织国家的唯一目的，只在谋全体人民的福利。为了达此目的，人民组织政府以保障人身、思想、信仰、言论、出版、集会、结社等自由，政府的存在就是为了谋全体人民的福利，应当由全体人民所有、管理及享有，不得被一人或一部分人独占独享。④

中华人民共和国成立之前，言论自由主张的范围基本局限于先进知识分子群体。言论自由被视为建立一个以人为目的的民主进步国家的内在要求，对言论自由的欲求与对理想社会的实现息息相关。言论自由

---

① 参见梁实秋：《论思想统一》，载《新月》第 2 卷第 3 期。

② 参见曲相霏：《人权离我们有多远》，清华大学出版社 2015 年版，第 272 页。

③ 同上书，第 273 ~ 274 页。

④ 参见中国民主同盟中央文史资料委员会编：《中国民主同盟历史文献》，文史资料出版社 1983 年版，第 74 ~ 75 页。

作为一项权利和自由是改造当时传统中国社会的结果。言论自由成为中国社会自身内在性要求的自由必然要经历一个漫长的发展过程。半殖民地半封建社会自身不可能产生个人人权意义的个人自由；而民族危亡、国家主权沦丧也要求凝聚国人的力量，而不是把关注重点仅仅放在伸张个人自由与权利上。此时，个人自由与权利，不仅没有自己的地位，反而被认为是中国落后的原因而饱受批判，正如孙中山先生所说：一盘散沙的中国人自由不是太少，而是太多，中国人的个人自由比欧洲人要多得多，所以国家就没有了富强，国家民族整体就没有了自由，所以中国革命，就是要和欧洲革命相反，要为了中国国家的自由，限制中国人"一盘散沙"的个人自由。① 当然这种自由并不是现代政治国家建构和现代公民宪法权利意义上的自由。

半殖民地半封建社会自身结构中，不允许中国社会接受个人人权意义的言论自由。尽管如此，但自 1908 年清末《钦定宪法大纲》起，言论自由一直被作为一项基本自由规定于近代以来诸多宪法及宪法性文件中。言论自由写入宪法并不是当时政府超越于社会需求，保障人之为人的基本自由。言论自由之所以被写入宪法中，仅仅是各个政府标榜自身权力政治合法性的需要，是近代以来政治合法性的必然要求：人民是现代政治国家合法性基础，而言论自由则是人民主权的必然逻辑。因而，尽管自 1912 年《中华民国临时约法》一直到 1946 年《中华民国宪法》都规定了言论自由，但言论自由的主体都是政治意义的"人民"。② 无论是以人民主权理论为基础，旨在落实人民当家作主权利、控制国家权力的言论

---

① 参见孙中山：《孙中山全集》（第 9 卷），中华书局 1986 年版，第 254 ~ 260 页。

② 1912《中华民国临时约法》第 4 条规定：人民有言论、著作、刊行及集会、结社之自由；1915 年《中华民国约法》第 4 条规定：人民于法律范围内，有言论、著作、刊行及集会结社之自由；1923 年《中国民国宪法》规定：中华民国人民有言论、著作及刊行之自由，非依法律，不受限制；1931 年《中华民国训政时期约法》第 15 条规定：人民有发表言论及刊行著作之自由，非依法律不得停止或限制之；1946 年《中国民国宪法》第 11 条规定：人民有言论、讲学、著作及出版之自由。

自由，还是以对抗国家权力，防止国家权力侵害个人权利的人权理论为基础的言论自由，都是以独立的现代政治国家的存在为前提的。这一时期，即使是基于主权合法性的言论自由也仅仅具有宣誓性的象征意义，并无法真正落实控制国家权力的目的。

在启蒙、暴力与革命背景下，言论自由赖以存在的社会和政治基础并不存在。因而，言论自由的价值追求既无法成为当时社会的共识，也无法在政治领域内展开。此时，言论自由的主张只能停留在基于理想的现代社会和政治想象的应然层面。尽管如此，这些主张内含着一种对人、对社会和对政治的全新认识，提供了一种与传统文化背景下对人、社会和国家完全不同的视角，为中国社会和政治由传统向现代转型提供了可资借鉴的理论资源。如果这一时期是中国被迫睁眼看世界，在向西方学习过程中改变中国传统社会和传统政治，力求建立一种全新政治和社会形态的过程，那么言论自由的主张契合了这种政治和社会的需要。这一时期言论自由的贡献主要是理论上的，真正作为我们自身政治和社会追求价值目标的言论自由的确立，始于现代国家的建立以及国家主导下的现代社会的转型。言论自由真正成为中国政治和社会的内生性价值，与人民现代政治国家建立和现代化发展目标密不可分。

（二）人民民主国家的建立与作为内生性公民自由的言论自由

与西方先有社会而后建立现代政治国家的国家社会发展历程不同，中国作为后发型国家，其社会变革是在国家主导和推动下以探索中国特色社会主义道路的形式完成的。言论自由作为一项基本自由，在中国始于现代政治国家的建立，而完成于国家尊重和保障人权成为社会的普遍共识。马克思列宁主义而不是西方主流的自由主义成为中国革命和建设的主导思想和意识形态，从根本上说是中国独特的国家—社会发展过程的必然结果。

作为一个以马克思主义为指导的现代政党，中国共产党在中华人民共和国成立前的各个时期一直将言论自由作为一项基本自由加以规定和保护。1931 年在苏区制定的《中华苏维埃共和国宪法大纲》中明确规定了工农劳苦群众的言论自由：工农劳苦群众有言论出版集会结社的自由，并保障他们取得这些自由的物质基础。① 在抗日战争期间制定的《陕甘宁边区施政纲领》中规定："保证一切抗日人民（地主、资本家、农民、工人等）的人权，政权，财权及言论、出版、集会、结社、信仰、居住、迁徙之自由权。除司法系统及公安机关依法执行其职务外，任何机关、部队、团体不得对任何人加以逮捕、审问或处罚，而人民则有用无论何种方式控告任何公务人员非法行为之权利。"中华人民共和国成立之前，中国共产党对言论自由的保护尽管随着历史任务的不同而有所变化，但贯穿其中的人民主权的精神和基础是没有变化的，这一精神和基础构成了中国特色言论自由保护道路生成的逻辑始点。

作为中华人民共和国第一部宪法性文件 1949 年的《中国人民政治协商会议共同纲领》在总纲第 5 条将言论自由作为一项基本权利进行了规定："中华人民共和国人民有思想、言论、集会、结社、通讯、人身、居住、迁徙、宗教信仰及示威游行的自由权。"《中国人民政治协商会议共同纲领》尽管是中华人民共和国第一个宪法性文件，但却是作为由新民主主义向社会主义过渡时期的产物，本质上仍然是一部以实现社会主义为目的、以社会革命和改造为依归的宪法性文件。这样一种特殊性质使得《中国人民政治协商会议共同纲领》有关言论自由的规定仍旧采用了传统意义上"人民享有"的规定格式。

随着民主革命任务的完成和国民经济的全面恢复，国家主要任务由革命和改造转变为建设和发展。我国"五四宪法"正式确认了社会主义建设和发展目标，确认了国家的主要任务是建设社会主义，指明建设社会主义的关键在于坚持人民民主制度。"中华人民共和国的人民民主制度，也就是新民主主义制度，保证我国能够通过和平的道路消灭剥削和

① 参见刘杰：《人权：中国道路》，五洲传播出版社 2014 年版，第 58～59 页。

贫困,建成繁荣幸福的社会主义社会。”在此基础上,在规定“中华人民共和国是工人阶级领导的、以工农联盟为基础的人民民主国家”的国家性质的同时,也明确规定“中华人民共和国一切权力属于人民”。随着人民民主国家制度的确立,言论自由在中国历史上第一次不是作为标识政权合法性要求的自由,而是作为一项落实人民主权内在要求的基本权利被规定于宪法中。言论自由不仅被视为一项人民自由,而且以公民自由形式加以规定:“中华人民共和国公民有言论、出版、集会、结社、游行、示威的自由。国家供给必需的物质上的便利,以保证公民享受这些自由。”曾经参与“五四宪法”制定的许崇德教授认为其第 87 条的初衷是落实人民主权的国家制度要求:“中华人民共和国的国家权力属于人民,人民除了派遣代表通过全国人民代表大会和地方各级人民代表大会行使国家权力这种基本形式外,人民应该有直接的自由权利对于国家事务发表意见、表明态度。否则的话,假如没有表达意见的政治自由,不能对国家机关提出积极的批评和建议,那么社会主义民主将无从谈起。所以宪法第八十七条的规定是我国的权力属于人民的一种体现。这一条文不仅宣布了一系列政治自由,而且还承诺‘国家供给必需的物质上的便利,以保证实现公民享有这些自由’,这是民主的进一步体现。”①言论自由随着社会主义民主政治发展,成为中华人民共和国公民应该享有的一项内生性基本自由。“五四宪法”的制定标志着言论自由作为一种基本权利在中国的落地生根。

“五四宪法”制定后,社会主义民主政治建设刚刚开始,就随着党内“左”的思想的泛滥以及随后的“文化大革命”而被迫中断。在这期间继续革命又重新成为中国社会的基本特征,言论、集会自由尽管仍然得到强调,但被人为地极端化利用了,“文化大革命”中制定的“七五宪法”甚

① 许崇德:《中华人民共和国宪法史》(上卷),福建人民出版社 2005 年版,第 242 页。

至将攻击人身和政治机关主要方式的"大鸣、大放、大辩论、大字报"规定为公民的权利。言论自由不再是公民应该享有的一项基本权利和自由，而是成为政治斗争的工具。"文化大革命"结束后，中国的政治、经济和社会秩序逐渐开始走向正规，中国社会普遍要求恢复国家的民主与法制，宪法规定的公民权利应该得到保障。中国共产党召开了十一届三中全会，全会正式确立了国家建设重心转移到经济建设上来的同时，明确了加快民主政治建设的新思路。为适应新发展和社会主义建设需要，1982 年五届全国人大五次会议制定通过了新的《中华人民共和国宪法》。

与"五四宪法"仅仅在第 87 条进行规定不同，"八二宪法"对言论自由进行了双重规定。它不仅通过其第 35 条对言论自由进行一般规定，而且在第 41 条中将言论自由核心的对政府及其官员的批评建议权作为一项基本权利进行了特别规定。无论是第 35 条对言论自由的一般规定还是第 41 条有关批评建议权的规定，都是基于社会主义民主政治内在要求的结果，不单纯是为了保障公民的基本权利。参与制定"八二宪法"的许崇德先生就一方面将《宪法》第 35 条规定的言论自由视为政治权利与自由，①另一方面将对政府及其官员批评建议权视为人民的民主权利。②

当时中国社会既没有人权共识，也就不可能形成对言论自由的全面理解。中华人民共和国成立后，人权在很长一段时间内被贴上资本主义标签，不仅在宪法和法律中禁止使用人权，而且思想上也将人权问题的讨论列为禁区。直到改革开放初期，一些重要报刊还以"人权是哪家的口号?""人权是资产阶级的口号""人权不是社会主义的口号""人权口号是虚伪的"等为题，发表过一大批文章，把人权看作资产阶级的"专

---

① 参见许崇德:《中华人民共和国宪法史》(下卷)，福建人民出版社 2005 年版，第 493 页。

② 同上书，第 418 页。

利”,强调“无产阶级历来对人权口号持批判态度”。① 中国社会的人权共识是中国政府和人民在探索建设中国特色社会主义过程中逐步形成的,是中国特色社会主义解放和发展生产力的必然要求。个人人权意义上言论自由价值的确立与中国社会人权共识形成息息相关。

(三)人权入宪与言论自由价值体系的完善

人权共识的形成与人们对社会主义本质认识的深化和国家建设重心转移密切相关,是建立社会主义市场经济和社会主义和谐社会的内在逻辑要求。1978 年国家建设的重心转移到经济建设上来。从农村家庭联产承包责任制开启农村经济体制改革大幕到 1994 年社会主义市场经济体制目标的确立,中国经济体制改革很好地起到了解放生产力发展生产力的作用,促进了中国经济的持续高速发展,极大地改善了人们的生活水平和条件。但中国经济体制改革的意义并不仅仅局限于经济领域,经济体制改革和经济发展既促进了中国独立社会意识的形成,也从根本上改变着人们有关政府与社会关系的认识,孕育着现代社会生活的基本要素。以经济建设为中心,探索中国经济发展道路的过程,本质上是一个社会逐渐从国家管理中独立,国家权力逐步向社会下放的过程。

计划经济是一种行政统制经济,在这种经济体制下,政治权力深入社会生活的细枝末节,其中不可能有社会存在的空间和余地。人们社会生活既无法脱离政治而独立展开也就很难产生强烈的平等、权利、法制等要求。这在一定意义上可以解释,为什么中华人民共和国在成立后的最初 20 多年里,人民的生存权、发展权以及经济、政治、文化状况等各方面得到了极大的改善,但是在对民主、法制、人权这些理论研究方面,反而处于相对停滞状态。市场经济体制的形成和完善,意味着一个一般意义上不受政府行政权力干预的相对独立社会空间的确立。在相对独立

① 董云虎:《人权入宪:中国人权发展的重要里程碑》,载《人权》2004 年第 2 期。

的市场空间中,个人成为经济自由权利的合法主体,这使个人在经济领域开始被作为自由的主体而受到尊重和保护。市场化程度越高,人们要求维护自己权利的意识就越强烈,对民主法制和人权保障的改革要求也越迫切,也就对民主法制和人权保障的制度创新提出了更高的要求。因应社会需要,1991 年国务院新闻办公室开始发布《中国人权状况白皮书》宣传中国人权事业的进步;2004 年"国家尊重和保障人权"写入宪法,标志着尊重和保障人权上升为人民意志。

尊重和保障人权成为社会普遍共识,为宪法上言论自由价值体系的完善奠定了基础。"八二宪法"制定时,国家建设重心刚刚转入经济领域,社会意识尚未形成,人权观念并未确立,因而《宪法》第 35 条和第 41 条都被视为以人民主权理论为基础的。正如许崇德先生将"表达意见的政治自由"与"对国家机关提出积极的批评和建议"相提并论,认为政治表达的实质即在于对政府提出批评建议,二者是对同一事物的不同表述,本质并无差别。无论从《宪法》第 35 条句式表达还是从它受《宪法》第 51 条限制来看,它都不是一个仅以人民主权理论为基础的宪法条款。该条款采用了"公民有言论、出版、集会、游行、示威的自由"的句式,这是一种以个体对权利和自由的拥有为重点的表达,旨在强调言论自由对个体的意义。即使主张该条款旨在保障以公共参与为目的的政治言论,其出发点也并不是因为公共参与本身具有价值,而是因为公共参与对个体具有重要意义。换言之,我们不是从政治自由本身而是从它对个体自由价值角度来思考政治自由问题的。[①]《宪法》第 35 条本质上是一个以人权理论为基础的宪法条款,国家尊重和保障人权的社会共识和宪法表达,为第 35 条的理解提供了适当的理论表达。因而,《宪法》第 35 条和第 41 条对言论自由双重保护便获得了各自独立而又相互补充的理论意义,言论自由价值体系由此得以完善。

---

① 徐会平:《中国宪法学言论自由观反思》,载《学术月刊》2016 年第 4 期。

离开了现代政治国家,言论自由便无意义;离开了尊重和保护人权的社会共识,个人人权意义的言论自由便无可落地。现代政治国家的建立和保护人权社会共识的形成,是言论自由价值确立和完善的前提与基础。言论自由价值在中国社会的确立和完善既是人民民主社会主义国家的内在要求,也是尊重和保障人权的内在要求,正因如此,中国社会言论自由保障模式既要立基于中国政治生活的需要,也要符合中国社会对尊重和保障人权的要求。

三、言论自由权的制度实现与保障

言论自由在中国落地生根、成为一项公民基本权利和自由的特定过程,一方面,充分说明了言论自由是现代国家的必然要求;另一方面,也说明了言论自由自身不是目的,必须立基于人民主权和人权的基本原则。离开了人民主权和人权的基础,言论自由就只能停留在理论层面,中华人民共和国成立之前的历史就充分说明了这一点。一国言论自由具体的保障途径、方式及程度,一方面与这个国家落实人民主权原则的具体政治制度息息相关,另一方面也取决于本国人权具体情势及其特点。

(一)以公众有效政治参与为基点完善以政治表达权为核心的制度体系

政治表达不是一般意义上的表达,它是公众在民主政治中进行政治参与的一种重要形式,其核心是人们就与公共事务充分表达意见和建议。而以政治表达为核心的政治参与的有效实现,一方面必须以人民对相关公共事务的信息的充分掌握为前提,另一方面也以人民有权对公共事务处理结果进行监督为保障。离开了对公共事务相关信息的充分了解,公众的政治参与就成了无源之水;离开了对公共事务结果的监督,公众参与往往就流于形式而失去其应有意义。知情权、参与权、表达权和监督权是一个实现公众有效政治参与的整体体系,缺一不可。党的十八大报告中并没有将政治表达权单独列举,而是置于“知情权、参与权、表达权、监督权”的体系之中，指出“保障人民知情权、参与权、表达权、监督权，是权力正确运行的重要保证”。

社会主义民主政治的本质与核心是人民当家作主。充分保障人民当家作主的权利是中国民主政治的出发点和归宿，实现人民有效政治参与是人民当家作主的应有之义。我国宪法规定：“中华人民共和国的一切权力属于人民。人民依照法律规定，通过各种途径和形式，管理国家事务，管理经济和文化事业，管理社会事务。”这是公众参与管理国家事务、管理社会事务的宪法渊源。改革开放后，对政治参与重要性的认识经历了一个逐渐转变的过程。1987 年在党的十三大报告中提出：“要提高领导机关的开放程度，重大情况让人民知道，重大问题经人民讨论。”2000 年党的十五届五中全会明确提出：“扩大公民有序的政治参与，引导人民群众依法管理自己的事情。”2002 年党的十六大报告将有效政治参与提升到民主制度健全和形式的层面：“健全民主制度，丰富民主形式，扩大公民有序的政治参与，保证人民依法实行民主选举、民主决策、民主管理和民主监督。”2004 年党的十六届四中全会再次强调“扩大公民有序的政治参与”，党的十七大报告将有序政治参与目标具体化为“保障人民的知情权、参与权、表达权和监督权”，党的十九大报告中进一步指出“巩固基层政权，完善基层民主制度，保障人民知情权、参与权、表达权、监督权”。

保障以表达权为核心的公民有序政治参与，不仅是社会主义民主政治本质的要求，还是社会发展的必然结果。随着改革开放和现代化建设的深入，公众对国家政治和社会生活的参与意识、对权利和利益的保护要求、对自身能力的发挥和自身价值的追求，呈现越来越积极的发展趋势。经过 40 多年的改革发展，具有不同利益倾向和需求的主体、群体、团体逐渐形成，社会阶层性特征日益显现，多元利益格局开始形成，中国原有的社会结构发生了很大变化。不同利益关系和利益格局的存在，必然会带来一定的利益矛盾、摩擦甚至冲突。要充分调动和发挥各方面的积极性，妥善处理各种利益关系，实现好、维护好、发展好最广大人民的根本利益，要求加快建立健全能够全面表达、有效平衡、科学调整社会利益的体制机制。推进决策科学化、民主化，深化政务公开，依法保障公民对国家和社会事务特别是对政府工作的知情权、参与权、表达权、监督权，是促进形成这一体制机制的一个重要举措。

为保障公众政治表达，中国政府持续开展中国政务公开与政府信息公开法制建设，加强对政府行为的监督，推进依法行政，有效保障中国的公众参与。2005 年 3 月 24 日中共中央办公厅、国务院办公厅《关于进一步推行政务公开的意见》提出："要建立健全政务公开评议制度。把政务公开纳入社会评议政风、行风的范围，组织人民群众对政务公开的内容是否真实、准确、全面，时间是否及时，程序是否符合规定，制度是否落实到位等进行评议。"2007 年国务院制定颁布了《信息公开条例》对政府信息公开范围、公开方式以及公开程序等进行了系统的规定。

随着立法的完善，政府信息公开力度逐步加大。2012 年有 97 个中央部门公开了部门预算，98 个中央部门公开了部门决算，98 个中央部门公开了"三公"经费。2011 年中央国家机关各部门各单位主动公开政府信息 149 万多条，31 个省（区、市）主动公开政府信息 2885 万多条。2011 年，中央国家机关各部门各单位办理依申请公开信息 3000 多条，70% 以上的申请按规定得到办理并予以公开；31 个省（区、市）办理依申请公开信息 130 多万条，85% 以上的申请按规定得到办理并予以公开。中国共产党持续推进党务公开，建立党委新闻发言人制度。2012 年全国省级以上党和政府机构举办新闻发布会 2200 多场。① 根据"中国政府公开信息整合服务平台"信息，截至目前国务院及部分部委、各省级人民政府等建立了规范的公报制度，及时公开相关信息；在内容上公开信息

① 《2012 年中国人权事业进展白皮书》，载人民网：http://politics.people.com.cn/n/2013/0514/c1001-21476087-3.html，最后访问日期：2017 年 9 月 12 日。

涉及财政、金融、审计、环境保护、国家安全、教育科技、国防、卫生体育、组织机构等诸多类别5,055,898次。[①] 政府信息公开进一步提高了政府工作的透明度、开放度,凡是有关公共事务的决策、政策和措施,原则上应当予以公开,扩大了公众、组织和媒体对公共事务决策和执行过程中的参与,有效地保障了公众政治表达权的实现。

另外,作为中国特色社会主义民主制度的有机组成部分,基层民主的进一步推进和完善也有效拓展了言论自由存在空间。基层民主是人民当家作主的一种有效形式,它通过以村民自治为核心的农村基层民主、以社区居民自治为核心的城市基层民主和以职工代表大会为核心的企事业单位的基层民主等形式,保障全体公民广泛和直接参与社会生活各项事务。2010年10月全国人大常委会修改了村民委员会组织法,进一步完善和规范了村委会成员的选举和罢免程序;2013年我国《村民委员会选举规程》发布实施,进一步明确和细化了村委会换届选举的各项程序和要求。截至2012年年底,全国绝大多数省份已开展了8~9轮的村委会换届选举工作。全国98%以上的村委会实行了直接选举,村民平均参选率达到95%。村委会女性成员比例有所提高。全国95%的村实现村务公开,90%以上的县制订村务公开目录,91%的村建立村务公开栏。全国每年约有170万名村干部进行述职述廉,对23万多名村干部进行经济责任审计,村民评议村干部近209万人次。2010~2012年,全国绝大多数城市社区开展了新一轮换届选举,直接选举率在30%以上。城市社区居民委员会女性成员达到49.42%。[②] 离开了对民主决策事务的公开讨论,基层民主就会流于形式而失去其实质意义。基层民主的进一步推进和完善,必然要求参与基层民主的民众公开讨论基层公共事务

---

① 参见中国政府公开信息整合服务平台:http://govinfo.nlc.cn/lmzz/index_4602.html? xxgb=gb,最后访问日期:2017年9月12日。

② 《2012年中国人权事业进展白皮书》,载人民网:http://politics.people.com.cn/n/2013/0514/c1001-21476087-3.html,最后访问日期:2017年9月12日。

的自由。

（二）强调言论自由制度实现的物质基础，从总体上改善言论自由权利实现的物质条件

言论自由不是一项存在于真空中的权利和自由，而是人们在具体社会形态中享有的自由。人们言论自由权的实际享有不可能也无法摆脱既有社会条件的限制，正如马克思所言："权利永远不能超出社会的经济结构以及由经济结构所制约的社会的文化发展。"①经济社会发展尽管不能直接促进人们对言论自由的形式享有，但却能够增进人们享有言论自由的质量，提升人们行使言论自由能力、水平和机会。经济社会发展的意义不仅仅局限于提升人们生活水平，如阿玛蒂亚·森所指出那样："发展可以看做是扩展人们享有的真实自由的一个过程。"②一个社会言论自由的享有程度的提高，总体上依赖于这个社会经济社会条件的改善。

发展是硬道理。发展是解决中国所有问题的关键，也是推动中国人权事业的根本。不解决人民的温饱问题，其他一切权利都难以保障。推动经济社会发展，通过发展经济来扩大城乡就业，增加居民收入和家庭财产收入，改善人民衣食住行用等条件，改善人民生活水平，既是社会主义本质要求，也对言论自由权利实质性享有具有根本性意义。"我们革命的目的就是要解放生产力，发展生产力。离开了生产力的发展、国家的富强、人民生活的改善，革命就是空的。我们反对旧社会、旧制度，就是因为它是压迫人民的，是束缚社会生产力发展的。这个问题现在是比较清楚了。过去'四人帮'提出宁要贫穷的社会主义，也不要富裕的资本主义，那是荒谬的。"③经过拨乱反正，党的十一届三中全会把国家工作

---

① 《马克思恩格斯选集》（第3卷），人民出版社1972年版，第12页。

② ［印］阿玛蒂亚·森：《以自由看待发展》，任赜、于真译，中国人民大学出版社2012年版，第18页。

③ 《邓小平文选》（第2卷），人民出版社1994年版，第231页。

重心转移到社会主义现代化建设上来，此后在探索中逐渐形成了改革开放的新决策，建立起了社会主义市场经济体制。自 1978 年以来，中国坚持“一个中心，两个基本点”，中国经济建设取得巨大成功，人民生活状况得以显著提高，生活质量持续改善。截至 2016 年中国国内生产总值（GDP）总值达到 744,127 亿元，成为仅次于美国的第二大经济体。1978 年城镇居民人均可支配收入为 343 元，农村人均纯收入为 134 元，恩格尔系数（居民家庭食品消费支出占家庭消费总支出的比重）分别为 57.5% 和 67.7%，农村贫困人口达到 2.5 亿人，多数人仅能维持基本生活需要。2016 年城镇居民人均可支配收入达 33,616 元，农村居民人均可支配收入中位数 11,149 元；恩格尔系数分别为 29.3% 和 32.2%，均大幅下降。人民生活从以“吃穿”为重点转向“住行”为重点的多层次消费。①

中国经济持续发展，人民生活水平的显著提高，居民可支配收入的持续增长，为人们言论自由权的享有提供了坚实的物质基础和保障。另外，在中国经济持续发展的同时，中国贫困人口数量也急剧减少。改革开放之初，我国不到 10 亿人口，却有超过 20% 的人生活在贫困线以下。改革开放以来，我国贫困人口下降了 2 亿人，农村绝对贫困人口减少到 1479 万人。② 贫困人口数量的减少也意味着更多的人获得了更大程度真实享有言论自由的可行性能力。

此外，言论自由享有质量与言论自由主体的受教育程度在总体上息息相关。中国政府注重通过普及义务教育，加大对教育的投入力度来从总体上提升人民言论自由可行能力，提升言论自由享有质量。中国自

---

① 《中华人民共和国 2016 年国民经济和社会发展统计公报》，载国家统计局官网：http://www.stats.gov.cn/tjsj/zxfb/201702/t20170228_1467424.html，最后访问日期：2017 年 7 月 24 日。

② 杨秀萍：《中国模式——基于全球化视野的思考》，经济管理出版社 2013 年版，第 88 页。

2006 年起全面实施九年制义务教育，继续加大教育资源投入，并向中西部和农村义务教育倾斜。到 2014 年，中央一般公共预算教育支出达到 4101.9 亿元。中央财政安排学前资助资金 10 亿元，义务教育免费教科书资金 132.66 亿元，义务教育家庭经济困难寄宿生生活费补助资金 72.93亿元。全国近 1.1 亿名农村义务教育阶段学生全部享受免除学杂费和免费教科书政策，小学一年级新生免费获得学生字典，中西部地区 1240 万名家庭经济困难寄宿生获得生活费补助。安排营养改善计划资金 171.56 亿元，约 3184 万学生受益。1000 多万名中职学校学生享受免学费政策，约 488 万名普通高中学生、315 万名中职学生和 660 万名高校学生享受国家助学金资助。安排中央预算内投资 310 亿元，全面改善贫困地区义务教育薄弱学校的办学条件，重点实施农村学前教育推进工程、边远艰苦地区农村学校教师周转宿舍建设、民族地区教育基础薄弱县普通高中建设、中西部地区特殊教育学校建设等工程。[①] 截至 2016 年，全国九年义务教育巩固率、高中阶段教育毛入学率分别达到 93.4% 和 867.5%。[②] 义务教育的普及、教育投入的加大、就学率的提升，有助于改善中华民族的整体素质结构，从而为言论自由权利的享有和行使提供更为坚实的基础。

（三）厘定政治权力运行边界，拓展言论自由权享有的社会空间

1978～1998 年的政府行政体制改革过程，是一个政府行政权力从直接主导经济资源配置到尊重市场在经济资源配置中的基础性作用的过程，也是一个在经济领域逐步限缩并厘清行政权力运行边界，使市场从政府行政权力管控下逐步获得相对独立合法地位的过程。以相对独立

① 参见《2014 年中国人权事业的进展》，载新华网：http://news.xinhuanet.com/politics/2015-06/08/c_1115542132_2.htm，最后访问日期：2017 年 9 月 1 日。

② 参见《2016 年全国教育事业发展统计公报》，载教育部官网：http://www.moe.edu.cn/jyb_sjzl/sjzl_fztjgb/201707/t20170710_309042.html，最后访问日期：2017 年 7 月 24 日。

市场为基础，相关市场主体获得了相对于行政权力的独立空间，对个人市场地位的认可孕育着个体自主性的观念的要求，从而开辟了个人人权意义言论自由的存在空间。另外，市场资源有效合理配置必然以相关市场信息的获取、表达和交流为基础，即以个人言论自由为基础，因之，个人人权意义的言论自由必然与市场经济的建立和完善伴随而生。行政权力和职能在因应社会主义市场经济体制需要而不断限缩、转变和明晰界限的过程，也是个人人权意义言论自由得以确立和不断扩展的过程。

中国经济持续高速发展，极大地改善了人民的生活水平和条件，到20世纪末人民生活总体上已达到小康水平。生活水平的改善和提高带来的社会公共需求的快速增长，政府提供公共物品和公共服务能力不足问题日益突出；同时片面强调经济发展的社会发展模式使社会自身发展不平衡的结构性矛盾日益突出。人们对发展的理解，由原来着重强调经济发展转变为"以经济建设为中心，在经济发展基础上实现社会全面发展"。在此背景下，中共中央在2004年明确提出了"构建社会主义和谐社会"的概念，并将其作为党全面提高执政能力的五大能力之一。① 2006年党的十六届六中全会审议通过了《中共中央关于构建社会主义和谐社会若干重大问题的决定》，明确提出社会建设的任务和命题，党的十八大进一步完善并提出了包括社会建设在内的"五位一体"的战略布局。

社会建设的历史任务，对行政管理改革和政府自身建设提出了新的更高要求，也为继续深化行政管理改革指明了方向。那就是更要注重与民主政治建设相配套的行政管理改革，其本质要求，就是坚持一切从人民的根本利益和现实需求出发，要以保障公民的知情权、表达权、参与权、监督权和改善民生为根本着眼点和目的。客观上要求改变过去那种以"管制"为核心的行政管理模式，从根本上推进政府管理模式由以"管制"为主向以服务为主导的方向转变。2004年温家宝在《政府工作报

① 参见赵智奎主编：《改革开放30年思想史》，人民出版社2008年版，第938页。

告》中指出,各级政府要"在继续搞好经济调节、加强市场监管的同时,更加重视履行社会管理和公共服务职能"。党的十七届二中全会制定的《中共中央关于深化行政管理体制改革的意见》提出,要通过改革,实现政府职能向创造良好发展环境、提供优质公共服务、维护社会公平正义的根本转变。党的十八大对转变政府职能提出了更明确的也更为全面的要求:"深入推进政企分开、政资分开、政事分开、政社分开,建设职能科学、结构优化、廉洁高效、人民满意的服务型政府。"

随着社会建设理念的形成,行政体制改革重心由理顺政府与市场的关系问题转向全面理顺政府与社会的关系问题。理顺政府与社会关系的过程,实质上是弱化行政权力社会管控功能,而强化其社会公共服务功能的过程。在市场和社会相对独立、成熟,政府与市场、社会界限逐步明晰的背景下,我国《行政许可法》的实施、权力清单制度等本质上都是逐步规范、削减政府行政权力对社会资源的直接支配行为,使市场在资源配置中起基础性作用,公民和社会组织在社会管理中发挥更大的、不可替代的作用。政府逐步、大幅度地削减需要行政审批的事项,除攸关国家公共安全、公民生命财产等的事项需要强化审批外,凡是一般经济性或社会性事务,都可交由市场或社会组织自行调节或自主决定。2014年,国务院通过一系列取消和下放行政审批项目的决定,取消和下放246项行政审批事项,并公开了各部门行政审批事项汇总清单,规定各部门将不得在公布的总计1235项清单之外实施行政审批,坚决消除权力设租寻租空间,完善权力运行程序。① 随着行政权力不仅在经济领域内尊重市场基础性作用,而且在社会领域内也更加尊重公民和社会组织的自主性地位,从市场、社会的具体性事务管理中逐步退出,更加强调政府的宏观管理和服务职能,个人人权意义上的言论自由存在空间获得了进一

① 《2014年中国人权事业的进展》,载新华网:http://news.xinhuanet.com/politics/2015-06/08/c_1115542132_2.htm,最后访问日期:2017年9月1日。

步扩展，人们对言论自由的实质性享有程度得到进一步提升。

（四）借助多种渠道助推言论自由的制度实现，建立健全言论自由权的实现途径和方式

现代社会言论自由权的行使和享有须通过一定的媒介来实现，离开了特定媒介言论自由的享有只能是一句无意义的空话。现代社会媒介技术的发展极大地丰富了人们行使言论自由权的途径和手段。现代社会人们行使言论自由权的途径和方式，大致而言可以划分为三类：一是以报纸、书刊为代表的传统媒介；二是以有线电视、数字电视、广播等为代表的可视化媒介；三是以互联网技术为核心的新兴媒介。中国政府积极发挥传统意义上报纸、书刊的作用，也积极普及有线电视、数字电视等现代可视化媒介。2013 年，中国出版各类报纸 482 亿份，各类期刊 33 亿册，图书 79 亿册（张）；有线电视用户为 2.29 亿户，有线数字电视用户为 1.72 亿户；广播节目综合人口覆盖率为 97.8%；电视节目综合人口覆盖率为 98.4%。[①] 报纸、书刊以及现代可视化媒介的普及，有效地保障了现代社会中信息、观点的传递和表达，为公众讨论国家和社会的各种问题，对政府提出批评和建议提供了方式和途径，促进了人们言论自由权的享有。

互联网技术的出现和发展极大地改变了人们传统的言论自由的实现方式。与以往的言论表达方式相比，互联网表达具有即时性、互动性、平等性、自由性等特点，极大地提高了言论传播速度，拓展了言论的影响深度和广度，能够有效地促进言论自由权的实现和享有。据抽样统计，每天人们通过论坛、新闻评论、博客等渠道发表的言论达 300 多万条，超过 66% 的中国网民经常在网上发表言论，就各种话题进行讨论，充分表达思想观点和利益诉求。[②] 中国政府积极发展普及互联网设施，20 年来

① 《2013 年中国人权事业的进展》，载中央人民政府网：http://www.gov.cn/zhengce/2014-05/26/content_2686946.htm，最后访问日期：2017 年 9 月 10 日。

② 《2009 年中国人权事业的进展》，载国务院办公室网：http://www.scio.gov.cn/zxbd/nd/2010/Document/769410/769410_1.htm，最后访问日期：2017 年 9 月 10 日。

投入了大量资金,建起了覆盖全国、惠及全民的互联网基础设施,目前中国互联网发展与普及水平居发展中国家前列。截至2017年6月,我国网民规模达7.51亿人,互联网普及率为54.3%,网站总数为506万个,社交网站用户数量为2.78亿人,网络文学用户数为3.5亿人,网络视频用户数量为5.6亿人,网络音乐用户数量为5.2亿人,微博用户数量为2.9亿人,网络直播用户数量为3.4亿人,即时通信用户数量为6.9亿人。截至2017年6月,我国手机网民规模达7.24亿人,手机网络文学用户数为3.2亿人,手机网络视频用户数量为5.2亿人,手机网络音乐用户数量为3.2亿人,手机微博用户数量为2.5亿人,手机即时通信用户数量为6.67亿人。① 截至2013年年底,中国提供互联网教育信息服务的网站有5820个,提供互联网新闻信息服务的网站有703个,提供互联网文化产品服务的网站有783个,提供互联网视听节目服务的网站有282个,提供互联网出版服务的网站有292个,提供互联网电子公告信息服务的网站有2010个。②

在建立普及全国、惠及全民的互联网基础设施的同时,中国政府积极制定和完善有关互联网技术的法律法规,先后制定了《互联网出版管理暂行规定》《互联网等信息网络传播视听节目管理办法》《互联网文化管理暂行规定》《互联网著作权行政保护办法》《信息网络传播权保护条例》等著作规范性文件,为公众获取和交流信息创造良好的网络环境。在积极完善人们发表意见和建议的网络基础设施,维护良好网络环境,鼓励人们依法依规发表网络言论的同时,中国政府十分重视互联网的监督作用,对人们通过互联网反映的问题,要求各级政府及时调查解决,并

① 参见《中国互联网络发展状况统计报告(第40次)》,载中国互联网络信息中心网:http://www.cnnic.cn/hlwfzyj/hlwxzbg/hlwtjbg/201708/t20170803_69444.htm,最后访问日期:2017年9月25日。

② 《2013年中国人权事业的进展》,载中央人民政府网:http://www.gov.cn/zhengce/2014-05/26/content_2686946.htm,最后访问日期:2017年9月10日。

向公众反馈处理结果。绝大多数政府网站都公布了电子邮箱、电话号码,以便于公众反映政府工作中存在的问题,大批通过互联网反映出来的问题得到了解决。中央纪检监察机构和最高人民法院、最高人民检察院等开设了举报网站,利用网络受理贪污举报,加强腐败治理。中国领导人经常上网了解公众意愿,有时直接在网上与网民交流,讨论国家大事,回答网民的问题。各级政府出台重大政策前,通过互联网征求意见已成为普遍做法。近3年来,每年通过互联网征求到的建议多达几百万条,为完善政府工作提供了有益参考,有效促进和落实了人们言论自由权。

（五）完善言论自由法律制度体系,构筑言论自由权个体享有的制度屏障

单纯强调言论自由权的法律保障并无法从根本上解决人们对言论自由的实质性享有问题,无法从根本上落实人们的言论自由权,因而言论自由保障的首要问题是如何拓展言论自由空间,改善言论自由存在的基础性条件。言论自由法律体系建构以及言论自由司法保护,对言论自由权实现的重要意义,在于确立个体享有言论自由的屏障,防止行政权力或其他个人或团体对个体言论自由的不当或任意侵害,并在个体言论自由受到政府或他人不当侵害时提供司法救济手段和途径。尽管法律本身并不能增进言论自由权益本身,但却能够保护人们正当的言论自由权益不受侵害。增进人们对言论自由权的实质性享有与保护人们对权益的享有不受侵害,构成人们享有言论自由权的一体两面。因而,在既定社会经济条件下,在既定国家社会关系中,言论自由法律体系的构建对于个体言论自由的享有具有不可或缺的重要意义。

当前,中国已经形成了以宪法为核心,由法律、法规和条例组成的相对完善的言论自由法律体系,较为有效地保护了个体正当地行使言论自由的权利。如前所述,宪法层面上,一方面,以《宪法》第41条的批判建议权条款保障政治言论,落实人民当家作主的权利;另一方面,以《宪法》

第35条保障一般意义言论自由，落实人之为人的基本权利。不仅如此，还分别以《宪法》第41条自身但书条款、第51条对个体自由总括性限制条款分别规定了两种不同意义言论自由的界限原则：政治性言论，即对政府及其官员的批判建议，"除非捏造事实进行诬告"，否则不受限制；而个人人权意义言论自由，包含非政治性言论，则以不得侵害公共利益和他人合法权益为限。言论自由的双重宪法保障体系和限制原则为言论自由法律、法规提供了宪法依据和立法原则要求，奠定了中国言论自由法律保障体系的坚实基础。

在法律法规层面，1989年制定了旨在保障公民依法行使集会、游行、示威权利，维护公共秩序和社会安定的《集会游行示威法》，规定了集会游行示威的一般原则、申请许可程序、具体要求以及违反法律规定应承担的法律责任等，为人民依法享有集会游行示威权利提供了法律保障。积极推动新闻立法，制定出台了一系列有关新闻的规范性法律文件。先后制定了1994年的《音像制品管理条例》、1997年的《广播电视管理条例》、1997年的《出版管理条例》、2004年的《广播电视设备器材入网认定管理办法》、2004年的《新闻记者证管理办法》、2005年的《期刊出版管理规定》、2005年的《报纸出版管理规定》、2013年的《广播电视管理条例》等法律法规，初步形成了具有中国特色的新闻出版(包括广播电视)从业特许制度和审查制度。媒体是言论自由的组织者和集中者，保障新闻自由和出版自由，加强新闻监督立法是保障公民言论自由的重要环节。除制定有关言论、信息自由的法律法规外，还在其他法律法规保障言论自由合法权益。如我国《刑法》第246条规定："以暴力或者其他方法公然侮辱他人或者捏造事实诽谤他人，情节严重的，处三年以下有期徒刑、拘役、管制或者剥夺政治权利。"中国目前已经建立起相对完善的言论自由法律体系，随着中国社会情势的发展和变迁，言论自由的法律保障体系会更加完善，更好地保障人们言论自由的正当性权益。

第九章　宗教信仰自由保障的中国探索

在人类文明长河之中，宗教是其中一条重要的支流。宗教有着悠久的历史，对政治、经济和文化等方面有着举足轻重的影响。宗教自由同样是人权谱系中一项重要的权利。在全球视野中，因历史与文化等差异而产生了对宗教自由的理解以及保障的区别不容忽视，但对这项权利的认可与重视则是主流趋势，个中原因更加值得关注。就我国基本权利体系而言，宗教信仰自由早已写入《宪法》第二章“公民的基本权利与义务”之中。对于这项权利的保障，我国在实践与理论领域均有着积极、深入的探索，宗教信仰自由的保障与宗教事务的依法管理均在探索中取得了重要成果。

一、马克思主义理论中的宗教信仰自由

宗教在人类文明中的重要性和特殊性无须赘述，而宗教的概念、本质或内涵，既是宗教学、哲学等领域长久以来关注的重要内容，更是争议颇多的

议题之一。我国宗教学者麻天祥教授对宗教作出了如下定义:宗教是借助心力,即认知能力的扩张,超越有限,领悟无限,乃至把握无限,从而实现人生的终极价值的合理性过程,或者说思想实践。[①] 美国学者伯尔曼写道:"宗教也不只是一套信条和仪式;它是人们表明对终极意义和生活目的的一种集体关切——它是一种对于超验价值的共同直觉与献身"。[②] 至今,学术界对于宗教的定义仍各执一词,而能够得到普遍认可的观点实则有着相通之处。其中,最重要的一点就是对于宗教是人的内心和思想的自由的认同与肯定。思想自由是人权的基本内容之一,内心与思想的自由是人之为人与生俱来的权利。宗教自由作为思想自由的重要表现之一,在人权的体系内,理应与思想自由等具有同等重要的地位。马克思写道,"在人权这一概念中并没有宗教和人权互不相容的含义。相反,信奉宗教、用任何方式信奉宗教、履行自己特殊宗教的礼拜的权利,都被明确列入人权。信仰的特权是普遍的人权"。[③] 毋庸置疑,作为人权的重要内容之一,宗教自由必须得到与其他人权同等的重视,以及充分且全面的保障。而宗教并不仅仅表现为精神和思想意义上的信仰,还包含行为上对信仰的表达和体现。作为社会共同体的成员,一方面,个人对于自己的宗教信仰的表达乃是其社会生活的一部分;另一方面,相应的宗教实践需受到社会共同体的限制。并且,对于自身宗教信仰的表达以及作出的相应的宗教实践并不局限在单独的个体,更体现为制度化的宗教组织的实践。制度化的宗教,"作为一种社会现象,是社会关注的对象",[④]与社会生活发生着不可避免的联系。因此,与制度化的宗教密切相关的宗教事务必然要被纳入社会管理的范畴。政府对于宗

---

① 麻天祥:《宗教与宗教学新论》,载《云梦学刊》2003 年第 2 期。

② [美]伯尔曼:《法律与宗教》,梁治平译,商务印书馆 2014 年版,第 18 页。

③ 《马克思恩格斯全集》(第 3 卷),人民出版社 2002 年版,第 197 页。

④ 张训谋:《中国的宗教事务管理》,载刘澎主编:《国家·宗教·法律》,中国社会科学出版社 2006 年版,第 51 页。

教事务的管理,是出于国家管理与社会管理的正当诉求。在依法治国背景下,对宗教事务的管理也必然要依法而行。正如美国法学家伯尔曼所说,“法律赋予宗教以其社会性,宗教则给予法律以其精神、方向和法律获得尊敬所需要的神圣性。在法律与宗教彼此分离的地方,法律很容易退化成为僵死的法条,宗教则易于变为狂信”。他还指出,“没有法律的宗教,则会丧失其社会有效性”。① 因此,宗教自由的保障与限制,宗教事务的管理,平衡并协调作为人权重要内容之一的宗教自由与出于国家及社会管理需要的宗教事务管理之间的关系,是国际社会及世界诸国长期面临的一项重要课题。

宗教自由以及对这一人权的保障与实现的重要性,早已成为国际社会的共识之一。在诸多国际人权文件中,保障宗教自由有着诸多表述:如1948年《世界人权宣言》第18条规定“人人有思想、良心与宗教自由之权利”。这是最早的对宗教自由作出明确表述的国际公约。此后,1966年《公民权利和政治权利国际公约》第18条写道:“一、人人有权享受思想、良心和宗教自由。此项权利包括维持或改变他的宗教或信仰的自由,以及单独或集体、公开或秘密地以礼拜、戒律、实践和教义来表明他的宗教或信仰的自由。二、任何人不得遭受足以损害他维持或改变他的宗教或信仰自由的强迫。三、表示自己的宗教或信仰的自由,仅只受法律所规定的以及为保障公共安全、秩序、卫生或道德、或他人的基本权利和自由所必需的限制。四、本公约缔约各国承担,尊重父母和(如适用时)法定监护人保证他们的孩子能按照他们自己的信仰接受宗教和道德教育的自由。”1981年《消除关于宗教或信仰原因的一切形式的不宽容和歧视的联合国宣言》对1966年公约所勾勒的大致轮廓作出了详尽阐发,对宗教相关事项进行了更加明确的规定——对个人和团体宗教权利的规定,对父母或法定监护人根据自己的宗教或信仰来安排儿童教育及

① [美]伯尔曼:《法律与宗教》,梁治平译,商务印书馆2014年版,第41页。

家庭生活的规定，对宗教歧视、不宽容和滥用的禁止，并对有关思想、良心、宗教或信仰等方面的自由权利的具体内容进行了明确详尽的规定。由此可见，无论是首次立法保障宗教自由的概括性纲要，还是对权利的具体内容的详尽陈述，都充分体现出国际社会对宗教自由的重视以及为了这项权利的保障与实现所作出的不懈努力。

自中华人民共和国成立之日起，对宗教自由这一权利的保护就成为我国法学界关注的重点之一，对宗教事务的管理亦成为政府工作的重要内容之一。我国一直在为推动和实现人权的保障作出不懈努力，因此，作为人权的重要内容之一，宗教自由在我国不仅与人权的其他内涵受到同样的重视和保护，更因其本身的特殊性和复杂性而得到了更多的关注——我国《宪法》第二章“公民的基本权利与义务”第36条明确规定宗教信仰自由是我国公民的一项基本权利，我国对这一权利的保障均以此条款为核心而展开。宗教自由在我国宪法中的表述为“宗教信仰自由”：在我国，宗教信仰自由不仅是人权谱系中的一员，更是我国基本权利体系中的一项重要权利，其不仅具有道德权利和人权的面相，还具有我国宪法所赋予的基本权利的效力。我国对宗教自由的保护与对宗教事务的管理均有着深刻的中国特色：宗教信仰自由政策是我国一项长期的基本国策；对于宗教事务的管理，则以国务院出台的《宗教事务条例》为核心准则。作为以马克思主义为指导思想的国家，无论是对宗教信仰自由的保障，还是对与之相关的宗教事务的管理，都必须以马克思主义宗教观为根本指导，充分了解并正确解读马克思主义宗教观的内涵，同时结合我国国情，使中国化的马克思主义宗教观贯穿宗教信仰自由保障与宗教事务管理的始终。

马克思主义宗教观是马克思、恩格斯的重要思想成果。与其他马克思主义思想一样，马克思主义宗教观的形成并非一日而成，而是在长期的社会实践与思想实践中不断发展、演变而成为体系化的思想。在马克思主义宗教观的视野中，“宗教从来不是孤立存在的，它是社会的产物，与社会的政治、经济、文化、民族等问题交织在一起,对人类文明进程和社会稳定、发展有着重要的影响”。[①] 马克思主义宗教观从唯物主义历史观的角度出发,对宗教的本质、宗教的起源与发展以及宗教的消亡等过程作出了深刻的阐释。

马克思与恩格斯并未在其著作中明确给出宗教的定义,其关于宗教本质的观点也无法一言以蔽之。马克思从唯物主义历史观立场出发,认为宗教与其他事物、其他意识无异,其产生及存在均是特定的物质世界、社会现实的产物。因此,对宗教的认识——无论是其本质或其不同阶段的发展——都必须立足于对特定的历史背景与社会物质条件的认识与理解之上。在特定的历史背景及社会物质条件之下,人对于人类的起源、存在、发展以及死亡与死后世界等问题产生了相应的意识,而这种意识以超验的形式存在并表现出来,“宗教从一开始就是超验性的意识,这种意识是从现实的力量中产生的”。[②] 并且,马克思进一步指出,“宗教是还没有获得自身或已经再度丧失自身的人的自我意识和自我感觉”,在马克思的观点中,宗教不仅仅是一种意识,更准确地说,宗教是一种异化的人的自我意识。当这种意识从人的思想与内心中映射到现实生活中,并与其他人的这种意识产生碰撞与交流时,宗教就出现了并且得到了传播。在马克思看来,宗教产生伊始所关注的焦点离不开人的起源、生死等问题,这些恰恰是人对自我的认识与探索。当这种探索、询问在现实生活中找不到答案,或者找不到符合当下思想与实践发展水平的答案时,人便转向了超验的世界。

无论是宗教对自身的理解,还是外部世界对宗教的认识,“神”是其中最重要的概念之一,亦有将宗教等同于“神”、对“神”的信仰和崇拜的错误认知。然而,根据马克思的观点,“神”的概念绝不等同于“宗教”,

---

① 陆树程、方文:《马克思主义宗教观及其当代价值》,载《马克思主义研究》2010年第5期。

② 《马克思恩格斯文集》(第1卷),人民出版社2009年版,第587页。

“神”仅仅是宗教的重要因素之一，是诸多宗教的超验性的内容之一，而“宗教”所包含的内容更加广泛、更加复杂。关于宗教的本质，恩格斯在《反杜林论》中写道：“一切宗教都不过是支配着人们日常生活的外部力量在人们头脑中的幻想的反映，在这种反映中，人间的力量采取了超人间的力量的形式。”①这一观点被诸多学者看作马克思主义宗教观中，对宗教的本质、宗教的定义最为精辟的论断。恩格斯在这一论述中，肯定了宗教的初始状态正是意识，物质世界是宗教意识的根源，宗教是对现实世界的映射。并且，恩格斯也指出宗教中超验的、超人间的内容，只是人的意识的一种特殊载体、特殊表现形式。由此可见，恩格斯与马克思对于宗教本质的认识都植根于两人的唯物主义历史观，虽然其论证方式、表达方式不尽相同，实则同根同源，殊途同归。

理解马克思、恩格斯对宗教发展的不同阶段的解读及其关于宗教消亡的条件的独特见解，同样离不开唯物主义历史观的指导。马克思、恩格斯并未系统地论述过宗教的历史及宗教的发展规律，但我们可以从其多篇论著中窥见其大体脉络：宗教的历史与发展规律均是由社会形态决定的，宗教的发展和变化正是随着社会形态的变化而发展变化的。恩格斯认为，宗教的演变依次经过了部落宗教、民族宗教和世界宗教三种形态与阶段，每一种形态都是由特定的社会物质条件所决定的，宗教形态与发展阶段的变化与社会的变化与发展是同步的。② 根据恩格斯的这一观点，当今世界的宗教的发展趋势正处于由民族宗教向世界宗教发展的阶段，并且，民族宗教仍是主要形态且短期内不会完成向世界宗教的转

---

① 《马克思恩格斯选集》（第3卷），人民出版社2006年版，第354页。

② 恩格斯曾指出：“古代一切宗教都是自发的部落宗教和后来的民族宗教，它们从各民族的社会和政治条件中产生，并和它们一起成长”。[《马克思恩格斯全集》（第19卷），人民出版社2006年版，第333页。]比如“罗马曾企图除本地的神意外还承认和供奉一切多少受憧憬的异教的神，这种企图清楚地表现了拿一种世界宗教来充实世界帝国的需要。但是一种新的世界宗教是不能这样用皇帝的敕令创造出来的。”[《马克思恩格斯选集》（第4卷），人民出版社2006年版，第250～251页。]

变,在较长的一段时期内,世界宗教无法完全取代民族宗教。从世界三大宗教的历史以及当今的发展趋势来看,恩格斯的这一观点确是符合历史与现实情况并且可以长期适用于当今世界的。

此外,马克思深入阐释了宗教消亡的观点。在《论犹太人问题》一文中,马克思将其唯物主义历史观适用于对犹太人解放的相关问题的分析之中。这篇文章表达了马克思对布·鲍威尔将犹太人解放归于宗教解放问题的观点的不同主张。马克思指出,对犹太人的宗教的不平等,并不是造成其所处的社会不平等的原因,恰恰相反,社会不平等才是宗教不平等的根源。马克思提出,要将犹太人的解放这一宗教问题转化为世俗问题来看待和解决。劳动异化(劳动、劳动成果异化成为资本,并使人处于其统治之下)是世俗问题的症结所在,只有消除劳动异化,才能实现犹太人的解放(人从宗教中解放)。这也正是马克思对于宗教消亡的核心观点之一——资本主义的私有财产制就是社会不平等的世俗问题与宗教不平等的宗教问题的根源,只有消除了劳动异化、消除私有财产制,才能实现人从宗教中的解放。此后,马克思关于宗教消亡的观点进一步发展与完善,他进一步指出宗教的根源以及其消亡的条件不能局限于私有财产制,并提出了宗教消亡的两个条件:一是人与人的关系极为明白而且合理;二是人与自然的关系极为明白而且合理。① 要实现这两个条件,必须要实现社会主义(满足人与人的关系明白且合理这一要求),同时必须要实现社会生产力高度发达且人成为自然力的主人(实现人与自然的关系明白且合理)。② 马克思关于宗教消亡的论断十分深刻,并且,在不断加深对宗教认识的同时,丰富其思想体系中的其他观点和内容,使马克思主义宗教观日渐成熟。

我国高举中国特色社会主义旗帜,在社会建设的诸方面均坚持符合

① 吕大吉、高师宁:《马克思主义宗教理论研究》,中国社会科学出版社 2011 年版,第 192 ~ 193 页。

② 同上。

我国国情的方针政策,而作为指导思想的马克思主义,在与我国国情相结合后,发展出了适合我国特殊国情的中国化的马克思主义思想。马克思主义宗教观也不例外。在对待宗教的态度与方式上、处理与管理具体宗教事务的相关问题上,只有以马克思主义宗教观为根本指导思想,坚持中国化的马克思主义宗教观,才能正确认识和把握当代中国宗教的现实情况与发展规律,才能具体问题具体分析,实事求是地对待和处理宗教问题,并且积极探索和引导宗教与中国特色社会主义社会相适应。

在中华人民共和国成立后到改革开放前的这段时间,我国宗教事务管理经历了迂回曲折的发展,中共中央及各级政府对宗教工作的相关问题的认识、对马克思主义宗教观的解读都经历了由极左思想到拨乱反正的过程。而自 1978 年起,我国对宗教问题的认识紧紧围绕马克思主义宗教观展开,真正发展出了中国化的马克思主义宗教观。1978 年中共中央转发中央统战部《关于当前宗教工作中急需解决的两个政策性问题的请示报告》时,在通知中指出:“宗教在我国历史悠久,有相当一部分群众信仰各种宗教,特别是在少数民族中有较深的影响,在国际上也有广泛的联系。因此做好宗教工作,正确处理宗教问题,对国内国外都有重要意义。宗教工作情况复杂,两类矛盾经常交织在一起,政策性强,涉及面广,必须全党重视,各方协作,严格区分两类性质不同的矛盾,才能做好。”这一文件及相关通知对我国宗教的历史与现状,以及宗教工作的重点等有着清晰的认识,我国对宗教事务管理的拨乱反正的相关工作就此展开,这一报告对我国此后的宗教事务管理也有着一定的指导作用。

1982 年 3 月中共中央颁发 19 号文件,即《关于我国社会主义时期宗教问题的基本观点和基本政策》(以下简称 19 号文件)。这一文件可以看作新时期宗教工作的纲领性文件,也是我国在新时期对马克思主义宗教观的中国化的发展与丰富,其“比较系统、比较深刻地阐述了我国社会主义时期宗教问题的基本观点”。[①] 这一文件的主要内容包括:宗教存在的长期性、群众性和复杂性,我党宗教工作的历史经验,以宗教信仰自由为宗教工作的基本政策,宗教活动场所问题以及宗教方面的国际往来与抵制宗教渗透等。其中,该文件对宗教产生的认识根源和社会根源的分析十分深刻:“宗教观念的最初产生,反映了在生产力水平极低的情况下,原始人对自然现象的神秘感。进入阶级社会以后,宗教得以存在和发展的最深刻的社会根源,就在于人们受到这种社会的盲目的异己力量的支配而无法摆脱,在于劳动者对于剥削制度所造成的巨大苦难的恐惧和绝望,在于剥削阶级需要利用宗教作为麻醉和控制群众的重要精神手段。”[②]这与马克思主义宗教观对宗教产生的认识根源与社会物质基础的观点相吻合,更是对马克思主义宗教观的中国化的解读。它强调了宗教的产生、发展及消亡都遵循一定的客观规律,并不为人类的主观意志所转移,更不可能因人类“消灭宗教”的行为而消亡。在此基础上,该文件还将理论与实践相结合,批判了试图依靠行政命令、行政行为来消灭宗教的想法和做法,并指出这种想法和行为荒谬、不切实际,不符合马克思主义宗教观,不符合宗教客观发展规律,更是具有严重的社会危害性。因此,这一文件成为我国对马克思主义宗教观的中国化的代表性成果。

中共中央19号文件所提到的宗教存在的长期性、复杂性和群众性等观点,正是中国共产党关于宗教“五性”的理论的内容之一,这一理论也是最具代表性的中国化的马克思主义宗教观的重要理论。五性的具体内容为:群众性,是指群众具有宗教信仰的人数较多,据不完全统计,我国目前已有超过1亿公民有自己的宗教信仰;长期性,是指宗教的存在与发展在中国有着长远的历史,更重要的是,宗教将在中国社会主义社会长期存在;民族性则极具中国特色,它具体是指中国许多少数民族

---

① 段德智:《新中国宗教工作史》,人民出版社2013年版,第168页。

② 中共中央文献研究室综合研究组、国务院宗教事务局政策法规司编:《新时期宗教工作文献选编》,宗教文化出版社2014年版,第54~55页。

均有宗教信仰；国际性，则是指我国许多公民信仰的佛教、基督教和伊斯兰教等均为世界性宗教，我国境内的宗教团体与国际社会有着宗教等方面的诸多来往；复杂性则包括我国公民宗教信仰的多样化，不同宗教在我国的具体情况不同，世界性宗教的国内形势与国外形势相结合的复杂的情况等。“五性”后被简化为“三性”，即宗教的群众性、长期性和复杂性。五性（或“三性”）论，既继承了马克思主义宗教观，又结合了我国特殊国情，对我国的宗教的表象与内在作出了较为全面的分析与把握。因此，“五性”（或“三性”）论成为中国宗教事务管理的指导思想之一。此外，“积极引导宗教与社会主义社会相适应”的观点也是对马克思主义宗教观的中国化的发展。宗教在我国将长期存在，但其与社会主义建设并不冲突，在具体事务的管理中，应当积极引导宗教适应社会主义建设的发展要求，使之为社会主义建设做出自己的贡献。具体而言，马克思主义宗教观是党和政府管理宗教事务的理论根据，具体宗教政策、宗教事务管理方法必须与马克思主义宗教观的内涵相一致。同时，中国化的马克思主义宗教观，必须在具体宗教政策、宗教事务管理办法中有所体现，才能在我国的宗教工作中发挥指导作用。

二、中国特色的宗教信仰自由

宗教自由是国际社会普遍认同并予以保障的基本人权之一，将其写入宪法并作为一项基本权利予以确认和保障，亦是诸多国家的普遍现状，但各国对宗教自由的确认、对其权利内涵的解释及其规范建构，均有所不同。我国学者刘澎对世界上110个国家的现行宪法进行了研究、统计，其中，89个国家的宪法明确提到了宗教自由，其采用的是宗教自由或宗教实践自由的表述，只有21个国家未在其宪法中对宗教自由予以明确的保障。① 然而，由于对宗教定义的争议尚存，以及关于宗教自由的复杂内涵亦存在不同主张等问题，国际社会在公约中、世界各国在各自

① 参见刘澎：《国家·宗教·法律》，中国社会科学出版社2006年版，第9页。

的法律中对这一权利的表述不尽相同——宗教自由、宗教实践自由或信仰自由等，也有部分国家以思想自由或良心自由来替代、涵盖“宗教自由”。国际社会中的众多国际人权公约则大多采用了“宗教自由”这一说法，如 1948 年《世界人权宣言》第 18 条规定“人人有思想、良心与宗教自由之权利”。美国 1791 年通过的宪法第一修正案中写道，“国会不得制定设立宗教或者限制其自由实践的法律”（Congress shall make no law respecting an establishment of religion, or prohibiting the free exercise thereof.），其采用的是“自由实践”这一表达方式，这一条款确立了美国对待宗教的两大原则，即政教分离原则与自由实践原则。日本《宪法》第 20 条规定：“一、对任何人的信教自由都给予保障。任何宗教团体都不得从国家接受特权或行使政治上的权利。二、对任何人都不得强制其参加宗教上的行为、庆祝典礼、仪式或活动。三、国家及其机关都不得进行宗教教育以及其他任何宗教活动。”此外，其第 19 条规定：“思想及意志的自由，不受侵犯。”由此可见，日本宪法将思想自由与信仰自由分别予以规定，并明确了公民的“信教自由”，另外保障了公民宗教活动的一定的自由。德国《基本法》第 4 条则规定：“一、信仰与良心之自由及宗教与世界观表达之自由不可侵犯。二、宗教仪式应保障其不受妨碍。”这一条款将信仰自由、宗教自由和宗教仪式分别予以明确保障。

而在我国，宗教信仰自由是我国《宪法》第二章“公民的基本权利与义务”的第 36 条明确规定的一项基本权利。中华人民共和国成立以来，在中国共产党的领导下，社会主义法律体系开始建立，尤其是我国 1954 年《宪法》的颁布具有里程碑式意义。在这部宪法中，明确指出我国公民享有宗教信仰自由。此后，1982 年《宪法》对宗教信仰自由的相关条文加以补充：“中华人民共和国公民有宗教信仰自由。任何国家机关、社会团体和个人不得强制公民信仰宗教或者不信仰宗教，不得歧视信仰宗教的公民和不信仰宗教的公民。国家保护正常的宗教活动。任何人不得利用宗教进行破坏社会秩序、损害公民身体健康、妨碍国家教育制度的活动。宗教团体和宗教事务不受外国势力的支配。”我国在根本法中明确规定了公民的宗教信仰自由，将其上升为国家意志，使其成为公民神圣不可侵犯的权利之一。这一表述与诸多国际人权条约、其他各国宪法的表述有所区别。这是我国依据国情所作出的中国化的表述方式，它不仅符合我国社会发展现状的要求，更能顺应我国社会发展的潮流。

具体而言，《宪法》第36条既确认宗教信仰自由为基本权利，又对权利内涵作出解释，其中还包含了权利限制条款。

首先，这一条款明确了信仰自由是宗教信仰自由的内涵之一。信仰自由是指公民有权利自由地选择自己的信仰或选择自己有无信仰，不受任何侵犯。毋庸置疑，信仰是思想与内心的活动，属于意识的范畴。因此，有观点认为信仰自由应是思想自由的外延之一，是思想自由的下位概念，而不应该从思想自由中分离出来甚至与之处于同等地位，用单独的法条进行保障。也有观点认为，信仰自由的内涵与思想自由、良心自由相重叠，因此，就基本权利的规范建构的角度而言，仅在宪法中确认思想自由即可涵盖信仰自由。从语义学角度分析，信仰隶属于思想的范畴，然而，当信仰与宗教相遇，宗教信仰自由与思想自由、良心自由的相融相通仍然存在，而其特殊性是必须且更应该被强调的，甚至于宗教信仰自由应该与思想自由、良心自由处于同等地位而非上下位的隶属关系。“信仰”一词中，“信”有崇奉之义，“仰”含敬慕之情；“信”是对某一特定宗教的思想上的认识及信服，而“仰”则可视为对这一宗教的情感上的献身。“认识”固然在思想的范畴之内，而“信仰”中更为特殊的“情感”却无法通过思想自由得以体现。这种“情感”有别于人类的其他情感，无法简单地用喜欢、尊敬或崇拜等概括或替代。古代的宗教，即部落宗教、民族宗教，对信仰的情感大多以“崇拜”为主，如早期宗教的图腾崇拜，仅仅是对于作为信仰的图腾的迷信式的崇拜，并将其奉为部落的象征与代表，赋予其神圣不可侵犯的地位。而在基督教早期，基督的信徒对他的情感是极其复杂的，甚至在不同阶段会发生不同的变化。如圣经中,基督被钉死在十字架,三天之后复活,他的信徒都十分欣喜,却仍有人认为基督的复活令人难以置信。他们都是基督最忠诚的信徒,无条件地追随基督,无条件地崇拜、信任基督,即使对基督复活一事难以置信更无法理解,也并未动摇他们对基督的信仰。在这一典故中,不同的信徒对基督的情感产生了差异,甚至同一信徒的情感发生了变化,但这些不同的情感都是其信仰的一部分,其信仰却并未动摇。既有崇拜、敬慕之情,也有复杂的、变化的其他情感,正是信仰较之思想的特殊性,也正因如此,信仰自由为思想自由、良心自由所涵盖是极其不合适的。从人类文明的视角来看,作为一种特殊的意识形态,宗教超验性的存在形式与表达形式决定了其在人类文明中的特殊地位。宗教关注的焦点主要集中于人的起源、人的生死及死后的归属等,与科学所给出的唯一的、确切的回答不同,宗教对这些问题的解读繁杂多样,但大多有着神秘、超验的特征,甚至多与哲学有着密不可分的联系。如上帝存在的证明,不仅仅是宗教关注的命题,在西方哲学史中也受到了诸多哲学家关注。无论是安瑟伦的本体论证明,还是托马斯·阿奎那的宇宙论论证,甚至是康德对上帝存在的本体论证明的批判,都是哲学与宗教相遇的思想成果,对哲学的发展有着不可磨灭的影响和贡献。因此,仅以思想自由、良心自由来涵盖信仰自由,无疑是片面的。思想自由、良心自由与信仰自由是相互联系、相互贯通又相互独立的,信仰自由的特殊内涵要求其必须要与思想自由、良心自由相区别。信仰自由和思想自由、良心自由等一起构成人类精神自由的基础,在人权保障体系中,信仰自由既不可为思想自由、良心自由等所取代,亦不可与之混同。

其次,除了信仰自由这一精神自由的面向,宗教自由还离不开信仰的表达、宗教仪式等宗教实践——实践自由则是宗教信仰自由的另一内涵。如前所述,信仰自由是需要得到保障的绝对自由,而宗教实践自由却是需要法律来规制、限制的权利。宗教实践自由虽然是宗教自由所特有的内涵,但其作为人的行为与活动的本质映射在社会生活中,就是作为社会成员的人的社会行为、社会活动。以宗教仪式为例，作为一种典型的宗教行为，它既包含仅个人实施即可的——如穆斯林的五时拜，由个人根据自身情况，在适当的时间、适当的地点完成即可；也包括必须通过集会来完成的——如基督徒的礼拜通常需要在教堂中进行，并有神职人员的组织、主持；基督教的圣餐礼同样必须由教堂的神职人员组织。但无论是个人的宗教行为，还是集体的宗教仪式等，都无法脱离与社会的联系，而当宗教实践与社会产生联系，就理应纳入社会管理的范畴，受到法律法规的规制。作为社会实践的一种特殊形式，宗教实践既需要自由的空间，又必须通过法律来确认这一权利的边界。这既是对宗教实践自由的保障，又是对宗教实践以外的社会生活的其他方面的保障。此外，宗教活动主要发生在相应的宗教场所——如佛寺、清真寺、道观及教堂等，作为个人及集体的宗教实践的主要发生地，宗教场所的存在与维护都需要国家的支持及保障。其中，对作为历史遗迹的宗教场所的维护，更是具有历史与宗教的双重意义。这既不是个人能够独立承担的，更是国家、政府不可推卸的责任与义务。如何利用宗教场所，在宗教场所中如何进行其宗教活动，如何维护宗教场所以满足神职人员的日常生活及其正当的宗教仪式的需要等，这些问题都不再停留在个人的宗教自由的范畴内，而必须在国家、政府的管理与支持下才能实现。因此，在我国宪法中，作为一项基本权利，宗教信仰自由具有信仰自由与实践自由两个内涵、两个面向，并在条款中作出了这项权利的规范建构。

德国基本权利双重性质理论认为，基本权利具有主观权利与客观价值秩序（或客观法）的双重性质。作为主观权利，基本权利具有防御权等功能，与之对应，国家负有不侵害公民基本权利的消极义务。作为客观价值秩序的基本权利则指向国家保护义务。① 国家保护义务是国家所负有的积极义务，要求国家为公民基本权利的实现作出制度、组织和程序

① 参见张翔：《基本权利的规范建构》，法律出版社2017年版，第70页。

上的保障,要求立法、司法和行政机关承担相应的义务。①

我国《宪法》第36条规定,禁止"任何国家机关""强制公民信仰宗教或者不信仰宗教",这一条款明确了国家的消极义务。而义务主体明确为"任何国家机关",则说明立法、司法和行政机关均负有不侵害公民宗教信仰自由的义务。对此,19号文件指出:"社会主义的国家政权当然绝不能被用来推行某种宗教,也绝不能被用来禁止某种宗教,只要它是正常的宗教信仰和宗教活动"。② 一方面,国家不能对公民是否信仰宗教进行干预甚至强制;另一方面,国家不能确立任何宗教为国教,也不能强制将任何宗教排斥在外。若政府与宗教产生了相互渗透,国家就会蒙上宗教的外衣,我国社会主义国家的本质就会变质;宗教则会成为政治的工具,公民的宗教信仰自由也就无从谈起,无论是确立某一宗教为国教,还是禁止某一宗教在国内的传播,都与宗教信仰自由原则背道而驰。国家与宗教相分离、国家事务与宗教事务相分离,既要求国家不对宗教内部事务"指手画脚",不对公民的宗教信仰"指手画脚",也要求宗教组织不得对国家政务、社会管理等施加影响。依法管理宗教事务,引导宗教与社会主义社会相适应,是国家与宗教之间的唯一联系,国家与宗教并不因此而模糊了界限。

对于立法机关而言,为了保证宗教信仰自由的多层次的内涵都得到法律的保护,除了我国《宪法》第36条,我国的其他基本法律从不同角度对宗教信仰自由的内涵予以展开和补充。具体而言,我国《民族区域自

---

① 参见张翔:《基本权利的规范建构》,法律出版社2017年版,第260页。"国家保护义务首先当然是立法机关的义务,立法机关通过制定法律建立制度,为公民消除各种可能的妨碍和侵害,使基本权利得到各种法律和制度的保障。"参见郑贤君:《基本权利原理》,法律出版社2010年版,第263页。"立法机关须制定法律,健全制度和程序,行政机关制定细则,法院在审理普通案件中依照基本权利解释法律,在私人之间适用宪法。"

② 中共中央文献研究室综合研究组、国务院宗教事务局政策法规司编:《新时期宗教工作文献选编》,宗教文化出版社2014年版,第60页。

治法》第11条规定："民族自治地方的自治机关保障各民族公民有宗教信仰自由。任何国家机关、社会团体和个人不得强制公民信仰宗教或者不信仰宗教，不得歧视信仰宗教的公民和不信仰宗教的公民。国家保护正常的宗教活动。任何人不得利用宗教进行破坏社会秩序、损害公民身体健康、妨碍国家教育制度的活动。宗教团体和宗教事务不受外国势力的支配。"少数人权利是人权领域关注的重点之一，也是人权领域的争议焦点之一。国际社会对保障少数人权利多持肯定与支持的态度，主流观点认为，少数人因历史、地理和文化等因素而在种群、语言、宗教等方面具有自身特征，且大多在人权保护中处于弱势，因此对其人权的保障应单独成文并予以特殊关注。我国对少数人权利的保护主要表现为对少数民族权利的保障——《民族区域自治法》就是这种关注与保障的最集中的体现。并且，我国存在宗教与民族相结合的特殊国情，在对这部分少数民族人权的保障中，对宗教信仰自由的保护是理所应当，更是重中之重。在这部集中保障少数民族权利的法律中，对宗教信仰自由的保障与《宪法》第36条相一致。此外，我国《教育法》第8条规定："教育活动必须符合国家和社会公共利益。国家实行教育与宗教相分离。任何组织和个人不得利用宗教进行妨碍国家教育制度的活动。"我国坚持教育与宗教相分离的原则，保证教育不因宗教而产生差别，禁止披着宗教外衣的教育活动，禁止对我国教育事业进行阻碍或破坏。其第9条规定："中华人民共和国公民有受教育的权利和义务。公民不分民族、种族、性别、职业、财产状况、宗教信仰等，依法享有平等的受教育机会。"这是对公民的受教育权的确认，保障了公民平等的受教育权不因宗教信仰而受到歧视、不平等待遇甚至受到侵犯。由此可见，宗教信仰自由并非在人权体系中孤立存在，而是与人权的其他内涵产生交集，并在彼此的保障体系中占有一席之地。《教育法》的这一条文就是宗教信仰自由与人权中的文化权利之一的受教育权相结合而同时得到保障的体现。另有我国《劳动法》第12条规定："劳动者就业，不因民族、种族、性别、宗教信仰不同而受歧视”。劳动者享有平等的劳动权、就业权,对这些权利的保障不能因劳动者有无宗教信仰而产生区别,不能因宗教信仰的不同而对劳动者产生歧视或对其劳动、就业设置阻碍等。同时,我国《民法通则》第77条规定,“社会团体包括宗教团体的合法财产受法律保护”,我国《广告法》第9条规定了广告、商标等“不得含有民族、种族、宗教、性别歧视的内容”等。此外,中共中央19号文件中进一步作出阐释:“每个公民既有信仰宗教的自由,也有不信仰宗教的自由;有信仰这种宗教的自由,也有信仰那种宗教的自由;在同一种宗教里面,有信仰这个教派的自由,也有信仰那个教派的自由;有过去不信教而现在信教的自由,也有过去信教而现在不信教的自由。”上述法律条文基于宪法对宗教信仰自由的保障,对宗教信仰自由的内涵加以补充、丰富,使之更加全面、完善。

“宗教信仰自由”这一权利的内涵极为复杂,我国《宪法》第36条并未对其内涵进行详细说明,因此,具体法律对这一权利的内涵进行展开并予以确认是十分必要的。只有这些内涵在具体法律中得到了确认,才能明确这一权利的范围与界限,才能明确触犯界限即为侵权、超出界限即是滥用。宪法是我国的根本大法,具有最高的权威性、稳定性和纲领性,任何法律法规都必须以它为原则和指导。然而在司法实践和行政执法中,宪法却不能以任何形式直接适用。这并不意味着宪法的地位或作用被削弱,更不能说明宪法对基本权利的保障只是一纸空谈,但这的确给司法、行政等对宪法权利的保护与救济带来困扰。而具体法律中有关宗教信仰自由的规定,使公民的这一权利得到更加全面的保障,同时保证了公民的这一权利受到侵犯时,寻求司法救济的依据具体而明确,保证了国家对宗教信仰自由的保护有法可依。

我国对“宗教信仰自由”的保障不仅仅停留在宪法及其他基本法律的表面之上,更是通过将宗教信仰自由作为基本国策,使之在我国施政的具体方针政策中占据着重要地位。1978年中共中央转发中央统战部《关于当前宗教工作中急需解决的两个政策性问题的请示报告》,该报告提出了当前宗教工作"急需解决"的"两个政策性问题"，其中之一便是"宗教信仰自由政策"问题。该报告强调："应认真地、全面地贯彻执行党的宗教政策，既要保护不信教的自由，也要保护信教的自由。"①这一报告重点突出了全面贯彻宗教信仰自由政策的迫切性，对之后的宗教工作的展开起着指导作用。在此之后，中共中央 19 号文件指出："宗教信仰自由政策的实质，就是要使宗教信仰问题成为公民个人自由选择的问题，成为公民个人的私事。"②这表明宗教信仰自由政策的本质与目的，并非是通过管理宗教事务来对公民的宗教信仰自由进行干涉或管制，以另一种形式保障这种权利。宗教信仰自由政策是我国一项长期的基本政策，是我国宗教事务管理工作的根本方针。政府对这一政策的落实与贯彻，一方面，保障了公民在社会生活中能够依法行使宗教信仰自由的权利，保证了政府工作、社会事务中不会发生歧视信仰宗教的公民或使其遭受不公待遇的现象；另一方面，能够引导宗教与社会主义社会相适应，使之成为社会事务的一环而非被排斥在外。从受到宪法保障的基本权利到政府施政的长期政策，从书面的法律条文，到具体的政务的施行，宗教信仰自由在我国既得到了国家意志层面上的保障与具体法律的保护，又得到了政府在国家管理、社会管理中给予的保障。

在我国，作为人权的宗教自由，以作为基本权利之一的"宗教信仰自由"得到宪法的保障，通过具体法律对其内涵的补充而得到丰富，以宗教信仰自由政策的面貌在国家事务中占据一席之地。我国对宗教信仰自由的保障既不是夸夸其谈，更不是纸上谈兵——而是在根本法中予以保障，在具体法律中予以确认，在国家行政中依法进行管理；从法律规范到法律实践，从立法到行政；从国家的积极义务，到更为广泛的国家保护义

---

① 罗广武：《新中国宗教工作大事概览（1949—1999）》，华文出版社 2001 年版，第 254 页。

② 中共中央文献研究室综合研究组、国务院宗教事务局政策法规司编：《新时期宗教工作文献选编》，宗教文化出版社 2014 年版，第 60 页。

务;既符合国际人权公约的要求,又符合我国现实国情。

三、宗教事务管理的中国特色

宗教实践自由是宗教自由的重要内涵之一,宪法在对宗教信仰自由的保障之外,还对以宗教活动为主的宗教实践的自由作出明确规定:“国家保护正常的宗教活动。”并且,我国《宪法》第36条第3款还直接确认了宗教实践自由的宪法界限:“任何人不得利用宗教进行破坏社会秩序、损害公民身体健康、妨碍国家教育制度的活动。”这一条款实为基本权利的限制条款,为基本权利划定了边界。根据基本权利原理,对于权利主体而言——无论是同一主体抑或不同主体,权利的调整范围和保护范围可能出现重合或冲突,即权利竞合与权利冲突。而在个体与共同体、公民与国家的关系中,国家有责任调整这些关系,在此过程中,除公民基本权利、个体利益之外,还需考量整体利益、国家利益。因此,基本权利限制是无可避免的。

并且,上述条款还确立了政府对宗教事务管理的范围与原则,为依法管理宗教事务提供了宪法依据。自中华人民共和国成立之日起,我国政府便将依法管理宗教事务作为工作重点之一,为保护我国公民的宗教实践自由作出了不懈努力。宪法出台后,我国逐步完善社会主义法律体系的同时,也在逐步推进社会主义法制建设。值得注意的是,全国人大和全国政协中关于推动宗教立法的提案不断出现,宗教界中信仰宗教的个人、宗教团体和宗教组织关于宗教基本法的呼声也不绝于耳。在这种背景下,党和政府及时听取各方意见,对宗教立法工作予以充分重视。自党的十一届三中全会之后,党和政府及时总结和反思中华人民共和国成立以来在保障宗教信仰自由、依法管理宗教事务方面的相关工作经验及历史教训,推动宗教立法和依法管理宗教事务成为党和政府在宗教工作中长期坚持的一项基本方略,也是一项重大目标。尽管如此,宗教立法工作不能一蹴而就,仍然需要按部就班、循序渐进。自20世纪80年代以来,我国加快推进了对宗教相关法律法规的内涵的探索与立法的实践。在19号文件中,中共中央进一步明确,“为了保证宗教活动的进一步正常化”，国家将按照法律程序，继续推动制定并出台“切实可行的宗教法规”，明确表明了中共中央对保障正常宗教活动、推进宗教事务依法管理进程的坚决态度。此后，1991 年，中共中央和国务院下发《关于进一步做好宗教工作若干问题的通知》，进一步强调加快宗教立法工作，并对宗教立法工作作出了部署：“国务院宗教事务局应抓紧起草有关宗教事务的行政法规。各省、自治区、直辖市也可根据国家的有关法律和法规，结合当地实际情况，制定地方性的有关宗教事务的行政法规”。① 1994 年，国务院颁布了《宗教活动场所管理条例》和《中华人民共和国境内外国人宗教活动管理规定》，明确了宗教活动的合法场所，对外国人在我国境内的宗教活动的相关事宜作出规定，并对政府相关部门的行政管理行为进行了规范；同年，国家宗教局颁布了《宗教社会团体登记管理实施办法》《宗教活动场所登记办法》《宗教活动场所年度检查办法》，对相关法规进行细化，为宗教事务管理工作提供了更加细致、全面的依据。这几部法规出台以来，在保护正常宗教活动及宗教事务管理中发挥了极大作用。从宗教活动场所到宗教团体的管理，是对宗教实践自由保护的进一步细化，也是对宗教事务管理的进一步规范。

2001 年的全国宗教工作会议上，中共中央、国务院再次强调要依法管理宗教事务，指出“宗教方面涉及国家利益和社会公共利益的事项和活动，必须纳入依法管理的范围”。② 宗教立法工作进程由此加快。2004 年国务院总理温家宝签署了第 426 号国务院令，公布了《宗教事务条例》，并于 2005 年 3 月 1 日起正式实施，2017 年进行了修订。这一条例对保障公民的宗教信仰自由和宗教实践自由，以及对依法管理我国宗教事务，都具有极其重要的意义，是我国推动宗教立法最重要的成果。

---

① 中共中央文献研究室综合研究组、国务院宗教事务局政策法规司编：《新时期宗教工作文献选编》，宗教文化出版社 2014 年版，第 217 页。

② 江泽民：《论宗教问题》，载江泽民：《江泽民文选》（第 3 卷），人民出版社 2006 年版，第 386 页。

《宗教事务条例》是对国务院出台的《宗教活动场所管理条例》、国家宗教局发布的《宗教社会团体登记管理实施办法》《宗教活动场所登记办法》《宗教活动场所年度检查办法》等规范性文件的整合与发展,它系统、条理、全面地规定了宗教事务的各个方面,是一部全国性的综合性的宗教法规,是对我国长期奉行的宗教信仰自由政策的系统化、法律化。依据这一条例,相关行政部门对宗教事务的管理有了更加具体的指导,各地方有关宗教的行政法规也有了基本的依据,宗教事务管理工作开始步入正轨。在这一条例的指导下,公民得以依法展开宗教实践,在法规规定的界限内行使宗教实践的自由,并根据条例规范个人的或宗教团体的宗教实践行为,使之与社会主义社会相适应、相协调。无论是对宗教团体的登记等相关事宜的规定,或是对宗教场所的保护,还是对宗教财产的保护,都是以我国《宪法》第36条为指导,都是以保障正常宗教活动、保护宗教实践自由为出发点。在缺乏全国性宗教基本法律的背景下,《宗教事务条例》的颁布与施行是宗教事务管理领域的突破性的举措,对我国保障宗教信仰自由有着极为重大的意义。新修订的《宗教事务条例》自2018年2月1日起施行,这一新修订的条例是我国宗教事务管理法治化的重要成果,对宗教信仰自由保障的完善必将发挥更为重要的作用。

然而,由于地理、历史和民族等多方面的因素,我国各省、各地区的宗教事务、公民的宗教信仰的现状等差别很大。其中,部分少数民族自治区的宗教与民族相结合,或该民族整体信仰某一宗教,且在其聚居区内享有自治权,导致该地区的民族事务管理、宗教事务管理更加复杂。然而,作为全国性的、纲领性的法规,《宗教事务条例》不可能全面顾及各省、各地方的特殊情况。因此,地方性宗教法规的制定十分必要。1986年国务院宗教事务局便提出,有条件的省区,应结合当地具体情况,制定地方性宗教法规,地方性宗教法规由地方颁布施行。① 此后,根据这一要

① 佘孝恒:《关于宗教法制建设的几个问题》,载《宗教学研究》1998年第3期。

求,部分省市先后颁布了地方的政府规章。在《宗教事务条例》的指导下,各省大都出台了针对本省的宗教事务条例,对各地方依据自身特殊情况来管理宗教事务提供了指导和依据。这些行政法规对行政部门的管理和执法的界限、权限进行规范,有利于促进依法行政。而《宗教事务条例》的修订与实施,使地方性宗教法规的制定和地方宗教事务的管理有了新的依据和指导。

然而,国外对于我国对宗教信仰自由的保障和对宗教事务的管理,始终存在一些质疑的声音。质疑的焦点主要集中于“管理”。首先,依法管理宗教事务是我国《宪法》第 36 条中的限制条款的需要,是其宪法依据。其次,这也是立法机关和行政机关对国家保护义务的履行。此外,从国家管理和社会管理的角度看,中国特色社会主义要求走法治化道路,社会公共事务的管理应当在法律法规的指导下展开,宗教事务自然不能例外,更不应要求“特殊待遇”而脱离政府的依法管理。正如中共中央和国务院于 1991 年下发的《关于进一步做好宗教工作若干问题的通知》中所说:“对宗教事务进行管理,是为了使宗教活动纳入法律、法规和政策的范围,不是去干预正常的宗教活动和宗教团体的内部事务。”宗教事务有其特殊的地位和性质,但其同其他社会事务的共通之处也是不容忽视的,更重要的是,宗教事务与其他社会事务所产生的交叉、交流甚至相互间的影响不能简单地归于宗教“内部事务”,政府对这些领域的具体事务进行依法管理是合理合法、必不可少的。正如文件中所指出的那样,对宗教活动、宗教团体的内部事务的管理绝非将政府的“手”伸入宗教团体、宗教组织甚至伸向有宗教信仰的公民,绝非“变相”地扩大政府的职能范围、借“依法行政”的名义干涉宗教团体的自主管理和妨碍公民行使宗教信仰自由权利。从另一角度来看,就“管理”的对象而言,“管理”的对象是事务,而非权利。权利的保障依赖于法律,而事务则属社会管理的范畴,管理宗教事务则是政府行政职能,管理宗教事务并不代表将宗教信仰自由一同纳入管理的范围之内。在宗教事务的依法管理中,个人的宗教信仰自由并未因管理而受到限制。反之，现实情况是，在依法管理的背景下，宗教得以正常、健康发展；宗教团体、宗教组织的存在与发展不再局限于宗教内部的努力，更因《宗教事务条例》等法律法规的承认与规范得到良好的外部环境的支持；宗教团体、宗教组织的具体事务合法化、规范化，为信仰宗教的公民创造了实现宗教信仰自由的良好环境与氛围，使不信仰宗教的公民的生活免受非法的宗教活动的打扰，使信教公民与不信教公民能够正常的进行社会交往而不因“宗教”的标签而产生隔阂。坚持以相关法律法规为根据，紧紧围绕《宗教事务条例》展开工作，坚持依法行政，将“管理”置于法律的规制之下，管理范围及限度拿捏妥当，对宗教事务的“管理”就能真正做到合理合法，实现其保障宗教信仰自由的价值。就国家管理和社会管理的角度而言，宗教事务作为社会事务的一个特殊部分，既有相对独立的内部事务由宗教组织和团体独立自主地进行管理，又有与社会的其他要素紧密联系的事务必须纳入社会管理体系内、由政府及其相关部门依法管理。依法管理宗教事务，符合马克思主义宗教观的要求，符合对宗教信仰自由这一人权予以保障的需要，符合宗教在社会主义社会健康发展、长期存在的需要，符合“引导宗教与社会主义社会相适应”的客观要求，符合中国特色社会主义道路。

四、中国特色的独立自主自办原则

我国《宪法》第36条写道：“宗教团体和宗教事务不受外国势力支配。”坚持独立自主自办的原则，坚决抵制境外势力利用宗教进行渗透，是党和政府依法管理宗教事务的基本方针。

进入21世纪以来，国际形势越发复杂，国际交往日益频繁，世界各国间的联系日渐紧密。就宗教领域而言，世界三大宗教（基督教、佛教和伊斯兰教）已进入世界性宗教的发展阶段，其在全球范围内均有着众多的信仰者及相关的宗教组织、宗教团体，相互间的联系十分紧密。

随着世界性宗教的发展，同一宗教的宗教组织、宗教团体不仅在其所在国家境内产生联系，国家间、地区间及全球性的宗教领域的交流与往来更是与日俱增、日渐紧密。宗教团体间的来往所带来的影响并不局限在宗教领域之内，其更重要的影响是带动了国家间、地区间甚至全球性的文化、经济乃至政治上的交流——这种现象并非当代才出现，而是有着深厚的历史渊源。以佛教为例，我国历史上因佛教的传播与交流而带动了我国与他国间的文化、经济等方面的互动，甚至产生了外交上的往来，如玄奘取经、鉴真东渡，不仅促进了我国与印度、日本的佛教文化的交流，更将印度文化带入我国、将我国繁荣的文化传入日本。尤其是鉴真东渡将我国唐代的繁荣文化传入日本，对日本文化的发展具有极其重要的影响，直至今日，日本文化中的唐朝元素仍是其珍视的重要文化成果；而佛教及随之而来的其他文化的交融，更带动了两国的外交关系的发展。基督教在西方历史中占据着重要地位，曾有多国实行政教合一、以基督教为国教——如英国、罗马等，基督教国家间的交流与往来多围绕着宗教的相关事宜展开，甚至因宗教而产生过战争——如十字军东征等。而将视野移至当代，即使明确了政教分离原则，数百年乃至上千年的政教合一的历史与基督教的发展史对国家及其公民的影响大多是潜移默化的，无法在短时间内通过政教分离而消除。毫无疑问，基督教与时俱进的发展态势将在长期内持续对这些国家产生思想、文化乃至经济、政治上的影响。放眼中东地区、阿拉伯半岛，诸多伊斯兰国家扎根在这片土地上，伊斯兰教在这篇土地上存在的历史与这些国家的历史是无法分割的。伊斯兰国家的国家事务的各方面均有着浓厚的宗教色彩，最鲜明的例子莫过于国家法律与宗教戒律的密不可分。外交事务亦不例外。伊斯兰国家在国际社会中，坚持以其宗教的视角看待国际事务与国际关系，坚持其宗教戒律，不受外界眼光及舆论的影响，如参与国际会议的伊斯兰国家的女性代表拒绝在会议时摘下头纱等，诸如此类事例，屡见不鲜。无论是历史还是当下，宗教的跨国、跨地区的交流与融合所带来的文化、经济及政治方面的往来，以及因此而对整个国际社会所产生的影响，都是不容忽视的。

我国自改革开放以来，积极开展国际交往，与世界诸国以及各国际组织互通往来，建立了良好的双边及多边关系，在国际事务的多个领域积极参与并发挥着重要作用。随着我国对外开放的扩大，我国宗教方面的对外交往和联系日益增多，但境外一些外国宗教组织企图重返中国，企图恢复旧有的在宗教上的“特权”，甚至想操控我国宗教事务。我国虽未在宪法中明确“政教分离原则”，但在国家事务的各方面均贯彻了这一原则。宗教信仰在我国完全属于公民个人的选择，宗教信仰自由得到了宪法的根本保障。但这并不意味着我国境内的宗教完全独立于其相关的世界性宗教，甚至全无交流与联系。我国信仰三大世界性宗教的公民极多，我国境内与世界三大宗教相关的宗教组织、宗教团体同样很多——其中最为重要的有中国佛教协会、中国伊斯兰教协会与中国基督教协会等，三者均为全国性的宗教组织。这些宗教团体或多或少都与境外的宗教组织发生着联系，因宗教相关事宜而产生往来，因而需要依法管理。如我国《宗教事务条例》规定“信仰伊斯兰教的中国公民前往国外朝觐，由伊斯兰教全国性宗教团体负责组织。”穆斯林前往伊斯兰教圣地麦加朝觐，是在国外进行的宗教仪式，但仍需由我国的伊斯兰教全国性宗教团体负责，而在境外的活动等则需要境外伊斯兰教组织的协助，因此而产生的交流是事出有因、无可避免的，这种交流既是正当的，又是有利于该宗教团体乃至整个宗教的发展的。无论是基于宗教教义或是出于《宗教事务条例》，宗教团体和组织对信教个人的正当的、符合教义的宗教仪式等必须予以支持和保护。在此层面上发生的与境外宗教组织的来往亦为合理正当且受到法律保护的。

然而，尽管境内外的宗教领域的交流与往来无可避免也毋庸置疑，但我国境内的宗教仍需坚持独立自主自办原则，不受外国势力支配。独立自主自办原则，并非完全与境外、与世界性宗教组织等脱离联系，上文对此已有详细阐述。独立自主自办，意味着坚持自我管理，不受境外宗教组织管理与干涉,任何境外宗教团体和个人不得在我国境内成立宗教组织、设立宗教办事机构和宗教场所、开办宗教院校,不准在我国公民中发展教徒、委任宗教教职人员或其他传教活动。而“不受外国势力支配”中的外国势力所指的并非是境外的正当的宗教组织,而是以宗教为名、打着宗教的旗号对我国的宗教信仰自由政策以及我国对宗教信仰自由权利与其他人权的保障指手画脚甚至无理批评的外国势力。更有甚者,以政府名义与我国境内试图分裂国家的极端宗教分子接触,支持其所谓“维护人权”“宗教独立”的活动,支持其违法的分裂国家的企图与行为,对我国进行宗教渗透。我国宗教事务坚持独立自主自办原则,正是对外国势力的干预及宗教渗透作出的最强有力的回应。

对于境外势力针对我国的宗教渗透及利用宗教干预我国内政的行为,我国政府毫不动摇地维护国家统一和民族团结,维护国家主权独立,坚持宗教独立自主自办原则,杜绝一切形式的宗教渗透。在中共中央和国务院 1991 年 2 月 5 日发出的《进一步做好宗教工作若干问题的通知》中,明确指出:“我国宗教团体和宗教事务坚持独立自主自办教会的原则,不受境外势力的支配。应在平等友好的基础上积极地开展宗教方面的对外交往,坚决抵制境外宗教势力控制我国宗教的企图。”①现实情况比通知中所指出的更为复杂,除境外宗教势力对我国的渗透外,更令人担忧的是某些国家政府利用宗教干涉我国内政,对我国人权状况指手画脚。针对对我国人权的无理指责,我国作出了强有力的回应。1991 年 11 月 1 日国务院新闻办公室发表《中国的人权状况》白皮书。这是我国首次对中国政府在人权问题上的立场作出较为全面的阐述。白皮书的第六部分是“公民享有宗教信仰自由”,对我国保障公民的宗教信仰自由的坚定立场作出了详细阐释。其中着重指出,“中国宪法规定,公民有宗

---

① 中共中央文献研究室综合研究组、国务院宗教事务局政策法规司编:《新时期宗教工作文献选编》,宗教文化出版社 2014 年版,第 216 ~ 217 页。

教信仰自由。国家保护正常的宗教活动和宗教界的合法权益。刑法、民法、选举法、兵役法、义务教育法等法律,都对保护宗教信仰自由和信教公民的平等权利作了明确、具体的规定。任何国家机关、社会团体和个人都不得强制公民信仰宗教或不信仰宗教,不得歧视信仰宗教的公民或不信仰宗教的公民。"[①]这是对我国全面保障宗教信仰自由的阐明。《中国的人权状况》中写道,"中国公民既享受宪法和法律赋予的宗教信仰自由权利,也承担宪法和法律规定的义务。中国宪法明确规定,任何人不得利用宗教进行破坏社会秩序、损害公民身体健康、妨碍国家教育制度和活动。对于利用宗教搞违法犯罪活动的,中国政府都依法予以处理,不论他是宗教徒,或者是不信宗教者。对违法犯罪的宗教徒,同其他违法犯罪的公民一样,都依法进行处理。"[②]1997 年 10 月 16 日国务院新闻办公室发表了《中国的宗教信仰自由状况》白皮书,共含五个部分:中国的宗教现状;宗教信仰自由的法律保护;宗教信仰自由的司法行政保障;对独立自主自办宗教事业的支持;对少数民族宗教信仰自由权利的保护。《中国的人权状况》是我国政府第一次向国际社会比较全面地阐明自己在宗教信仰自由问题上的立场。《中国的人权状况》一书掷地有声,"既是对我国现行宗教政策和宗教法规及其实施情况的全面、系统的介绍和阐述,也是对美国国会和美国政府关于我国宗教信仰自由状况一切不实之词的比较全面的回击"。[③] 人权白皮书和宗教信仰自由状况白皮书列举的事实,足以体现我国对宗教信仰自由的重视及保障,足以证明我国对宗教信仰自由的保障不是华而不实的、停留在法律条文的表面上,而是真正落到实处。

我国坚决杜绝并打击境外势力对我国进行宗教渗透,进而操控公民

① 国务院新闻办公室编:《中国的人权状况》,中央文献出版社 1991 年版,第 41 页。

② 同上书,第 43 页。

③ 段德智:《新中国宗教工作史》,人民出版社 2013 年版,第 228 页。

的宗教信仰甚至利用其宗教信仰开展不法活动的行为。只有坚持独立自主自办原则,杜绝宗教渗透,才能实现我国境内的宗教内部事务的自主管理,才能使公民的宗教信仰免于成为不法分子试图利用的手段和工具,使公民的宗教信仰自由权利得到充分且全面的实现。

五、中国对宗教信仰自由保护的未来

在我国,宗教立法的话题早已提出,并多次在全国人大和全国政协的会议上进行过讨论,中共中央对此十分关心和重视,并将其作为工作重点之一。作为一部全国性的宗教法规,《宗教事务条例》业已施行10余年,一直承担着保障宗教信仰自由、贯彻宗教信仰自由政策和依法管理宗教事务的重任,其影响与贡献毋庸置疑。可以说,我国的宗教立法工作已经初具规模,我国已初步形成了以宪法为原则,以行政法规、地方性法规等为主要形式的宗教法律法规体系的雏形,我国的宗教管理工作已经开始步入法制化的轨道。但《宗教事务条例》无法代替基本法律等弊端也不能忽视。依法管理宗教事务,应通过国家立法机关——全国人大及其常委会来制定有关宗教的基本法律,将宪法的原则性规定具体化,才能使抽象的宪法规范在实践中付诸实施。然而,是否应该制定宗教基本法,何时及如何制定宗教基本法等问题,至今仍存在很大的争议。比如,有学者认为,在规定宗教信仰自由的《宪法》和侧重宗教事务管理的《宗教事务条例》之间,没有一部"承上启下的宗教基本法"以"系统规定宗教自由(含信仰自由、传教自由、出版自由)、厘清宗教团体自治与政府宗教管理之边界、明晰宗教团体的法律地位与财产权归属、规范各类宗教活动及相关活动"。[①] 这些意见或立足于我国宗教及社会发生的变化,或侧重于宗教法律法规体系的完整性,强调制定宗教基本法的重要性和迫切性。而支持宗教立法以外的其他声音也应引起重视。有人认

---

① 吴艳:《修订完善〈宗教事务条例〉势在必行——政协委员议〈条例〉实施10周年》,载中国民族宗教网:http://www.mzb.com.cn/html/report/150333518－1.htm,最后访问日期:2017年5月2日。

为,为宗教制定宗教专门法、宗教基本法,是将宗教——特别是宗教信仰群体——特殊化,可能引起将宗教信仰群体与其他公民区分开的揣度和质疑。尽管宗教的确是与其他社会事务、社会问题迥然不同的,是极为特殊的社会现象,但我国公民在法律面前一律平等的原则不应因此而打破。同时,通过专门法将其特殊对待,是否会引起其他无宗教信仰的公民甚至宗教信仰者的指摘与不满,也是需要着重考虑的问题。

虽然存在很大的争议,但宗教立法的必要性和重要性是宗教法律实践最应关注的首要问题。正因其重要性,才会有这些关注和担心,争议的存在也从侧面反映了宗教立法的必要与迫切。在我国,多民族、多宗教的复杂国情给维护国家安全与稳定带来了极大挑战。对于民族问题,出于对少数民族的民族文化的保护,以及对非该民族人士对该地区该民族的了解远不及少数民族自身的考量,我国在少数民族地区实行民族区域自治制度,并颁布了《民族区域自治法》,民族问题尤其是少数民族事务管理已有了全国性的法律的规范,管理中的细节问题均有详尽的明文规定,为规范化管理提供了明确具体的依据。《民族区域自治法》对保护我国少数人权利中的少数民族权利,促进少数民族聚居区的繁荣与发展,维护民族团结与国家稳等,均发挥着不容忽视的巨大作用。同样地,宗教在国家事务中的地位与民族事务类似,且更为复杂,其具体事务的管理理应在法律层面得到规范和保障,而不能仅仅停留在行政法规的层面上。法律条文方面的空白无法解决行政执法的困境,也无法填补司法实践中的欠缺。实践证明,行政管理在宗教事务上发挥了很大作用,但长期以行政管理为主,仅靠《宗教事务条例》等行政法规和地方性法规,在很多问题的解决上力不能及,更无法满足依法治国的需要,无法适应宗教领域复杂多变的形势。此外,行政法规和地方性法规的内容应以宪法和基本法律为依据,目前已出台的这些法规仅仅以《宪法》第 36 条及其他基本法律中涉及宗教问题的极少数条款为指导,其原则、依据和法源不能算作完善和充分。没有宗教基本法做基础,更遑论为宗教信仰自由提供程序和制度保障。而宗教专门法,既在法律效力上为宗教事务管理提供了保障,又在法源上为行政法规提供了依据,更可以填补司法实践中这一部分的空白,强化宗教信仰自由的司法保障——立法、司法和行政机关均可以此为基础,履行与之对应的国家保护义务的具体内容。

宗教事务作为一种社会事务必须纳入法制体系,走法治化道路,这是依法治国方略的要求,也是依法保障公民宗教信仰自由权利的需要,"作为公民的一项基本权利,宗教信仰自由不能仅仅是一种停留在宪法层面上的理念或抽象的表达,而应有法律上、制度上切实有效的保障,这是现代文明国家尊重和保护人权的体现",①同时这更是引导宗教与我国社会主义社会相适应的要求。而制定宗教基本法就是最有力的举措,在推动宗教事务法治化的努力中发挥着不可替代的作用,即"维护社会公共利益,调节和规范国家与宗教团体、宗教团体与社会、宗教信仰者与非宗教信仰者之间关系"②等。

因此,推动宗教立法付诸行动同时满足了宗教信仰自由的实现和宗教事务管理法治化的需要。而在宗教立法活动开始之前,必须同时具备理论与实践两方面的条件。任何立法活动都应自始至终以马克思主义为指导,坚持将马克思主义指导思想吸收、整合,作出适合我国特色的合理解读和适用。具体到宗教立法的进程中,我国应坚持马克思主义的宗教观,深入解读马克思现代性的批判性的宗教观,坚决摒弃暴力消灭宗教的错误观念,充分贯彻其将宗教自由视为基本人权的思想,切实保障我国公民宗教信仰自由的权利。宗教离不开社会,公民离不开社会生活。我们应将宗教问题看作世俗问题,使宗教适应社会生活,引导宗教适应社会主义社会。

---

① 刘澎:《加快宗教立法,构建和谐社会》,载《太平洋学报》2007年第5期。

② 刘澎:《困惑与挑战:中国的宗教立法》,载普世社会科学研究网:http://www.pacilution.com/ShowArticle.asp?ArticleID=5407,最后访问日期:2017年5月3日。

在宗教立法的探索中，首先要明确，就立法目的而言，并不是将宗教关在“笼子”里，试图限制、规范其发展方向，使其丧失思想上和行动上的自由，更不是架空宗教信仰自由的内涵、束缚或限制公民的宗教实践。作为宗教基本法的直接的宪法依据，宗教信仰自由条款确认了权利内涵，明确了权利边界，直接规定了对这一基本权利的限制。是故，宗教基本法对公民的宗教信仰自由而言，既是保障，又是限制。更为重要的是，立法必须考虑对基本权利限制的限制。发轫于德国的比例原则，是在国家公权力对基本权利限制的目的和手段之间作出衡量，以限制、减少国家公权力运行中对基本权利的侵害。比例原则既可适用于立法，亦可适用于司法。具体到我国的宗教信仰自由的保护，在立法活动中，要把握好规则的尺度，对宗教事务予以规范而非多余的束缚，避免不恰当的条文带来的减少其权利的内涵或扩大其权利的外延的可能性；既充分保障宗教的自由实践，又对其作出适应社会主义社会的恰当引导；仔细推敲法律条文中的字句，提高立法质量。我国的宗教事务坚持独立自主自办，坚决禁止境外势力的渗透。在宗教立法实践上，必须贯彻这一原则，在听取宗教界意见时，排除境外势力的影响，制定符合我国自身国情的法律。

2017 年修订、2018 年 2 月 1 日起实施的《宗教事务条例》，是宗教法律实践中极为重要的成果。与旧条例相比，新条例亮点颇多，无论是原则性规定或具体事务管理的规定，都体现了依法管理宗教事务的长足发展。整体而言，2018 年《宗教事务条例》新增两章，分别是第三章“宗教院校”与第六章“宗教活动”，由七章共 48 条增加至九章共 77 条，且各章均有新增与修改之处。具体而言，2018 年《宗教事务条例》的要点较多：如第三章“宗教院校”与第六章“宗教活动”的单独成章，对旧条例中的相关内容予以扩充，既提高了这两部分各自的完整性，又完善了整体的体系与架构。第三章“宗教院校”的新增,整合与细化了原有规定。① 第六章“宗教活动”新增了关于互联网宗教信息相关内容的条文,结合我国互联网时代背景,规范了互联网宗教信息服务的主体及其服务内容。② 又如,2017年10月1日实施的《民法总则》第92条第2款规定,“依法设立的宗教活动场所,具备法人条件的,可以申请法人登记,取得捐助法人资格。法律、行政法规对宗教活动场所有规定的,依照其规定。”而2018年《宗教事务条例》分别确认了宗教院校与宗教活动场所的法人资格,③ 弥补了2004年《宗教事务条例》在宗教法人资格方面的空白,推进了相关工作的“有法可依”。此外,《宗教事务条例》第一章“总则”中新增宗教事务管理的原则,④回应了宗教极端主义等迫在眉睫的新形势、新问题。

2018年《宗教事务条例》是我国依法治国方略与宗教事务管理法治化的重要成果,“符合我国国情和现状,体现出依法治国的基本精神,有着促进宗教平等和睦、社会公正和谐、确保中国社会平安且可持续发展

---

① 参见冯玉军:《新修订〈宗教事务条例〉:标志我国宗教事务全面进入法治时代》,载《中国民族报》2018年1月30日。“主要内容包括:第11条(宗教院校设立主体)、第12条(宗教院校设立程序)、第13条(宗教院校设立条件)、第14条(宗教院校法人)、第15条(宗教院校变更、合并、终止程序)、第16条(教育教学制度)、第18条(学经班、经文学校管理)。”

② 参见冯玉军:《新修订〈宗教事务条例〉:标志我国宗教事务全面进入法治时代》,载《中国民族报》2018年1月30日。“规范互联网宗教信息服务,从互联网信息服务的主体和内容两方面提高管理效能”。

③ 《宗教事务条例》第三章第14条规定:“经批准设立的宗教院校,可以按照有关规定申请法人登记。”第四章第23条规定:“宗教活动场所符合法人条件的,经所在地宗教团体同意,并报县级人民政府宗教事务部门审查同意后,可以到民政部门办理法人登记。”

④ 《宗教事务条例》第一章第3条规定:“宗教事务管理坚持保护合法、制止非法、遏制极端、抵御渗透、打击犯罪的原则。”第4条规定:“任何组织或者个人不得在不同宗教之间、同一宗教内部以及信教公民与不信教公民之间制造矛盾与冲突,不得宣扬、支持、资助宗教极端主义,不得利用宗教破坏民族团结、分裂国家和进行恐怖活动。”

的必要性和重要性”。[①] 尽管宗教事务管理仍旧以《宗教事务条例》为核心，并未制定宗教基本法，但这一新修订的《宗教事务条例》对于推进宗教立法与宗教事务管理两方面均产生了重要影响。并且，过去10余年间，2004年《宗教事务条例》对于宗教事务的管理发挥了核心作用，可以预见，在宗教信仰自由保障方面，以及积极引导宗教与社会主义相适应的工作中，2018年《宗教事务条例》必将承上启下，发挥其核心作用，并辐射至其他相关法规、规章，进而推进宗教事务依法管理、有法可依。

我国的宗教立法实践必须与我国复杂的宗教情况和其他国情紧密结合。譬如，我国有宗教信仰的公民所信仰的宗教极多，所参与的宗教组织更为繁杂且缺乏准确的统计和记录。此外，宗教之间的差异极大，甚至宗教内部也存在不同派别、不同组织。因此，在立法实践和宗教事务管理中，必须坚持宗教平等原则。另外一个关键问题是如何处理好宗教信仰者与非宗教信仰者之间的关系。我国宗教信仰者众多，但绝大部分仍是持无神论观点的群众。无论是否有宗教信仰，我国公民都应协同为建设社会主义社会做贡献，不应因彼此的宗教信仰问题而产生歧视等不良现象，对社会安定与和谐造成负面影响。为协调宗教信仰者与非宗教信仰者之间的关系，打破或防止二者之间的隔阂与嫌隙，应以政府为主导，坚持以现行的法律法规及宗教事务条例等为指导，对群众加以引导，制止恶意针对宗教的行为，更要争取社会舆论的支持，为宗教立法创造良好的社会环境。同时，要重视法学界、宗教学界的意见，尤其是宗教与法律学科交叉领域的观点，以期为宗教立法和宗教事务管理提供有益智识。

在依法治国方针的指导下，我国对公民的宗教信仰自由的保障、对

---

① 卓新平：《落实〈宗教事务条例〉，依法管理宗教事务》，载《中国宗教》2017年第9期。

宗教事务的依法管理,都走出了中国特色的道路。在对制定宗教基本法的探讨声中,对《宗教事务条例》的完善之下,这条中国特色的保障之路定会得到更多的法律支撑,实现完全的法治化。

第十章　基本权利司法保障的中国探索

西方法谚有云，“无救济，则无权利”。对于基本权利保护来说，以法院为主体的司法体系发挥着“最后一道防线”的重要作用。综观西方社会的发展历程，随着基本权利保护理念的不断更新，西方社会逐步经历了从民主（democracy）到技术专家统治（technocracy），再到法官之治（juristocracy）的进化过程。[①] 这也从一个侧面反映了司法在基本权利保护方面的重要作用。与西方国家普遍实行的精英法官制度不同，中国共产党自革命战争年代就坚持司法的群众路线，坚持人民司法理念。经过中华人民共和国成立后70年的实践，中国已经探索建立起适合中国国情、具有中国特色的基本权利司法保障制度。

---

① 参见刘晗：《宪法的全球化：历史起源、当代潮流与理论反思》，载《中国法学》2015年第2期。

中国的基本权利司法保障随着司法制度的完善不断提升，并深受历史和现实因素的双重影响。陕甘宁边区司法实践中孕育的“人民司法”的制度框架，成为当前中国司法制度建构的重要制度来源。与“三权分立”框架下强调权力之间的制约、制衡有所不同，“人民司法”的制度框架更重视公安司法机关在权力行使目的上的一致性、权力行使过程中的内省性。中国的基本权利司法保障与中国社会的发展相一致，呈现了渐进式的发展特点，经历了从实体性权利到程序性权利、从个别性权利到整体权利观的转变。公正和高效构成了中国基本权利司法保障的核心价值追求。

一、“人民司法”的基本权利司法保障框架

“无救济，则无权利。”这一西方法谚阐述了权利救济对于权利保障的重要性。《世界人权宣言》第 8 条规定，任何人当宪法或法律所赋予他的基本权利遭受侵害时，有权由合格的国家法庭对这种侵害行为作有效的补救。在公民基本权利受损的情形下能否获得有效的司法救济，成为衡量一国基本权利保护的重要指标。因此，一国的司法制度构成了基本权利司法保障的基本制度框架。中国的司法制度建立在人民代表大会的政治架构基础上，呈现“人民司法”的制度面向。① “人民司法”的孕育和发展有其特殊的历史背景，并受到政治、经济、社会等多重因素的现实制约。

（一）“人民司法”的制度起源

早在中华人民共和国成立之前，中国共产党在解放区就已经开始了部分司法实践活动，这些“政法经验”构成了中国司法制度的重要来源，尤其是在陕甘宁边区开展的司法实践。人民司法在新民主主义革命时期的萌生和发展与当时特定的社会背景密切相关，“陕甘宁边区是近代

---

①　参见何青洲：《“人民司法”在中国的实践路线》，中国政法大学出版社 2016 版，第 94 页。

中国经济最为落后的地区……在当时特定自然历史环境以及物质技术条件的制约下，革命政权并没有切实有效的手段大幅提高生产力，进而实质性改善农民的生产收入”。① 在这个意义上，如何争取陕甘宁边区群众的支持对于革命政权的稳定具有重要意义，对于整个新民主主义革命的胜利也具有重要的政治意义。“法律是和政治有密切联系的。法律是政治的一部分，是服务于政治的，因此司法工作是在政权工作的整个领导之下执行政治任务的，否则，就会使司法工作和整个的政权工作脱离开来，就不能完成整个政治工作的使命。”②在此背景下，陕甘宁边区的司法工作必须要服从于“联系群众、团结群众、获得群众支持”这一政治目的。“司法工作是人民政权中的一项重要建设，和其他行政工作一样，是替老百姓服务的。”③按照学者的研究，陕甘宁边区革命政权在婚姻、土地等重要领域的边区治理并不理想，当时进行的司法正规化改革不仅未能获得群众的支持，反而使这一情形更加糟糕。④

在这一背景下，作为人民司法典型实践的马锡五式审判方式应运而生，这一审判方式的显著特点是，“第一，他是深入调查的……第二，他是在坚持原则，坚决执行政府政策法令，又照顾群众生活习惯及维护其基本利益的前提下，合理调解的，是基于经过群众中的有威信的人物进行解释说服工作的，是为群众又依靠群众的……第三，他的诉讼方法是简单轻便的，审判方法是座谈式，而不是坐堂式的。”⑤“人民司法”是

---

① 陈洪杰：《人民司法的历史面相——陕甘宁边区司法传统及其意义符号生产之“祛魅”》，载《清华法学》2014 年第 1 期。

② 《雷经天在陕甘宁边区司法工作会议上的报告》（1941 年 10 月），载上海社会科学院院史办公室编著：《重拾历史的记忆——走近雷经天》，上海社会科学院出版社 2008 年版，第 177 页。

③ 习仲勋：《贯彻司法工作正确方向》，载《解放日报》1944 年 11 月 5 日。

④ 参见陈洪杰：《人民司法的历史面相——陕甘宁边区司法传统及其意义符号生产之“祛魅”》，载《清华法学》2014 年第 1 期。

⑤ 西北五省区编纂领导小组：《陕甘宁边区抗日民主根据地：文献卷》（下），中央党史资料出版社 1990 年版，第 175～176 页。

对“从群众中来，到群众中去”这一群众路线的贯彻：司法的启动需要发动群众，司法的目的是为了群众，司法的过程要依靠群众、接受群众监督，司法的进行要听取群众的意见。“人民司法”从陕甘宁边区司法实践中生成，并逐步从华北走向了全国，①并成为我国司法制度有别于其他国家司法制度的典型特征，这一特征或明或暗地一直影响并支配着我国司法制度的改革与实践，对于基本权利的司法保障也产生了重要影响。

从人民司法的孕育过程来看，“人民司法”体现了强烈的政治性色彩，人民司法的产生与当时革命政权在陕甘宁边区的社会实践、政治实践密切相关，人民司法下的制度运行不仅改变了旧的司法制度的诸多弊端，回应了群众关切，赢得了当地群众的信任，更有力地促进了群众对革命政权的政治认同。② 因此，从“人民司法”的制度框架产生之日起，就体现出了强烈的政治性色彩。人民司法的政治性更为强调党对司法工作的领导，强调司法工作要服务大局，强调司法者的政治思想。③ 人民司法的另一个显著特点是其人民性，具体言之，一是司法权源于人民。国家的一切权力都来自人民，司法权也来自人民。二是司法权运行为了人民。“司法为人民服务，首先要求认真倾听群众的呼声，了解人民的需求。司法为人民服务，其次要求采取最便利于人民的方法解决人民所要求解决的问题。司法为人民服务，还要求判决符合广大人民的意志。”④除了政治性和人民性之外，论者还强调，“人民司法”具有法律性，我国的

---

① 参见刘忠：《“从华北走向全国”——当代司法制度传承的重新书写》，载《北大法律评论》编辑委员会编：《北大法律评论》(第 11 卷 · 第 1 辑)，北京大学出版社 2010 年版，第 7 页。

② 参见陈洪杰：《人民司法的历史面相——陕甘宁边区司法传统及其意义符号生产之“祛魅”》，载《清华法学》2014 年第 1 期。

③ 参见吕伯涛：《董必武：人民司法传统的缔造者、传承者和发展者》，载《法学杂志》2011 年第 10 期。

④ 同上。

司法制度更多体现了政治性、人民性与法律性的有机统一。①

（二）“人民司法”的制度框架

1949年9月通过的、具有临时宪法作用的《中国人民政治协商会议共同纲领》第17条规定，“废除国民党反动政府一切压迫人民的法律、法令和司法制度，制定保护人民的法律、法令，建立人民司法制度。”中华人民共和国成立后，中央人民政府出台了《最高人民检察署试行组织条例》《最高人民法院试行组织条例》等法律文件，各级人民法院、人民检察院在全国范围内逐步建立。1954年《宪法》第21条规定，全国人民代表大会是最高国家权力机关，最高人民法院、最高人民检察院对全国人民代表大会负责并报告工作。该条规定成为“人民司法”制度的规范依据，决定了“人民司法”的制度框架及运行规则。

在西方国家“三权分立”的语境下，立法权、行政权和司法权分属于不同主体行使。司法权的行使主体主要是指法院。如在美国、德国、法国等国都将司法机关限定为法院，因此，西方所谓的司法独立原则也是针对法院而言的。② 在我国人民司法的框架下，司法机关的边界存在模糊性，公安司法机关与司法机关更是属于不同的概念范畴。在我国学者的讨论中，多将人民法院和人民检察院纳入司法机关的范围。也有观点认为，公安机关、国家安全机关也属于司法机关的范畴，这一观点的依据是公安机关、国家安全机关具有部分司法职能。③

就检察机关作为司法机关而言，肯定者主张，人民检察院和人民法院的产生和职权等都规定在我国《宪法》在第三章同一节中，我国1982年《宪法》规定，人民检察院是国家的法律监督机关。人民检察院依照法

① 参见孙谦主编：《人民检察制度的历史变迁》，中国检察出版社2009年版，第137页；吕伯涛：《董必武：人民司法传统的缔造者、传承者和发展者》，载《法学杂志》2011年第10期。

② 参见孙大雄主编：《外国宪法》，知识产权出版社2014年版，第162页。

③ 参见程荣斌：《检察制度基础理论》，中国检察出版社1992年版，第30页。

律规定独立行使检察权,不受行政机关、社会团体和个人的干涉。上述规定与宪法中对于人民法院的规定并无不同。同时,在党的一系列文件中,也将人民检察院与人民法院并称为司法机关。如党的十五大报告指出,"推进司法改革,从制度上保证司法机关依法独立地行使审判权和检察权"。党的十六大、十七大报告中也有类似表述。党的十八大报告中要求"进一步深化司法体制改革,坚持和完善中国特色社会主义司法制度,确保审判机关、检察机关依法独立公正行使审判权、检察权"。也有论者从历史的角度考察,认为我国的检察机关应属于司法机关。"早在1934年中华苏维埃共和国所颁布的《裁判部暂行组织及裁判条例》中,检察机关即作为裁判部(法院)的一个组成部分而建立。抗日战争时期,陕甘宁、晋察冀等抗日根据地检察机构的设置亦实行'审检合署'制度。在边区高等法院内设立检察处。"①笔者认为,在我国现行政治体制下,人民检察院与人民法院、审判权与检察权长期以来一直被并列提及,将检察机关纳入司法机关并无不可。② 但应当注意的是,无论从权力性质还是从权力运行方式来看,检察权与审判权都有所不同,必须将两种权力加以适当区分。

就公安机关、国家安全机关而言,在刑事诉讼法上,由于国家安全机关在办理国家安全案件上具有与公安机关相同的职权,属于广义上的公安机关。在我国长期的司法实践中,一般将公安机关、人民法院、人民检察院并称为"公安司法机关",显然,从这一称谓中可知,应当将公安机关与司法机关作有效区分,即公安机关属于行政机关、不属于司法机关。从我国公安机关的机构设立、管理体制来看,公安机关属于各级人民政府的重要组成部分,是国家的行政机关,仅在刑事诉讼中享有部分刑事

---

① 陈光中主编:《中华法学大辞典》(诉讼法学),中国检察出版社1995年版,第266页。

② 参见吴卫军:《司法改革原理研究》,中国人民公安大学出版社2003年版,第17页。

诉讼职权(主要指侦查权和部分刑事执行权限)。例如,《公安机关组织管理条例》第2条规定,公安机关是人民民主专政的重要工具,并对人民警察的职责作了明确。在2012年刑事诉讼法修改过程中,对于公安机关是否属于司法机关这一问题又产生了激烈争论。有论者指出,不应当将公安机关定位为司法机关,公安机关在刑事诉讼中虽然行使了一定刑事司法职权,但是其权力运行具有典型的行政权性质。“在我国政治体制下,公安机关属于行政机关,其在刑事诉讼中所进行的侦查活动属于司法活动,从这个意义上说,警察是一种重要的刑事司法力量,但不能因此把负责侦查任务的公安机关定位为司法机关。”①本书赞同上述观点,认为不应当将公安机关纳入司法机关的范畴。但是,公安司法机关与司法机关是两个不同的范畴,前者的包容性更大,在中国的语境下,审判机关、检察机关、公安机关都属于公安司法机关的范畴。

公安司法机关是从静态对人民司法制度框架的观察,从动态角度分析,人民司法的制度运行呈现三个显著特点:

其一,是权力行使目的的一致性。在“人民司法”的制度框架下,司法权力源于人民,是为了人民,开展过程依靠人民。② 虽然在西方国家,警察机关、检察机关和审判机关同属于国家机关,在国家权力上也具有同源性,但人民司法框架下不仅更为强调公安司法机关权力的同源性,还强调权力行使目的的同向性和一致性。在革命根据地的司法实践中,这种一致性表现为,“司法工作是人民政权中的一项重要建设,和其他行政工作一样,是替老百姓服务的”。③ 在中华人民共和国成立初期的司

---

① 朱磊:《刑诉法修改扩大了“司法机关”一词的使用专家认为,将公安机关定位为司法机关应慎重考量》,载《法制日报》2011年12月22日。

② 参见吕伯涛:《董必武:人民司法传统的缔造者、传承者和发展者》,载《法学杂志》2011年第10期。

③ 习仲勋:《贯彻司法工作正确方向》,载《解放日报》1944年11月5日。

法文件中，这种一致性被表述为，人民司法机关[①]应当具有“实事求是的、大公无私的、廉洁奉公的、为人民服务的革命作风，人民司法工作者必须具有人民的立场、群众观点与实事求是的品质”。[②] 1950年8月12日董必武在对参加全国司法会议的党员干部的讲话中指出：“人民司法基本观点之一是群众观点，与群众联系，为人民服务，保障社会秩序，维护人民的正当权益。”[③]在新的历史时期，人民司法在权力行使的目的性方面体现为“司法为民”的理念，有论者指出，“司法为民就是要求人民法院和人民法官在司法活动中体现出以民为本、以人为本，倾注人文关怀，在严谨的法律活动中要有强烈的人性化意识”。[④] 在强调权力行使目的一致性的背景下，产生了两方面的影响：一是人民司法在制度设计上体现了对权力行使的信任性，这对权力监督的方式和程序设计产生了重要影响；二是由于公安司法机关权力行使目的具有宏观性，导致了公安司法机关在专业分工之外还负担了其他职能，如人民法院、人民检察院不仅负责审判工作、检察工作，还积极参加社会治安综合治理、普法、扶贫等其他工作。

其二，是权力行使的信任性。由于人民司法是为了保障人民权益这一共同目的，在人民司法的制度建构上，更多地体现了对权力行使主体和权力行使过程的信任，即人民司法的制度设计中存在浓厚的公权力信任情结。这与西方司法制度中对公权力的不信任有所不同。在西方司法制度中更为重视通过权力制约权力、通过权利制约权力。第一个方面

---

① “人民司法机关”的表述，可参见1950年10月13日《政务院、最高人民法院关于人民司法机关迅速清理积案的指示》。

② 人民日报社论全集编写组编：《人民日报社论全集：解放战争时期1948年06月—1949年09月民国经济恢复和社会主义改造时期1949年10月—1956年09月》，人民日报出版社2013年版，第235～236页。

③ 董必武：《董必武法学文集》，法律出版社2001年版，第45页。

④ 张忻如：《判裁　理性　酌量——疑案与思辨》，中国法制出版社2012年版，第323页。

是指司法权(西方语境中指法院)对行政权(在西方语境下包括检察机关和警察机关)的约束和限制,一般是指在侦查机关实施拘留、逮捕、搜查、扣押等基本权利干预措施之前,应当获得法官的事前许可,获得相关法律令状。第二个方面是指犯罪嫌疑人、被告人或者证人等其他诉讼参与人可以通过向法院起诉来维护自己的实体权利、诉讼权利不受非法侵犯。一般而言,对于侦查机关等实施的侦查行为或采取的强制措施,犯罪嫌疑人、被告人或其他诉讼参与人认为违法时,可以获得有效的司法救济。根据学者的分析,西方各国都重视司法权对侦查权的介入和控制,并在立法上存在犯罪嫌疑人、被告人如果对有关强制侦查措施不服,可以向中立的司法机构或司法官提起诉讼的司法救济制度。① 在人民司法之下,刑事诉讼法中并不存在“司法令状原则”,对于侦查机关采取的拘留、搜查、扣押等基本权利干预行为,仅需要侦查机关的内部授权即可,一般被称为“行政令状原则”。根据2000年最高人民法院《关于执行〈中华人民共和国行政诉讼法〉若干问题的解释》第1条第2款的规定,行政相对人对公安、国家安全机关依照刑事诉讼法明确授权实施的行为,不属于人民法院行政诉讼受案范围。侦查机关采取的强制措施、侦查行为等也不具有可诉性。包括侦查行为在内的刑事司法行为不具有可诉性,不仅不利于对侦查行为进行有效监督,也不利于保障犯罪嫌疑人、被告人和其他利益相关人的合法权益。有论者主张,从权利救济、纠纷解决、维护刑事正当程序和保障基本权利的角度出发,应当将侦查行为纳入可诉的范围。②

其三,是权力行使的内省性。在人民司法的框架下,受到权利行使目的一致性、权利行使信任性的影响,人民司法还呈现出了权力行使内省性的特点。所谓权力行使的内省性,是指在公安司法机关办理案件过

---

① 参见陈卫东、李奋飞:《论侦查权的司法控制》,载《政法论坛》2000年第6期。

② 参见王天林:《论侦查行为的可诉性》,载《政法论坛》2013年第4期。

程中，更为重视权力行使主体的内部制约和权力行使主体的自我制约，与权力行使的外部制约相对称。仍以国家权力与公民权利碰撞较为激烈的刑事诉讼为例，根据我国刑事诉讼法和相关司法解释的规定，公安机关在刑事诉讼中享有强大的侦查权，除了采取逮捕的强制措施需要检察机关批准以外，其他的刑事侦查措施和强制措施都可以通过内部授权获得。虽然从立法上看，检察机关有权对侦查行为的合法性进行监督。根据我国学者的分析和观察，在司法实践中，侦查机关的内部监督流于形式，检察机关的监督方式、监督手段也较为有限，在“相互配合”原则之下，检察监督实际上难以奏效。① 在检察机关的反贪污、反渎职部门人员转隶监察委员会前，检察机关自侦部门采取的强制措施和侦查行为是否合法，由检察机关的另一部门进行内部监督，这种内部监督制约机制及其实效也遭到了诸多批评。重视权力行使的内省性对于提高基本权利司法保障的效率具有积极意义，我国司法实践中一些重大刑事案件能够在较短时间内侦破后并移交审查起诉和审判，不仅及时有效地维护了公民的生命权、自由权、财产权等基本权利，也有助于提升刑事审判的及时性。但是，过多关注权力行使的内省性也带来了因侦查权力等公权强大、缺乏有效的外部监督制约，导致了对公民基本权利侵犯等问题，进而不利于基本权利的司法保障，这也是我们需要关注的问题。

（三）“人民司法”的制度展开

人民司法的制度展开包括公安司法机关之间的相互关系，民事诉讼、刑事诉讼、行政诉讼等司法制度的设计和完善等。与西方司法制度的显著不同是，在“人民司法”的制度框架之下，我国的公安司法机关奉行了“分工负责，互相配合，互相制约”的运行原则，这一原则之下的基本权利司法保障有其制度优势，也存在一些不足。以下将主要围绕公安司法机关“分工负责，互相配合，互相制约”的关系展开分析。

---

① 参见邵俊武：《论刑事侦查行为的可诉性》，载《河北法学》2007 年第 10 期。

1. 公安司法机关之间的关系

根据我国现行《宪法》的规定:“人民法院、人民检察院和公安机关办理刑事案件,应当分工负责,互相配合,互相制约,以保证准确有效地执行法律。”现行《刑事诉讼法》第7条也作出了类似规定。

上述关于三机关之间关系的规定,集中地体现了人民司法权力运行目的一致性的特点。有论者认为,宪法和刑事诉讼法上确立的“分工负责,互相配合,互相制约”,蕴含了公安司法机关具有一致性立场,犯罪嫌疑人、被告人处于三机关对立面的意涵。[①] 在如何理解公安机关、检察机关、审判机关“分工负责,互相配合,互相制约”的内涵上,宪法学者和刑事诉讼法学者根据不同思路作出了同样的解答,前者认为,要贯彻好“分工负责,互相配合,互相制约”原则,“最重要的是以宪法关于公权力制约的精神为基础,构建以‘制约’为核心的权力关系”。[②] 具体言之,这一观点认为,“分工负责”是前提,“互相配合”是基础,“互相制约”是核心。但是“这种相互配合不是说检察院起诉什么,法院就判决什么,更不是一些人所认为的公检法三家流水作业,而主要体现在三机关办案过程中针对一系列程序性问题的衔接”。[③] 而在刑事诉讼法学者看来,这一原则是中国刑事诉讼的特有原则,在西方刑事诉讼立法和理论中不存在类似原则或类似表达,其界定了公安司法机关的关系,各司其职也符合分权的基本原理。[④] 问题在于,在这一原则之下,过多强调相互配合将导致“相互制约”被架空。在司法实践中,“分工负责,互相配合,互相制约”的理解和适用都出现了较大问题,一个突出表现就是“重配合、轻制约”,

---

① 参见王敏远:《司法改革背景下的三机关相互关系问题探讨》,载《法制与社会发展》2016年第2期。

② 韩大元:《关于检察机关性质的宪法文本解读》,载《人民检察》2005年第13期。

③ 同上。

④ 参见陈光中、汪海燕:《论刑事诉讼的“中立”理念——兼谈刑事诉讼制度的改革》,载《中国法学》2002年第2期。

进而导致了一些冤假错案的产生。[①] 在此背景下,中国的刑事司法实践呈现出了“流水作业式”的刑事司法构造,公安机关、检察机关、审判机关互相配合,共同致力于打击犯罪任务的实现。[②] 为了在尊重司法规律的基础上,在尊重和保障人权原则指引下,进一步优化权力职权配置,理顺公安机关、检察机关和审判机关之间的关系,党的十八届四中全会通过的《中共中央关于全面推进依法治国若干重大问题的决定》提出,要进一步优化司法职权配置,推进以审判为中心的诉讼制度改革,进一步健全侦查权、检察权、审判权相互配合、相互制约的体制机制。

2. 人民司法制度运作的优势与不足

在人民司法的框架下,公安司法机关在宪法上存在“分工负责,互相配合,互相制约”的关系。“分工负责”强调的是三机关分别享有不同的刑事诉讼职权;“互相配合”强调的是三机关都负有惩罚犯罪、保障社会安宁的义务,因此在诉讼中应当同心协力;[③]“互相制约”则体现为三机关在办案过程中的监督制约。从司法实践角度观察,这一关系之下的人民司法制度运行具有显著的优势与不足。

与西方国家的权力分立、权力制约基础上的公安司法机关制度运行不同,我国人民司法制度制度框架下,更为强调公安司法机关权力的同源性,“互相配合是公检法三机关权力同源性的必然反映,公安、检察、法院共同构成代表国家进行刑事诉讼的专门机关。国家视公安、检察、法院同为打击犯罪、维护秩序的统治工具,必然要求三家齐心,三家合力,

---

① 参见张泽涛:《完善分工负责、互相配合、互相制约原则——以“推进以审判为中心的诉讼制度改革”为视角》,载《法制与社会发展》2016 年第 2 期。

② 参见陈瑞华:《从“流水作业”走向“以裁判为中心”——对中国刑事司法改革的一种思考》,载《法学》2000 年第 3 期。

③ 参见左卫民:《健全分工负责、互相配合、互相制约原则的思考》,载《法制与社会发展》2016 年第 2 期。

共同承担和完成追究犯罪惩罚犯罪的任务”。[①] 因此，在立法和司法中，更为重视侦查权、检察权、审判权在打击犯罪、促进社会安定方面具有共同任务、共同立场，而非司法权对侦查权行使的监督和制约，导致侦查机关的权力较大。从侦查犯罪、打击犯罪的角度出发，较少受到司法权约束的侦查权更有利于犯罪事实的查清，更有助于有效预防和打击犯罪，这也是人民司法的重要制度优势之一。有论者也指出，我国侦查机关享有的较为宽泛的侦查权限在破获案件方面具有显著优势，这是其他一些国家和地区侦查机关所不享有的。[②] 但是，这种较少受到外部限制的侦查权也对犯罪嫌疑人、被告人基本权利保护方面带来了不利影响。司法实践中，公安机关使用刑讯逼供或者非法方法收集犯罪嫌疑人、被告人供述的做法并不鲜见，我国近年来已经纠正的刑事冤假错案中几乎都存在侵犯犯罪嫌疑人、被告人实体权利、诉讼权利获取有罪供述的情形。如佘祥林案、杜培武案、赵作海案等。在上述背景下，为了有效遏制刑讯逼供，依法保障犯罪嫌疑人、被告人的基本权利，2010 年，最高人民法院、最高人民检察院等联合发布了《关于办理刑事案件排除非法证据若干问题的规定》，对非法证据排除规则的证明主体、证明责任、证明标准等作出了具体规定。2012 年修正后的《刑事诉讼法》中吸收了《关于办理刑事案件排除非法证据若干问题的规定》中的相关规定，正式在法律层面确立了非法证据排除规则。2017 年 6 月，最高人民法院、最高人民检察院等出台了《关于办理刑事案件严格排除非法证据若干问题的规定》，对非法证据排除规则作了进一步完善。

由于宪法和刑事诉讼法上，确立了公安司法机关“相互配合”的关系，一方面，在一定意义上更有助于案件事实的查清，有助于更有效率地

---

① 卞建林：《健全司法权分工配合制约机制的思考》，载《河南社会科学》2015 年第 1 期。

② 参见范振中：《当检察官遇上两岸共同打击犯罪》，载《检察新论》2014 年第 16 期。

打击犯罪，从而有效保障刑事被害人的合法权益，防止犯罪的再发生，这在基本权利保护方面具有积极意义。另一方面，尽管学者从不同角度都得出一致认识，即这一配合关系更应当是指工作程序上的衔接关系，但在司法实践中，公安司法机关人员对“相互配合”的理解和适用上存在“异化”的现象。如有观点认为，“公检法三机关作为国家专门机关，共同担负代表国家查明犯罪，追诉犯罪，惩罚犯罪的任务，因此在刑事诉讼中应当通力合作，互相支持，协调一致，以保证国家刑罚权得到实现，不让犯罪分子逃脱法网”。① 在司法实践中，“相互配合”原则逐渐淡化或者模糊了三机关“分工负责”“相互制约”的关系，出现了“提前介入”“协调办案”等违反刑事诉讼规律的做法，一些刑事冤案的发生也都与公安司法机关过多强调“相互配合”有密切关系。河南赵作海冤案就是三机关过分强调“相互配合”导致冤假错案的典型。1999 年 5 月 8 日河南省商丘市某村发现一具男尸，公安机关认为该男尸系该村村民赵某某，此前与其斗殴的同村村民赵作海有重大作案嫌疑，随后对赵作海采取了刑事拘留的强制措施。由于证据不足，案件两次退回补充侦查，经过补充侦查后证据仍然不足。后商丘市政法委召集公检法三部门主要负责人召开协调会，要求检察院应当起诉，法院应当做出有罪判决，最终酿成冤案。②

二、渐进式的基本权利司法保障道路

受到历史传统和现实条件的影响和制约，1978 年以来，中国探索和践行了一条符合中国社会发展特点的渐进式基本权利司法保障道路。在这一过程中，基本权利话语、基本权利体系与基本权利保护三者密切相关、相互影响，并呈现递进式的发展趋势。从政治化基本权利话语到

---

① 卞建林：《健全司法权分工配合制约机制的思考》，载《河南社会科学》2015 年第 1 期。

② 赵作海案案情，参见《一错再错：河南赵作海错案始末》，载《法制日报》2010 年 5 月 13 日。

法律化基本权利话语的转变,成为中国从保障个别性基本权利到接纳整体性基本权利的重要基础和前提。同时,在基本权利司法保障的范围方面不断扩大,实现了从更多关注实体性基本权利到实体性基本权利和程序性基本权利并重的制度发展。

(一)从政治化到法律化的基本权利保护话语

1. 政治化的基本权利保护话语

在20世纪70年代,受到国际背景和国内背景的共同影响,人权这一话语充满了浓厚的政治色彩。人权语境下的基本权利保护话语也深受影响。在国际背景中,20世纪70年代中期,美国在资本主义和社会主义两大阵营的对垒中提出了"人权外交"主张,指责苏联和东欧等国存在严重的人权问题,保护人权成为美国指责和干涉其他国家的重要手段。① 建立在霸权思维基础上的"人权外交"主张在一定程度上影响了其他国家对人权概念的认同和接受。而在中国国内,在"文化大革命"结束后,相关思想的影响仍然未能有效肃清,阶级性成为当时学术界和实务界认识诸多学术概念的首要判断标准,当时对人权性质的讨论充满了强烈的政治意味。认为人权"姓资"的论者主张,"人权"是资本主义的口号和意识形态,不应当被我国接纳。1979年3月22日《北京日报》发表了《"人权"不是无产阶级的口号》一文,认为"'人权'是资产阶级的口号,从来就不是无产阶级的战斗旗帜"。② 再如,有学者认为,"人权是资产阶级的口号和意识形态,在社会主义条件下再提出'尊重人权''争人权'的口号,实际上是向党和政府'示威',是意味着要倒退到资本主义社会去"。③ 认为人权"姓社"的观点认为,"资产阶级有资产阶级人权

① 参见沈学善主编:《二十世纪国际问题词典》,江苏人民出版社1994年版,第824页。

② 陈佑武、李步云:《改革开放以来法治与人权关系的历史发展》,载《现代法学》2015年第2期。

③ 中国社会科学院法学研究所编:《当代人权》,中国社会科学出版社1992年版,第375~376页。

观,但是,无产阶级也有自己的人权观,无产阶级也可以使用自己的人权口号”。[①] 尤其是1982年《红旗》杂志上发表了沈宝祥等撰写的《关于国际领域的人权问题》一文,强调,“社会主义与人权是一致的”,“我国宪法中关于公民的人身权利、政治权利,以及经济、社会、文化权利的规定,都是对个人权利的法律保障,也是基本人权的具体体现”。[②] 上述论述是马克思主义人权观的重要体现。

在这种特定的历史背景之下,我国领导人的讲话中对人权概念的解读也充满了政治意味。邓小平在1985年6月的一次谈话中指出:“什么是人权?首先一条,是多少人的人权?是少数人的人权,还是多数人的人权,全国人民的人权?西方世界的所谓‘人权’和我们讲的人权,本质上是两回事,观点不同。”[③]1986年9月邓小平在党的十二届六中全会上发表的讲话中又指出:“一些外国资产阶级学者的言论,大都是要求我们搞自由化,包括说我们没有人权。我们要坚持的东西,他们反对,他们希望我们改变。我们还是按照自己的实际来提问题,解决问题。”[④]从邓小平的上述表述中可知,虽然其仍然区分了资本主义人权和社会主义人权,但是,“邓小平不是不讲人权,只是反对资产阶级利用人权问题对我国进行政治干涉,并且由此强调社会主义人权观与资本主义人权观的根本差异”。[⑤] 1989年10月邓小平在会见美国前总统尼克松时,再次论述了人权与主权之间的关系。[⑥] 有学者总结到,“尽管邓小平对社会主义人权予以肯定,但是人权并没有立即转化为国家政策与法律制度,社会

---

① 陈佑武:《中国特色社会主义人权理论研究》,中国检察出版社2012年版,第21页。

② 沈宝祥等:《关于国际领域的人权问题》,载中共中央党校理论研究室编:《理论动态》(第18辑),人民出版社1981年版,第98页以下。

③ 《邓小平文选》(第3卷),人民出版社1993年版,第125页。

④ 同上书,第182页。

⑤ 陈佑武:《中国人权意识三十年发展回顾》,载《广州大学学报》(社会科学版)2008年第7期。

⑥ 参见《邓小平文选》(第3卷),人民出版社1993年版,第331页。

主义国家是否可以在政治生活与社会生活中使用人权口号依然没有得到实质性突破”。[①] 综上,在人权话语具有浓烈政治色彩的背景下,人权语境下的基本权利保护也深受影响。

2. 法律化的基本权利保护话语

到了 20 世纪 90 年代,随着人权观念的转变,我国的人权话语逐步实现了从政治化到法律化的转变。这一转变也为基本权利司法保障话语的转型奠定了基础和条件。1991 年 11 月 1 日国务院新闻办公室发表了首个《中国的人权状况》白皮书。白皮书序言中指出:“中国人民从自己的历史和国情出发,根据长时期实践的经验,对人权问题形成了自己的观点,并制定了相应的法律和政策。我国《宪法》规定,中华人民共和国的一切权力属于人民。”并指出,中国的人权具有广泛性、公平性、真实性三个显著特点。[②] 学者评价到,这“是中国政府第一次在政治上使用人权概念,也是第一次从人权的角度来总结近代以来中国革命、建设与改革开放的历史,并结合中国的国情,第一次阐明了中国的人权状况与中国人权的基本观点”。[③] 为基本权利的司法保障提供了政治上的正当性。随后,党的报告、我国宪法中进一步明确了尊重与保障人权的要求。在党的十五大报告、十六大报告中都规定,“尊重和保障人权”。2004 年 3 月“国家尊重和保障人权”被正式写入我国《宪法》第 33 条第 3 款。2007 年 10 月党的十七大报告提出,“尊重和保障人权,依法保证全体社会成员平等参与、平等发展的权利”。2012 年 11 月党的十八大报告中总结到,“依法治国基本方略全面落实,法治政府基本建成,司法公信力不断提高,人权得到切实尊重和保障”。2017 年 11 月党的十九大报告

---

① 陈佑武、李步云:《改革开放以来法治与人权关系的历史发展》,载《现代法学》2015 年第 2 期。

② 中国人权发展基金会编:《中国人权事业的进展》,新世界出版社 2003 年版,第 2~3 页。

③ 陈佑武、李步云:《改革开放以来法治与人权关系的历史发展》,载《现代法学》2015 年第 2 期。

中又提出，“维护国家法制统一、尊严、权威，加强人权法治保障，保证人民依法享有广泛权利和自由”。

从上述分析可知，在20世纪90年代，人权这一术语更多从政治化话语来理解，到了20世纪90年代，人权与法治的结合逐步实现了从法律层面对人权的理解。[①] 这促进了基本权利司法保障话语的转型。2013年11月12日，党的十八届三中全会通过的《中共中央关于全面深化改革若干重大问题的决定》中指出：“建设法治中国，必须深化司法体制改革，加快建设公正高效权威的社会主义司法制度，维护人民权益。要维护宪法法律权威，深化行政执法体制改革，确保依法独立公正行使审判权检察权，健全司法权力运行机制，完善人权司法保障制度。”这是中国共产党首次提出“人权司法保障”这一改革任务，具有重要的进步意义。[②] 强调完善人权司法保障制度，有助于实现从应然人权到实然人权、从权利宣告到权利保障的重要转型。[③] 这也体现了基本权利话语体系从政治化到法律化的转变。

（二）从个别性到整体性的基本权利保护体系

随着人权从政治话语到法律话语的转变，我国在基本权利司法保障中，也逐渐从对生命权、人身自由权、财产权等个别性基本权利的保护逐步迈向了对整体基本权利保护的接纳，这一转变的重要标志是2004年3月14日，第十届全国人大第二次会议通过《宪法修正案》将“国家尊重和保障人权”写入宪法。

按照我国学者的归纳，中华人民共和国成立以来的先后四部《宪法》，其人权内容分别为：“‘五四宪法’14条、‘七五宪法’2条、‘七八宪

---

① 参见陈佑武、李步云：《改革开放以来法治与人权关系的历史发展》，载《现代法学》2015年第2期。

② 参见江必新：《关于完善人权司法保障的若干思考》，载《中国法律评论》2014年第2期。

③ 参见汪习根：《论人权司法保障制度的完善》，载《法制与社会发展》2014年第1期。

法'12条、'八二宪法'18条,从数量上来说,现行宪法对人权的宣告是最多的。"[①]徐显明教授继而指出,"'七五宪法'和'七八宪法'没有体现人权的精义,所以从人权史的角度来分析,这两部宪法都不能算是'良宪'。'八二宪法'所设定的人权体系是迄今中国宣告公民人权种类最多的一个,其结构已克服前两部宪法的不足,它表征了当时立法者的最高人权情感和意识"。[②] 虽然,1982年《宪法》文本中所设定的人权较多,囿于当时对人权这一术语的政治解读,人权保障的观念受到阶级性的影响,意识形态色彩严重,缺乏对整体性人权观、整体性基本权利保护的接纳。因此,对于1982年《宪法》中规定的人权的保障,理论界和实务界更多是仅从具体权利的视角进行理解,对于宪法和法律中未规定的权利则缺乏适当的权利保障机制。在2004年《宪法》修改之前,我国政府颁布的多个白皮书中,对于"人权司法保障"的具体范围也并不明确。不同时间的白皮书中对于"人权司法保障"描述上的变化,体现了中国政府在人权司法保障领域认识的不断深化。1991年中国政府发表了首部《中国的人权状况》白皮书中,"首次提出'司法中的人权保障',阐述了在拘留和逮捕、搜查取证、起诉和审判、监狱工作中对被追诉人和罪犯权利的保障。"[③]1995年的《中国人权事业的进展》白皮书中在"司法中的人权保障"中总结到,《警察法》《检察官法》《法官法》《监狱法》等法律的颁布,以及其他相关措施的实施有力地强化了司法中的人权保障。[④] 在2000年的《中国人权发展50年》[⑤]中的人权司法保障方面,总结了"公安、司

---

① 徐显明:《人权的体系与分类》,载《中国社会科学》2000年第6期。

② 同上。

③ 江必新:《关于完善人权司法保障的若干思考》,载《中国法律评论》2014年第2期。

④ 参见中国法律年鉴编辑部编辑:《中国法律年鉴1996》,中国法律年鉴社1996年版,第58页。

⑤ 参见中国法律年鉴编辑部编辑:《中国法律年鉴2001》,中国法律年鉴社2001年版,第43页以下。

法机关依法打击犯罪,保护公民的合法权利不受侵犯”“司法机关严格司法”“律师制度和法律援助制度的健全对于依法保护公民的合法权益不受侵犯的积极作用”三方面的人权保障进步。

2004年3月14日第十届全国人大第二次会议通过《宪法修正案》,将“国家尊重和保障人权”正式写入宪法。尊重与保障人权成为一项重要的宪法原则,在基本权利保护和法治发展方面都具有重要的开创意义。① 徐显明教授指出,从规范意义上述讲,“人权入宪有三个意义:中国的人权保障有了空前的包容性和广泛性。人权主体,不再只针对公民,而是从公民扩展为人人;人权体系从封闭走向开放。人权入宪,人权体系发生变化,没有列举的也要保护;尊重和保障人权,成为国家的基本义务。这预示着国家的价值观开始发生变化”。② 因此,在人权入宪之后,人权司法保障实现了从保障个别性基本权利到保障整体性基本权利的转变,实现了从保障已列举的基本权利到保障未列举基本权利的转变。在2012年“尊重与保障人权”也被写入刑事诉讼法中,成为2012年《刑事诉讼法》修改的最重要的修法精神。“刑事诉讼法在程序设置和具体规定中都贯彻了这一宪法原则,在这次修改中也充分贯彻了这一原则。”③

2012年修正后的《刑事诉讼法》第2条明确将“尊重与保障人权”作为刑事诉讼法的任务和目的之一。在证据制度、强制措施、辩护制度、侦查措施、审判程序、执行规定、特别程序等7个方面的法条增修,都集中体现了这一原则。具体言之,在证据制度方面,为了确保公正审判,完善了证据种类和证明标准,进一步明确了“证据确实、充分”的含义;明确了

---

① 参见樊崇义:《从“人权保障”到“人权司法保障制度”》,载《中国党政干部论坛》2014年第8期。

② 吴兢:《未来30年中国人权保障将更广泛》,载《人民日报》2008年12月3日。

③ 王尚新:《〈中华人民共和国刑事诉讼法〉修改要点导读》,载全国人大常委会法制工作委员会刑法室编:《刑事诉讼法修改前后条文对照表》,人民法院出版社2012年版,第1页。

刑事证明责任分配规则，人民检察院在公诉案件中负有证明责任；正式确立了非法证据排除规则，规定了侦查机关通过刑讯逼供等非法方法获得的犯罪嫌疑人、被告人供述，通过暴力、威胁等方式获得的证人证言、被害人陈述应当依法排除。还规定了人民法院、人民检察院和公安机关在不同诉讼阶段排除非法证据的义务。在强制措施方面，为了保证被追诉人的人身自由不受侵犯，细化了逮捕的条件，调整了强制措施体系，进一步减少羁押性强制措施的适用。在辩护制度方面，规定在侦查阶段可以委托律师作为辩护人，完善辩护律师会见在押的犯罪嫌疑人、被告人的规定，完善律师阅卷的相关规定，进一步扩大了法律援助的范围。同时，立法中进一步完善了侦查措施、审判程序、执行规定、特别程序，依法保障犯罪嫌疑人、被告人获得公正审判的权利，依法保障其他诉讼参与人的实体性权利和程序权利。①

在人权入宪后，受到国家人权观转变的影响，不仅在《刑事诉讼法》修改中贯彻了整体性的基本权利司法保障的观念，法律修改的每一处细节都体现了对犯罪嫌疑人、被告人和其他诉讼参与人的基本权利司法保障。其他法律的修改中也贯彻了这一观念，《刑法修正案（八）》和《刑法修正案（九）》都进一步削减了适用死刑的罪名的数量。

综上可知，在2004年之前，我国的基本权利司法保障的重点是个别性基本权利，并且限于宪法和法律上明确列举的具体权利。在2004年“国家尊重和保障人权”正式写入宪法后，基本权利司法保障的范围进一步扩展，实现了对整体人权观的接纳，实现了从个别性到整体性基本权利保护的转变。尊重与保障人权的理念对部门法的修改和司法实践的优化起到了重要作用。

（三）从实体性到程序性的基本权利保护范围

从历史的角度观察，在改革开放初期，受到人权话语政治化理解的

---

① 参见2012年全国人大常委会副委员长王兆国向全国人大作的《关于〈中华人民共和国刑事诉讼法修正案（草案）〉的说明》。

影响,中国的立法者和司法者并未接受整体的人权观,但是同样注重和发展社会主义制度下的人权观念和制度。在这一背景下,中国基本权利的司法保障经历了从注重实体性基本权利保护到了实体性基本权利、程序性基本权利保护并重的转变。

1. 实体性基本权利的保护

我国 1982 年《宪法》在第二章规定了公民的基本权利,其中既包括选举权、被选举权、言论、出版、集会、结社、游行、示威等政治权利,还包括人身自由、人格尊严、住宅不受侵犯、通信自由和通信秘密等基本权利。在改革开放初期,我国对于个别性基本权利的保护主要集中于实体性基本权利的保护。如以生命权、人身自由权和财产权为例,在生命权方面,我国依法保障公民的生命权不受侵犯。一方面,我国《刑法》第 232 条规定,非法剥夺他人生命的,处以死刑、无期徒刑或有期徒刑。以保障公民的生命权不受到非法侵犯。另一方面,尊重和保障犯罪嫌疑人、被告人的生命权。在刑法上保留死刑的前提下,积极贯彻少杀、慎杀的死刑刑事政策。在死刑的实体控制上,死刑的判处要严格遵循刑法的规定,只适用于触犯刑法分则中存在死刑的条款的情形、只适用于极少数罪行极其严重的犯罪分子;在死刑的程序控制上,被判处死刑的案件,要依法报最高人民法院、省高级人民法院进行依法复核,在复核的过程中还注重保障被判刑人的程序权利。有论者总结到,"我们国家从 1997 年新刑法颁布以来,逐渐认识到减少适用死刑的重要意义。2007 年全国人大通过修改刑法,将死刑核准权收归最高人民法院统一行使。通过历次的刑法修正案,我们的适用死刑的罪名已经减少到 46 个"。① 适用死刑的罪名的减少,对于公民生命权的尊重和整个基本权利司法保障体系的完善都具有重要意义。在人身自由权保障方面,根据 1982 年《宪法》第 37 条的规定,未经检察院依法批准或者法院决定,不得逮捕任何公

① 张巍:《论人权与人权的司法保障》,载《党政干部学刊》2016 年第 2 期。

民。不得非法剥夺公民的人身自由。刑事诉讼法中对于拘留、逮捕等强制措施的决定权、执行权作出了规定,以确保刑事诉讼中公民人身自由权不受非法侵犯。虽然1982年《宪法》中未对公民的财产权作出明确规定,但从当时的立法来看,伴随对外开放和对内改革的深入,20世纪80年代初期,我国诸多民商事立法都对公民的财产权利作出了规定。如改革开放初期,我国颁布了《经济合同法》《涉外经济合同法》《民法通则》《技术合同法》等重要民事立法,这些立法为保障公民的财产权起到了重要作用。当然,从整体而言,从改革开放之初直到20世纪90年代,我国立法和司法上对于个别性基本权利的保护更多关注的是实体性基本权利的保护,在立法上体现为诉讼法条文较少、零散不成体系,在实践中主要表现为"重实体、轻程序"。

2. 程序性基本权利的保护

"人权本身是实体性的权利,但在其实现中还必须依靠某种手段、方法或途径,它们派生于人权,但又不直接涉及实体的利益和需要,这就是程序性人权。如审判程序中的回避权、辩解权、要求举证权、最后陈述权等即是。"①随着我国基本权利司法保障实践的不断深入,进入2000年以来,立法者和司法者在重视实体性基本权利保护的同时,更为重视程序性基本权利的保护。

我国在1997年10月27日签署的《公民权利和政治权利国际公约》第7条规定,任何人均不得加以酷刑或施以残忍的、不人道的或侮辱性的待遇或刑罚。该公约第14条第1项规定了无罪推定的权利,第3项详细规定了刑事诉讼中被追诉人的最低限度的诉讼权利。这些最低限度的刑事诉讼权利构成了普遍认可的程序性基本权利。我国1996年、2012年《刑事诉讼法》两次修改中,对于《公民权利和政治权利国际公约》第14条中规定的各项权利均作了回应,以使我国的立法和司法更符

① 孙笑侠:《论法律程序中的人权》,载《中国法学》1992年第1期。

合公约要求，为我国尽早批准这一公约创造了条件。

从我国1996年和2012年《刑事诉讼法》修改中，可以探知我国在程序性基本权利保护方面的巨大进步。这两次《刑事诉讼法》修改中，较为重要的方面包括：一是正式确立了非法证据排除规则。2012年修改后的《刑事诉讼法》中正式确立了非法证据排除规则，这对于保障犯罪嫌疑人、被告人的合法权益、促进司法公正的有效实现具有重要意义。二是吸收了无罪推定原则的精神。1996年《刑事诉讼法》修改中，吸收了无罪推定原则的精神，规定了未经人民法院依法判决，对任何人都不得确定有罪。在检察院提起公诉之前称为犯罪嫌疑人，提供公诉后称为被告人。2012年《刑事诉讼法》中延续了这一规定，并明确规定，在人民法院提起的公诉案件中，被追诉人有罪的证明责任应当由人民检察院承担，自诉案件中被告人有罪的证明责任由自诉人承担，进一步强化了无罪推定的要求。三是重视获得律师帮助权利的保障。2012年《刑事诉讼法》明确了在侦查期间接受委托的律师可以作为辩护人参与诉讼活动，着力解决了司法实践中存在的“会见难”“阅卷难”“调查取证难”等顽疾。规定辩护律师持律师执业证书、律师事务所证明和委托书或者法律援助公函要求会见在押的犯罪嫌疑人、被告人的，看守所应当及时安排会见，至迟不得超过48小时。扩大了法律援助适用的阶段和案件范围，将法律援助的适用阶段从原来的审判阶段延伸到侦查、审查起诉阶段。① 四是重视讯问不利证人的权利的保障。2012年修改后的《刑事诉讼法》规定，当事人或者辩护人、诉讼代理人对证人证言有异议，且该证人证言对案件定罪量刑有重大影响，人民法院认为证人有必要出庭作证的，证人应当出庭作证。符合上述条件不出庭的证人还可能被强制出庭。要求关键证人出庭并建立强制作证制度，对于依法保障被告人的辩护权，促

---

① 参见陈光中、曾新华、刘林呐：《刑事诉讼法制建设的重大进步》，载《清华法学》2012年第3期。

进案件事实真相的发现具有重要作用。五是明确规定了不被强迫自证其罪的权利。2012 年修改后的《刑事诉讼法》规定,严禁刑讯逼供和以威胁、引诱、欺骗以及其他非法方法收集证据,不得强迫任何人证实自己有罪。明确规定不被强迫自证其罪的权利不仅符合无罪推定原则的精神,也有助于保障被追诉人的程序权利,促进了公正审判的有效实现。

在行政诉讼法、民事诉讼法方面,也涉及公民程序性基本权利的保护。以行政诉讼法为例,2013 年《行政诉讼法》修改的重要目标之一就是拓宽行政诉讼受案范围,强化对行政行为的司法审查,依法保障行政相对人的各项合法权益。① 修改后的《行政诉讼法》规定,公民、法人或者其他组织认为行政机关和行政机关工作人员的行政行为侵犯其合法权益,有权依照本法向人民法院提起诉讼,并将行政机关滥用行政权力排除或者限制竞争、行政机关违法集资、摊派费用或者违法要求履行其他义务等行政行为纳入了受案范围。扩大行政诉讼的受案范围、完善行政诉讼程序对于实体性基本权利、程序性基本权利的司法保障都具有重要的意义。

三、公正、高效的基本权利司法保障目标

在 21 世纪初,时任最高人民法院院长肖扬指出:"人民法院在 21 世纪的主题就是'司法公正与效率'。"②公正和效率也是我国司法改革的重要价值追求。从中国基本权利的司法保障来看,公正和高效也构成了我国基本权利保护的目标,立法者和司法者通过多种举措促进这一目标的实现,逐渐形成了具有中国特色的基本权利司法保障制度。

(一)公正、高效的基本含义

公正是司法制度的首要价值目标,各国的基本权利司法保障制度都

---

① 参见姜明安:《改革和完善行政诉讼体制机制加强人权司法保障》,载《国家行政学院学报》2015 年第 1 期。

② 《最高人民法院院长肖扬 2001 年 1 月 3 日在全国高级法院院长会议上的讲话》,载《人民法院报》2001 年 1 月 4 日。

围绕这一价值建立和完善。“迟来的正义非正义”,随着世界范围内诉讼案件的不断增多,如何提供更有效率的基本权利司法保障制度也成为各国立法者、司法者必须解决难题,我国立法者和司法者也遭遇了同样的难题。

1. 一般含义

在法学上,一般认为,公正指公平、正义、平等。《牛津法律大辞典》认为:“公正(impartiality),公平的一个方面,普遍认为是法官和执法者所应具有的品质;它意味着平等地对待争议的双方当事人或各方当事人,不偏袒任何人,对所有的人平等和公正地适用法律。仲裁人的偏袒将构成撤销其裁决的正当理由。”①在司法领域,公正一般包括两个方面:一是实体公正;二是程序公正,前者是指司法裁判的结果符合客观事实,在刑事法领域是指罚当其罪、罪责刑相适应。后者在英美法系是指正当程序,其源于自然正义理论,自然正义有两个基本要求:(1)任何人不得做自己的法官;(2)在做出与其利益攸关的裁决时应当听取该人的意见。② 在正当程序的发展中,逐渐形成了实体性正当程序和程序性正当程序两个方面,按照学者的考察,“实体性正当程序强调法律的合理性,要求立法部门在制定法律时重视所制定的法律涉及的程序正当性”,③程序性正当程序则主要是指法律适用过程中是否有效保障了程序参加者的各项权利。

关于高效,效率原本是经济学领域的一般术语,在20世纪六七十年

---

① [美]戴维·M.沃克:《牛津法律大辞典》,北京社会与科技发展研究所译,光明日报出版社1988年版,第433页。

② 参见赖玉中:《刑事强制措施体系研究》,中国政法大学出版社2012年版,第138~139页。

③ 张建伟:《司法竞技主义:英美诉讼传统与中国庭审方式》,北京大学出版社2005年版,第191页。

代才被引入法律领域。[①] “在经济法中,效率是指投入与产出或者成本与收益之间的比例关系,经济效率含有‘多快省’——多产出、快速度、省资源的意思,并且经济效率要求对资源的充分利用”。[②] 有论者指出,“将经济学上的效率概念运用到司法上,那司法效率可表述为:在既定的司法资源(法院及其设备、法官和书记员等)条件下,司法产出即判决案件数量的最大化。司法效率就是对司法资源作最有效从而能带来最多案件判决数量的利用。”[③]但是,司法制度与纯粹的经济活动有所不同,既定司法资源之下裁判更多案件并不代表高效,其深层原因在于公正对效率价值的影响,高效不仅意味着在既定司法资源之下裁判更多案件,还应当确保所裁判案件结果的公正性。

2. 中国语境下的理解

虽然在国际层面,公正和效率具有上述内涵,上述内涵也为中国学者所接受。但从中国基本权利司法保障的实践出发,由于历史传统和司法现实方面存在的差异,我国对公正、高效的理解更为侧重某些方面,如针对司法实践中“重实体、轻程序”的情形,最高司法机关更多强调“实体公正与程序公正并重”;在高效价值方面,以往的司法实践中也存在强调快速办理、审结案件的片面理解,近年来国家更为重视诉讼效率的同时,要确保案件质量。以下从中国基本权利司法保障的实践出发,对公正、高效的内涵做出阐述。

在对公正的理解上,2000 年时任最高人民法院行政庭庭长江必新在接受记者关于“如何定位司法公正”的采访时指出,司法公正要从四个层面进行考察和研究:“一是客观公正与主观公正的问题;二是规范公正与运作公正的问题;三是实体公正与程序公正的问题;四是实质公正与形

① 参见高一飞:《程序正义在刑事诉讼效率中的意义》,载《现代法学》2000 年第 3 期。

② 李荣珍等:《行政诉讼原理与改革》,法律出版社 2011 年版,第 77 页。

③ 刘练军:《司法要论》,中国政法大学出版社 2013 年版,第 133~134 页。

式公正的问题。"[1]就学理而言,主观公正、客观公正、规范公正、运作公正的提出,进一步丰富了我国司法公正的内涵。从最高人民法院、最高人民检察院的相关文件规定来看,实体公正与程序公正并重是我国基本权利司法保障和司法改革的重要追求。在中国的基本权利司法保障过程中,并不存在正当程序这一概念,鉴于以往司法实践中"重实体、轻程序"的普遍做法,被追诉人的程序性基本权利得不到有效保障的现实,自2000 年以来,我国在司法领域更为强调对程序性基本权利的保护,更为重视通过程序公正促进实体公正的实现。早在 2003 年 11 月 12 日,最高人民法院、最高人民检察院、公安部联合颁布的《关于严格执行刑事诉讼法,切实纠防超期羁押的通知》第 1 条就指出,"进一步端正执法思想,牢固树立实体法和程序法并重、打击犯罪和保障人权并重的刑事诉讼观念"。2007 年 3 月最高人民法院、最高人民检察院、公安部、司法部联合颁布的《关于进一步严格依法办案确保办理死刑案件质量的意见》进一步明确指出,办理死刑案件应当遵循 5 个原则要求。其中就包括:"坚持程序公正与实体公正并重,保障犯罪嫌疑人、被告人的合法权利。人民法院、人民检察院和公安机关进行刑事诉讼,既要保证案件实体处理的正确性,也要保证刑事诉讼程序本身的正当性和合法性。"

就实体公正而言,是指诉讼结果的公正性。有论者以刑事司法为例对其内涵作了阐述:"刑事案件的实体公正,其具体要求主要是:(1)据以定罪量刑的犯罪事实应当准确地认定,做到事实清楚,证据确实充分,但法律规定降低证明标准的例外(如推定等)。(2)正确适用刑法,准确认定犯罪嫌疑人、被告人是否有罪及其罪名。(3)认定犯罪嫌疑人、被告人有罪或罪重在事实上、法律上发生疑问的,应当从有利于被追诉人方面作出处理。(4)按照罪刑相适应原则,依法适度判刑。(5)对于错误或处理明显不公的案件,特别是无罪错作有罪处理的案件,依法采取救

---

① 江必新:《司法公正如何定位》,载《人民法院报》2000 年 1 月 2 日、9 日。

济方法及时纠正、及时补偿。”[①]程序公正的一般要求包括保障犯罪嫌疑人、被告人诉讼权利、严格遵照刑事诉讼程序、严格遵守程序透明、程序参与等原则。[②] 在强调实体公正与程序公正并重的同时,还需要看到,两者之间也存在冲突的情形,在如何处理实体公正与程序公正的冲突上,陈光中教授指出,“在一定的情况下,应当采取程序优先的原则,例如非法证据排除规则、程序的终局性等,但在某种情况下,又应当采取实体优先的原则,例如非法证据的自由裁量规则,又如由于错误地认定事实或适用法律,造成错判错杀,冤枉无辜,在这种情况下,一旦发现,就必须纠错平反,并且给予国家赔偿,而不受终局程序和任何诉讼时限的限制”。[③] 由于刑事司法中被追诉人和其他诉讼参与人的实体性基本权利和程序性基本权利最容易受到侵害,因此,上述对于实体公正和程序公正一般要求的阐述,代表了中国学者对于实体公正和程序公正内涵及其关系的一般理解。

在司法高效方面,在中国学者看来,是指“在优化的司法资源配置之下实现优化的诉讼过程,优化的诉讼过程带来最优的诉讼成本和最优的诉讼产出,即实现最大程度的司法公正”。[④] 这牵涉效率与公正价值之间的关系,虽然法学界和法律界都认可,公正本身就包含着效率的追求,“迟来的正义非正义”,当公正与效率之间发生冲突时,公正优先,效率次之。但在中国基本权利司法保障实践中也存在运行偏差,在近年来佘祥林、杜培武、赵作海等一系列冤假错案曝光之后,基本权利司法保障的公正价值更引起了中国立法者、司法者、学者和民众的普遍关注。

---

① 陈光中:《坚持程序公正与实体公正并重之我见——以刑事司法为视角》,载《国家检察官学院学报》2007年第2期。

② 参见陈光中主编:《刑事诉讼法》,北京大学出版社、高等教育出版社2005年版,第12页。

③ 陈光中:《坚持程序公正与实体公正并重之我见——以刑事司法为视角》,载《国家检察官学院学报》2007年第2期。

④ 陈灿平:《司法改革及相关热点探索》,中国检察出版社2004年版,第9页。

(二)公正的基本权利司法保障制度之构建与完善

公正的基本权利司法保障制度的构建涉及司法体制和司法制度两个方面,前者着重从外部影响基本权利司法保障,后者主要从内部影响基本权利司法保障。为了促进司法公正,充分实现人权司法保障的制度功能,我国从司法体制和司法制度两个方面入手,促进了公正的基本权利司法保障制度之构建与完善。

我国早在20世纪80年代末就开启了以审判方式改革为发端的司法改革,鉴于当时在刑事诉讼、民事诉讼中存在的法官在审判中"超职权主义"运作的现实,审判方式改革的重心是强化法官居中裁判的职能,弱化法官直接调查取证、在庭审上"大包大揽"的审判方式。同时,强化控辩双方、当事人双方在取证、举证、质证方面的主体地位,增强其程序参与和对最终裁判结果的程序控制。在1999年10月20日,最高人民法院发布了第一个《人民法院五年改革纲要》,将深化审判方式改革作为人民法院改革的主要内容。在这一改革纲要中,还归纳了我国司法实践中存在的影响公正、高效司法制度的几个因素,其中包括司法活动中的地方保护主义、审判工作的行政管理模式、法官整体素质难以适应审判工作专业化要求、法院特别是基层法院经费困难四个方面。其中,司法的地方化、行政化尤其严重。随后国家层面推动的司法改革都在着力解决这四方面的问题。从2004年开始,中国启动了统一规划的综合性司法改革,主要内容是完善司法机关的机构设置、职权划分和管理制度,健全权责明确、相互配合、相互制约、高效运行的司法体制。从2008年开始,中国启动了新一轮司法改革,从优化司法职权配置、落实宽严相济刑事政策、加强司法队伍建设、加强司法经费保障等四个方面提出具体改革任务。① 上述改革进一步促进了司法公正、司法透明,提升了诉讼效率和

---

① 我国的司法改革历程,参见国务院新闻办:《中国的司法改革白皮书》,载中央人民政府网:http://www.gov.cn/jrzg/2012-10/09/content_2239771.htm,最后访问日期:2017年6月1日。

裁判的可接受性。

但就整体而言,我国司法地方化、司法行政化等四方面的问题仍未得到有效解决,这也成为制约公正高效权威社会主义司法制度构建的重要方面。2013年11月党的十八届三中全会公报中要求:“深化司法体制改革,加快建设公正高效权威的社会主义司法制度,维护人民权益,让人民群众在每一个司法案件中都感受到公平正义。”明确提出,“完善人权司法保障制度。国家尊重和保障人权。”2014年10月,党的十八届四中全会通过的《中共中央关于全面推进依法治国若干重大问题的决定》中指出,“公正是法治的生命线。司法公正对社会公正具有重要引领作用,司法不公对社会公正具有致命破坏作用。必须完善司法管理体制和司法权力运行机制,规范司法行为,加强对司法活动的监督,努力让人民群众在每一个司法案件中感受到公平正义”。

根据上述文件的精神,中央全面深化改革领导小组审议通过了《关于司法体制改革试点若干问题的框架意见》,在全国推进完善司法人员分类管理、完善司法责任制、健全司法人员职业保障、推动省以下地方法院检察院人财物统一管理等四项司法改革措施。① 各试点地区将把法院、检察院工作人员分为法官、检察官,司法辅助人员,司法行政人员,并提高法官、检察官的职业保障制度;强化主审法官责任制、合议庭办案责任制和检察官办案责任制,并建立省以下地方法院、检察院经费由省级政府财政部门统一管理机制。其中,完善司法人员分类管理着力解决司法行政化问题;完善司法责任制有助于强化司法人员的办案责任心,促进司法人员业务素质的提升;健全司法人员职业保障有助于促进司法人员办案的独立性,以抵御司法行政化、地方化带来的不利影响;推动省以下地方法院检察院人财物统一管理既有助于弱化司法地方化,也有助于

① 《中央司改办负责人就司法体制改革试点工作答记者问》,载新华网:http://news.xinhuanet.com/legal/2014-06/15/c_1111149887.htm,最后访问日期:2017年6月1日。

保障司法机关的办案经费。从当前"四项制度"改革进程来看,这一个改革正从试点省份向全国范围内逐步推开,可以预期的是,本轮司法改革的成功进行将促进我国公正、高效、权威社会主义司法制度的完善,将有助于促进对公民的基本权利司法保障。

同时,根据《最高人民法院设立巡回法庭试点方案》规定,2015 年 1 月最高人民法院在深圳、沈阳市设立第一、第二巡回法庭;2016 年 11 月 1 日中央深改组第二十九次会议同意最高人民法院在深圳、沈阳设立第一、第二巡回法庭的基础上,在重庆市、西安市、南京市、郑州市增设巡回法庭。巡回法庭审理跨行政区域重大行政和民商事案件,实现最高人民法院工作重心下移,就地解决纠纷,方便群众诉讼。① 为了促进行政审判的公正性,2014 年修改后的《行政诉讼法》规定了跨区域管辖制度,上海、北京设立了跨行政区划法院,依法管辖本市跨区域的行政案件。山东、广东、陕西、江苏、云南、河南等省份的行政案件跨区域集中管辖试点工作也在扎实推进。根据全国人民代表大会常务委员会《关于在北京、上海、广州设立知识产权法院的决定》,北京、上海、广州还设立了专门的知识产权法院。巡回法庭、跨区域法院检察院、专门法院的设立,对于打破司法地方化,促进公正高效的基本权利司法保障制度也具有重要意义。

在司法制度完善方面,主要包括三个方面:一是提高对司法主体的要求,促进司法公正实现。在 2002 年之前,最高人民法院的初任法官考试、最高人民检察院的初任检察官考试和司法部的律师资格考试分别进行,由于考题不同、侧重不同,这种做法并不利于法官、检察官、律师对于法律规定形成统一认识,也不利于法律共同体共同知识背景的形成。2002 年,第九届全国人大常委会第 22 次会议通过了《法官法》《检察官

---

① 参见周强:《2015 年最高人民法院工作报告》,载《人民法院报》2015 年 3 月 21 日。

法》修正案规定，我国开始对初任法官、初任检察官和取得律师资格实行统一的司法考试制度，①设立统一司法考试制度有助于提升司法主体的知识水平，促进司法公正的有效实现。2015 年中央审议通过了《关于完善国家统一法律职业资格制度的意见》，拟将“统一的司法考试制度”改革为“国家统一法律职业资格制度”，意见中从思想政治、专业学历条件和取得法律职业资格等三个方面，明确了法律职业的准入条件，拟建立法律职业人员任职前培训制度，对法律职业人才特殊的职业素养、职业能力、职业操守提出了更高要求。② 二是完善了刑事诉讼、民事诉讼和行政诉讼制度，促进司法公正实现。自改革开放以来，我国分别颁布了《刑事诉讼法》《民事诉讼法》《行政诉讼法》，最高人民法院、最高人民检察院等又颁发了相关司法解释和指导性案例，促进了诉讼制度的完善，也促进了实体公正和程序公正的实现。在中国司法传统更为重视实体公正的背景下，程序公正逐渐得到立法者和司法者的重视，诉讼法条文的不断增多就是重要例证。以刑事诉讼法为例，我国 1979 年《刑事诉讼法》仅有 164 条，在 1996 年《刑事诉讼法》修改后达到 225 条。到了 2012 年，《刑事诉讼法》修改后全部条文共 290 条，随后最高人民法院、最高人民检察院等部门又出台了 10 余万字的刑事诉讼法司法解释。三是防范各类错案发生，促进司法公正实现。三大诉讼中都设立了审判监督程序，用以纠正可能存在错误的已生效判决和裁定。鉴于刑事冤假错案可能对司法公正、司法权威造成的严重负面效应，为了防范和纠正冤假错案，2013 年以来，公安部颁发了《关于进一步加强和改进刑事执法办案工作，切实防止发生冤假错案的通知》、最高人民检察院颁发了《关于切实履行检察职能，防止和纠正冤假错案的若干意见》、最高人民法院颁发

---

① 参见司法部《关于做好 2002 年国家司法考试工作的通知》，载孙琬锺主编：《中国法律年鉴(2003 年)》，中国法律年鉴出版社 2003 年版，第 211 页。

② 参见中共中央办公厅、国务院办公厅印发《关于完善国家统一法律职业资格制度的意见》。

了《关于建立健全防范刑事冤假错案工作机制的意见》，分别从不同诉讼阶段建立了冤假错案的预防、发现、纠正等机制，上述举措有助于维护刑事案件得到公正审判，提升司法的权威性。

（三）高效的基本权利司法保障制度之构建和完善

按照《公民权利和政治权利国际公约》第 14 条第 3 款的规定，在判定对任何人提出的任何刑事指控时，人人完全平等地有资格享有受到及时审判的权利。《欧洲人权公约》第 6 条、《美洲人权公约》第 8 条也将刑事案件及时审判作为一项基本权利加以规定。上述国际人权条约中仅在刑事领域规定了及时审判的权利，但这一权利对于民事审判、行政审判也具有重要的意义。

中国在构建公正高效基本权利司法保障制度的过程中，不仅重视刑事案件的及时审判，还重视这一权利在民事审判、行政审判中的保障。其中，较为重要的举措包括两个方面：一是要求公安司法机关严格按照法律规定的诉讼期限办理案件。如根据刑事诉讼法的规定，人民检察院对于公安机关移送审查起诉的案件，应当在 1 个月以内作出决定，重大、复杂的案件，可以延长半个月；第一审人民法院审理公诉案件，应当在受理后 2 个月以内宣判，至迟不得超过 3 个月。二是在立法上，根据案件性质、复杂程度的不同，设置不同案件的“程序分流”措施。“程序分流”有广义和狭义的不同理解，以下主要就不同案件在审判阶段适用不同程序进行分析。①

在刑事诉讼中，为了促进司法公正、提高诉讼效率，根据案件性质和复杂程度的不同，我国《刑事诉讼法》中建立了不同案件处理程序，实现了不同刑事案件审判的“繁简分流”。一是建立了刑事案件审理的普通程序，即对于刑事诉讼法上未作特别规定的一般刑事案件，按照刑事诉讼法中规定的最为完整的审判程序来审理。二是立法中规定了简易程

---

① 参见张晓玲：《刑事诉讼中的“程序分流”》，载《政法论坛》2003 年第 2 期。

序。1996年《刑事诉讼法》修改中，在第一审程序中以专节形式增设了“简易程序”，并规定简易程序适用于依法可能判处3年以下有期徒刑、拘役、管制、单处罚金且事实清楚、证据充分的公诉案件，告诉才处理的案件以及被害人起诉的有证据证明的轻微刑事案件。简易程序审理的案件在庭审准备程序和庭审程序上都大大简化，并将审判期限缩短，在确保司法公正的同时，有力地提升了司法审判的效率。在2012年《刑事诉讼法》修改中，扩大了简易程序的适用范围，基层人民法院管辖的案件，同时符合“案件事实清楚、证据充分；被告人承认自己所犯罪刑，对指控的犯罪事实没有异议；被告人对适用简易程序没有异议”三项条件的，均可以适用简易程序。三是建立了当事人和解的公诉案件诉讼程序。2012年修正后的《刑事诉讼法》规定，对于因民间纠纷引起，涉嫌《刑法》分则第四章、第五章规定的犯罪案件，可能判处3年有期徒刑以下刑罚的，以及除渎职犯罪以外的可能判处7年有期徒刑以下刑罚的过失犯罪案件，犯罪嫌疑人、被告人真诚悔罪，通过向被害人赔偿损失、赔礼道歉等方式获得被害人谅解，被害人自愿和解的，双方当事人可以和解。这一程序既有利于促进被破坏的社会关系的修复，也有利于公安司法机关减少司法投入，促进案件的快速办理，提高诉讼效率。

除了刑事诉讼法的规定之外，在我国的司法改革进程中，最高人民法院和最高人民检察院还开展了刑事速裁、认罪认罚从宽处理试点，并有望在近期被法律或司法解释所吸纳。2014年全国人大常委会通过决定，授权最高人民法院、最高人民检察院在北京等18个城市开展刑事案件速裁程序试点工作。刑事速裁适用于事实清楚，证据充分，被告人自愿认罪，适用法律无争议，依法可能判处1年以下有期徒刑、拘役、管制的危险驾驶、盗窃等11种犯罪案件，或单处罚金的案件。对这些案件，在确认被告人自愿认罪、同意检察机关量刑建议并同意适用速裁程序的，不再进行法庭调查、法庭辩论，当庭宣判。[①] 从最高人民法院、最高人民检察院关于刑事案件速裁程序试点情况的中期报告来看，刑事速裁程序提高了刑事诉讼效率，保障了当事人合法权益。2016 年 11 月，全国人大常委会通过《关于授权最高人民法院、最高人民检察院在部分地区开展刑事案件认罪认罚从宽制度试点工作的决定》，开始在部分地区试点认罪认罚从宽处理制度，在实践中也取得了一定成效。从历史角度观察，为了实现刑事案件的繁简分流，“两高”还曾探索过其他提高诉讼效率的举措。例如，2003 年 3 月最高人民法院、最高人民检察院、司法部颁发的《关于适用普通程序审理“被告人认罪案件”的若干意见（试行）》《关于适用简易程序审理公诉案件的若干意见》尝试在刑事诉讼法规定的基础上，探索建立“被告人认罪审程序”“公诉案件简易审程序”；2006 年 12 月 28 日最高人民检察院颁发的《关于依法快速办理轻微刑事案件的意见》在实践中探索“轻微刑事案件快速处理程序”。由于上述三个文件与刑事诉讼法的规定不一致，已经被废止，三种办理刑事程序在实践中也已不再适用。

在民事诉讼中，为了提高诉讼效率，促进社会纠纷的及时解决。民事诉讼法及相关司法解释中确立了“审判前案件分流”和“审判中案件分流”两大举措。在“审判前案件分流”方面，重视多元化纠纷解决机制在纠纷解决方面的各自优势，重视调解、和解等不同纠纷解决方式之间的相互配合。2013 年修改后的《民事诉讼法》在特别程序中增加了调解协议司法确认程序的内容，“人民法院受理申请后，经审查，符合法律规定的，裁定调解协议有效，一方当事人拒绝履行或者未全部履行的，对方当事人可以向人民法院申请执行；不符合法律规定的，裁定驳回申请”。这一规定进一步强化了诉调衔接，促进了纠纷的多元化解决。在“审判

---

① 参见马守敏：《数说法院：刑事速裁让公正来得更快些》，载《人民法院报》2016 年 3 月 13 日。

中案件分流"方面,根据案件繁简程序的不同,分别规定了一般程序、简易程序、小额诉讼程序和其他程序。民事诉讼法在一般程序之外,规定了简易程序,2012 年修改后的《民事诉讼法》扩大了简易程序的适用范围,规定基层人民法院和它的派出法庭审理事实清楚、权利义务关系明确、争议不大的简单民事案件,可适用简易程序。新增设了小额诉讼程序,修改后的《民事诉讼法》第 162 条规定:"基层人民法院和它派出的法庭审理符合本法第一百五十七条第一款规定的简单的民事案件,标的额为各省、自治区、直辖市上年度就业人员年平均工资百分之三十以下的,实行一审终审。"同时,民事诉讼法上还规定了选民资格、认定财产无主、确认调解协议、公诉催告等特别程序。

在行政诉讼方面,自 1989 年《行政诉讼法》颁发以来,我国探索了行政复议、行政裁决、行政调解、行政协商、行政和解等多种纠纷解决机制,促进了行政纠纷的有效解决。为了建设公正、高效的社会主义行政诉讼制度,2013 年修改的《行政诉讼法》中规定了简易程序,对于被诉行政行为是依法当场作出的、案件涉及款额 2000 元以下的、属于政府信息公开案件的,人民法院认为事实清楚、权利义务关系明确、争议不大的,在一审中可以适用简易程序。除上述行政案件,当事人各方同意适用简易程序的,一审中也可以适用简易程序。修改后的行政诉讼法中有限地引入了行政调解制度,规定人民法院审理行政案件一般不适用调解。但是,行政赔偿、补偿以及行政机关行使法律、法规规定的自由裁量权的案件可以调解。上述规定都有助于及时解决行政纠纷,促进对公民基本权利的司法保障。

第十一章　特殊受刑人权利保障的中国探索

受刑人权利保障是一国基本权利保障体系的重要一环,受刑人权利保障水平是检测一国权利状况的重要标尺。受刑人称谓发生的变迁,侧面勾勒出我国权利与法治进步的历程。“囚犯”是中华人民共和国成立前通行的称呼,“囚”字字形即表达将人拘禁于笼中之意,“囚犯”二字具有明显的贬低性。1954 年 9 月政务院公布的《劳动改造条例》第一次使用“犯人”这一称谓,“犯人”通常包括了已决犯和并未确认是否有罪的犯罪嫌疑人。与“犯人”一词同样具有鲜明时代特性的词语便是“劳改犯”,即“在劳动改造机关接受劳动改造的人”。在很长一段时间中,“劳改犯”成为约定俗成的对监狱受刑人的称谓。1994 年的《监狱法》肯定了“罪犯”一词的官方地位,“罪犯”一词随后在官方文件中得到广泛的运用。2004 年司法部颁布实施的《监狱服刑人员行为规范》,第一次在官方文件中使用“监狱服刑人员”一词,随后在《法制日报》等重要报纸期刊中,“监狱服刑人员”一词获得更加广泛地使用。然而“罪犯”一词仍在许多法律法规中保持留用,官方文件中呈现“罪犯”和“监狱服刑人员”交替使用的局面。与此同时,“受刑人”则是学界流行的一种称谓。受刑人群体内涵又分为广义和狭义学说:狭义说仅指被判拘役、有期或无期徒刑而在监狱内服刑之人,广义说则包含监狱内部服刑人员、监狱外部服刑人员和已经采取刑事措施并未审判人员。本章对于精神障碍受刑人和未成年受刑人权利保护问题的讨论取狭义说,而对女性受刑人权利保护问题的讨论,则包括了在监狱中正在服刑的女性人员和在看守所羁押的女性犯罪嫌疑人。鉴于上述三类受刑人的特殊性,对其基本权利的保护水平,可以折射出一国基本权利保护的基准。

受刑人权利保护在国际层面已经得到联合国的重视,联合国通过的《经济、社会和文化权利国际公约》《公民权利和政治权利国际公约》《囚犯待遇最低限度标准规则》《保护所有遭受任何形式拘留或监禁的人的原则》《禁止酷刑和其他残忍、不人道或有辱人格的待遇或处罚公约》《关于女性囚犯待遇和女性罪犯非拘禁措施的规则》等权利文件构筑起了严密的受刑人基本权利保护的体系。《囚犯待遇最低限度标准规则》第 1 条明确写道:“对于所有犯人,均应尊重其作为人而固有的尊严和价值,所有犯人作为人都有人格受到尊重的基本要求,不管他们犯了何种罪行。”虽然这些规则多是在发达国家的倡导下通过的,不免体现了这些国家的价值观念和法律传统,但是也在很大程度上反映了国际社会的共同意志和监狱管理与受刑人待遇方面的最新趋势。①

中国特色的受刑人权利保护体系是在考量国际准则、西方经验和中国国情的基础上逐步探索而形成的。受刑人权利保护在中国特色社会主义视域下有着针对性、预防性、均衡性等特点,下文将以精神障碍受刑

---

① 郭建安:《联合国监狱管理规范概述》,法律出版社 2001 年版,第 41 页。

人、未成年受刑人以及女性受刑人基本权利的保护为例，探讨我国受刑人权利保护的上述特点。中国特色的受刑人基本权利保护不仅止于以上提到的三点，只求以上述群体为切入点，探知受刑人权利保护的图景，从而达到窥一斑而见全豹。

一、精神障碍受刑人权利之保护

间歇性精神障碍患者以及能够辨别或控制自己行为的精神障碍患者均有可能因自身的越轨行为而接受刑罚的规制，入监前精神正常的受刑人也极易因封闭而高压的监狱环境产生精神障碍。我国 2013 年施行的《精神卫生法》第 83 条对“精神障碍”做出了定义：“本法所称精神障碍，是指由各种原因引起的感知、情感和思维等精神活动的紊乱或者异常，导致患者明显的心理痛苦或者社会适应等功能损害。”精神障碍的一般医学界定为“机体在生物、心理、社会因素作用下，引起的脑功能失调或紊乱，主要表现为精神活动（或心理活动）不同程度异常的疾病”。①精神障碍患者，尤其是暴力型精神障碍患者，极易在发病期间实施越轨行为，我国《刑法》第 18 条规定：“间歇性的精神病人在精神正常的时候犯罪，应当负刑事责任。尚未完全丧失辨认或者控制自己行为能力的精神病人犯罪的，应当负刑事责任，但是可以从轻或者减轻处罚。”下文将要讨论的便是经由法定程序判刑入狱的精神障碍人员，以及在监狱服刑中产生精神障碍的受刑人员，鉴于其特殊的精神状态而享有针对性保护的学理基础和实践中已成熟的保护方式。

（一）精神障碍受刑人权利保护之学理

如何对待受刑人是监狱管理中的关键性问题，根据刑罚正当化理论，刑罚与正义是紧密相关的。正义不外乎如下几个特征：平衡感、均衡性、不偏向与给人以公正的该当物，能否维护、恢复这些被犯罪所侵犯的

---

① 曾绪承编著：《司法精神病学新编》，北京大学出版社 2009 年版，第 6 页。

平衡感,就构成了评价报应刑是否具有正义价值的主要基准。[①] 无论刑罚在何种时期的表现如何,其本质属性无法脱离报应刑。张明楷教授主张:“报应刑论与目的刑论的分歧不在于刑罚目的,而在于刑罚正当化的根据,提出并合主义是理想的刑罚观念。”[②]即刑罚除报应刑之外,也应当满足目的刑要求,刑罚的发动应当达到惩罚性与预防性的平衡,实现报应刑与目的刑的结合,此种结合在刑罚理论中也被称为折中刑。就精神障碍受刑人的刑罚而言,精神障碍受刑人在实行危害行为时具备辨别能力和行动能力,具有完全的责任能力且达到受刑标准,精神障碍受刑人员的刑罚应与其违法行为相适应。同时,监狱内部也应提供针对性措施,保障其疾病可以得到有效治疗,并提供积极的引导以便其顺利回归社会,从而实现折中刑的目标。传统的刑事法律制裁以理性人作为逻辑假设出发点,即每一个人都可以恰宜地评估自己的利益从而决定自己的行为,最大可能地规避利益损失与法律处罚。然而,以一般理性人为逻辑假设出发点的刑罚制裁无法公平地对待精神障碍受刑人。正义至少包括一般正义和个别正义,一般正义是指在刑法面前人人平等,而个别正义则需要区别差异的社会环境、心理因素导致的个体差异,进行区分性的刑罚。对犯罪人的处罚,必须与其个体的人格相符,以便其更快地复归社会。[③] 因此,对待精神障碍受刑人应当采取适合个体人格的针对性措施,既可以矫正其越轨行为,同时阻却再犯思想的萌芽。

精神障碍受刑人权利的特殊保护不单拥有深厚的法学基础,更具备一定的医学支撑。龙勃罗梭认为,“几乎所有类型的精神障碍都能引起一定的犯罪”。[④] 1810年《法国刑法典》第64条规定,如果行为时患有精

---

① 邱兴隆:《关于惩罚的哲学——刑罚根据论》,法律出版社2000年版,第59页。

② 张明楷:《新刑法与并合主义》,载《中国社会科学》2000年第1期。

③ 董淑君:《刑罚的要义》,人民出版社2004年版,第50页。

④ [意]切萨雷·龙勃罗梭:《犯罪人论》,黄风译,北京大学出版社2011年版,第16页。

神病,则既不构成重罪亦不构成轻罪。因为疯癫取消罪行,疯癫不可能是罪行所在的地方,反过来,罪行自身也不可能是一个根源在疯癫之中的行为。① 因而在刑事古典学派理论中,当一个精神障碍人实施了具有社会危害性的行为后,其可能面对两条结果路径:一是通过刑法判决,接受刑法处罚结果;二是通过医学途径,接受医院封闭治疗。19 世纪欧洲关于"人"的学科兴盛的现象引发医学专家对犯罪行为原因的探究,司法程序中主审法官按照医学专家的预审结果,综合考察行为人的生活、品行、教育水平等因素,在惩罚"危险个人"的同时附加矫正犯罪行为的措施,促使其可以正常品性返归社会。此后,各国监狱在规训受刑人的同时,通常辅以矫正措施从而达成监狱管理目标。

精神障碍的产生往往是先天原因与后天原因交叉混合导致的结果。精神障碍的产生因素大致可分为:生物因素、心理因素与社会因素。生物因素主要包括遗传与环境,神经发育异常和感染;心理因素主要包括人格特征等;社会因素包括应激性事件等。② 例如,抑郁症患者的偷窃行为有明显的病理原因,他们借助于盗窃行为所获得的快感以振奋精神,对抗抑郁,还有一些抑郁症患者发生偷窃癖,易在心境恶劣时进行无动机盗窃。③ 如果对待抑郁症受刑人处以同普通偷窃受刑人的模板式保护,极不利于抑郁症受刑人的疾病治疗与狱内教育改造,因而给予精神障碍受刑人区别于一般受刑人的狱内管理模式是必要的。目前,我国精神障碍疾病治疗方式主要包括物理治疗和心理治疗,物理治疗即药物治疗和外科手术疗法,是治疗精神障碍的高经济成本方式;心理治疗则包括暗示、催眠等心理干预疗法,是治疗精神障碍的低经济成本方式。物理疗法要求充足的药物和完备的手术环境,心理疗法则对个别化要求严

① [法]米歇尔·福柯:《不正常的人》,钱翰译,上海人民出版社 2003 年版,第 32 页。

② 郝伟:《精神病学》,人民卫生出版社 2009 年版,第 6 页。

③ 刘白驹:《精神障碍与犯罪》(下),社会科学文献出版社 2008 年版,第 597 页。

格,须依据不同的心理、人格、环境因素进行干预治疗。此外,精神障碍疾病与普通疾病不同之处在于精神障碍疾病对于行为人的生理与精神状态均有不可磨灭的损伤。精神疾病患者发病时,患者的行为在自身伤害之外可能伴有公共危险性。因而,个别化的狱内待遇对于精神障碍受刑人的疾病治疗是必要且应当的。

(二)精神障碍受刑人权利保护之法规体系与措施

精神障碍受刑人权利保护不同于普通受刑人权利保护的根本原因在于主体的特殊性。这一主体需要至少符合四个要件:其一,必须是精神障碍自然人;其二,已实施违反刑法的行为;其三,具有完全刑事责任能力,可以独立承担因其违法行为而产生的责任;其四,经法院依法裁判,通过法定程序入狱服刑。精神障碍受刑人的权利因为主体的人身自由受到限制而具有不完整性,然而受刑人虽然被暂时或永久剥夺人身自由等权利,其未被剥夺的权利的享有应当是完整的。精神障碍受刑人权利保护的一大特点在于受刑人医疗救治权的获得。精神障碍受刑人之所以身陷囹圄,多是因为其在虽精神障碍发作但可完全控制和辨认自己行为时实施了违反刑法的行为,因而具备责任能力对其危害行为负责。不可否认的是,精神障碍受刑人的患者身份对医疗救治权有着迫切需要。人生而享有健康权,每一个自然人均拥有获得心理和生理治疗的权利。精神障碍疾病的发作可能是瞬时的,但其背后必然拥有一个长时间的潜伏期,无论是身患精神障碍疾病进入监狱服刑的人员,还是因监狱的封闭环境产生诱发性精神障碍的受刑人,其均享有在监狱内接受精神障碍治疗的权利。如前文所述,精神障碍受刑人的治疗方式主要包括物理治疗和心理治疗,无论是物理治疗还是心理治疗均需要翔实的法律规则、充分的医师资源以及健全的监狱医疗体系。下文将就国内实践中此领域的进展作一梳理。

第一,精神障碍受刑人权利保护的法律法规体系日臻完备。我国1997年签署《经济、社会和文化权利国际公约》,2001年经人大常委会批准生效;1998 年签署《公民权利和政治权利国际公约》,目前正待全国人大批准通过。这两项公约阐明了基本的权利类型,并为精神障碍受刑人权利提供参照。我国 1994 年《监狱法》第 7 条规定“罪犯的人格不受侮辱,其人身安全、合法财产和辩护、申诉、控告、检举以及其他未被依法剥夺或者限制的权利不受侵犯”,第一次以法律形式确认了受刑人未被剥夺权利的不可侵犯性。2003 年司法部颁布的《监狱教育改造工作规定》对监狱受刑人心理矫正的运用方法、原则、人员设置等方面进行了规定。2004 年修订的《监狱服刑人员行为规范》强调了受刑人心理健康教育工作的重要性。2007 年司法部公布的《教育改造罪犯纲要》要求发挥心理矫正对受刑人心理的调适、干预作用,对受刑人要普遍开展心理测验,了解和掌握受刑人的心理特征和行为倾向。2013 年实行的《精神卫生法》第 18 条明确提出了“监狱、看守所、拘留所、强制隔离戒毒所等场所,应当对服刑人员、被依法拘留、逮捕、强制隔离戒毒的人员等,开展精神卫生知识宣传,关注其心理健康状况,必要时提供心理咨询和心理辅导”;第 52 条规定“监狱、强制隔离戒毒所等场所应当采取措施,保证患有精神障碍的服刑人员、强制隔离戒毒人员等获得治疗”。我国《精神卫生法》的出台第一次以法律形式肯定了精神障碍受刑人获得治疗的权利。2013 年司法部《关于加强监狱心理矫治工作的指导意见》重申了受刑人心理矫正工作在监狱管理中的重要地位。概况而言,我国已经通过法律形式明确了精神障碍受刑人未被剥夺权利的不可侵犯性,并着重强调精神障碍受刑人享有接受治疗的权利。

第二,精神障碍疾病鉴定过程趋于规范化。治病必求因是所有疾病治疗所遵循的原则,精神障碍的治疗亦不例外。切实保护精神障碍受刑人健康权的基础在于医疗人员能否正确鉴定受刑人的精神状态,并准确诊断其精神障碍类型。只有当受刑人的精神障碍被准确判断后,才可能进一步对症治疗。然而,目前法律对于“精神障碍”的定义实际上混同于心理障碍。心理障碍指的是认知、情感、意志、行为、人格等心理特征失去和谐,不能按照社会认可的适宜行为方式活动,以精神病性症状、社会功能下降和本人感到精神痛苦为特征的一组疾病。① 精神障碍指的是大脑机能活动发生紊乱,导致认知、情感、行为和意志等精神活动不同程度的障碍。精神障碍是心理障碍的具体类型,心理障碍的具体类型不仅包括精神障碍,还包括情绪障碍、人格障碍等。这几类具体障碍在实践中较难辨别,因而监狱内部心理医师能否准确识别受刑人精神状态至关重要,其分析判断会影响后续的诊疗过程的有效性。

自 1989 年起,心理矫正机构在全国范围内的监狱纷纷建立,虽然监狱内心理咨询人员并不具有鉴定受刑人是否患有精神障碍的资格,但心理咨询人员的分析判断对于鉴定受刑人是否患有精神障碍具有导向性的作用。我国《精神卫生法》第 23 条第 2 款规定"心理咨询人员不得从事心理治疗或者精神障碍的诊断、治疗",第 51 条规定"心理治疗活动应当在医疗机构内开展。专门从事心理治疗的人员不得从事精神障碍的诊断,不得为精神障碍患者开具处方或者提供外科治疗",因此监狱内心理咨询师的作用只是辅助性的,其并不具有进行精神障碍治疗的权利。第 23 条第 3 款进一步说明"心理咨询人员发现接受咨询的人员可能患有精神障碍的,应当建议其到符合本法规定的医疗机构就诊",即一旦监狱内心理咨询师发现被询问的受刑人可能患有精神障碍,应当建议该受刑人去到有关机构诊疗。在封闭管理的监狱之内,该建议其实是指向监狱管理人员,监狱管理人员应该依法采取相应措施,寻求精神科执业医师为受刑人进行诊疗。我国《精神卫生法》第 34 条明确规定:"鉴定机构、鉴定人应当遵守有关法律、法规、规章的规定,尊重科学,恪守职业道德,按照精神障碍鉴定的实施程序、技术方法和操作规范,依法独立进行鉴定,出具客观、公正的鉴定报告。鉴定人应当对鉴定过程进行实时记录并签名。记录的内容应当真实、客观、准确、完整,记录的文本或者声

① 兰继军:《心理学概论》,中国矿业大学出版社 2010 年版,第 291 页。

像载体应当妥善保存。”任何改革与发展都不是一蹴而就的，针对鉴定医师规范性法规的出台有利于进一步推动执业医师鉴定精神障碍受刑人行为规范性的提高。更进一步的是，纵使在监狱封闭且监管的环境中，精神障碍受刑人的隐私权也必须得到应有的保护，《精神卫生法》第4条第2款规定：“有关单位和个人应当对精神障碍患者的姓名、肖像、地址、工作单位、病历资料以及其他可能推断出身份的信息予以保密；但是，依法履行职责需要公开的除外”；第26条规定：“精神障碍的诊断、治疗，应当遵循维护患者合法权益、尊重患者人格尊严的原则，保障患者在现有条件下获得良好的精神卫生服务。”当精神科医师诊断出受刑人患有精神障碍后，其患病情况及治疗方法等涉及个人隐私信息都应在不违反监狱正常管理的前提下得到保护。只有如此，精神障碍受刑人的疾病鉴定过程才能逐步规范化，并向着标准化、体系化迈进。

第三，精神障碍受刑人治疗环境的建设逐步完善。1957年联合国经社理事会通过的《囚犯待遇最低限度标准规则》第49条规定：“管理人员中应该尽可能设有足够人数的精神病医生、心理学家、社会工作人员、教员、手艺教员等专家。”我国《监狱法》第54条规定：“监狱应当设立医疗机构和生活、卫生设施，建立罪犯生活、卫生制度。罪犯的医疗保健列入监狱所在地区的卫生、防疫计划。”但正如前文所言，精神障碍的治疗方法通常是物理治疗和心理治疗，物理治疗的特点在于周期长，风险性小，属于保守疗法。当前对精神病患者使用的药物如氯丙嗪、多塞平等药品，均属国家严格控制管理药品范畴，监狱作为非正式专业治疗机构购买此类药物必须由监狱出具证明到省医药公司定点购买方可。① 鉴于药物治疗的长期性，且精神障碍复发率高，一名精神障碍受刑人治疗的综合费用可能高达数万元，高昂的治疗费用对于监狱财政无疑是一笔巨大

---

① 李晖、董颖：《对女性精神病罪犯管理救治状况的调研报告》，载《中国司法》2009年第11期。

的压力。因而,不少监狱医疗机构更倾向于成本较低的心理治疗,尤其是针对患有轻度精神障碍的受刑人。但值得肯定的是,种种监狱心理矫正机构的建立以及各类监狱心理咨询活动的开展,对于潜在的精神障碍受刑人以及轻度精神障碍受刑人的治疗均大有裨益。

(三)精神障碍受刑人权利保护之现实问题

2013 年我国《精神卫生法》出台后,精神障碍受刑人的权利在法律层面得到肯定,但在实践层面仍然面临着重重问题。

其一,新型精神障碍治疗方法可否引入精神障碍受刑人的治疗过程以及如何保护该治疗过程中精神障碍受刑人的知情同意权?目前,国内对于重度精神障碍受刑人的治疗主要依靠药物或心理手段,却无法取得最佳效果,此时精神外科疗法应运而生。精神外科疗法,简言之,就是通过对大脑进行外科手术以期改变一个人的行为,如施行双侧额叶白质切断手术,缓解精神病患者的激越状态或情绪亢奋,以帮助受治疗人恢复正常的精神活动。此项疗法可以高效改善受治疗人心理、精神状况,但同时也拥有风险性高、可能影响受治疗人思维活动等消极特点,可能侵犯受治疗人的精神活动自由权。

风险性如此之高的精神外科疗法在国内医学实践中仍处于临床实验阶段。我国《精神卫生法》第 43 条详细规定:“医疗机构对精神障碍患者实施下列治疗措施,应当向患者或者其监护人告知医疗风险、替代医疗方案等情况,并取得患者的书面同意;无法取得患者意见的,应当取得其监护人的书面同意,并经本医疗机构伦理委员会批准:(一)导致人体器官丧失功能的外科手术;(二)与精神障碍治疗有关的实验性临床医疗。实施前款第一项治疗措施,因情况紧急查找不到监护人的,应当取得本医疗机构负责人和伦理委员会批准。禁止对精神障碍患者实施与治疗其精神障碍无关的实验性临床医疗。”精神外科疗法与传统疗法的区别在于其实施程序极其严格,需要获得受治疗者的真实同意的意思表达。然而在高压监管的狱所中,监狱管理者拥有绝对话语权,如何保障精神障碍受刑人能够真实表达自己意志,同意或拒绝精神外科疗法,显得尤为迫切。由于精神障碍受刑人身体精神机能受损而无法真实表达自由,我国立法规定了监护人的“代理同意”,一旦监狱及受刑人近亲属因各种目的而滥用代理同意权,将造成严重的侵权结果。然而,我国现行的《精神卫生法》并没有对这一问题给予应有的关注。

其二,司法理念与刑事法律矛盾之处亟须解决。在监狱内服刑的精神障碍人员由于监狱硬件设施或医师医疗水平等限制性因素无法得到与专业精神病医院同等水平的治疗,欲寻求更好的治疗条件只能通过保外就医途径。而我国现行《刑事诉讼法》对于保外就医的限制条件是“对于使用保外就医可能有社会危险性的罪犯,或者自伤自残的罪犯,不得保外就医”,精神障碍受刑人,尤其是暴力型精神障碍受刑人,发病时通常会造成不同程度的社会危险性,那么急需保外就医的精神障碍受刑人便因《刑事诉讼法》中保外就医的限制条款而无法获得应有的狱外治疗。立法本意是维护多数人的权利,可在面对暴力型精神障碍受刑人的情况下,如此的立法显得过于僵化与刻板,更难以充分保障受刑人的医疗救治权。精神障碍受刑人在此种限制条款下无法获得充分治疗,所带来的负面影响极易波及监狱中其他受刑人,从而造成恶性群体事件发生。因而,调整现行法律的不当条款是保护精神障碍受刑人权利的一条重要途径。

其三,监狱警察对待精神障碍受刑人的传统观念短期内难以改变。我国现行《监狱法》第 39 条第 2 款规定:“监狱根据罪犯的犯罪类型、刑罚种类、刑期、改造表现等情况,对罪犯实行分别关押,采取不同方式管理。”通常精神障碍受刑人同老年受刑人等特殊群体关押在一起,监狱警察对待此类群体往往是采取同一管教模式。遇到精神障碍受刑人发病之时,往往试图躲避、逃避责任。在闭塞的监狱内,狱警长期接受与受刑人对立的文化影响,形成了固定的思维方式,只有逐步开展权利宣传教育,狱政文化才能逐渐改变,精神障碍受刑人的权利保护才可能真正落到实处。

以上问题的共同解决方案在于完善法律规定，细化法条内容，从而妥善解决立法缺失与法条失衡的问题。但法律的完善必然需要一定的流程及时间，在此期间内如何解决当下的问题，可以适用法律解释学中的主观解释论，探寻立法者本意以解决问题。虽然我国现行《精神卫生法》并没有涉及代理同意权的滥用问题，但代理同意权的滥用势必侵犯受刑人权利，违反立法者维护受治疗者权利的本意。关于监护人、医疗机构以及监狱相关负责人的责任认定，可类推适用《侵权责任法》中关于共同侵权的规定。再如，现行保外就医限制条件的立法目的在于防止暴力型受刑人自残或危害社会，倘若医疗机构拥有充分条件可以避免其自残或危害社会，对于并不会造成社会危害的精神障碍受刑人，若其各项条件均达到保外就医的标准，应当准许其保外就医。法律必然无法解决所有问题，在法律缺位的情况下，探求立法者原意是一项有效的法律解释途径。在逐步完善法律的同时，提高公民权利意识也是推动精神障碍受刑人权利保护开展的重要方式。民众监督、学界研讨以及媒体舆论的增多，都将有利于精神障碍受刑人权利保护的体系化构建。

二、未成年受刑人权利之保护

未成年人犯罪已然成为全球性的问题，各个国家都在积极应对这一严峻问题的挑战。1899 年美国伊利诺伊州议会通过了《少年法院法》，并依该法规定在芝加哥市的库克郡设立了世界上第一个少年法院，随后其他国家纷纷效仿建立了相对独立的未成年人司法体系。[1] 各国之所以建立独立的未成年人司法体系，原因在于同一般成年人相比较，未成年人的身心状态不成熟，其越轨行为有着冲动性、不稳定性、强烈情绪化等特点。未成年人案件如果在一个独立的法院进行审理，并保障其宣判执

---

① 姚建龙：《超越刑事司法——美国少年司法史纲》，法律出版社 2009 年版，第 80 页。

行等阶段在独立的场所内进行,有条件地封存或消灭其犯罪记录,辅之以积极教育引导,未成年人可以更加顺利地回归社会。

我国现行法律对于成年年龄基准的规定不尽相同。我国《民法总则》第17条规定:"十八周岁以上的自然人为成年人。不满十八周岁的自然人为未成年人。"现实生活中通常也以18周岁作为成年基准。我国《刑法》第17条规定"已满十六周岁的人犯罪,应当负刑事责任。已满十四周岁不满十六周岁的人,犯故意杀人、故意伤害致人重伤或者死亡、强奸、抢劫、贩卖毒品、放火、爆炸、投毒罪的,应当负刑事责任",因而部分14~18周岁的未成年人可能因越轨行为而被判以自由刑处罚,下文将探讨该年龄段受刑人权利保护的特征。

未成年人是基本权利主体中的弱势群体,未成年受刑人更是该弱势群体中最特殊的一个群体。未成年人权利的行使因其心理与生理的不成熟状态而受到各种阻碍,其部分权利甚至转移至其监护人行使。未成年受刑人则具有未成年人和受刑人两个弱势群体的双重特点,其权利保障在双重阻碍影响下显得更加艰难。下文将围绕未成年受刑人权利保障的学理展开,梳理未成年受刑人权利保护的实践做法,并对其缺失之处予以分析,尝试性提出应对之策。

(一)未成年受刑人权利保护之学理

第一,未成年人难以适用建立在理性成年人基础上的刑罚理论,强制推行成年人刑罚标准将造成刑罚的实质不平等。刑罚理论的根基在于假定每一个人都是拥有自由意志的理性成年人,可以正确判断行为的合法与违法,即可以理性地在"善"与"恶"之间进行选择。行为人准确地辨别了行为的善恶,并在自由意志下选择了违背社会公共秩序和国家法令的"恶"的行为,国家为了维护社会公共秩序的稳定以及国家法令的权威,才对行为人的恶行予以处罚,因而国家刑罚是对行为人理性选择的回应。然而,未成年人由于心理与生理的不成熟,无法同正常理性成年人一样做出基于自由意志下的理性选择,未成年人在进行行为选择时受到的感性因素影响远超于理性因素影响。通常情况下，实施越轨行为的未成年人缺乏应有的自控力，这与未成年人成长生活的社会环境密不可分。未成年人犯罪不是某个未成年人的错误，而是未成年人群体在成长和社会化中的必然代价。[①] 未成年人犯罪是在不良的社会生活环境和不成熟的身心智力条件下做出的非理性选择，是一种不良成长过程中产生的伴随性现象。未成年人犯罪时的目的和动机相对成年人更为单纯直接，绝大多数未成年人犯罪带有随意性，主观恶性相对成年犯罪人而言较小。相较而言，未成年受刑人可塑性更强，如果可以在监狱内对其正确引导教育，其健康回归社会的可能性极大。因而，对于未成年受刑人的权利保护必须侧重于纠偏和教育，绝非报应和惩罚。

第二，未成年受刑人权利保护的另一个学理基础在于国家亲权。国家亲权来自拉丁语，其字面上的含义即"国家家长"，传统的含义是指国家居于无法律能力者（如未成年人或精神病人）的君主和监护人的地位。[②] 英美法系国家大多以国家亲权作为少年司法制度的理论根基，而我国的未成年人司法制度也在一定程度上借鉴此理论。国家亲权理念强调"少年应当得到帮助，而不是控告，国家介入一个少年的生活时应当试图提供个性化的对待而不是惩罚或者报应"。[③] 国家亲权强调国家是未成年人的最高监护人，其负有同未成年人父母一样的职责。当未成年人父母不能履行其监护责任时，国家有权替代父母，对未成年人进行强制性的干预和教化。因而，国家对未成年受刑人采取的监禁惩罚只是一个手段，其隐藏目的在于教育和矫正未成年人，履行其父母未能承担的责任。如此以未成年人利益保护为本位的刑罚必然不同于以改造和惩

---

① 佟丽华：《未成年人法学》，中国民主法制出版社 2001 年版，第 125 页。

② 姚建龙：《国家亲权理论与少年司法——以美国少年司法为中心的研究》，载《法学杂志》2008 年第 3 期。

③ Herbert A. Bloch and Frank T. Flynn, *Delinquency: The Juvenile Offender in America Today*, New York: Random House, 1956, pp. 305 – 337.

罚为本位的成年受刑人刑罚,其权利保护要求的侧重性截然不同。国家亲权理论以“儿童最大利益原则”为追求,排斥传统报应刑理论,着力追求刑罚与矫正的个别化。以国家亲权为根基的未成年人司法制度必然强调监狱的矫正功能,通过对未成年受刑人的行为进行干预,以矫正未成年人行为。我国监狱管理中的“教育、感化、挽救”,“教育为主、惩罚为辅”,“司法干警像家长对待子女,像医生对待病人,像老师对待学生一样教育失足青少年”等方针政策同国家亲权理论有着相似的根源。在国家亲权理论的脉络中,未成年受刑人的权利必须得到充分的重视,并在立法和司法实践中得到确切保护。

第三,处于青春期的未成年受刑人拥有着不成熟的心理,极易受到周边环境影响,单独管理的监狱模式将有利于未成年受刑人的行为矫正。发展心理学的研究结果显示:人的毕生发展阶段中介于儿童期和成年期之间存在青春期这一阶段,一般开始于10岁左右,结束于19岁。① 处于青春期的未成年人有着不同于儿童和成年人的特点:如更倾向于冒险性行为,享受冒险活动带来的兴奋和刺激感,更少理性地考虑自身行为是否可能会违反法律侵犯他人利益,“这些因素都促成了少年判断的不成熟,并可能使他们做出危害自身或者他人的选择”。② 处在青春期的未成年人的另一显著特征是学习和模仿能力强,极易受到家庭和社会等外在因素的影响。有调查研究表明,认知能力缺失与反社会行为和侵犯行为的相关系数分别是0.35和0.40,③而与认知能力缺失相反,未成年人学习和模仿的能力极强,但是这种习得能力受控于其直觉,并依赖

---

① [美]罗伯特·费尔德曼:《发展心理学——人的毕生发展》,苏彦捷等译,世界图书出版公司2007年版,第422页。

② [美]伊丽莎白·S.斯科特:《儿童期的法律建构》,载玛格丽特·K.罗森海姆、富兰克林·E.齐姆林、戴维·S.坦嫩豪斯、伯纳德·多恩编:《少年司法的一个世纪》,高维俭译,商务印书馆2008年版,第151页。

③ 路琦、席小华:《未成年人刑事案件社会调查理论与实务》,中国人民公安大学出版社2012年版,第91页。

于其生活环境、学习环境和家庭环境。① 犯罪学的实证研究成果表明行为对认知的影响作用远大于认知对行为的影响作用。② 如果监狱无法对未成年受刑人进行单独管理，将会使未成年人受到监狱中其他受刑人的不良影响，出狱后重新走上违法犯罪的道路。为避免"交叉感染"，监狱管理部门必然要采取特殊的管理措施，将其同成年受刑人区分关押，以避免受到恶性影响。

因此，监狱管理部门不仅负有保护未成年受刑人权利的职责，更负有对未成年受刑人进行矫正教育的责任，使其能够更好地回归社会。犯罪情节较轻的未成年受刑人刑满释放后，其犯罪记录可以有条件地封存或者销毁，以保证其不会因为不成熟的错误而受到社会永久的歧视。

（二）未成年受刑人权利保护之实践

第一，未成年受刑人单独关押管理。未成年受刑人单独关押管理是国际通行的做法，我国也在一系列法律中确认了未成年受刑人单独关押的管理制度。联合国《公民权利和政治权利国际公约》第 10 条第 3 款规定："少年罪犯应与成年人隔离开，并应给予适合其年龄及法律地位的待遇。"我国《监狱法》第 39 条规定："监狱对成年男犯、女犯和未成年犯实行分开关押和管理，对未成年犯和女犯的改造，应当照顾其生理、心理特点"；第 74 条规定："对未成年犯应当在未成年犯管教所执行刑罚"。我国《预防未成年人犯罪法》第 46 条规定："对被拘留、逮捕和执行刑罚的未成年人与成年人应当分别关押、分别管理、分别教育。"我国《未成年人保护法》第 57 条规定："对羁押、服刑的未成年人，应当与成年人分别关押。"将未成年受刑人同成年受刑人分开关押的最重要原因在于防止未

---

① 田宏杰、庄乾龙：《未成年人刑事案件社会调查报告之法律属性新探》，载《法商研究》2014 年第 3 期。

② See Carroll J., Weaver F., "Shoplifters' Perception of Crime Opportunities: A Processing Tracing Study", in D. B. Cornish and R. V. Clark (eds.), *The Reasoning Criminal: Rational Choice Perspectives on Offending*, Heidelberg: Springer-verlag, 2014, pp. 19 – 31.

成年受刑人受到成年受刑人的不良影响，正如前文所言，处于模仿能力最强阶段的青春期少年极易受到周围环境的影响，倘若将其同成年受刑人集中关押，某些累犯或者重刑受刑人极易将自己的不良观念和行为“传授”给未成年受刑人，对于未成年受刑人的教育和再社会化极为不利。我国《监狱法》第 76 条规定：“未成年犯年满十八周岁时，剩余刑期不超过二年的，仍可以留在未成年犯管教所执行剩余刑期。”该条规定的立法目的一方面是便于管理即将出狱的 18 ~ 20 岁受刑人，另一方面则是尽可能减少其他成年受刑人对 18 ~ 20 岁受刑人的可能不良影响。学习、模仿能力较强的未成年人容易习得恶性行为，但倘若处在良好的环境中也容易习得良性行为，因而监狱对待未成年受刑人的单独管理是必要的。

目前，我国未成年受刑人统一于未成年受刑人管教所进行管教，管教所内配有一批专业的熟悉未成年人身心特点的管理人员，针对性地管理和教育未成年受刑人，以引导其习得良性行为。我国《未成年犯管教所管理规定》第 7 条规定：“未成年犯管教所所需经费由国家保障。未成年犯的教育改造费、生活费应高于成年犯。”第 9 条规定：“根据对未成年犯的管理需要，实行所、管区两级管理。管区在押犯不超过一百五十名。”第 11 条规定：“未成年犯管教所的人民警察须具备大专以上文化程度。其中具有法学、教育学、心理学等相关专业学历的应达到百分之四十。”第 16 条规定：“未成年犯管教所按照未成年犯的刑期、犯罪类型，实行分别关押和管理。”从以上规定中可以发现，国家公权给予未成年受刑人高于一般成年受刑人的狱内待遇，并实行单独关押和管理，配合以较高素质的管理人员，最大可能地引导未成年人习得良性行为。良好的法律规范是未成年受刑人管理教育的基石，各级管教所应该严格遵守各项规定，以保障有利于未成年受刑人权利的条款能够切实有效地落实，减少司法理念与实际执行之间的落差。

在实际执行中，研究未成年受刑人的犯罪心理以及预防他们重返社会后再犯罪是未成年受刑人管教所工作的重要内容。21世纪以来,我国未成年人犯罪总体呈上升势头,并且呈现低龄化、成人化、智能化、暴力化、残忍化、团伙化等特征。① 每一名未成年受刑人实行越轨行为的原因千差万别,他们因生理和家庭因素的不同而具有不同的成长轨迹,每个管教所内最多150名未成年受刑人的规定,有利于管教人员采取不同的管理模式,避免千篇一律的刻板管理,从而导致未成年人产生逆反心理。管教所内严格的管理模式使未成年受刑人懈怠的心灵受到振奋,管教人员针对性地帮教工作使未成年受刑人受伤的心灵得到休养。独立于成年受刑人监狱的未成年受刑人管教所,不仅是对未成年受刑人实施惩罚性监禁的场所,更是对未成年受刑人给予父母般关爱与管教的场所。管教人员代替其父母履行教育责任,将未成年受刑人曾经扭曲的心灵洗涤成一个善良的存在。未成年受刑人管教所在完善日常生活条件以保障未成年受刑人身体健康的成长之外,更应重视未成年受刑人的知识教育。不仅要通过管教所内良好的生活环境感染未成年受刑人,同时更应注重未成年受刑人的人文教育,包括基础文化教育、职业技能教育、思想政治教育等,使其刑满释放时能够身心健康并拥有充分适应社会能力。

第二,未成年受刑人的文化与技能教育。未成年受刑人的越轨行为与缺乏文化教育有着密切的关系,未成年受刑人的教育问题是管教所的重要工作。未成年受刑人误入歧途的原因,多是由于家庭亲情教育或社会良性教育缺位。想要让光明伴随自由,就必然依靠知识,"知识传播得越广泛,它就越少滋生弊端,就越创造福利"。② 公权力在履行国家亲权职责时,必然肩负起对未成年受刑人进行教育的责任,包括心理健康教育、基础文化教育、职业技能教育等,提升未成年人的基本修养,最大限

---

① 杜萌、赵丽:《未成年人犯罪呈六化特点　家庭和网络成犯罪诱因》,载《法制日报》2011年5月5日。

② [意]切萨雷·贝卡利亚:《论犯罪与刑罚》,黄风译,中国大百科全书出版社1993年版,第105页。

度地扫清未成年受刑人刑满出所时的可能障碍并教授他们正常生活的能力。

其一，未成年受刑人心理健康教育的普及。让每一位未成年受刑人拥有一个健康良好的心理状态是未成年受刑人矫正工作开展的重要目标。我国2012年修订的《刑事诉讼法》第268条规定："公安机关、人民检察院、人民法院办理未成年人刑事案件，根据情况可以对未成年犯罪嫌疑人、被告人的成长经历、犯罪原因、监护教育等情况进行调查"，该条文第一次以法律形式肯定了未成年人社会调查报告制度，该报告有利于寻求未成年人犯罪的深层次原因，更有利于针对不同情况的未成年人制定个性化矫正方案。《未成年犯管教所管理规定》第39条规定："未成年犯管教所应当建立心理矫治机构，对未成年犯进行生理、心理健康教育，进行心理测试、心理咨询和心理矫治。"实践中，广州市中级人民法院对此进行了有益的探索，与多方主体合作，设立了对涉案未成年人进行心理测评的专门机构，尽力矫正未成年被告人的不健康心理，并为法院裁判提供科学参考，也为判后对未成年犯进行个性化的矫治提供客观依据。[①] 除了管教所内的心理辅导，各界各部门均有爱心人士踏入管教所，对未成年受刑人进行针对性的心理矫正。青少年时期是人生的初始阶段，中国传统文化中"慎始"思想指的便是青少年阶段是塑造健全人格和培育健康身心的初始阶段，是需要着重保护、特殊关注的年龄段。未成年人的心理、生理极易受到外界干扰，如果心理"瓶颈"不能及时疏导将会造成更大的痛苦。管教所内实施心理疏导和矫治工作的主体不仅包括专业心理咨询师，"越来越多的专业人士、爱心人士投入到未成年人保护工作中"。[②] 管教所的各级教员、管理人员均以"家长"的身份对未成

① 姚万勤：《我国未成年人犯罪现状及预防对策修正——以S省法院5年判决为样本》，载《中国青年社会科学》2015年第4期。

② 赵卿：《未成年人心理疏导和矫治制度研究》，载《青少年犯罪问题》2015年第1期。

年受刑人进行心理援助,帮助其培养健康心理。

其二,完善未成年受刑人文化教育的基础性建设。身陷图圄的未成年受刑人往往认知能力较差,性情更为冲动,这同他们未能接受完整的基础文化教育有着密切的联系。有研究指出,未成年受刑人的文化程度普遍偏低,以初中、小学学历为主。① 缺乏基础文化教育导致自身无法准确认知并判断善恶,这是未成年人实施违法犯罪行为的重要原因之一。我国《未成年人保护法》第 57 条规定:"羁押、服刑的未成年人没有完成义务教育的,应当对其进行义务教育。解除羁押、服刑期满的未成年人的复学、升学、就业不受歧视。"我国目前的九年制义务教育是基础教育,是提高未成年人素质的重要途径,每一名适龄未成年人均应当进入学校接受基础教育。2005 年 9 月 1 日,江西省未成年受刑人管教所在全国首开先河,将未成年受刑人教育纳入九年制义务教育行列,成立了江西启明学校,开始对全所未完成九年义务教育的未成年受刑人进行系统的义务教育。② 以江西启明学校为例,管教所内部开展的义务教育活动将管教所生活同社会生活更为紧密地联系在一起,使未成年受刑人与同龄人一样接受基础文化教育,从而提高认知与明辨是非善恶的能力,减少其回归社会后再度犯罪的可能性。

其三,开展未成年受刑人职业技能教育。职业技能教育的开展有利于未成年受刑人掌握职业竞争优势,在刑满释放后更顺利地回归社会。《未成年犯管教所管理规定》第 35 条规定:"对未成年犯的技术教育应当根据其刑期、文化程度和刑满释放后的就业需要,重点进行职业技术教育和技能培训,其课程设置和教学要求可以参照社会同类学校。"第 36 条规定:"对参加文化、技术学习的未成年犯,经考试合格的,由当地教

① 姚万勤:《我国未成年人犯罪现状及预防对策修正——以 S 省法院 5 年判决为样本》,载《中国青年社会科学》2015 年第 4 期。

② 参见江西省未成年犯管教所课题组:《创新未成年犯教育改造模式的实践与思考》,载《中国司法》2007 年第 1 期。

育、劳动行政部门发给相应的毕业或者结业证书及技术证书。”职业技能知识是实用性更强的专业领域知识,职业技能是劳动者就业时具有优势竞争力的技能。职业技能教育与基础文化教育不同,基础文化教育是教育普通人掌握社会生活所必备的知识,从而拥有较好的认知能力,能够辨别是非黑白;而职业技能教育具有专业性,是某一专业领域知识的延伸,学习职业技能知识可以提高自身的就业竞争力。部分管教所刑满释放的人员面临就业压力,即使社会环境中歧视现象减弱,如果自身没有优于他人的技能,刑满释放人员仍然无法在就业市场寻得一份合适的工作,极易再次走向犯罪的道路。因此,在管教所内开设职业技能培训课程是一项极为必要的工作。除了管教所内部职业技能课程的设置,“在北京东城区,22 家创业园向涉罪未成年人敞开大门,并配备专业观护导师,让他们学习创业、参与创业,接触正能量,迎来新生”。[①] 所内教育可以增加同社会教育的沟通交流,将所内教育与社会教育结合,寻求二者的平衡点,以社会教育补足管教所教育的不足之处,从而取得双重的教育效果。

为保障心理健康教育、基础文化教育和职业技能教育的顺利进行,我国《未成年犯管教所管理规定》提出了一系列管教所管理要求。《未成年犯管教所管理规定》第 33 条要求:“对未成年犯进行思想、文化、技术教育的课堂化教学时间,每周不少于二十课时,每年不少于一千课时,文化、技术教育时间不低于总课时数的百分之七十”,这一规定的目的在于保证未成年受刑人能够在管教所内充分学习文化知识并掌握职业技能。不仅如此,对于刑满释放的未成年人,《未成年犯管教所管理规定》第 27 条规定:“刑满释放的未成年人具备复学、就业条件的,未成年犯管教所应当积极向有关部门介绍情况,提出建议”,该项规定有利于保障未成年受刑人刑满释放后能够正常复学,和同龄人一样接受教育或者就

---

① 祁梦竹:《涉罪未成年人创业园里迎新生》,载《北京日报》2016 年 1 月 19 日。

业,以崭新的姿态和良好的能力重新融入社会。对于即将出所的未成年受刑人,管教所提供不少于两个月的出所教育,以保障其能了解社会目前的形势政策,顺利地回归社会。教育是一项培养人与尊重人的活动,对于未成年受刑人而言,教育的目的就在于培养其成为一个理性的健康的对社会有益的人,并防止其再次走入歧途,充满着浓郁的人文关怀。

第三,未成年人轻罪犯罪记录封存制度。刑满释放的未成年人极易因社会歧视而脱离社会,犯罪记录的公开可能诱发其再度犯罪,建立未成年人轻罪犯罪记录封存制度是必要且应当的。犯罪记录的存在对于任何一个成年人而言都是一段不光彩的记录,对于未成年人而言更是一段痛苦的记忆。意大利法学家贝卡利亚曾言:“对人类心灵发生较大影响的,不是刑罚的强烈性,而是刑罚的延续性。因为最容易和最持久地触动我们感觉的,与其说是一种强烈而暂时的运动,不如说是一些细小而反复的印象。”[①]1985 年 11 月联合国大会通过了《少年司法最低限度标准规则》(又称《北京规则》),确立了联合国少年司法的最低限度标准规则,该规则第 8 条规定:“应在各个阶段尊重少年犯享有隐私的权利,以避免由于不适当的宣传或加以点名而对其造成伤害。原则上不应公布可能会导致使人认出某一少年犯的资料。”第 21 条规定:“对于少年犯的档案应严格保密,不得让第三方利用。应仅限于与处理手头上的案件直接有关的人员或其他经正式授权的人员才可以接触这些档案。少年犯的档案不得在其后的成人诉案中加以引用。”在该规则的基础上,联合国《保护被剥夺自由少年规则》(又称《东京规则》)还要求保障被封存犯罪记录未成年人的权利以及销毁其犯罪记录。[②] 我国政府于 1985 年参加并批准了《北京规则》,承认并尊重《东京规则》的内容与协定。

① [意]切萨雷·贝卡利亚:《论犯罪与刑罚》,黄风译,中国法制出版社 2010 年版,第 51 页。

② 张丽丽:《从“封存”到“消灭”——未成年人轻罪犯罪记录封存制度之解读与评价》,载《法律科学》2013 年第 2 期。

2008年12月中共中央转批的《中央政法委关于司法体制和工作机制改革若干问题的意见》中要求“有条件地建立未成年人轻罪犯罪记录消灭制度”,该文件是第一个明确提出“未成年人轻罪犯罪记录消灭制度”的规范性文件。2009年3月最高人民法院颁布的《人民法院第三个五年改革纲要》(2009—2013年)要求“配合有关部门有条件地建立未成年人轻罪犯罪记录消灭制度”。2010年8月中央综治委预防青少年违法犯罪工作领导小组、最高人民法院、最高人民检察院、公安部、司法部、共青团中央六部门联合制定的《关于进一步建立和完善办理未成年人刑事案件配套工作体系的若干意见》要求“对违法和轻微犯罪的未成年人,有条件的地区可以试行行政处罚和轻罪记录消灭制度。非有法定事由,不得公开未成年人的行政处罚记录和被刑事立案、采取刑事强制措施、不起诉或因轻微犯罪被判处刑罚的记录”。2012年修订的《刑事诉讼法》第275条规定:“犯罪的时候不满十八周岁,被判处五年有期徒刑以下刑罚的,应当对相关犯罪记录予以封存。犯罪记录被封存的,不得向任何单位和个人提供,但司法机关为办案需要或者有关单位根据国家规定进行查询的除外。依法进行查询的单位,应当对被封存的犯罪记录的情况予以保密。”至此,历时20余年,未成年人轻罪犯罪记录封存制度终于正式被我国法律所宣告确认。

(三)未成年受刑人权利保护之完善

如何在惩罚与教育之间寻求一个平衡点是管教所必须回答的问题。管教所内知识教育的属性归属于教育学还是刑罚学?这是一个没有明确答案的问题。刑罚正义与教育矫正之间的矛盾如何化解是管教所知识教育的困境之一。如何一方面通过自由刑实施惩罚,另一方面又通过教育进行矫正,是实践难以平衡的难题。监狱知识教育具有教育和刑罚二重性的折中评定是监狱教育理想与刑罚叠加冲突的柔化。[①] 教育必然

① 叶春弟:《论监狱功能的边界》,华东政法大学2014年博士学位论文,第73页。

可以塑造一个道德所期望的社会品性是值得怀疑的命题。无论多么完善的教育都无法保证未成年人受刑人必然能够通过习得知识改过自新。知识教育的工具价值在于受教育者可以使用所习得的知识,但绝大多数受刑人接受教育是出于功利目的,企图通过良好的行为,如接受教育,以获得司法奖励争取管理分数,极少数受刑人是出于兴趣而学习。因而,越来越多的管教所教育变得功利化、僵硬化与模式化,设置管教所教育往往是为了完成一定的考核指标或任务工作,管教所教育无用论的观点一时甚嚣尘上。教育必然有其功能边界,管教所同样具有功能边界。我们应当承认管教所的功能是有限的,不可能企图通过管教所的教育来实现所有刑罚未能完成的价值目标。刑罚是对过去行为的处罚,而管教所教育则是对未来行为的约束。无论多么完善的制度都不能完全阻止再犯的产生,无论多么良好的知识教育都无法消解恶行产生的空间。厘清教育、管教所功能的界限,尽可能使其在边界范围内发挥良性作用,才是对管教所知识教育的理性期待。

进一步,可否将未成年人轻罪犯罪记录封存制度扩展至未成年人所有犯罪记录封存制度是值得探讨的命题。管教所的管理是面向未来的,未成年人轻罪犯罪记录封存制度的直接目的在于保障14~18周岁的未成年人,在接受过刑罚教育后能够顺利回归社会,最大限度减少刑罚所带来的社会歧视。轻罪犯罪记录封存制度对于未成年人的复学、就业、生活都有极大的利处。2012年未成年人轻罪犯罪记录封存制度正式被我国法律所确认,其背后不仅仅是权利意识的兴起,更是社会道德的发展。在人类还没有形成任何明确的道德规范,没有形成对道德义务的观念和情感之前,就已经有同类或同族之间的恻隐之情了。这种恻隐之情起着维系群体、我们今天称之为社会的道德的作用。[①] 对于未成年人因一时冲动而犯下的罪行,社会道德应给予未成年人更高的宽容度。我国

① 何怀宏:《良心论》,上海三联书店1994年版,第56页。

《刑事诉讼法》虽然规定了未成年受刑人轻罪犯罪记录封存制度，但其配套制度仍需完善，实践中关于违法封存、违法未封存的救济途径与程序，都需要配备更详细的规则予以支撑。《刑事诉讼法》所确认的未成年人轻罪犯罪记录封存制度是我国未成年人权利保障上的一座里程碑，然而仅对轻罪犯罪记录“有限地封存”只满足了联合国少年司法准则的最低标准。在信息传播速度超乎想象之快的互联网时代，任何信息都可能在几秒钟内传遍全球，如此互联的时代，我们应当给予未成年受刑人个人信息更多的保护。如果他们在刑满释放后仍要承担着巨大的社会压力，其学习、生活、就业都无法再正常继续，管教所内辛苦的教育与矫正成果都可能付之东流。所以，将未成年人全部的犯罪记录封存，不仅仅是对未成年受刑人的道德包容，更是对曾经帮助过未成年受刑人的爱心人士和管教人员的尊重，充满包容与尊重的社会，才能更有利于每一个人的全方面发展。

三、女性受刑人权利之保护

刑罚个别化理论要求监狱对待女性受刑人处以与男性受刑人不同的管理措施，以促进刑罚个别正义的实现。有针对性地保护女性受刑人权利，尤其是充分保障女性受刑人相较于男性受刑人而言的特殊的权利，此种差别保护在刑法上即体现为刑罚个别化。刑罚个别化思想是基于纠正严格规则主义指导下的罪刑法定原则的需要产生出来的，其价值在于在保证刑法一般正义的前提下，促进刑罚个别正义的实现。① 对女性受刑人实施的刑罚，一方面要通过其严厉性促进女性受刑人的悔改和不再犯，另一方面也要通过刑罚的个别化保障其未被剥夺权利的实现，实现刑罚的一般正义与个别正义的统一。为更好地加以论述，下文所称女性受刑人是指在刑事司法活动中，被剥夺或限制人身自由的女性人员。

---

① 翟中东：《刑罚个别化的蕴涵：从发展角度所作的考察——兼与邱兴隆教授商榷》，载《中国法学》2001 年第 2 期。

(一)女性受刑人的特征及其权益内容

相较于其他受刑人群体,女性受刑人群体至少具有以下特征:第一,家庭中的特殊地位。女性在家庭中承担了不可替代的责任,女性受刑人失去自由,将对未成年子女的童年造成无法弥补的创伤。当女性罪犯入狱后,可能会导致夫妻婚姻破裂、家庭支离破碎,孩子失去了母爱,在社会或学校中更容易受到歧视,甚至被其他人欺负,未成年子女缺少应有的母爱,也失去了健康成长的环境,显然不利于孩子的成长。另外,女性受刑人一旦被判刑入狱后,等于被世界隔离远离了社会,一些刑期较长的女性受刑人会自觉前途灰暗因而失去改造的信心。① 第二,高发生率的非暴力犯罪。女性由于先天生理条件的限制,很少实施暴力型的犯罪,多见的是非暴力性犯罪,如遗弃罪、虐待罪、盗窃罪,也包括毒品走私、盗窃、欺诈等犯罪。涉嫌毒品犯罪的女性受刑人存在一些共性,或者他们文化水平不高,多数处在中小学阶段的文化水平;或者他们大多数处在法律意识淡薄的农村偏远地区,由于她们认识不到毒品犯罪对社会的严重危害性和犯罪行为后果的破坏性,很容易被一些不法分子利用。第三,权利的特殊性。基于性别、生理、心理特征,男女受刑人员在权利需求方面存在很大的差别,“针对性别因素产生的权利差异,监管机构的监管政策或矫正政策必须综合考量这类差异”。②

女性受刑人的权利涉及方方面面,其权利保障规定也涵盖在多部法律之中,主要包括《看守所条例》、《看守所条例实施办法》、公安部《关于进一步加强和改进公安监管工作的意见》和《刑事诉讼法》。根据《看守所条例》和《看守所条例实施办法》的规定,基于男性与女性的性别差异、生理和心理特征以及隐私尊严,男性受刑人员和女性受刑人应当分

---

① 参见张明芳:《女性服刑人员数量增长的背后》,载《中国妇女报》2015 年 7 月 10 日。

② 参见郝佩韦:《论女性罪犯关押期间心理表现的双重性》,载《河南大学学报》2010 年第 1 期。

别羁押;公安部《看守所等级评定办法》中也规定,对男性和女性受刑人,分别关押、分别管理,女性受刑人规定由女民警看管。公安部《关于对看守所女性受刑人实行集中关押管理的通知》规定:"地市级以上城市根据女性受刑人的数量,设置关押女性受刑人的看守所或者监区。"通过上述内容,我们可以看到我国的监管场所已经实现了对女性受刑人的单独关押,体现了以人为本的监管宗旨,体现了对女性受刑人的人格尊严和主体地位的尊重。2010 年联合国通过的《关于女性囚犯待遇和女性罪犯非拘禁措施的规则》(又称《曼谷规则》)对女性受刑人的合法权益进行了详细、充分地,具有可操作性和实践意义地规定。该规则主张除特殊情况外,以对在押人员采取非羁押性强制措施为原则,扩大了女性受刑人非监禁性强制措施的适用范围,并在原有的罪犯待遇国际标准之上,进一步提高了女性受刑人在监管期间的待遇水平,推动相关监管部门重视、提高女性受刑人的待遇水平,符合了当下对在押人员以人为本的社会化改造的潮流,是监狱监管模式的进一步发展。

根据当前看守所相关规范和羁押实践所取得的经验,女性受刑人的主要权利保障有如下几点:第一,押解过程中女性受刑人的权利。针对女性在押人员和女性犯罪嫌疑人的押解,最高人民法院出台了《人民法院司法警察押解规则》,并对女性受刑人的押解、提押作了相关规定:应分车提押女性被告人与男性被告人,而女性被告人也应当由女性司法警察押解。与之配套的《看守所工作规范》与上述规定保持了内在的统一性。比如,正在押解女性犯罪嫌疑人或罪犯时,必须由女性押解人员负责途中的生活管理。再者,《看守所条例》第 21 条也规定了女性被羁押人押解途中的生活管理,应当由女工作人员负责。这一系列规定不仅保障了女性受刑人在押解过程中的人身安全,而且是从实质上对分别关押、分别管理制度的一种肯定。[①] 第二,女性受刑人的日常监管人员配

① 参见程雷等:《看守所立法问题研究》,中国法制出版社 2014 年版,第 267 页。

置。按照《看守所条例》《看守所告知在押人员权利和义务的规定》以及公安部《看守所等级评定办法》的相关规定,凡是羁押女性受刑人或犯罪嫌疑人的监管场所,都应配备专门的女性狱警或女性工作人员,并由女性工作人员对女性受刑人专门看管。第三,涉及女性受刑人身体检查方面的权益。根据《看守所条例》的规定,将女性犯罪嫌疑人关进看守所之时,为了监管安全,管理人员要对在押人员身体、随身携带的物品进行全面的检查,而对女性受刑人的人身检查,则专门由女性工作人员进行检查。此外,《看守所留所执行刑罚罪犯管理办法》规定:“收押罪犯时,看守所应当进行健康和人身、物品安全检查。对罪犯的非生活必需品,应当登记,代为保管;对违禁品,应当予以没收。对女性罪犯的人身检查,由女性人民警察进行。”这充分尊重了女性的生理特征,也是对女性受刑人隐私权的肯定。第四,女性受刑人在审判之前,有聘请、会见律师的权利,同时也有会见亲属的权利,其辩护律师有阅卷、会见的权利。现行法律对会见的相关程序进行了细致地规定,如会见的时间、会见的场所等,都保障了女性受刑人的合法权益,尤其是辩护权等程序性权利。这对于女性受刑人来说至关重要,因为其背后涉及司法公平、公正问题和法律尊严问题。除此之外,对于已经被判处刑罚的女性罪犯,其在服刑场所也享有会见亲属、定期活动、劳动获得报酬等权利,法律规定了女性受刑人员劳动的方式、获得报酬的标准,会见亲属的范围、会见次数、会见程序、权利的救济等,此类权利规范的完善,与女性受刑人能否很好地接受教育改造、服刑完毕后能否顺利地回归社会密切相关。

(二)《曼谷规则》与女性受刑人权益保障

由于女性具有特殊的生理与心理特征,为体现对女性人格尊严和主体地位的尊重,联合国大会在《囚犯最低待遇标准规则》的基础上,制定了《曼谷规则》。《曼谷规则》在关注女性受刑人的基本权利保护的同时,重点关注女性因性别差异所产生的生理及心理层面的特殊权利需求的保障,这对于提升我国的女性受刑人权利保障水平具有重要的借鉴意义。①

针对女性受刑人的合法权利,《曼谷规则》主要作了如下规定:第一,女性特殊人身权利的保障。为了保障女性受刑人的人身权利,在体检过程中,原则上只能有医护人员在场,以监狱工作人员在场为例外。《曼谷规则》第10条第2款要求,女性受刑人在体检过程中,出于工作和安全原因或应女性罪犯的要求,女性狱警或女性工作人员可以在场,而且体检过程中,女性工作人员应保护好其隐私,维护其秘密和尊严。第11条规定,只能由医护人员对女性受刑人员进行体检,若存在特殊情况或基于安全考虑,也只能由一名监狱工作人员在场。第19条、第20条规定,在对女性受刑人进行搜查时,只能由专门的女性工作人员按照既定程序进行,要确保尊重女性受刑人的尊严,并尽可能地采取一些对女性罪犯的尊严有保护性的措施。第二,监狱内生活权利的特殊保护。基于女性特殊的生理和心理特征,监狱对女性受刑人员的基本生活需求应当给予更多的关注。《曼谷规则》规定:女性受刑人的监管场所必须配备满足妇女卫生需要的物品,包括免费提供卫生用品供女性受刑人个人护理使用。相比我国法律法规对女性受刑人监狱生活方面的粗略规定,《曼谷规则》在这方面的规定显然更加精细化,具体到女性受刑人的生活用品和卫生护理用品,而且这一规则也更具有可操作性,较好地维护了女性受刑人的合法权利,值得我国相关立法和司法实践借鉴。第三,家庭、子女利益最大化原则。一定程度上,女性在家庭中扮演着相比男性更加重要的角色,或者说承担了更多的不可或缺的责任,比如,赡养老人、抚养子女、扶持丈夫、照顾家庭、维系家庭和睦等。一旦女性犯罪嫌疑人或女性罪犯的人身自由被限制或被剥夺,她们无法再扮演应有的家庭角色。为了从根本上解决这一问题,尽可能地降低女性受刑人因其被监禁而给

① 卞建林主编:《诉讼法学研究》(第19卷),中国检察出版社2014年版,第144页。

家庭带来的影响,《曼谷规则》规定:在将女性罪犯收监之前,应允许其将负有养育、抚养责任的未成年子女,或将其需要赡养的老人做好妥善安排;基于未成年人利益的考量,如果条件允许,或者延长时间收押不至于产生社会危害性,可以留出一段合理时间暂不收押;如果条件允许,监管机构应向怀孕妇女、哺乳母亲提供免费的食品、饮品,营造良好的健康环境并给予其日常活动的机会。除此之外,还应尽可能地为女性受刑人提供与未成年子女相处的机会。由这一系列的规定可见,《曼谷规则》充分体现了监禁中家庭、子女利益最大化原则。第四,人际关系与狱后关怀。诚如我们所知,人际关系对于个人发展是相当重要的,朋友可以成为我们倾诉的对象,有助于我们缓解糟糕的情绪而变得愉悦,通过相互交流而变得积极向上。对于女性受刑人而言,人际关系更为重要,因为女性受刑人一旦失去人身自由,她们敏感的心理特征更容易产生消极情绪。如果能够帮助女性服刑人员建立良好的社会关系,在很大程度上能促使女性自觉、主动投身到教育改造活动中去。[①]《曼谷规则》要求监狱应当帮助女性受刑人建立良好的人际关系,并且通过狱后关怀使他们出狱后能够顺利地融入家庭、回归社会。需要承认的是,《曼谷规则》为保护女性受刑人权利创设了可借鉴的框架,但框架内具体的内容需要进一步的填充。

(三)女性受刑人心理干预的针对性

女性受刑人普遍处于不良的心理状态,若不及时进行疏解,极易造成恶性后果。刑罚的目的之一在于预防犯罪,通过刑罚的严厉性以达到震慑作用,使普通人畏于犯罪,使已犯罪之人悔过并不再犯罪。高墙林立,封闭的场所容易让人的心灵沉淀,冷静反思自己的过错,对未来进行合理的设计。然而长时间处于高度封闭状态,普通人的心理容易产生消

---

① 参见张玲:《人际关系对女服刑人员改造的影响》,载《社会心理科学》2004 年第 4 期。

极抑郁情绪，曾经实施越轨行为的女性受刑人更容易产生不良情绪。根据《中国女性在押人员处遇状况研究报告》显示，我国在押女性受刑人的心理健康状况明显不良，呈现出暴力犯罪者比非暴力犯罪者、离异女性受刑人比未婚和已婚女心理健康状况差，文化程度越高心理健康状况越好的态势。① 离异女性受刑人的心理问题更为严重，抑郁、强迫精神病等项的得分显著高于未婚和已婚女性受刑人，这可能是由于女性更为看重家庭，一旦家庭破裂，对她们的感情伤害很大，从而产生情绪低沉、对生活丧失希望、强迫焦虑、精神恍惚等症状。② 另一份研究报告显示，女性受刑人员心理问题的阳性检出率为45.7%、中重度心理障碍检出率36.8%，女性受刑人员心理健康的总体水平较低。③ 在总体心理健康水平较低的状况下，不同类型的女性受刑人员心理问题也不尽相同。受刑人心理的形成实质上是受刑人在原有心理和在新的监管环境中，主体内外多种因素相互作用的结果。④ 若要对女性受刑人进行针对性的心理辅导，就需要了解其入狱前的生活状态、文化程度，入狱后其家庭成员的态度，在狱内的学习和生活等情况，多方位综合探析才能够准确地了解女性受刑人的心理状态，从而更好地进行疏解。调查报告显示，在女性受刑人员中，90%都经历过至少1件精神创伤性事件，60%经历的是多重精神创伤，其中，25岁及以下的年轻女性受刑人，无论是经历的创伤事

---

① 参见程雷、吕晓刚、陈建军：《我国女性在押人员处遇状况研究报告》，载中国人民大学法学院官网：http://www.law.ruc.edu.cn/article/?48916.html，最后访问日期：2018年3月25日。

② 周靖、白广明：《关于在押女犯心理健康状况的调查研究》，载《社会心理科学》2003年第1期。

③ 史梁、唐茂芹、胡蕾、何旭、赵鸿雁：《女性服刑人员心理健康状况与应对方式的相关性》，载《山东大学学报》(医学版)2013年第2期。

④ 罗大华、刘邦惠：《犯罪心理学新编》，群众出版社2000年版，第226～230页。

件数量，还是创伤类型，都明显多于25岁以上女性受刑人。[①] 因而，必须对女性受刑人进行心理帮扶，将曾经受过心理创伤的女性受刑人视为重点对象，以防其在监狱内产生过激行为或造成恶性影响。

封闭的监管环境、固定的接触对象，女性受刑人性格中特有的细腻、敏感等特点，可能导致其过度地放大矛盾，加重自身心理问题。虽然人格特征具有稳定性，但也可以通过改变个体的行为方式和认知方式来影响其人格表现形式。[②] 因此，在女性受刑人的服刑期间，为其提供必要的心理健康咨询与心理矫正服务是应然的举措。女性受刑人心理问题的改善，不仅有利于其自身困顿的解决，更有利于整个监狱内受刑人群体的和谐相处。女性受刑人员群体里的隐形角色是多种多样的，但却与性或者家庭关系有关，属于初级群体范畴。女性受刑人员常希望通过创建与其在社会中的身份相类似的角色来应对监狱这一让人苦恼的环境。[③] 女性群体的相处是一门复杂的学问，尤其是曾经有过不良行为的女性受刑人群体，每一个人都在这个流动性较低的群体里扮演着类似于其原初社会身份的角色，个体的一言一行都会影响群体内的其他人。倘若一位女性受刑人的心理问题得到改善疏通，其将会用正能量鞭策整个受刑人群体；反之，如果一个人的内心问题持续积攒，极可能带动整个受刑人群体负面情绪的产生。因而，女子监狱管理部门必须严肃对待女性受刑人心理问题，设立心理咨询师逐一针对性地解决女性受刑人的心理问题，以帮助其适应并接受狱内教育矫正，从而促进女子监狱的稳定运行。

我国女子监狱近年来开展了一系列心理健康矫正活动，并取得了一

---

① 参见黄国平：《女性服刑人员中精神创伤与创伤后应激障碍(PTSD)的关系以及PTSD的心理学、认知功能、神经生化研究》，中南大学2006年博士学位论文，第25页。

② 参见王文娟、曾祥岚：《服刑人员人格特质与应对方式的关系》，载《中国健康心理学杂志》2015年第11期。

③ 参见刘柳：《关于女性服刑人员监狱适应的西方研究回顾与反思》，载《江苏社会科学》2014年第2期。

定的成效。2009年司法部监狱管理局颁布《关于加强监狱心理矫治工作的指导意见》,要求监狱建立受刑人员心理健康指导中心,并在监狱教育改造部门的领导下开展工作。心理健康指导中心配备的专职心理矫治人员原则上不低于在押受刑人总数的1.5%,不得少于三人,每监区(分监区)应当至少配备一名监狱人民警察担任专兼职心理辅导员。该项意见颁布后,各省市地区纷纷下达文件,要求建立专业的心理健康指导中心,以保障受刑人心理健康。实践中,各地区也进行了一系列受刑人心理健康矫正工作的探索。2015年上海市监狱管理局颁布《上海市监狱管理局罪犯心理矫治工作规定(试行)》,明确了受刑人心理矫治工作应包括心理健康教育、心理测量与评估、心理咨询与危机干预、严重精神疾患的处置、心理个案与心理档案管理等;各监区的心理辅导员必须具有国家三级及以上心理咨询师资格证书或执业心理医师资格证书,以及司法部颁发的职业资格上岗证,实现受刑人心理矫正的职业化和规范化;同时在受刑人群体内部设立心理互助员,贴近实际生活地帮助监狱心理辅导员开展心理健康宣传的辅助工作,及时反映其他受刑人的内心想法,搭建起心理辅导员同受刑人之间的桥梁;定期进行受刑人心理测量与评估,并为每一个受刑人建立《心理健康档案》,更好地观测受刑人的心理变化,以便及时进行矫正等。上海市颁布的规定是近年来最为完善的受刑人心理矫正规定,要求对每一名受刑人进行针对性的心理矫正,虽然未能具体地提及女性受刑人的心理矫正问题,但已然是一项进步性的规定,女性受刑人的心理矫正问题可参考该规定进行。不少女子监狱设置了心理咨询室,或者确定了心理"宣泄日"。在"宣泄日"当天,女性受刑人可以在特定的场所跳舞、歌唱、打乒乓球等。① 心理辅导的方式是多种多样的,因为具体法律规定的缺位,反而给予实务部门广阔的自主摸索的天地,创新形式对女性受刑人进行心理辅导和疏解,不局限

① 杨帆:《我国监狱服刑人员权利研究》,武汉大学2012年博士学位论文,第138页。

于传统呆板的教育改造。但总体而言,我国女子监狱内部专业的心理咨询师比例仍然不高,虽然部分狱警通过自学和统一培训的方式取得了心理咨询师资格,但是绝大多数狱警仍然没有接受过专业系统的心理学培训,仅仅依靠经验进行心理疏导,因而提升女子监狱内部心理辅导员的专业化水平也是一项迫在眉睫的工作。

(四)女性受刑人健康权的特殊保护

定期对女性受刑人进行生理健康的检查,是保护女性受刑人健康权的一项重点工程。一份针对广州女子监狱受刑人员宫颈癌的研究报告指出:"广州市妇女宫颈细胞学普查结果的分析表明,45 岁以上妇女宫颈癌及癌前病变检出率为 0.34%。本组资料检查对象的年龄为 40 岁以上女服刑人员,年龄相似,鳞状上皮病变检出率为 5.70%,发病率是前者资料的 16.76 倍,显著高于普通人群……调查结果显示,女服刑人员的宫颈癌及癌前病变发病率较高,提示此类人群宫颈癌及癌前病变患病风险高,其保健工作不容忽视。"①对于 30 岁至 50 岁的女性受刑人而言,其女性疾病的发病率高于同年龄段的其他女性,因而监狱管理部门必须对其进行健康监测,确保女性受刑人一旦患病可以得到及时有效的治疗。

截至目前,我国并没有制定针对女性受刑人健康权保护的单独法规,其保护条文散见于其他法规之中。1998 年司法部劳改局印发《全国女犯座谈会纪要》,指出应当针对女性受刑人的生理特点设置必要的医疗器材,定期进行体检活动,并配备女性专业医生。我国《监狱法》也并没有制定针对女性受刑人生理健康的管理规定,只是在第 54 条概括地要求"监狱应当设立医疗机构和生活、卫生设施,建立罪犯生活、卫生制度。罪犯的医疗保健列入监狱所在地区的卫生、防疫计划"。而在实践中,监狱定期实行体检,尤其是定期进行妇科疾病的查治存在较大困难。

---

① 郜红艺、张佳立、吴坤河、张江宇、陈文静、罗艳霞、张秀:《广东省某监狱女服刑人员宫颈癌调查结果》,载《华南预防医学》2006 年第 5 期。

因此,在检查监测机制之外,为女性受刑人提供一个良好的卫生生活环境,降低女性受刑人发病的概率,是监狱管理部门应当履行的重点责任。我国《监狱法》第50条规定:“罪犯的生活标准按实物量计算,由国家规定”,我国目前监狱内饮食保障从可以“吃饱”,逐步向“吃好”转化。然而女性受刑人,特别是处于更年期阶段的女性受刑人,更需要各项维生素的补充,对饮食的要求高于一般女性受刑人。如果能保证其膳食结构均衡,配合以适量的劳动工作以及专业的心理帮扶,女性受刑人平稳度过更年期的概率将大大提升。在监狱内进行服饰网购和使用护肤品保养皮肤,对于疏解女性受刑人心理、帮助其适应监狱环境、预防疾病的发生都是大有裨益。普通女性在经期、孕期、产期、哺乳期通常受到特殊优待,而在监狱之中,女性受刑人同样可以得到特殊的关照,如在生理期内可以减少劳动、适度休息等,从而在源头中预防女性受刑人疾病的产生。预防工作搭配合理的检查监测机制、良好的疾病诊疗程序,女性受刑人的生命健康权才能切实有效得到保障。

(五)针对女性受刑人家庭联络权的着重保护

女性对于家庭关系的依赖更胜于男性,家庭联络权无疑是女性受刑人一项重要的权利。非暴力犯罪的女性受刑人往往是因为生活窘迫,为取得财物而走上了违法之路。而暴力犯罪的女性受刑人通常是由于处在特殊生理时期,受到外界刺激而实行越轨行为。调查表明,女性处于月经期、怀孕期、产期、哺乳期和更年期时会出现植物性神经功能紊乱,大脑皮层控制失调等症状,导致心烦易怒,情绪失控,这时遇到不良刺激很容易冲动,容易形成狭隘、猜疑、嫉妒、偏执的心理,进而诱发犯罪。①对于冲动犯罪的女性受刑人而言,“懊悔自责造成的痛苦比任何法律惩

---

①　参见程雷、吕晓刚、陈建军:《我国女性在押人员处遇状况研究报告》,载中国人民大学法学院官网:http://www.law.ruc.edu.cn/article/?48916.html,最后访问日期:2018年3月25日。

罚都要大",[1]该类型的女性受刑人极易悔过,在高墙之内分外思念亲人,尤其是已经生育过子女的女性受刑人,其悔过和思念之情尤为严重。女性在现代社会中的重要作用无须多言,其自身带有的浓烈的情感因素将影响到其在监狱的适应和改造。女性受刑人在服刑关押期间,大多表现为心理上的双重性:渴望家人关心却又害怕家人关怀。[2] 渴望家人关怀是因为女性受刑人在突然被剥夺人身自由后,其情感上会产生空缺,而狱内又没有可以信赖的人,所以女性受刑人将所有的情感依赖都寄托于家人身上,然而女性受刑人内心也惧怕同家人往来,不希望自己暗淡的生活波及家人正常的生活,因而又不愿同家人见面。本质上这一矛盾情绪来源于女性受刑人对家人的关爱,定期安排家人会见对于女性受刑人的狱内矫正大有裨益。自 20 世纪 90 年代以来,部分女子监狱安排表现较好的女性受刑人同配偶会见 12 ~ 20 小时,即"特优会见"。"特优会见"保证了已婚女性受刑人的基本家庭权利。入狱服刑后的女性受刑人同配偶的见面机会难得,"特优会见"不仅有利于女性受刑人舒缓内心的思念,也有利于维护原本的婚姻关系,给女性受刑人在狱内的改造吃一颗定心丸。除同配偶的见面,同其他家庭成员,尤其是同父母等长辈的会见也有利于缓解女性受刑人的思念之情,类似活动的开展无疑有利于女性受刑人家庭联络权的实现。

成年女性受刑人在家庭中除了女儿和妻子的角色之外,更为重要的角色则是母亲。母亲是儿女最温暖的依赖,是儿女最初模仿的对象。有研究表明,家庭关系是影响攻击行为和公正感知的一个因素,家庭关系越和睦,攻击行为越少,公正感知越高。[3] 因此,母亲所担负的责任不仅

---

① [意]切萨雷·龙勃罗梭:《犯罪人论》,黄风译,北京大学出版社 2011 年版,第 20 页。

② 郝佩韦:《论女性罪犯关押期间心理表现的双重性》,载《河南大学学报》2010 年第 1 期。

③ 孙霁、班永飞、杨嵘昌、班伟:《服刑人员攻击行为特征及与公正感知的关系》,载《中国健康心理学杂志》2016 年第 3 期。

仅是对家庭的责任,更是对整个社会的责任。我国《监狱法》第 19 条规定:“罪犯不得携带子女在监内服刑”,那么如何保障女性受刑人同子女的见面权利是需要监狱管理部门重视的问题。女性受刑人被羁押后,母亲与子女的关系被强行隔断,子女的成长必然受到影响,其心理发展甚至遭到毁灭性打击。因而对于女性受刑人家庭联络权的保护,不仅是对女性受刑人自身权利的保护,更是对其未成年子女健康成长的保护。研究得出,服刑人员未成年子女的自尊程度和心理健康诊断总分及其各因子均呈显著负相关关系,尤其是自责倾向、恐怖倾向与自尊的相关程度是最高的,父母的错误让他觉得在别人面前抬不起头来,寄养在代理监护人家里,而代理人因为增添经济负担,对其内心歧视并产生怨气,孩子长期受到冷落、虐待,只能独自承受,内心孤僻、敏感、内向,缺乏安全感与归属感,在面对学习和生活时,不能对自己进行积极、正确的评价,过分地低估自己。[①] 未成年人是国家的未来,更是社会稳定的基石,因而必须尽可能地保障女性受刑人同未成年子女的联络权利。如果条件允许,应当将女性受刑人安排在离家较近的监狱,保证并鼓励其与家庭成员的见面,尤其是同未成年子女的会见。

2010 年司法部联合多部门发布关于贯彻落实《中央办公厅、国务院办公厅转发〈中央社会治安综合治理委员会关于进一步加强刑满释放解除劳教人员安置帮教工作的意见〉的通知》的实施方案,其中规定了监狱每年至少两次排查受刑人员存在的未成年子女失学、家庭婚姻关系出现危机、长期无人探视等情况,要求各级政府民政部门、教育部门联合解决受刑人员的未成年子女就学问题。该通知还要求监狱必须积极创造条件,利用视频网络等新兴方式,加强受刑人同家人的联系;安排志愿者对受刑人的未成年子女提供生活照料和帮助。实践中,上海市女子监狱也

---

① 吕少博、陈辉、刘霄、崔向军、陈宏硕、李金阳、张郢、任鹤飞、李丽娜:《服刑人员未成年子女心理健康状况和自尊程度的关系研究》,载《现代预防医学》2015 年第 17 期。

进行了若干探索。2000 年为使女性受刑人员刑满释放后可以更好地适应社会与照顾家庭，上海市女子监狱试行了半监禁刑的探索，对于符合条件的女性受刑人员，允许其周一到周五回社会参加劳动，周末回监狱服刑。① 该项举措受到了女性受刑人及其家庭成员的广泛赞誉，有利于女性家庭联络权的确实行使。上述各项司法规定以人文关怀为出发点，将女性受刑人家庭联络权的保护落实在司法实践环节之中。

（六）针对女性受刑人隐私权的保护

隐私权是公民所享有的一项基本权利。女性受刑人虽然失去了人身自由，但作为一名公民，仍然享有一定的隐私权。她们依法享有只能由自己所知，不被他人知悉或干涉的秘密。在一定程度上，女性受刑人拥有较高的隐私需求，她们的隐私权也更容易受到侵害。而在监管过程中，难免会发生公权力与隐私权冲突的情况。看守所和监狱作为公权力执行机关，职责之一便是确保监管场所的安全，防止意外事件的发生。基于监所的安全考量，女性受刑人的隐私权也会受到一定的限制。为了提高监管效能、防止意外事件发生，看守所及监狱的监室内部通常安装了视频监控系统，尽可能在女性受刑人关押、活动、生活的场所做到无死角监管，甚至在女性受刑人洗漱等特殊区域安装监控系统。女性受刑人身体的私密信息都会被监控系统拍摄下来，并且在电脑的终端系统保存一段时间。一旦监控系统的终端出现问题，如权限设置问题、监控系统被病毒侵入、监控工作人员操作不当或相关人员发生疏忽，都有可能导致女性受刑人的私密信息遭到泄露。因此，女子监狱和看守所要在监管过程中平衡监管安全与女性受刑人隐私权。为了保障女性受刑人的隐私权，监管机构可以做出一定的变通。比如，监狱或看守所在安装监控摄录系统时，需要为女性受刑人留有一定隐私空间。在女性受刑人的洗

① 参见麦林华主编：《上海监狱志》，上海社会科学院出版社 2003 年版，第 461 页。

手间、浴室等涉及女性身体隐私的地点安装的监控系统，要由女性看守人员担任专门的监控员，监控录像录制好后严格封存，由专人专管。此外，很多女性受刑人在监管场所会通过写日记的方式，舒缓自己的情绪，而监狱或看守所可以不定时地抽查女性受刑人的日记。不仅可以了解女性受刑人的思想动向，发现其心理需求，还可以部分地保护隐私权，从而达到对女性受刑人更好的教育监管。

（七）女性受刑人权利保护的展望

同一般社会群体的权利保障相比较，女性受刑人员处于权利群体的"底层"，其权利的行使与保障都难以同普通人相提并论。近年来，政府为女子监狱的标准化建立进行了一系列努力，学界也在女性受刑人权利保护领域进行了一系列探讨，女性受刑人的生活环境得到了有效提升。然而，受限于我国目前的经济发展水平，女性受刑人的权利保障标准仍然无法完全达到《曼谷规则》的要求。在法治进步的今天，重新界定女性受刑人的权利地位，给予其良好的权利保障，是促进社会平等的一项重要途径。一个社会对待女性受刑人权利的态度是整个社会文明程度的缩影，此缩影可以也应当在各界的努力下越发明亮。

刑法因其本质特性和内在价值而成为社会控制的最严厉一环，而监狱担任了最严厉环节中的执行任务。以惩罚和改造受刑人为目的的监狱管理，长期以来将惩罚视为主要目的，将教育和改造视为次要或派生目的。然而，相关实证研究表明，依赖惩罚主义以抑制犯罪率在整体罪行的发展历程中是无效的。严厉的处罚非但不能防止犯罪，而且会给应受处罚的人累积起再社会化的障碍，导致罪因性环境形成，加剧其再犯。① 强权打压受刑人权利带来的结果是社会矛盾的激化，绝非再犯可能性的降低。一味通过压制受刑人权利而安抚受害人以及社会公众情绪，已然是一种落后的非理性行为，理性主义使我们意识到虽然惩罚必然意味着

① 樊文：《犯罪控制的惩罚主义及其效果》，载《法学研究》2011年第3期。

某些权利的丧失，但如何在权利丧失中最大限度地维护剩余权利的行使，是监狱管理中的关键问题。

受刑人权利的保护是我国权利事业的一个分支，但是基于受刑人承受民众歧视等原因，其权利保护始终处于较低的地位未能得到广泛地关注。在更加广泛的层面中，保护受刑人权利不仅仅依赖于监狱如何管理教化受刑人，更依赖于社会公众如何看待受刑人群体。受刑人这一称谓，直至今日，仍然被视为一个不光彩的贬义名词。社会歧视虽然呈现下降性趋势，但是基数庞大的社会歧视仍然对受刑人造成了难以磨灭的伤害。传统中国司法实践的最终目标是实现"罪刑相抵"，民众对于受刑人地刑罚抱有一种"罪有应得"的心态，对待受刑人的态度冷漠并残酷。所以说，歧视受刑人观念的减弱是我国权利保护发展迈向民主化、文明化的标尺，正是对弱势群体的权利保护才能体现出整个国家的权利保护水平。我国在受刑人权利保护领域中已经进行了一系列的有力探索，并不断地进行改革和创新，力争在现有的经济水平处境下为受刑人创造一个贴近国际标准的权利保护法律体系。

最后，我们应当进一步充实中国特色的受刑人权利保护制度，完善基于我国本土文化的受刑人权利保护理念，发展受刑人权利保护文化。法律的制定基础是法律的有效遵守，随着民众法律意识的增强，民众对于法律的普遍遵守必然有利于我国受刑人权利事业的进一步发展。也许受刑人目前仍然处于受到歧视的弱势地位，但相信随着权利观念的发展，受刑人权利保护必然得到民众普遍地认可与尊重，从而取得长远的进步。

第十二章　国际人权法与当代中国基本权利的保护[①]

中国的国际人权义务是依据《联合国宪章》《世界人权宣言》以及批准的国际人权公约所承担的国际法义务。对于国际人权义务的履行，既涉及国际人权法在国际层面的实施问题，也涉及国际人权标准在中国的转化和实施问题，它是中国特色社会主义法治的一部分，既体现了中国对于基本权利保护的态度，也体现了对“条约必须遵守原则”的尊重和落实。一直以来，由于对国际层面人权问题的政治化认识，对于国家履行国际人权义务的问题缺乏系统性深入的研究，对于中国的相关实践及其特色缺乏思考和探索。对此，本章在梳理中国对国际人权法的接受情况的基础上，对中国落实国际人权法的路径和特色进行研究和探讨，以期填补这一研究空

---

① 本章相关研究成果已发表于《东岳论丛》2017 年第 6 期，特予致谢。

白,从而为推进中国的基本权利保护提供理论支持。

一、中国对国际人权法的接受

纵观中国对国际人权法的接受经历了不同的历史。尽管中国对于联合国核心国际人权公约的接受都是在中国恢复了在联合国的席位之后,但是中国对于人权的国际化,以及国际人权法的发展做出了独一无二的贡献。

(一)1949 年之前

中国参与接受国际人权法的历史渊源,可以追溯到中华人民共和国成立之前。可以说,中国对国际人权法的接受始终随着人权保护国际化的历程。在联合国成立以前,人权受国际保护的观念尚未被各国所接受,国际人权法的原则和规则多散见于一些具体的公约之中。彼时国民党所代表的中国政府签署和批准了一系列人权公约。比如,在劳工的保护方面,中国自 1919 年起就成为国际劳工组织的成员国,于 1930 年 5 月 5 日批准了第一份公约——《制定最低工资确定办法公约》(第 26 号),并于 1930 年 6 月 14 日生效;①在国际人道主义法方面,国民政府于 1935 年 11 月 19 日签署了《关于战俘待遇的日内瓦公约》;②在禁止奴隶和奴隶贸易方面,国民政府于 1927 年 6 月 21 日签署了《国际禁奴公约》。

联合国的成立标志着人权的国际保护进入新的历史时期。第二次世界大战后,为了防止惨绝人寰的世界大战再次发生,促进世界和平与发展,中国作为世界反法西斯同盟的重要成员和战胜国,不仅参与了联合国的建立,还参与了《世界人权宣言》的制定,并将中国文化对人权的

① 参见国际劳工组织官网:http://www. ilo. org/dyn/normlex/en/f? p = NORMLEXPUB:12100:0::NO:12100:P12100_INSTRUMENT_ID:312171:NO,最后访问日期:2017 年 3 月 4 日。

② 参见 ICRC 网:http://www. icrc. org/chi/resources/documents/misc/convention - pow - 27071929. htm,最后访问日期:2017 年 3 月 4 日。

理解和人权价值的主张融入这一重要的国际人权文件中，从而为人权话语找到了新的理论及合法基础。中国对于《世界人权宣言》所宣扬的价值提出的多元性文化解释，促进了国际社会对于人权的价值达成更广泛的共识。因此，中国的参与在联合国创立伊始，就为国际人权法的建立和发展奠定了组织基础、国际法基础。①

联合国的成立极大地促进了国际人权法的发展。以《联合国宪章》和国际人权宪章为基础的国际人权法体系迅速建立起来。中华人民共和国恢复联合国合法席位之前，国民党政府就已签署了几项联合国主导通过的国际人权公约，重要的有《联合国宪章》、《国际难民组织宪章》、《关于难民地位的公约》、《关于难民地位的议定书》、《防止及惩治灭绝种族罪公约》、《妇女政治权利公约》、《国际禁奴公约》（修正议定书）、《废止奴隶制、奴隶贩卖及类似奴隶制的制度与习俗补充公约》、《已婚妇女国籍公约》、《消除一切形式种族歧视公约》、《经济、社会和文化权利国际公约》、《公民权利和政治权利国际公约》及其议定书等。

（二）1949 年之后

中华人民共和国成立后并没有一概承受国民政府签订的条约，而是采取了"另起炉灶"的方针政策。② 由于在近代国际法传入我国之后的 100 多年里，我国几乎一直在被迫接受和适用不平等的国际法规则，国家独立和主权受到严重侵犯和践踏。因此，中华人民共和国成立以后，维护国家主权和领土完整、保障国家独立和平等、反对侵犯和干涉，自然成

---

① 参见鞠成伟：《儒家思想对世界新人权理论的贡献——从张彭春对〈世界人权宣言〉订立的贡献出发》，载《环球法律评论》2011 年第 1 期；黄建武：《儒家传统与现代人权建设——以张彭春对〈世界人权宣言〉形成的贡献为视角》，载《中山大学学报》（社会科学版）2012 年第 6 期。

② 周恩来：《我们的外交方针和任务》，载新华网：http://news.xinhuanet.com/ziliao/2004-12/21/content_2362511.htm，最后访问日期：2017 年 3 月 4 日。

为对外交往中的首要使命和基本准则。[①] 中国人民政治协商会议第一届全体会议所通过的《中国人民政治协商会议共同纲领》中,表明了其对待国民党政府所签订条约的态度,该纲领第55条规定:"对于国民党政府与外国政府所订立的各项条约和协定,中华人民共和国中央人民政府应加以审查,按其内容,分别予以承认,或废除,或修改,或重订。"根据该条的规定,中华人民共和国政府于1952年7月13日宣布承认国民党政府于1949年8月12日签署但未批准的日内瓦四公约,并在承认声明中指出:"各该公约的内容基本上是有利于国际持久和平并符合人道主义原则的。"公约于1956年11月5日经全国人民代表大会常务委员会批准,中国政府于1956年12月28日交存批准书,1957年6月28日四公约对中国生效。[②]

随着中华人民共和国政府在国际组织的合法席位的恢复,[③]尤其是1971年10月25日恢复在联合国的合法席位,中国进一步融入国际社会,中央政府对国际人权条约的接受力度进一步扩大。一方面,进一步声明承认国民党政府代表中国所批准的与人权有关的国际条约,如1984年6月11日中国政府宣布承认国民党政府代表中国批准的14项国际劳工组织公约;另一方面,积极加入、签署和批准国际人权公约,甚至参与人权公约的起草过程,如《儿童权利公约》《残疾人权利公约》。截至2016年3月,在联合国主导订立的9项核心人权公约中,中国共签署了7项核心人权公约,除《公民权利和政治权利公约》签署而没有批准外,其他签署的公约均获批准。

---

① 参见班文战:《国际人权法在中国人权法制建设中的地位和作用》,载《政法论坛》2005年第3期。

② 参见《日内瓦公约》,载新华网:http://news.xinhuanet.com/newscenter/2001-12/06/content_151047.htm,最后访问日期:2017年3月4日。

③ 1971年至1973年,中国政府先后恢复了联合国、联合国粮农组织、联合国教科文组织和世界卫生组织的合法席位。

二、中国履行国际人权义务的路径

作为国际法的一个新兴分支，国际人权法既具有国际法的基本特质，又有人权法的特点。一方面，国际人权法为缔约国在国际层面设立了权利义务关系，设立了国际层面国家间的监督关系。另一方面，作为对人权的国际保护，国际人权法不同于传统国际法的特色之一，就是后者强调对国家间关系的调整和争端的解决，而前者强调的是对国家与领土管辖内的个人关系的调整，强调国家保护人权的义务。换言之，传统国际法主要规范的是国家间的横向关系，而国际人权法主要规范的是国际和个人之间的纵向关系，这种纵向关系原本是主权管辖范围的事项，但是国际人权法的产生意味着为这种国家与个人的关系设立了国际保障义务和国际监督。由此，中国对国际人权法的履行意味着承担两个层面的义务：第一，在国内实施国际人权标准，推进对人权的尊重、保证和实现；第二，接受其他国家和国际组织的监督。也有学者将其称为形式上（或者程序上）的和实质上的义务。①

（一）在国内层面履行国际人权义务

中国在国内层面履行国际人权义务就是将国际人权法转化为国内法，并采取立法、行政和司法以及其他一切方法，落实对国际人权法的实施。有学者指出，国际人权法为国家确立了四重义务：承认人权的义务、尊重人权的义务、保障和促进的义务、保护的义务。② 国家对这四重义务的落实主要体现在其立法、行政、司法方面。

1. 立法与人权保护

人权的保护与国内的法制建设紧密相连，自改革开放以来，我国在法制建设的轨道上逐步前进，2011 年 1 月 24 日全国人大常委会委员长吴邦国宣布，中国特色社会主义法律体系已经初步形成，这标志着我国

---

① 参见孙世彦：《论国际人权法下国家的义务》，载《法学评论》2001 年第 2 期。

② 同上。

法制体系的建设迈上了一个新的台阶。随着我国人权外交思维上的巨大转变,“人权成了正面的词汇”,[①]我国国内的人权建设也迈开了步伐,国内对人权的探讨和研究变得活跃起来。2004 年 3 月 14 日第十届全国人民代表大会第二次会议通过了《中华人民共和国宪法》第四次修正案,其中第 24 条规定:“原宪法第三十三条增加一款作为第三款,即‘国家尊重和保障人权’,原第三款相应的改为第四款。”“人权”一词最终在我国的根本大法中得以呈现,这一条也被称为“人权条款”。有学者主张,该“人权条款”为国内的立法机关确立了人权立法义务,主要包括:人权的立法保护义务和人权的立法救济义务。[②] 从实证法的角度来讲,人权条款对立法机构的拘束力,源于宪法作为一国国内具有最高法律效力的根本大法,立法机构负有承认并尊重人权的义务、保障和促进人权的义务。

国际人权法作为国际法的一个分支,在国内适用时也面临着国际法传统的理论争论,即国际人权法在国内的法律层级问题以及如何适用的问题。一般认为,我们国家对国际法主张“二元论”的观点,即国际法与国内法并不同属于一个法律体系,国际法在国内并不具有直接适用性,因此在实践中主要通过如下两种方法适用于国内法。一是转化(transformation),通过立法将条约的内容转化为国内法,通过适用国内法间接地适用国际法。二是并入或采纳方式(adoption),即由国内宪法或法律作出原则性规定或通过立法机关的行为(如通过批准条约、公布条约等),确定国际法可在国内直接适用。例如,我国《民法通则》第 142 条第 2 款规定:“中华人民共和国缔结或者参加的国际条约同中华人民共和国的民事法律有不同规定的,适用国际条约的规定,中华人民共和国声明保留的条款除外。”就国际人权法在国内的适用而言,我国宪法或法律未专门就我国批准的某一人权条约进行转化,公约的内容散见于国

① 李云龙:《中国与国际人权合作》,载《新远见》2011 年第 7 期。

② 参见秦强:《立法机关的人权立法义务研究——以人权条款入宪为背景》,载《北方法学》2012 年第 6 期。

内的法律体系。以《儿童权利国际公约》为例,“在签署和批准《公约》前后,中国的立法机关陆续制定或颁布了《未成年人保护法》《义务教育法》《收养法》《残疾人保障法》《母婴保健法》等一系列法律和规定,以使国家保护少年儿童的事业进一步法律化、规范化”。[①] 然而,截至目前,第二种适用方法还尚未在我国出现,我国的宪法或法律未曾规定国际人权公约可以在我国直接适用,有学者指出,“我国在参加一些国际人权公约之后制定的相关法律中并未包括相应的条约适用条款”,[②]应当认为,国际人权法不能在国内直接适用。与之形成对比的是中国香港特别行政区的做法,以《香港人权法案条例》为例,该条例将《公民权利和政治权利国际公约》中适用于香港特别行政区的规定纳入香港特别行政区法律,并对附带及有关联的事项作出了规定。换言之,《公民权利和政治权利国际公约》并不能直接在我国香港特别行政区适用,而是通过实施《香港人权法案条例》的方式间接地将该公约适用于我国香港特别行政区。

就国际条约在国内法律体系中的地位而言,通常应当根据批准或核准的机构来确定其法律地位,根据我国《缔结条约程序法》,条约被分为:(1)由全国人大常委会批准的条约和重要协定;(2)由国务院核准的条约和协定;(3)无须全国人大常委会批准和国务院核准的协定,国际条约的法律地位由其批准机构的性质来决定。当下中国所参与的核心国际人权公约,均由全国人大常委会所批准,依一般法理,其法律地位应与国内的一般法律相当,然则,这并没有在我国的官方文件中得以确认。[③] 由

---

① 参见中国向儿童权利委员会提交的首份国家报告,CRC/C/11/Add.7,p.6。

② 班文战:《国际人权法在中国人权法制建设中的地位和作用》,载《政法论坛》2005年第3期。

③ 对于国际人权条约在国内法律体系中的地位问题,我国的政府报告中对此采取了回避处理,参见中国根据《儿童权利公约关于儿童卷入武装冲突问题的任择议定书》第8条提交的初次报告,CRC/C/OPAC/CHN/1第11段,“任择议定书在国内法的地位11。根据中国法律制度,经全国人民代表大会常务委员会批准的国际条约对中国具有法律约束力,中国将按照国际条约的规定承担相应的义务。目前,中国已建立了符合任择议定书的国内法律体系,通过适用国内法确保任择议定书得到实施。”

于我国未明确规定国际人权公约在中国如何适用，在国际人权公约与国内法冲突时，这一问题也就处于搁置状态。

我国当下的法律体系，主要由宪法统领下的宪法及宪法相关法、民商法、行政法、经济法、社会法、刑法、诉讼与非诉讼程序法七个部门法构成，包括法律、行政法规（地方性法规）、部门规章三个层次。2004 年我国把“国家尊重和保障人权”写入宪法，此外，《宪法》在其第二章规定了公民享有的一系列公民权利，在根本大法的层面上确认了每个人享有的人权。以宪法为依据，我国加强了有关人权保障的立法工作，建立了基本的公民权利和政治权利保障制度以及经济、社会和文化权利保障制度。① 以社会和文化权利保障为例，中国从本国国情出发，参照世界各国立法和有关国际文件，制定了多部法律法规，形成了以《宪法》为核心，包括《民法通则》《继承法》《消费者权益保护法》《矿产资源法》《土地管理法》《水法》《水土保持法》《煤炭法》《环境保护法》《劳动法》《工会法》《矿山安全法》《城市居民最低生活保障条例》《国务院关于建立企业养老保险制度的规定》《教育法》《义务教育法》《高等教育法》《文物保护法》《科学技术进步法》《国家通用语言文字法》《未成年人保护法》《妇女权益保障法》《老年人权益保障法》《残疾人保障法》等在内的一系列保障公民经济、社会和文化权利的法律体系，为促进和保护公民的经济、社会及文化权利提供了重要的法律保障。② 我国从一个很低的起点出发，建立了基本的人权法律体系，实现了对人权比较系统的法制保障。

2. 行政与人权保护

立法从规范层面上确认了人的权利，行政执法是立法实现的途径和保障，没有执法，立法就只是废纸一堆，立法保护人权的目的也无从实

① 参见张晓玲：《论国际人权法在我国法律中的实施》，载《中共中央党校学报》2009 年第 2 期。

② 参见中国根据《经济、社会和文化权利国际公约》提交的初次报告，E/1990/5/Add. 59，p. 6。

现。联合国大会通过的《执法人员行为守则》第 2 条规定,“执法人员在执行任务时,应尊重并保护人的尊严,并且维护每个人的人权。”在行政执法过程中,执法人员有义务尊重和维护每个人的人权。如前所述,我国参与的人权条约并不能直接在我国适用,我国的行政机关在执法过程中不能直接援用人权条约的内容进行执法。宪法中“国家尊重和保障人权”的条款要求行政机关在执法过程中,严格遵循这一原则和规则,不得侵害行政对象的人权。在具体的法律法规中,我国《治安管理处罚法》第 5 条第 2 项规定:“实施治安管理处罚,应当公开、公正,尊重和保障人权,保护公民的人格尊严。”值得一提的是,该处罚法出台于宪法增加“国家尊重和保障人权”后的 2005 年,这是对宪法“人权条款”的响应。在行政处罚与行政强制的过程中,我国对行政执法机关要求执法必须公开、公证,必须有法定依据以及遵循法定程序。通过对行政执法行为的主体限制、程序限制、内容限制、形式限制,以及提供相应的行政救济来规范行政执法行为,以实现在行政执法过程中对人权的保障。

在给付类行政行为中,行政机关在公民处于特殊情况时,如年老、疾病、丧失劳动能力等,赋予其一定的物质权益或与物质有关的权益,以保障其人权。我国《城市居民最低生活保障条例》规定,对于无生活来源、无劳动能力又无法确定赡养人、扶养人或者抚养人的城市居民,可以按照当地城市居民最低生活保障标准享受政府提供的待遇。这与我国所加入的《经济、社会和文化权利国际公约》第 11 条所确立的缔约国义务相一致,即“本盟约缔约各国承认人人有权为他自己和家庭获得相当的生活水准,包括足够的食物、衣着和住房,并能不断改进生活条件。各缔约国将采取适当的步骤保证实现这一权利,并承认为此而实行基于自愿同意的国际合作的重要性”。

中国政府于 1991 年第一次发布与中国人权有关的政府文件——《中国的人权状况》白皮书,该白皮书系统地阐述了中国的人权立场和人权观点,表明了中国政府努力促进国内人权发展和积极参加国际人权合作的态度。其重要意义在于，首次以政府文件的形式正面肯定了人权概念在中国社会主义政治发展中的地位，从政治上确立了人权的概念，将实现充分的人权确立为中国社会主义所追求的崇高目标。自该白皮书发布以后，中国出台了包括《九十年代中国儿童发展规划纲要》《中国儿童发展纲要》《中国教育改革和发展纲要》《残疾人事业“九五”计划纲要》《中华人民共和国腹泻病控制规划》《全国儿童急性呼吸道感染防治规划纲要》《中国营养改善行动计划》《中国反对拐卖妇女儿童行动计划》《中国妇女发展纲要》《中国农村扶贫开发纲要》《中国农村初级卫生保健发展纲要》《中国促进母乳喂养率规划》《全国疾病预防控制工作第十个五年计划纲要》《中国预防与控制艾滋病中长期规划（1998—2010年）》《中国遏制与防治艾滋病行动计划（2001—2005 年）》《全国结核病防治规划》《全国综合治理血吸虫病“十五”计划》《中国精神卫生工作规划》《中国食物与营养发展纲要》等。

观察这些众多的发展规划、行动计划，可以得出以下观点：一是这些发展规划、行动计划主要针对的是那些需要通过中短期甚至长期规划才能解决的问题；二是这些问题又与国民身体健康、国民生活质量的提高息息相关；三是这些发展规划、行动计划侧重保护社会弱势群体的权利，如儿童、妇女、残疾人、农村群体等；四是中国往往将这些发展规划、行动计划纳入到在中国非常有影响力的《中国国民经济和社会发展五年发展纲要》之中，这赋予其更强的实践可能性；五是体现了中国解决这些问题的决心，这与《经济、社会和文化权利国际公约》第 2 条为国家确立的人权义务相一致，即“每一缔约国家承担尽最大能力个别采取步骤或经由国际援助和合作，特别是经济和技术方面的援助和合作，采取步骤，以便用一切适当方法，尤其包括用立法方法，逐渐达到本盟约中所承认的权利的充分实现”。

尤其值得一提的，我国 2009 年出台的第一个以人权为主题的国家规划——《国家人权行动计划》（2009—2010 年），该行动计划再次重申了实现充分的人权是人类长期追求的理想,再次宣告了人权是中国人民和中国政府长期为之奋斗的目标。在该人权行动计划中,既囊括了对经济、社会和文化权利保障,也囊括了对公民权利与政治权利保障,还包含了对少数民族、妇女、儿童、老年人和残疾人这些特殊群体的权利保障,该行动计划中还出现了对人权教育的规划、国际人权义务的履行及加强国际人权领域交流与合作的规划。2012 年 6 月在总结第一个行动计划的经验基础之上,中国出台了第二期的国家人权行动计划——《国家人权行动计划》(2012—2015 年),这一期"人权行动计划"新增了"实施和监督"部分。为保障包括公民权利和政治权利在内的整部行动计划的实施落实,第二个"人权计划"增加了由国务院新闻办公室和外交部牵头的国家人权行动计划联席会议机制对行动计划实施、监督和评估,还加强了公众和社会组织的公众参以及新闻媒体的宣传监督等。值得引起关注的是,相比第一期行动计划,第二期行动计划更加侧重体现"依法推进"原则,这展示了国家人权行动计划和相关法律法规的相辅相成,分别从政策和法治建设两方面一起推进中国社会进步和人权事业发展的价值和作用。

3. 司法与人权保护

司法在公民权利遭受侵犯后为其提供救济,司法作为法律保障提供的最后屏障关系到人权真正的享有。前已述及,国际人权条约在我国无法直接适用,无论是刑事、民事还是行政类案件,我国法院在审判案件的时候无法直接援用国际人权公约,只能适用经过转化后的国内法。2012 年在对《刑事诉讼法》的修订中,把"尊重和保障人权"增写入了《刑事诉讼法》的第 2 条,这是继人权入宪后我国人权立法中的又一重大标志性事件。将"尊重和保障人权"确立为我国刑事诉讼法的任务,为参与刑事司法过程的公安机关、检察机关、司法机关等确立了维护人权的义务,在法律上为参与到刑事诉讼中的个人提供了人权保障。在具体内容上,新修改后《刑事诉讼法》,规定了"不得强迫任何人证实自己有罪"的原则;

增加了非法证据排除制度；完善了辩护制度，提高了律师在刑事诉讼中的参与度；为保证被采取强制措施人及其家属的合法权益，严格要求采取强制措施后通知家属；此外，为保障被判处死刑被告人的权利，改革了死刑复核程序，更好地贯彻“严格控制和慎重适用死刑”政策，提高死刑案件的办理质量，等等。这些新的规定将使我国刑事司法保障人权的力度提升至一个新的高度。

在对待特殊群体的人权保障上，我国尤其注重对参与到刑事诉讼中的未成年人的保护。修改后的《刑事诉讼法》增加了一章，专章规定未成年人刑事案件诉讼程序，以保障未成年犯罪嫌疑人、被告人的合法权益，保证其顺利回归社会。对参与到刑事诉讼中的未成年人，我国刑事诉讼法采用教育、感化、挽救的方针，坚持教育为主、惩罚为辅的原则。在具体的保护制度上，我国法律从多方面给予未成年人特殊保护。譬如，规定由熟悉未成年人身心特点的审判人员、检察人员、侦查人员承办此类案件；严格限制适用逮捕措施；分开关押、分开管理、分开教育；附条件不起诉等。这些为保护未成年人而专门确立的规则、原则，与我国参与的《儿童权利公约》相一致，是该公约在我国适用的体现。此外，在妇女、老人参与到刑事诉讼中时，我国法律亦提供了特殊保护，譬如，在搜查、检查妇女的身体时，应当由女性工作人员或者医师进行；审判的时候怀孕的妇女，不适用死刑；审判的时候已满 75 周岁的人，不适用死刑；盲、聋、哑人，或者是尚未完全丧失辨认或者控制自己行为能力的精神病人，没有委托辩护人的，人民法院、人民检察院和公安机关应当通知法律援助机构指派律师为其提供辩护，等等。这些都是为特殊群体提供的特殊人权保障。

在民事、行政类的案件审理中，国内司法对人权的保障主要体现在法院所提供的救济本身。国际人权公约所规定的人权最终要落实到国内的实体权利，在公民权利遭受到侵犯后，司法程序为权利提供的救济就是对人权保障的体现。有学者研究过我国的行政判例对人权的保障作用,该学者指出,行政判例正在以日益发展的司法手段,努力保障联合国两公约中规定的诸项人权,在某些方面甚至正在拓展出新的人权保护范围和规范。[①] 该学者指出,我国国内的行政司法,侧重从以下7个方面保护人权:注重对公民人身自由与安全的保护;注重对个人和组织财产权的保护;注重对劳动安全保障权与教育权的保护;注重对环境权的保护;注重对法律上的平等权的保护;关注对行政救济与司法救济权,包括请求国家赔偿权的保护;突出对行政程序权利的保护。[②]

(二)在国际层面履行人权义务

将传统国际法和国际人权法框架下的国家义务进行比较,前者强调的是对国际义务的履行和对违法责任的补偿和救济,国家的责任对象是其他条约方或者受害者国籍国。而在国际人权法框架下,国家在国际层面的核心义务是接受监督,具体包括通过国家报告的情况,开展国际对话,接受人权建议,推进对国内人权的保障;接受人权专家的调查;对其领土内受到人权侵害的个人群体提供救济。

在国际层面,为了监督各国对于国际人权义务的实施,联合国建立了以《联合国宪章》和《世界人权宣言》为基础,以负有人权职能的机构为依托的宪章机制,以及以核心国际人权公约为基础,以条约机构为依托的条约机制,两个机制并称联合国人权保障机制,共同为国家在国际层面履行人权义务提供了途径和平台。

1. 中国在宪章机制中履行国际人权义务的实践

中国在宪章机制中履行国际人权义务的实践,主要集中在普遍定期审议机制、特别程序这两个人权机制,因为截至目前,尚未有资料显示中国在其他两个机制——申诉程序以及调查程序作为审议对象接受审议。

普遍定期审议机制是随着人权理事会的建立(2006年)而设立的对

① 参见赵正群:《从实施人权公约的视角看我国行政判例对人权的保护》,载《法学家》2008年第2期。

② 同上。

所有国家的人权状况进行全面审查的人权机制。该机制克服了原人权委员会框架下的国别人权审查机制的政治化弊病，而平等地对联合国所有成员国履行国际人权义务的情况进行同侪审查，因此具有普遍性、公平性、合作性等特点。

中国不仅支持由人权理事会取代人权委员会的改革，而且积极参与了普遍定期审议机制等人权机制的体制建设。作为2006～2012年以及2013～2016年人权理事会成员国，中国分别于2009年和2013年已经接受了两轮普遍定期审议机制的审查。在这两轮审议中，外交部牵头组织30多个部门等单位撰写了国家报告，全面反映了中国“人权入宪”、国家人权行动计划的制定等大事件，以及在保障和推进人权方面取得的成就和遇到的困难，对第一轮审议的人权建议的落实情况等。① 对此，联合国人权高专和来自国内外的国际和国内非政府组织也分别提供了报告。从不同的立足点和视角对中国在国际和国内层面履行国际人权义务以及与联合国人权保障制度的合作情况进行了综述、评价和建议。② 经过两轮审议，参会国家向中国提出覆盖社会、经济和文化权利以及公民、政治权利等各个方面的人权建议，涉及死刑、宗教信仰自由、言论自由、少

① See UN General Assembly Doc. A/HRC/WG. 6/4/CHN/2, “National Report Submitted In Accordance With Paragraph 15 (A) of the Annex to Human Rights Council Resolution 5/1: China”, December 2, 2008, accessed January 4, 2015, http://lib. ohchr. org/HRBodies/UPR/Documents/Session4/CN/A_HRC_WG6_4_CHN_1_E. pdf.

② See UN General Assembly Doc. “Compilation prepared by the Office of the High Commissioner for Human Rights in accordance with paragraph 15 (b) of the annex to Human Rights Council resolution 5/1 and paragraph 5 of the annex to Council Resolution 16/21”, November. 16, 2008, accessed November. 20, 2014, http://lib. ohchr. org/HRBodies/UPR/Documents/Session4/CN/A_HRC_WG6_4_CHN_2_E. pdf; UN General Assembly Doc. A/HRC/WG. 6/4/CHN/3, “Summary prepared by the Office of the High Commissioner for Human Rights in accordance with paragraph 15 (b) of the annex to Human Rights Council resolution 5/1 and paragraph 5 of the annex to Council resolution 16/21”, January. 1, 2009, accessed November. 20, 2014, http://lib. ohchr. org/HRBodies/UPR/Documents/Session4/CN/A_HRC_WG6_4_CHN_3_E. pdf.

数人权利以及妇女儿童权利等问题。对此，中国在第一轮审议中接受了一半以上的国家建议，而在第二轮审议中接受了80%的建议，极大地显示了中国积极推进对人权的保障以及与国际社会合作的真诚态度。[①] 此外，中国对普遍定期审议机制所提建议的实施，切实促进了中国的人权保障。例如，在第一轮审议后，中国在刑事司法改革领域取得的多项成就，以及在户籍制度上的政策松动；在第二轮审议后，中国取消了劳教制度以及诸多死刑罪名，从而加强了对人权的尊重、保障和实现。

接受普遍定期审议机制的监督，不仅是中国作为联合国以及人权理事会成员国的义务，而且是严格履行国际人权义务，全面推进人权发展的重要途径。通过与普遍定期审议机制的合作，中国与其他国家开展了国际性人权对话和交流，进一步加深了对于国际人权义务内涵的理解，分享了其他国家保障人权的经验，并通过对建议的落实推动了国内人权状况的提高，因此，在国际层面接受审议，既是国家接受监督的重要方式，也是完善国内人权保障，推进对国际人权义务履行的重要途径和方式。

特别程序是由联合国授权独立专家负责处理全球各地的人权问题的实施机制。[②] 该程序包括国别任务和专题任务，有独立专家通过信函和国别访问的方式对人权问题进行调查和研究，并提供建议或公开报告，以解决人权问题和改善人权状况，推动对人权的保障和发展。

截至2015年6月，中国共接待了6次特别程序专家的国别访问，涉及教育权、非法拘禁问题、宗教信仰自由、食物权、非法任意处决以及对

---

① See UN General Assembly Doc. A/HRC/25/5/Add. 1, "Report of the Working Group on the Universal Periodic Review: China, Addendum: Views on conclusions and/or recommendations, voluntary commitments and replies presented by the State under review", February 27, 2013, accessed November. 20, 2014, http://lib. ohchr. org/HRBodies/UPR/Documents/Session17/CN/A_HRC_25_5_Add - 1_China_E. doc.

② De Schutter, *International Human Rights Law: Cases, Materials and Commentary*, Cambridge University Press, 2010, p. 881.

妇女的歧视等人权专题。① 在这6次访问中，中国基本上给予了积极的合作，但是对于某些专题任务专家提出的报告及建议却并不完全认同。②

此外，根据人权高专分别于2009年和2013年向普遍定期审议机制提交的信息汇编报告，中国与特别程序专家的信函沟通情况如下：在第一轮普遍定期审议机制运行期间，即2004~2008年，中国收到171份各个专题专家的来信，并就其中130份进行了回复，回复率为70%。③ 在第二轮审议期间，即2009~2013年，中国收到了100份专家来信，并回复了其中的80份，回复了率为80%，比第一轮统计的回复率提高了10%。④

特别程序是联合国首个具有实质意义的人权监督机制。⑤ 该机制就人权问题进行的各种调查，有助于联合国对于国别人权状况和世界性人权问题的监督，也有助于国家正视自己的人权问题，并结合专家的建议进行相应的解决和完善。与特别程序合作是各国竞选人权理事会成员的资格条件，已然成为国家赢取国际人权信誉的重要砝码。

2. 中国在条约机制中履行国际人权义务的实践

国家报告机制是国家在签署和批准公约后，向条约机构递交的关于该国保障公约权利、落实公约所采取的措施，取得的进展以及遇到的障

---

① 参见人权高专关于特别程序的中国主页：http://www. ohchr. org/ch/HRBodies/SP/Pages/CountryvisitsA – E. asp x，最后访问日期：2017年3月4日。

② 参见2003年12月10日中国常驻联合国日内瓦办事处代表团致联合国人权高专办公室的普通照会：《中国政府对联合国人权会教育权特别报告员托马舍夫斯女士访华报告初稿的评论》，UN E/CN. 4/2004/g/16. 中国政府认为该报告没有采用正确的数据，以客观公正的态度如实介绍我国教育改革与发展的情况。

③ Compilation Prepared by the Office of the High Commissioner for Human Rights, in Accordance With Paragraph 15(B) of the Annex to Human Rights Council Resolution 5/1, A/HRC/WG. 6/4/CHN/2.

④ Ibid. , p. 7.

⑤ Challenges facing special procedure, P. 1; Ingrid Nifosi-Sutton, The UN Special Procedures in the field of Human Rgihts, 2005.

碍因素等内容的报告,以期通过国家与条约机构的建设性对话以及对国别结论性意见的实施,来推动国家对国际人权公约的实施。国家报告机制是国际社会以及国家监督自身履约状况的首要措施,也是条约机制唯一的强制性措施。对于某些不接受国家及个人来文及调查程序的国家来讲,国家报告机制是缔约国接受条约机构监督的唯一途径,因此尤为重要。

目前,联合国9个核心国际人权公约均规定了国家报告机制。根据《公民权利和政治权利国际公约》第40条、《经济、社会和文化权利国际公约》第16~17条、《消除一切形式种族歧视国际公约》第9条、《消除对妇女一切形式歧视公约》第18条、《禁止酷刑和其他残忍、不人道和有辱人格的待遇或处罚公约》第19条、《儿童权利公约》第44条、《保护所有移徙工人及其家庭成员权利国际公约》第73条、《残疾人权利公约》第35条及《保护所有人免遭强迫失踪国际公约》第29条的规定,缔约国承担向各公约条约机构进行报告的义务。

截至2015年6月,中国分别于1993年和2010年向条约机构提交了2份共同核心报告,23份定期报告,除了2014年向禁止酷刑委员会提交的报告将在该委员会第56届(2015年)会议上得到审议外,中国已经参与了23次国家报告的审议会议并完成了相关的履约义务。① 具体包括向禁止酷刑委员会提交的6份报告,并分别接受了审查。向禁止对妇女歧视委员会提交的5份报告,并分别接受了审查。向禁止种族歧视委员会提交的6份报告,并分别接受了审查。向经济、社会和文化权利委员会提交的2份报告,并分别接受了审查。向儿童权利委员会提交的3份报告,并分别接受了审查。向残疾人权利委员会提交的1份报告,并接受了审查。

---

① 参见 Reporting status for China, http://tbinternet.ohchr.org/_layouts/TreatyBodyExternal/Countries.aspx? CountryCode = CHN&Lang = C,最后访问日期:2017年4月10日。

中国与国家报告机制合作也是中国履行国际人权义务的重要方式，通过定期撰写国家报告和接受审议，中国周期性地审查了中国的各项法律制度，认清了中国的人权保障现状与国际标准的差别，检视了国内的人权状况，尤其是弱势群体的生存状态，并通过对国别结论性意见的实施，使各个领域的人权保障得到了持续性的完善和提升。因此，接受国家报告机制的监督成为中国在国际层面最重要的人权实践。

三、中国履行国际人权义务的特色

自改革开放以来，中国走出了一条具有中国特色的社会主义发展道路，我国国内的人权状况得到举世瞩目的发展与改善，在国际上更加积极、活跃、自信地参与国际人权活动与合作，相应地，我国履行国际人权法律义务也富有中国独特的特色。

（一）以经济建设为中心，始终把生存权和发展权放在首位

中国人权的进步离不开经济的发展，中国在第一份人权白皮书中阐明解决吃饱穿暖、实现生存权是中国人民长期争取的首要人权。改革开放以来，中国一直奉行“以经济建设为中心”的基本路线，始终把解决人民的生存权和发展权问题放在首位。改革开放以来的政策极大地解放了被束缚的劳动积极性和劳动生产力，中国的经济发展取得了举世瞩目的成就，2010 年中国 GDP 超过日本，一跃成为世界第二大经济体。与之伴随而来的是人民的生活实现了从贫困到小康的历史性飞跃，国民的生存权和发展权得到了极大的改善。从逐步解决温饱问题到进入小康社会，中国一直注重经济发展在改善人权状况中的根本性作用。经济的发展不仅改善了国民的衣食住行条件，经济快速发展也使政府财力加强，使社会保障体系、保障性住房建设等民生工程有了资金后盾。世界上规模最大的社会保障体系初步形成，国民的基本生活特别是困难群体的基本生活有了更多保障。

经济发展对人权的促进是多方面的，这为我国全方位履行国际人权义务，实现全面而又充分的人权奠定了基础。经济发展对我国人权状况的提升主要体现在以下几个方面:第一,国民生活水准的提高。从最初实现温饱的目标,到实现小康社会,再到全面建成小康社会,我国追求的目标反映出我国国民生活水准的极大提高。世界银行2013年发布的《世界发展指标》指出,中国极度贫困人口占世界极度贫困人口总数的比例从1981年的43%下降至2010年的13%,中国为全球减贫做出巨大贡献。① 第二,国民教育水平的提高。根据《中国教育事业发展状况》公布的数据,我国文盲率由1964年的33.58%下降到1982年的22.81%,截至2008年,我国的文盲率又降至6.67%。2000年,中国宣布在全国实现"基本普及九年义务教育、基本扫除青壮年文盲"的战略目标。在改革开放政策,尤其是教育政策的巨大推动下,中华民族的科学文化素质和精神面貌得到彻底改变。第三,社会保障体系的进一步完善。《中共中央关于构建社会主义和谐社会若干重大问题的决定》中提出,构建社会主义和谐社会的目标和主要任务之一是,到2020年"覆盖城乡居民的社会保障体系基本建立"。党的十七大报告指出,要以社会保险、社会救助、社会福利为基础,以基本养老、基本医疗、最低生活保障制度为重点,以慈善事业、商业保险为补充,加快完善社会保障体系。党的十八大报告再次为完善社会保障体系指明了路线,要坚持全覆盖、保基本、多层次、可持续的方针,以增强公平性、适应流动性、保证可持续性为重点,全面建成覆盖城乡居民的社会保障体系。

(二)坚持推动依法治国,为人权的实现提供保障

法治与人权不可分割,人权的实现需要得到法治的保护,法治与人权的关系在多项国际人权文件中得到确认。在联合国对法治与人权关系的定义中,法治和人权是尊严生活的自由这一原则的两个方面。因

---

① 参见《世界银行和联合国报告——中国为全球减贫作出巨大贡献》,载http://www.gov.cn/jrzg/2013-04/19/content_2381740.htm,最后访问日期:2017年4月10日。

此,法治和人权之间有着不可分割的内在关系。[①]《世界人权宣言》在序言中指出,“为使人类不致迫不得已铤而走险对暴政和压迫进行反叛,有必要使人权受法治的保护”;《联合国千年宣言》宣称,“我们将不遗余力,促进民主和加强法治,并尊重一切国际公认的人权和基本自由,包括发展权”。[②] 在“2005 年世界首脑会议成果文件”[③]中以及在《法治问题大会高级别会议宣言》[④]中,各会员国承认人权和法治是相互关联和相辅相成的,法治和人权属于联合国普遍和不可分割的核心价值和原则。

中国高度重视法治对人权的保障作用,2012 年出台的第二期《国家人权行动计划》,尤为关注依法治国对推进人权事业发展的重要性,指出制定和实施行动计划的基本原则是依法推进原则。[⑤] 2014 年 10 月中国共产党第十八届中央委员会第四次全体会议通过了《中共中央关于全面推进依法治国若干重大问题的决定》,决定的基本精神是全面部署以法治的方式保障人民权利,实现社会公正。会议提出坚持法治建设“以保障人民根本权益为出发点和落脚点”“加强人权司法保障”“增强全社会人权意识”。我国的人权事业建设史也是一部法治建设史。1978 年,党的十一届三中全会首次提出“有法可依、有法必依、执法必严、违法必究”的法制建设“十六字方针”;1991 年中国出台第一份人权白皮书,“人权”

---

① 参见《联合国与法治》,载 https://www. un. org/ruleoflaw/zh/rule - of - law - and - human - rights/,最后访问日期:2017 年 4 月 10 日。

② 参见《联合国千年宣言》,A/RES/55/2,第 24 段。

③ 参见《2005 年世界首脑会议成果》,A/RES/60/1,第 119 段:我们再度承诺积极保护和促进所有人权、法治和民主,认识到它们彼此关联、相互加强,属于联合国不可分割的普遍核心价值和原则。

④ 参见《国内和国际的法治问题大会高级别会议宣言》,A/RES/67/1,第 5 段:我们重申人权、法治和民主是相互关联、相辅相成的,同属普遍和不可分割的联合国核心价值和原则。

⑤ 参见《国家人权行动计划》(2012—2015 年)导言:制定和实施《行动计划》的基本原则是:依法推进原则。根据宪法关于“国家尊重和保障人权”的原则,遵循《世界人权宣言》和有关国际人权公约的基本精神,从立法、行政和司法各个环节完善尊重和保障人权的法律法规和实施机制,依法推进中国人权事业发展。

一词的政治合法性首次得到确认;1997 年党的十五大明确提出“依法治国、建设社会主义法治国家”的治国方略;2004 年“国家尊重和保护人权”写入我国宪法,在根本大法的层面确立了国家尊重和保护人权的责任;2002 年党的十六大把“依法治国基本方略得到全面落实”确立为“全面建设小康社会的重要目标”;2007 年党的十七大提出“以人为本的科学发展观”作为法治建设的指导思想,强调要全面落实依法治国基本方略;2012 年党的十八大进一步提出“法治是治国理政的基本方式”。从人权事业建设史与法治建设史可以看出,人权与法治的确是相互交融在一起的。

(三)坚持主张对话与合作的立场,反对人权议题政治化

中国在参与国际人权活动与合作过程中,始终坚持对话与合作的立场,反对对抗与霸权。在联合国成立 70 周年之际,中国发布了《中国关于联合国成立 70 周年的立场文件》,阐述中国的人权立场。该文件指出:“尊重各国自主选择人权发展道路,同等重视两类人权,开展平等和建设性对话与合作,推动公正客观处理人权问题,促进国际人权事业健康发展。”同时,中国还主张:“国际社会始终以公正、客观和非选择性方式处理人权问题,摒弃政治化和双重标准,支持联合国人权理事会、人权高专等机制发挥应有作用,通过交流与合作,切实促进和保障人权。”

中国在国际场合,多次反对将人权问题政治化,中国代表在联合国人权理事会首届会议上发言提出享受人权需要建设性对话与合作,指出政治对抗是导致人权委员会信誉下降的根源。① 在人权理事会成立后,

① 中国外交部副部长杨洁篪在日内瓦举行的联合国人权理事会首届会议上发表的讲话,“……第四,享受人权需要建设性对话与合作。政治对抗是导致人权委员会信誉下降的根源。理事会未来工作的成败,很大程度上取决于不同社会制度和发展水平的国家之间,能否建立平等、互信关系,以建设性方式处理分歧。为此,我们需要克服许多障碍。国别人权审议机制必须改革,以确保其仅适用于大规模粗暴侵犯人权现象。普遍定期审议应确保所有国家,不论大小强弱,都受到公正、公平的对待,其历史、文化、宗教背景和差异得到同等尊重。”参见《中国提出开创国际人权事业新局面五项主张》,载新华网:http://news.xinhuanet.com/newscenter/2006-06/21/content_4723919.htm,最后访问日期:2017 年 4 月 10 日。

中国告诫人权理事会不要重蹈人权委员会政治化、对抗性、选择性、双重标准的做法，提醒国际社会对此应该有所警惕。① 中国之所以反对将人权问题政治化，与中国过去在人权委员会中的遭受的不公正待遇有不可分割的联系，自冷战结束以后，西方国家把目标转向中国，批评和指责中国侵犯人权，从 1990 年到 2004 年，以美国为主的西方国家在人权委员会提出了 11 次审查中国人权状况的提案。人权问题政治化的后果使西方国家借人权议题干涉他国内政，特别是影响了发展中国家的和平、稳定、族群和谐基础。因此，中国反对人权政治化和政治霸权，主张人权对话与合作，并分别与德国、欧盟、美国等举行定期的人权对话，以其加强沟通，彼此尊重和理解各国的国情及人权观和人权价值。中国还设立“南南合作援助基金”，支持发展中国家落实 2015 年后发展议程，支持发展中国家推动自身的人权事业的建设。

（四）坚持人权的不可分割性，注重经济、社会和文化权利的发展

人权的不可分割性在多个国际人权文件中得到确认，1993 世界人权大会上通过的《维也纳宣言和行动纲领》第 5 段指出，“一切人权均为普遍、不可分割、相互依存、相互联系”。中国反对将人权割裂开来，将不完整的人权视为人权。正如中国在首份人权白皮书中所阐明的一样，“中国主张的人权，不只是生存权和公民政治权利，而且包括经济、文化和社会等方面的权利。中国政府重视维护和实现国家、民族和个人的经济、文化、社会和政治的发展权”。我国的人权行动计划也表明了我国坚持人权不可分割、相互依存、相互联系的态度，无论是首期人权行动计划还是第二期人权行动计划，既对经济、社会和文化权利作出了发展规划，也对公民权利和政治权利作出了发展规划，同时，还针对特殊群体的人权，例如少数民族、妇女、儿童、老年人和残疾人的人权，作出了发展规划。

---

① 参见《中国代表批评西方国家将人权问题政治化》：载新华网：http://news.xinhuanet.com/world/2016-03/16/c_1118341581.htm，最后访问日期：2016 年 4 月 10 日。

应当认为,我国推进人权事业建设的发展是全面的。

针对某些国外学者和政府提出的人权就是公民和政治权利的观点,中国一再强调经济权利和社会权利始终都是重要的人权组成部分,认为人权状况取决于长期发展历程,基本的生存权利要高于其他非基本权利。[①] 由于中国和西方的历史发展进程不一样,西方的近代史充满了限制政府权力、争取自由、争取政治权利的斗争,在其对人权的定义中,不可避免地重视公民权利与政治权利。中国的近现代史是一部争取国家独立、民族解放的历史,长期以来,由于帝国主义的侵略,封建主义和官僚资本主义的压迫,人民的生命毫无保障,因战乱饥寒而死者不计其数,因而,争取生存权利历史地成为中国人民必须首先要解决的人权问题。长期以来,中国致力于促进和保护人民的经济、社会及文化权利,并取得了巨大成就。

"人权"在我国国内法的确立经过了一个漫长的过程。尽管如此,回首过去近40年的历程,中国国内人权事业的进步与发展取得了举世瞩目的成就,而我国未来人权事业的发展方向也越来越明朗。这一切成就的背后,离不开中国始终将发展经济置于中心地位的政策。通过发展经济来改善国内人权状况,这不仅为我国未来人权事业的建设指明了路线,而且为全世界各个发展中国家改善国内人权状况提供了重要借鉴。在国际人权交流与合作中,我国也将继续坚持主张对话与合作的立场,坚决反对"人权议题政治化",大力倡导互相尊重、平等对话的原则,更加积极地融入国际人权社会之中。与此同时,也应该注意到我国国内人权状况还存在种种的不完善,进一步加强立法、行政、司法对于人权的保障,在国际和国内层面履行国际人权义务,从而全面推动我国人权事业的进步与发展,不仅是履行国际公约的义务,更是履行我国宪法为国家确立的义务。

---

① [比]邓肯·弗里曼、古斯塔夫·盖拉茨:《欧洲与中国的人权观差异》,朱鸣译,潘忠岐校,载《欧洲研究》2011年第2期。

参考文献

中文著作

1. 萧淑芬:《基本权基础理论之继受与展望:台日比较》,台北,元照出版公司 2005 年版。

2. 王人博等:《中国近代宪政史上的关键词》,法律出版社 2009 年版。

3. 赵汀阳:《每个人的政治》,社会科学文献出版社 2010 年版。

4. 郑永年:《民主,中国如何选择》,浙江人民出版社 2015 年版。

5. 怀效锋主编:《清末法制变革史料》,中国政法大学出版社 2010 年版。

6. 黄源盛:《大理院民事判例辑存》(1912—1928 承继编)(下),台北,犁斋社 2012 年版。

7. 郭卫编:《大理院判决例全书》,中国政法大学出版社 2013 年版。

8. 周鲸文等:《论人权运动》,全国图书馆文献缩微复制中心 2002 年版。

9. 张厚安、白益华:《中国农村基层建制的历史演变》,四川人民出版社 1992 年版。

10. 孙力:《人的解放主题的中国化进程》,东方出版中心 2011 年版。

11. 郭建安:《联合国监狱管理规范概述》,法律出版社 2001 年版。

12. 于建嵘:《岳村政治:转型期中国乡村政治结构的变迁》,商务印书馆 2001 年版。

13. 彭正德:《生存政治:国家整合中的农民认同》,中国社会科学出版社 2010 年版。

14. 吴毅:《村治变迁中的权威与秩序》,中国社会科学出版社 2002 年版。

15. 张英洪:《农民公民权研究》,九州出版社 2012 年版。

16. 董云虎、常健主编:《中国人权建设 60 年》,江西人民出版社 2009 年版。

17. 郝铁川:《儒家思想与当代中国法治》,河南大学出版社 1994 年版。

18. 牟宗三:《政道与治道》,广西师范大学出版社 2006 年版。

19. 黄克武:《自由的所以然:严复对约翰弥尔自由思想的认识与批判》,世纪出版集团 2000 年版。

20. 费孝通:《乡土中国》,人民出版社 2014 年版。

21. 张斌峰编:《殷海光文集》(第 1 卷),湖北人民出版社 2001 年版。

22. 吴忠希:《中国人权思想史略——文化传统和当代实践》,学林出版社 2004 年版。

23. 欧阳哲生:《新文化的传统:五四人物与思想研究》,广东人民出版社 2004 年版。

24. 梁启超:《先秦政治思想史》,东方出版社 1996 年版。

25. 姜义华主编:《胡适学术问题 · 哲学与文化》,中华书局 2001 年版。

26. 沈宗灵、黄枬森主编:《西方人权学说》,四川人民出版社 1994 年版。

27. 张五常:《中国的经济制度》,中信出版社 2012 年版。

28. 赵文洪:《私人财产权利体系的发展——西方市场经济和资本主义的起源问题研究》,中国社会科学出版社 1998 年版。

29. 周少青:《中国的结社权问题及其解决:一种法治化的路径》,法律出版社 2008 年版。

30. 姚大志:《现代之后:20 世纪晚期西方哲学》,东方出版社 2000 年版。

31. 马长山:《国家、市民社会与法治》,商务印书馆 2003 年版。

32. 徐显明主编:《人权法原理》,中国政法大学出版社 2008 年版。

33. 白桂梅、龚刃韧、李鸣等编著:《国际法上的人权》,北京大学出版社 1996 年版。

34. 夏勇:《中国民权哲学》,生活·读书·新知三联书店 2004 年版。

35. 钱宁:《社会正义、公民权利和集体主义》,社会科学文献出版社 2007 年版。

36. 杨志勇、杨之刚:《中国财政制度改革 30 年》,格致出版社、上海人民出版社 2008 年版。

37. 孙林桥、朱林兴:《论中国农村城市化》,同济大学出版社 1996 年版。

38. 周琳琅:《统筹城乡发展理论与实践》,中国经济出版社 2005 年版。

39. 梁漱溟:《中国文化要义》,上海人民出版社 2011 年版。

40. 陈新民:《宪法学导论》,台北,三民书局股份有限公司 1998 年版。

41. 黄明涛:《公民文化权研究——〈宪法〉第 47 条之规范建构》,中国政法大学出版社 2015 年版。

42. 朱学勤:《道德理想国的覆灭》,三联书店 1994 年版。

43. 张维迎:《博弈论与信息经济学》,上海人民出版社 2012 年版。

44. 李步云:《宪法比较研究》,法律出版社 1998 年版。

45. 杜承铭等:《完善与重构:社会转型期的基本权利问题研究》,中国政法大学出版社 2012 年版。

46. 荆知仁:《美国宪法与宪制》,台北,三民书局股份有限公司 1984 年版。

47. 张晋藩:《中国宪法史》,吉林人民出版社 2004 年版。

48. 范进学:《中国特色社会主义宪制发展论》,上海人民出版社 2010 年版。

49. 刘茂林等:《中国宪法权利体系的完善:以国际人权公约为参照》,北京大学出版社 2013 年版。

50. 刘连泰:《〈国际人权宪章〉与我国宪法的比较研究——以文本为中心》,法律出版社 2006 年版。

51. 张烁:《权利话语的生长与变迁》,社会科学出版社 2011 年版。

52. 何勤华主编:《外国法制史》,法律出版社 1999 年版。

53. 张千帆:《宪法学导论——原理与应用》,法律出版社 2004 年版。

54. 曲相霏:《人权离我们有多远》,清华大学出版社 2015 年版。

55. 中国民主同盟中央委员会:《中国民主同盟历史文献》,文史资料出版社 1983 年版。

56. 孙中山:《孙中山全集》,中华书局 1986 年版。

57. 刘杰:《人权:中国道路》,五洲传播出版社 2014 年版。

58. 许崇德:《中华人民共和国宪法史》,福建人民出版社 2005 年版。

59. 杨秀萍:《中国模式——基于全球化视野的思考》,经济管理出版社 2013 年版。

60. 赵智奎主编:《改革开放 30 年思想史》,人民出版社 2008 年版。

61. 刘澎主编:《国家 · 宗教 · 法律》,中国社会科学出版社 2006

年版。

62. 罗广武:《新中国宗教工作大事概览(1949—1999)》,华文出版社 2001 年版。

63. 张志刚:《宗教研究指要》,北京大学出版社 2005 年版。

64. 侯欣一:《从司法为民到人民司法——陕甘宁边区大众化司法制度研究》,中国政法大学出版社 2007 年版。

65. 孙大雄主编:《外国宪法》,知识产权出版社 2014 年版。

66. 程荣斌:《检察制度基础理论》,中国检察出版社 1992 年版。

67. 陈光中主编:《中华法学大辞典(诉讼法学)》,中国检察出版社 1995 年版。

68. 吴卫军:《司法改革原理研究》,中国人民公安大学出版社 2003 年版。

69. 张忻如:《判裁　理性　酌量:疑案与思辨》,中国法制出版社 2012 年版。

70. 沈学善主编:《二十世纪国际问题词典》,江苏人民出版社 1994 年版。

71. 中国社会科学院法学研究所编:《当代人权》,中国社会科学出版社 1992 年版。

72. 陈佑武:《中国特色社会主义民权理论研究》,中国检察出版社 2012 年版。

73. 中国人权发展基金会编:《中国人权事业的进展》,新世界出版社 2003 年版。

74. 邱兴隆:《关于惩罚的哲学——刑罚根据论》,法律出版社 2000 年版。

75. 郝伟:《精神病学》,人民卫生出版社 2009 年版。

76. 兰继军:《心理学概论》,中国矿业大学出版社 2010 年版。

77. 姚建龙:《超越刑事司法——美国少年司法史纲》,法律出版社

2009 年版。

78. 佟丽华:《未成年人法学》,中国民主法制出版社 2001 年版。

79. 路琦、席小华:《未成年人刑事案件社会调查理论与实务》,中国人民公安大学出版社 2012 年版。

80. 何怀宏:《良心论》,上海三联书店 1994 年版。

81. 程雷等:《看守所立法问题研究》,中国法制出版社 2014 年版。

82. 罗大华、刘邦惠:《犯罪心理学新编》,群众出版社 2000 年版。

83. 麦林华主编:《上海监狱志》,上海社会科学院出版社 2003 年版。

84. 杨木高:《中国女犯矫正制度研究》,南京大学出版社 2012 年版。

中文译著

1. [日]芦部信喜:《宪法》,林来梵、凌维慈、龙绚丽译,北京大学出版社 2006 年版。

2. [日]沟口雄三:《作为方法的中国》,孙军悦译,三联书店 2011 年版。

3. [日]丸山真男:《日本政治思想史研究》,王中江译,三联书店 2000 年版。

4. [美]迈克尔 · 佩里:《权利的新生——美国宪法中的人权》,徐爽、王本存译,商务印书馆 2016 年版。

5. [日]沟口雄三:《中国的公与私 · 公私》,郑静译,生活 · 读书 · 新知三联书店 2011 年版。

6. [美]R. 麦克法夸尔、费正清编:《剑桥中华人民共和国史》(下卷),俞金尧等译,中国社会科学出版社 1992 年版。

7. [美]吉尔伯特 · 罗兹曼:《中国的现代化》,国家社会科学基金“比较现代化”课题组译,江苏人民出版社 2010 年版。

8. [美]约翰 · 罗尔斯:《政治自由主义》,万俊人译,译林出版社 2000 年版。

9. [美]本杰明 · 史华兹:《寻求富强:严复与西方》,叶凤美译,江苏人民出版社 1990 年版。

10. [英]弗里德利希·冯·哈耶克:《自由秩序原理》,邓正来译,生活·读书·新知三联书店 1997 年版。

11. [美]狄百瑞:《亚洲价值与人权:儒家社群主义的视角》,尹钛译,社会科学文献出版社 2012 年版。

12. [美]安靖如:《人权与中国思想》,黄金荣、黄斌译,中国人民大学出版社 2012 年版。

13. [美]杰克·唐纳利:《普遍人权的理论与实践》,王浦劬等译,中国社会科学出版社 2001 年版。

14. [英]A. J. M. 米尔恩:《人的权利与人的多样性——人权哲学》,夏勇、张志铭译,中国大百科全书出版社 1995 年版。

15. [美]塞缪尔·亨廷顿:《文明的冲突与世界秩序的构建》,周琪等译,新华出版社 2010 年版。

16. [德]康德:《实践理性批判》,韩水法译,商务印书馆 1999 年版。

17. [美]科斯塔斯·杜兹纳:《人权的终结》,郭春发译,江苏人民出版社 2002 年版。

18. [美]S. M. 李普塞特:《政治人——政治的社会基础》,张绍宗译,上海人民出版社 1997 年版。

19. [法]让－马克·夸克:《合法性与政治》,佟心平、王远飞译,中央编译出版社 2002 年版。

20. [美]罗伯特·波斯特:《民主、专业知识与学术自由——现代国家的第一修正案理论》,左亦鲁译,中国政法大学出版社 2014 年版。

21. [法]托克维尔:《论美国民主》,朱尾声译,中国社会科学出版社 2007 年版。

22. [法]古斯塔夫·勒庞:《乌合之众——大众心理研究》,冯克利译,中央编译出版社 2000 年版。

23. [日]大沼保昭:《人权、国家与文明》,王志安译,生活·读书·

新知三联书店 2014 年版。

24. [美]路易斯·亨金:《权利的时代》,信春鹰等译,知识出版社 1997 年版。

25. [英]Michael Freeden:《权利》,孙嘉明、袁建华译,台北,桂冠图书公司 1998 年版。

26. [美]史蒂芬·霍尔姆斯、凯斯·R. 桑斯坦:《权利的成本——为什么自由依赖于税》,毕竟悦译,北京大学出版社 2004 年版。

27. [印]阿玛蒂亚·森:《贫困与饥荒》,王宇、王文玉译,商务印书馆 2001 年版。

28. [挪]A. 艾德、[芬]C. 克罗斯、[比]A. 罗萨斯编:《经济、社会和文化的权利》,黄列译,中国社会科学出版社 2003 年版。

29. [英]以赛亚·柏林:《自由论》,胡传胜译,译林出版社 2003 年版。

30. [美]乔治·萨拜因:《政治学说史》(上卷),邓正来译,上海人民出版社 2008 年版。

31. [德]黑格尔:《法哲学原理》,范扬、张企泰译,商务印书馆 1961 年版。

32. [加]威尔·金利卡:《多元文化的公民身份——一种自由主义的少数群体权利理论》,马莉、张昌辉译,中央民族大学出版社 2009 年版。

33. [印]阿玛蒂亚·森:《以自由看待发展》,任赜、于真译,中国人民大学出版社 2012 年版。

34. [美]伯尔曼:《法律与宗教》,梁治平译,商务印书馆 2014 年版。

35. [美]小约翰·威特:《宗教与美国宪制经验》,宋华琳译,上海三联书店 2011 年版。

36. [美]汉密尔顿、杰伊、麦迪逊:《联邦党人文集》,程逢如、在汉、舒逊译,商务印书馆 1980 年版。

37. [意]切萨雷·龙勃罗梭:《犯罪人论》,黄风译,北京大学出版社

2011 年版。

38. [法]米歇尔·福柯:《不正常的人》,钱翰译,上海人民出版社 2003 年版。

39. [美]罗伯特·费尔德曼:《发展心理学——人的毕生发展》,苏彦捷等译,世界图书出版公司 2007 年版。

40. [美]伊丽莎白·S. 斯科特:《儿童期的法律建构》,载于玛格丽特·K. 罗森海姆、富兰克林·E. 齐姆林、戴维·S. 坦嫩豪斯、伯纳德·多恩编:《少年司法的一个世纪》,高维俭译,商务印书馆 2008 年版。

41. [意]切萨雷·贝卡利亚:《论犯罪与刑罚》,黄风译,中国大百科全书出版社 1993 年版。

42. 阎云翔:《中国社会的个体化》,陆洋等译,上海译文出版社 2012 年版。

43. 中共中央翻译局编译:《马克思恩格斯选集》,人民出版社 2012 年版。

学位论文

1. 李晓新:《中国经济制度变迁的宪法基础》,复旦大学 2009 年博士学位论文。

2. 郑智航:《论法律内在逻辑的基调演变》,吉林大学 2010 年博士学位论文。

3. 张静:《中国人权发展道路的主体性》,山东大学 2015 年博士学位论文。

4. 吕宝静:《高龄社会的来临:为 2025 年的台湾社会规划之整合研究——高龄社会之老人健康与社会照顾》,台北,台湾政治大学社会学系 2005 年学位论文。

5. 张飞霞:《公共政策视角下西部地区农村金融反贫困问题研究》,重庆大学 2014 年硕士学位论文。

6. 杨吉华:《文化产业政策研究》,中共中央党校 2007 年博士学位论文。

7. 叶春弟:《论监狱功能的边界》,华东政法大学2014年博士学位论文。

8. 黄国平:《女性服刑人员中精神创伤与创伤后应激障碍(PTSD)的关系以及PTSD的心理学、认知功能、神经生化研究》,中南大学2006年博士学位论文。

9. 杨帆:《我国监狱服刑人员权利研究》,武汉大学2012年博士学位论文。

外文文献

1. R. Randle Edwards, Louis Henkin, Andrew J. Nathan, *Human Rights in Contemporary China*, New York: Columbia University Press, 1986.

2. Joseph R. Levenson, *Liang Ch'i-ch'ao and the Mind of Modern China*, Berkeley: University of California Press, 1967.

3. Philip Alston (ed.), *Non-State Actors and Human Rights*, New York: Oxford University Press, 2005.

4. Annemarie Devereux and Catherine Anderson, "Reporting under International Human Rights Treaties: Perspectives from Timor Leste's Experience of the Reformed Process", 10 *Human Rights Law Review* 69, (2008).

5. Herman Schwartz, "The Internationalization of Constitutional Law", 10 *Human Rights Brief* 10, (2003).

6. Michel Rosenfeld and András Sajó (eds.), *Oxford Handbook of Comparative Constitutional Law*, New York: Oxford University Press, 2012.

7. Robert Jennings & Arthur Watts (eds.), *Oppenheim's International Law (ninth edition)*, Oxford: Oxford University Press, 2008.

8. Ian D. Seiderman, *Hierarchy in International Law: The Human Rights Dimension*, Antwerp: Intersentia, 2001.

9. Curtis A. Bradley, "The Juvenile Death Penalty and International Law", 52 *Duke Law Journal* 485 (2002).

10. Jordan J. Paust, "Torture Justifiable? The Absolute Prohibition of Torture and Necessary and Appropriate Sanctions", 43 *Valparaiso University Law Review* 1535 (2009).

11. Philip Alston, "Core Labour Standards' and the Transformation of the International Labour Rights Regime", 15 *European Journal of International Law* 457 (2004).

12. Sergio Dellavalle, "Beyond Particularism: Remarks on Some Recent Approaches to the Idea of a Universal Political and Legal Order", 21 *European Journal of International Law* 765 (2010).

13. Saunders Peter, Shang Xiaoyuan, "Social Security Reform in China's Transition to a Market Economy", 35*Social Policy & Administration* 3, 2001.

14. Thomas Janoski, *Citizenship and Cicil Society*, London: Cambridge University Press, 1998.

15. Max Weber, *The Methodology of the Social Sciences*, NewYork: The Free Press, 1949.

16. Clifford Geertz, *Religion as a Cultural System*, NewYork: Basic Books, 1973.

17. Virginia State Board of Pharmacy v. Virginia Citizen's Consumer Counci, Inc. , 425 U. S. 748(1976).

18. Pacific Gas & Electric Co. v. Public Utilities Commission of California, 475 U. S. 1(1985).

19. Herbert A. Bloch and Frank T. Flynn, *Delinquency: The Juvenile Offender in America Today*, New York: Random House, 1956.

20. D. B. Cornish and R. V. Clark (eds), *The Reasoning Criminal:*

Rational Choice Perspectives on Offending, Heidelberg: Springer-verlag, 2014.

21. De Schutter, *International Human Rights Law: Cases, Materials and Commentary*, Cambridge: Cambridge University Press, 2010.

22. UN General Assembly Doc. A/HRC/WG. 6/4/CHN/2, "National Report Submitted in Accordance With Paragraph 15 (A) of the Annex to Human Rights Council Resolution 5/1: China", December 2, 2008, accessed January 4, 2015, http://lib. ohchr. org/HRBodies/UPR/Documents/Session4/CN/A_HRC_WG6_4_CHN_1_E. pdf.

23. UN General Assembly Doc., "Compilation prepared by the Office of the High Commissioner for Human Rights in accordance with paragraph 15 (b) of the annex to Human Rights Council resolution 5/1 and paragraph 5 of the annex to Council Resolution 16/21", November. 16, 2008, accessed November. 20, 2014, http://lib. ohchr. org/HRBodies/UPR/Documents/Session4/CN/A_HRC_WG6_4_CHN_2_E. pdf.

24. UN General Assembly Doc. A/HRC/WG. 6/4/CHN/3, "Summary prepared by the Office of the High Commissioner for Human Rights in accordance with paragraph 15 (b) of the annex to Human Rights Council resolution 5/1 and paragraph 5 of the annex to Council resolution 16/21", January. 1, 2009, accessed November. 20, 2014, http://lib. ohchr. org/HRBodies/UPR/Documents/Session4/CN/A_HRC_WG6_4_CHN_3_E. pdf.

25. UN General Assembly Doc. A/HRC/25/5/Add. 1, "Report of the Working Group on the Universal Periodic Review: China, Addendum: Views on conclusions and/or recommendations, voluntary commitments and replies presented by the State under review", February 27, 2013, accessed November. 20, 2014, http://lib. ohchr. org/HRBodies/UPR/Documents/

Session17/CN/A_HRC_25_5_AAd - 1_China_E. doc.

26. Challenges facing special procedure, P. 1; Ingrid Nifosi-Sutton, The UN Special Procedures in the field of Human Rgihts, 2005.

后　记

本书写作分工如下：齐延平：导言、第三章第一部分；徐爽：第一章；张静：第二章；高献忠：第三章第二部分；曹瑞：第四章第一部分；许斌、李旭：第四章第二部分；郑智航：第五章；高鲁嘉：第六章；公欣欣：第七章；徐会平：第八章；王明敏：第九章；冯俊伟：第十章；连雪晴、韩晗：第十一章；孙萌：第十二章。山东大学郑智航教授、天津师范大学尚海涛副教授、山东政法学院王德玲教授、济南大学钱继磊副教授、山东建筑大学姚天博士先后参与了草稿的修改，姚天博士还协助整理了书后的参考书目，最后由主编通稿、定稿。在通稿、定稿过程中，考虑各章前后内容的逻辑一致、风格体例的统一，对各位作者的原稿进行了必要删减、增补和技术性处理，处理部分的文责当由主编负责，如果处理不当，还请各位撰写者包涵。在本书撰写过程中，有的章节内容已作为阶段性成果发表在《法制与社会发展》《湖南社会科学》《理论与改革》《人权研究》《财经法学》等刊物上，特向以上刊物及责任编辑致谢。

齐延平

2019年9月6日

图书在版编目(CIP)数据

基本权利保护的中国探索 / 齐延平主编. -- 北京 : 法律出版社, 2020
ISBN 978-7-5197-1911-1

Ⅰ. ①基… Ⅱ. ①齐… Ⅲ. ①公民权-权益保护-研究-中国 Ⅳ. ①D921.04

中国版本图书馆 CIP 数据核字(2020)第 016010 号

基本权利保护的中国探索
JIBEN QUANLI BAOHU DE ZHONGGUO TANSUO

齐延平 主编

策划编辑 沈小英
责任编辑 刘晓萌
装帧设计 贾丹丹

出版 法律出版社
总发行 中国法律图书有限公司
经销 新华书店
印刷 北京虎彩文化传播有限公司
责任校对 王晓萍
责任印制 吕亚莉

编辑统筹 法治与经济出版分社
开本 A5
印张 14.375
字数 382 千
版本 2020 年 3 月第 1 版
印次 2020 年 3 月第 1 次印刷

法律出版社/北京市丰台区莲花池西里 7 号(100073)
网址/www.lawpress.com.cn
投稿邮箱/info@lawpress.com.cn
举报维权邮箱/jbwq@lawpress.com.cn
销售热线/400-660-8393
咨询电话/010-63939796

中国法律图书有限公司/北京市丰台区莲花池西里 7 号(100073)
全国各地中法图分、子公司销售电话:
统一销售客服/400-660-8393/6393
第一法律书店/010-83938432/8433　西安分公司/029-85330678　重庆分公司/023-67453036
上海分公司/021-62071639/1636　深圳分公司/0755-83072995

书号:ISBN 978-7-5197-1911-1　**定价**:88.00 元
(如有缺页或倒装,中国法律图书有限公司负责退换)